U0915508

国网北京市电力公司年鉴

2018年

《国网北京市电力公司年鉴》编委会

中国电力出版社
CHINA ELECTRIC POWER PRESS

图书在版编目（CIP）数据

国网北京市电力公司年鉴. 2018 年 /《国网北京市电力公司年鉴》编委会组编. —北京：中国电力出版社，2018. 7
ISBN 978-7-5198-2226-2

Ⅰ. ①国… Ⅱ. ①国… Ⅲ. ①电力工业-工业企业-北京-2018-年鉴 Ⅳ. ①F426. 61-54

中国版本图书馆 CIP 数据核字（2018）第 147533 号

出版发行：中国电力出版社
地　　址：北京市东城区北京站西街 19 号（邮政编码 100005）
网　　址：http://www.cepp.sgcc.com.cn
责任编辑：刘丽平　穆智勇
责任校对：黄　蓓　郝军燕
装帧设计：张俊霞　赵姗姗
责任印制：邹树群

印　　刷：北京盛通印刷股份有限公司
版　　次：2018 年 7 月第一版
印　　次：2018 年 7 月北京第一次印刷
开　　本：889 毫米×1194 毫米　16 开本
印　　张：17. 75
字　　数：509 千字
印　　数：0001—1000 册
定　　价：158. 00 元

编 辑 委 员 会

编 辑 部

特约撰稿人

李兴华　　国网北京市电力公司办公室
张　晶　　国网北京市电力公司发展策划部
马晓艳　　国网北京市电力公司党委组织部
王希菁　　国网北京市电力公司人力资源部
李　刚　　国网北京市电力公司财务部
宗晓茜　　国网北京市电力公司安全监察质量部
李　戎　　国网北京市电力公司运维检修部
周晓梅　　国网北京市电力公司建设部
耿　涛　　国网北京市电力公司营销部
徐绍军　　国网北京市电力公司科技信通部
白晓东　　国网北京市电力公司物资部
赵　悦　　国网北京市电力公司审计部
门吉光　　国网北京市电力公司监察部
张　鹏　　国网北京市电力公司党建工作部
张文旭　　国网北京市电力公司离退休工作部
郑　磊　　国网北京市电力公司法律事务部
朱雪敏　　国网北京市电力公司对外联络部
韩戈奇　　国网北京市电力公司后勤工作部
赵　飞　　国网北京市电力公司运营监（测）控中心
赵　钢　　国网北京市电力公司电力调度控制中心
鲁秦圣　　国网北京市电力公司电力交易中心
范晓辉　　国网北京市电力公司工会
刘园园　　国网北京市电力公司企协分会
李　根　　国网北京城区供电公司
欧阳昕倩　　国网北京朝阳供电公司
李丹丹　　国网北京海淀供电公司
李　放　　国网北京丰台供电公司
赵　飞　　国网北京石景山供电公司

孙　特　　国网北京亦庄供电公司
苏韵涵　　国网北京通州供电公司
党　剑　　国网北京昌平供电公司
谭久俞　　国网北京门头沟供电公司
邓　洁　　国网北京房山供电公司
曹　靓　　国网北京大兴供电公司
张　强　　国网北京平谷供电公司
钟玉娟　　国网北京怀柔供电公司
杜静伊　　国网北京密云供电公司
蔡溪源　　国网北京顺义供电公司
颜　渊　　国网北京延庆供电公司
张　健　　北京电力经济技术研究院
张祎果　　北京电力科学研究院
秀景琪　　国网北京电力工程有限公司
刘　丛　　国网北京市电力公司检修分公司
王　辉　　国网北京市电力公司信息通信分公司
娄　强　　国网北京市电力公司培训中心
武　鹏　　国网北京市电力公司物资供应分公司
居　然　　国网北京市电力公司综合服务中心
胡晨同　　国网北京市电力公司客户服务中心
姚　莉　　国网北京电动汽车服务有限公司
金　建　　北京市供用电建设承发包公司
董　凤　　国网北京电力物业管理公司
贾忱然　　北京市城市照明管理中心
辛　颖　　集体企业管理办公室

编　辑　说　明

1 《国网北京市电力公司年鉴》是国网北京市电力公司（以下简称公司）的企业年鉴，是一部集史实性和资料性为一体的综合性工具书。本年鉴每年编纂出版一期，按年度记载公司的重大事项、专业工作和所属各单位的基本情况。本期是第14期，记载年度为2017年度。

2 本年鉴的编纂宗旨是：全面、系统、真实地反映公司在北京地区电网规划与建设中取得的成绩，总结公司生产经营工作的创新经验，弘扬公司干部职工的奉献精神，展示公司服务首都经济社会发展的企业风采。

3 本年鉴采用文章和条目两种载体，以条目体为主，用规范的记述文体，直陈其事，文字力求言简意赅。同时，文中选配具有一定史料价值的图片，力求图文并茂。

4 本年鉴的框架结构由篇目、栏目、条目3个层次组成。共设有15个篇目，即特载，公司概况，电网发展，企业管理，安全生产，电网运行与电力市场，科技信息，党的建设与精神文明建设，供电公司，业务支撑机构及其他单位，产业管理，公司荣誉，大事记，重要文献，统计资料。

5 本年鉴的编辑工作是在公司直接领导下进行的。稿件由公司各部门、各单位的专人负责撰写，经部门、单位领导审核后，由年鉴编辑部汇总编辑并经年鉴编辑专家组反复审核定稿。

6 本年鉴编辑工作得到了公司各部门、各单位的高度重视和大力支持，在此谨致谢意，并欢迎提出改进意见。

国家电网
STATE GRID
国网北京市电力公司
STATE GRID BEIJING ELECTRIC POWER COMPANY

篇　目 / Sections

目 录

安全生产

电网运行与电力市场

科技信息

党的建设与精神文明建设

供电公司

业务支撑机构及其他单位

产业管理

公司荣誉

大事记

重要文献

统计资料

Contents

Enterprise Management

Safe Production

Power Grid Operation and Power Market

Scientific and Technical Information

Party Construction and Spiritual Civilization Construction

Power Supply Companies

Business Support Agencies and Other Units

Industry Management

Company Honors

Key Events

Important Literature

Statistics

特　载

领 导 关 怀

舒印彪、寇伟检查公司春节保电工作

1月25日，在新春佳节即将到来之际，国家电网公司董事长、党组书记舒印彪，总经理、党组副书记寇伟，副总经理、党组成员栾军一行来到公司，检查春节保电工作，看望和慰问坚守在一线的员工。

舒印彪、寇伟、栾军向公司调控中心调度大厅值班人员致以新春祝福，听取公司关于2017年春节和全国两会供电保障准备工作的汇报，了解公司在春节期间供需预测、电网运行方式安排、优质服务、应急值班等方面采取的相关措施，并提出工作要求。

舒印彪对公司春节和全国两会供电保障工作给予肯定，对一线员工为国家电网公司和电网发展付出的努力表示感谢。舒印彪指出，春节即将来临，广大干部员工仍然在一线坚守岗位，为人民群众过一个祥和快乐的春节做出了贡献，使命光荣。电网无小事，电网安全对社会稳定和百姓生产生活至关重要，保证春节供电安全是公司的神圣职责，也是重要任务。希望大家在新的一年增强政治责任感，再接再厉，履职尽责，扎扎实实做好重大活动保电等各项工作，以优异成绩向党的十九大献礼。

■ 1月25日，国家电网公司董事长、党组书记舒印彪，总经理、党组副书记寇伟，副总经理、党组成员栾军到公司检查春节保电工作。（赵一　程伟　摄）

郭金龙除夕慰问坚守岗位的公司干部员工

■ 1月27日，中央政治局委员、北京市委书记郭金龙，市委副书记、市长蔡奇慰问公司干部员工。（程伟　摄）

1月27日上午，中央政治局委员、北京市委书记郭金龙，市委副书记、市长蔡奇走访慰问了春节假期仍坚守岗位的公司干部员工，感谢大家为了让市民过上欢乐、祥和、平安的节日而付出的辛劳，并通过大家向全市坚守一线的劳动者拜年。市委常委、副市长张工一同慰问。

在听取了公司2016年工作完成情况、2017年重点工作任务和春节供电保障工作汇报后，郭金龙、蔡奇肯定了公司开展的北京城市副中心配套电网建设、“煤改电”工程、政治保电、冬奥会和新机场配套电网建设等工作。郭金龙指出，电是城市平稳运行基础中的基础，特别感谢公司对首都城市稳定发展和建设国际一流和谐宜居之都做出的重要贡献。

舒印彪除夕慰问公司一线员工

1月27日，农历除夕，国家电网公司董事长、党组书记舒印彪走进公司生产、服务班组，检查春节供电保障工作，看望和慰问坚守一线的供电抢修和营销服务人员，并送上新春祝福。

舒印彪先后来到公司所属城区公司政治供电核心区运管中心和崇文供电服务中心，听取重要客户政治供电、节日期间供电保障和服务准备工作情况的汇报，询问政治供电核心区重要客户供电情况，现场体验“掌上电力”APP的“互联网+报修服务”，并向坚守岗位的员工和家属以及公司广大员工拜年。

■ 1月27日，国家电网公司董事长、党组书记舒印彪慰问公司一线员工。（程伟　摄）

舒印彪对公司春节保电工作给予肯定，代表国家电网公司党组对广大干部员工付出的辛勤努力表示感谢。他指出，电网安全稳定运行是关系国计民生的大事，节日期间坚守岗位，保障社会用电安全稳定，是公司重要的政治责任和社会责任，是为人民服务最好的体现，是公司服务经济社会发展的重要行动。希望大家在节日期间坚守岗位，“辛苦我一个，点亮千万家”，履行公司的政治责任和社会责任，完成春节期间政治供电、城市运行和居民客户供电保障工作，确保人民群众度过一个欢乐祥和、亮亮堂堂的新春佳节。

寇伟检查“一带一路”国际合作高峰论坛保电工作

■ 5月8日，国家电网公司总经理、党组副书记寇伟到公司检查“一带一路”国际合作高峰论坛保电工作。（程伟　摄）

5月8日上午，国家电网公司总经理、党组副书记寇伟赴北京怀柔区雁栖湖“一带一路”国际合作高峰论坛保电现场，检查110kV雁栖湖变电站、国际会都现场指挥部保电工作，听取公司供电保障工作汇报，要求公司强化责任、细化措施，全面做好保电准备、落实保电要求，坚决打赢保电攻坚战。

寇伟指出，“一带一路”国际合作高峰论坛是“一带一路”倡议提出3年多来规格最高的论坛活动，是我国继北京奥运会、北京APEC峰会和杭州G20峰会之后的又一次重要国际盛会和主场外交，做好高峰论坛保电工作责任重大、使命光荣。国家电网公司高度重视本次高峰论坛保电工作，作出一系列重要工作部署。寇伟说，公司和有关单位应强化政治自觉和责任自觉，树立一切从零开始的观念，以最高标准做好保电工作，做到管理到位、人员到位、措施到位。

寇伟强调，保电工作点多面广，标准高、要求严、情况复杂、任务艰巨，要全面细化保电措施，把困难和问题估计得更充分，把预防和应对措施准备得更周密，把保电各项工作做得更细、更实。要关注保电形势动态变化、保电需求等情况，细致梳理电网运行、设备运维、供电服务、网络信息安全等各环节工作，结合全要素演练，进一步查漏补缺、加固补强，加强电网调度运行管控，强化设备运维管理，严格网络信息安全监控，加强应急值守和信息报送，全面落实各重要场所供电保障措施，确保安全可靠供电，实现“设备零故障、客户零闪动、工作零差错、服务零投诉”保电目标。国家电网公司总部将与公司一道，上下齐心协力，发挥集团优势，做到“全网保华北、华北保北京、北京保核心”，共同做好高峰论坛保电工作，全力以赴坚决打赢保电攻坚战。

隋振江副市长到公司调研指导工作

6月6日，北京市副市长隋振江一行到公司调研指导工作。调研会上，隋振江代表市委、市政府对公司在“一带一路”国际合作高峰论坛等重大活动保障中作出的突出贡献表示感谢。随后，隋振江听取了公司2017年迎峰度夏电力保障工作汇报，副中心建设、轨道交通和新机场建设等重点工程中电力设施建设情况和首都核心区电力架空线入地工程进展情况的汇报。

■ 6月6日，北京市副市长隋振江到公司调研指导工作。 （赵一 摄）

隋振江指出，在迎峰度夏电力保障方面，公司工作扎实细致，各项举措环环紧扣、递进深入、互为支撑，既有基础性支撑措施，又有隐患排查保障措施和应急排险应对措施。近年来北京电网用电负荷峰谷差越来越大，随着华能燃煤机组的关停，度夏面临着严峻考验。他要求，市城管委和电力公司要加强协同和衔接，相关部门和单位建立常态化信息沟通及应急联动机制，强化组织保障，形成强大合力相互支撑；加强需求侧管理，做好需求侧调控和拉路限电应急准备，加大节能用电方面宣传力度；加强供给侧调峰技术研究，可培育局部试点，利用先进科学技术手段等实现多元化削峰填谷。

在听取公司重点工程建设进展情况汇报后，隋振江说，公司各项重点工作推进，干部员工表现出来的十足干劲和过硬作风值得学习。他要求，全力推进北京城市副中心、新机场配套电网建设等重点工程施工进度，确保务期必成；市、区两级政府将在工程前期给予大力支持，纳入“一会三函”，简化手续流程，压缩审批时间，建立更加顺畅的沟通协调机制，合力推进工程实施进度；轨道交通方面要执行“一体化”原则，尽快推动公司与京投公司、轨道交通建设单位建立日常工作机制；对于核心区电力架空线入地工程，要尽快制定相应方案，在尽量减少对交通影响的情况下延长施工时间，提高施工效率。

马凯到四惠充换电站调研电动汽车充换电设施建设工作

■ 7月4日，中共中央政治局委员、国务院副总理马凯到四惠充换电站调研电动汽车充换电设施建设工作。 （李博 摄）

7月4日，中共中央政治局委员、国务院副总理马凯在北京调研新能源汽车产业发展工作期间，来到四惠电动公交充换电站，调研公司推进电能替代、开展电动汽车充换电设施建设有关工作。

马凯听取公司对“以电代油”工作的汇报，并现场查看全自动换电机器人为455路和专113路公交车换电过程。调研中，马凯询问四惠电动公交充换电站基本情况，调研公司充换电设施运营情况、“以电代油”工作经济成本和减排成效，了解公司目前正在开展的“以电代油”重点工作，特别是北京城市副中心、大兴新机场、2022年北京冬奥会等国家重点工程配套电动汽车充换电设施建设情况，与大家交流车联网平台互联互通等工作。

马凯指出，在党中央、国务院正确领导下，各地区、各部门、各单位密切配合、扎实工作，大力推进研发生产和推广应用，我国新能源汽车取得长足发展，产业体系基本建立，创新能力持续提升，2016 年我国新能源汽车产销量、保有量全球占比均超过 50%。当前我国新能源汽车发展仍处于爬坡过坎、攻坚克难的关键阶段，要始终坚持发展新能源汽车国家战略不动摇，继续按照“市场主导、创新驱动、重点突破、协调发展”的要求，加强统筹规划，强化创新驱动，深化推广应用，推动新能源汽车产业做优做强。

全国总工会副主席阎京华到公司调研

7 月 28 日，中华全国总工会副主席、书记处书记阎京华一行到公司调研慰问，了解公司电网运行、工会工作等情况，并向坚守一线的电力职工送去关怀与问候。国家电网公司党组成员、职工董事、工会主席刘广迎陪同。中国能源化学地质工会主席张波，全总电力工作部有关负责人参加。

■ 7 月 28 日，中华全国总工会副主席、书记处书记阎京华到公司调研。（李博　摄）

阎京华一行在公司大厅参观了“打造听党话、跟党走的新时期产业工人队伍”展板，听取了公司围绕中心任务、创新工作载体，抓素质育人才、抓班组强基础、抓竞赛聚动能、抓创新增活力、抓服务促和谐的工作介绍。他表示，公司坚持以首善标准提高员工素质、提升班组层次，通过“百佳工匠”“百佳班组”评选，打造先进典型群体；创新劳动竞赛模式，激发队伍工作动能；完善创新引导机制，发挥全员创新活力；建立三级服务体系，积极关心关爱职工，多措并举，合力推进，职工队伍建设和工会工作取得良好成效。

在调度控制中心大厅，阎京华重点了解了公司迎峰度夏电网天气预测及各层级电网运行情况，以及公司十九大保电筹备工作，询问电网视频监控系统应用、北京电网气象平台预警等情况。

阎京华来到位于新街口北大街的小铜井胡同架空线入地工作现场，听取城区公司有关首都核心区架空线入地工程总体情况及工程突击队建设情况的汇报，视察架空线入地工作现场，并向一线职工送去慰问品，叮嘱大家注意劳动安全，以饱满的精神状态投入到各项生产工作中。离开架空线入地工作现场，阎京华慰问了照明中心华灯班，听取华灯班服务范围、机制职责、重点指标、作业管理模式等情况的介绍，询问班组建设与全能团队建设等情况，并察看路灯灯杆安全巡检移动终端的系统操作演示。他与员工深入交流，勉励大家要牢记使命，不忘初心，凝聚新时期干事创业的精神力量，不断取得新成绩。

隋振江到架空线入地工程指挥部调研并召开现场会

9 月 8 日，北京市副市长隋振江到公司架空线入地工程指挥部调研，了解工程进展情况，慰问党员突击队、工程项目组的党员和一线员工，并组织市有关部门和单位召开现场会，确保全力打好架空线入地大会战，以优异成绩迎接党的十九大胜利召开。

隋振江调研架空线入地工程指挥部建设情况，查看临时党支部、党员突击队组织机构设置和工作环境，并先后到三金海项目组、物资组、东城北项目组、东城南项目组和路灯架空线入地项目组，分别听取具体工作汇报，慰问项目组工作人员。调研过程中，隋振江了解北京电网安全智能管控平台在架空线入地工程中的应用情况，对

■ 9月8日，北京市副市长隋振江到公司架空线入地工程指挥部调研。（赵一 摄）

公司依托工程大数据分析手段，应用智能终端设备创新管控方式和管理模式，全面提升现场安全质量管控能力的创新实践表示肯定。

隋振江指出，北京市委、市政府和国家电网公司均高度重视架空线入地工作，蔡奇书记亲自到工程现场检查指导，舒印彪董事长带队与市主要领导会谈有关事项，大家协同配合、全力推进。北京市电力公司发挥积极作用，作战有力，精细管理，不断创新，确保了整体工作有力、有序、有效开展。他指出，架空线入地后的箱式设备要满足景观化和隐形化要求，与城市景观和周边环境相协调，改造后的管线要进行数字化备案，纳入城市管理数据库。他强调，要高度重视环保施工，作业过程中，要按照扬尘治理“六个百分百”要求，根据作业特点管理好作业面；要加快撤杆进度，做好统筹考虑，加强工程之间的对接，不能二次掘路；各有关部门和单位要充分利用好架空线入地工程指挥部，开展指挥、会商等，共同解决问题难题，并做好已完成工程的资产手续办理。

寇伟到公司检查十九大供电保障工作

9月12日，国家电网公司总经理、党组副书记寇伟到公司亦庄办公区调研检查十九大供电保障工作。寇伟一行深入重要客户保电区域了解客户保障需求，在10kV电缆分界室和用户配电室，听取开展十九大供电保障以来，客户对供电服务保障的需求和建议，同时了解亦庄公司共产党员服务队“1+N”保障团队发挥党员先锋模范引领作用，全力做好供电服务保障的具体举措。

■ 9月12日，国家电网公司总经理、党组副书记寇伟到公司检查十九大供电保障工作。（李博 摄）

随后，寇伟来到信通公司，听取公司信息通信专业十九大保障工作的汇报，现场调研输变电智能安防系统、运监智能管控平台、应急通信装备等保电装置应用情况，检查公司十九大保障筹备总体情况。在亦庄公司配电运营指挥中心，寇伟听取亦庄公司关于开发区重要用户保电工作的汇报，通过北京电网安全智能管控平台，了解公司在安全质量管控领域，利用大数据分析技术和智能终端设备，创新管控方式确保安全稳定的新举措，对公司严细现场安全管控的创新实践表示肯定。

寇伟强调，要以最高的标准、最有效的组织保障、最可靠的技术措施、最饱满的精神状态、最严明的工作纪律，扎实推进各项保电工作，把责任措施落实到岗、到人，确保实现“设备零故障、客户零闪动、工作零差错、服务零投诉”的保障目标。

隋振江到公司调研十九大供电保障工作

9月15日，北京市副市长隋振江到公司调研十九大供电保障工作开展情况。隋振江一行深入十九大供电保障某重点110kV变电站，了解变电站基本情况以及保电期间运行保障部署等，听取公司设备运维、值班值守、安保防恐、信息安全、应急处置等供电保障整体工作情况汇报。在该站10kV开关室，隋振江查看站内重点保障区域直供线路运行情况。在供电保障涉及的两处重要客户配电室，隋振江询问站室保障筹备工作开展情况，现场查看站室内各类设备实际运行情况，并肯定了公司十九大供电保障筹备工作。

■ 9月15日，北京市副市长隋振江到公司调研十九大供电保障工作。
（杜敏 摄）

隋振江指出，十九大是党和国家召开的重要会议，国家电网公司和国网北京市电力公司服务党和国家工作大局，高度重视保电工作，筹备工作到位、组织细致，希望公司继续发挥“一带一路”国际合作高峰论坛保电经验，全力以赴完成好这项重大政治保电任务。北京市委、市政府将针对重点区域和线路，增加群防力量和后勤支持力量，共同做好外围护线保障工作，全力保障十九大胜利召开。

肖亚庆到公司调研十九大供电保障工作

■ 9月25日，国务院国资委主任肖亚庆到公司调研指导工作。（程伟 摄）

9月25日，国务院国资委主任肖亚庆一行赴公司调研，听取关于十九大供电保障相关情况的汇报。国资委党委委员、秘书长阎晓峰，国家电网公司董事长、党组书记舒印彪，总经理、党组副书记寇伟，副总经理张智刚陪同调研。

肖亚庆一行先后来到城区公司政治供电核心区运管中心、调控中心和十九大供电保障总指挥部，听取安全生产、电网运行和保电工作等情况汇报，对公司为党的十九大胜利召开所做的供电保障工作给予高度评价，并代表国资委对公司全体干部员工表示问候和感谢。他指出，国家电网公司坚决贯彻落实国资委要求，积极做好党的十九大供电保障，政治站位高、行动迅速、措施细致。国网北京电力公司处在保电工作的第一线，要把迎接党的十九大作为重大政治任务抓紧抓实，扎实做好相关服务工作。

肖亚庆强调，在政治保电方面，国家电网公司有着优良的传统，在历次重大政治供电保障任务中，充分发挥了国企“六个力量”的作用，做到了供电最可靠、最安全。此次党的十九大供电保障时间长、任务重，希望各方共同努力，决战决胜，把思想和行动统一到国家电网公司党组的决策部署上来，通过智能可靠的技术装备和经验丰富、技术高超的员工队伍等有效支撑，从严从实从细抓好各项工作措施落实，确保安全可靠供电万无一失，以实际行动全力以赴保障党的十九大胜利召开。

市委书记蔡奇、代市长陈吉宁到公司调研

9月28日，北京市委书记蔡奇、代市长陈吉宁一行到公司调研，听取公司关于国庆期间及党的十九大北京电网安全生产、电网运行情况和供电保障准备工作情况的汇报，慰问参加保电的干部员工，感谢大家付出的辛勤劳动，勉励大家将思想与行动统一到中央决策部署上来，以“四个零”保电目标，高质量完成国庆期间及党的十九大保电任务，营造喜迎党的十九大召开的浓厚氛围。国家电网公司董事长、党组书记舒印彪，副总经理张智刚陪同调研。

■ 9月28日，北京市委书记蔡奇、代市长陈吉宁到公司调研。（杜平　摄）

蔡奇一行来到公司，听取北京电网安全生产、电网运行情况和供电保障准备工作情况的汇报。他代表北京市委、市政府向国家电网公司多年来的支持表示衷心感谢，对国家电网公司、国网北京市电力公司为国庆期间及党的十九大胜利召开所做的保电准备工作给予肯定。他指出，北京电网安全生产、电网运行情况和供电保障准备工作措施得当，按照国家电网公司党组的部署，确立了“五个最”的保电要求和“四个零”的保电目标，为完成好党的十九大保电任务进行了精心准备。

蔡奇对国家电网公司、国网北京市电力公司长期以来对北京大气污染防治和城市发展所做的工作，包括“煤改电”、首都核心区架空线入地、重点工程供电、政治保电、外电入京等，表示感谢。他指出，北京重大工程的建设、北京电网的安全稳定运行离不开国家电网公司的支持，希望今后继续得到国家电网公司的大力支持。

舒印彪到公司检查十九大保电工作

■ 10月15日，国家电网公司董事长、党组书记舒印彪到公司检查十九大保电工作。（赵一　摄）

10月15日，国家电网公司董事长、党组书记舒印彪一行赴公司所属220kV重要供电保障线路区域，慰问检查党的十九大保电工作，听取公司关于党的十九大电网安全生产、运行情况和供电保障工作情况的汇报及国网山东电力支援保电工作情况的汇报，感谢参加保电的一线员工付出的辛勤劳动，勉励大家全力以赴、不辱使命、不负重托，确保党的十九大供电保障工作万无一失。

舒印彪慰问220kV重要供电保障线路区域的一线员工，并了解员工的后勤保障情况。

舒印彪指出，党的十九大是全党全国人民政治生活中的头等大事，为党的十九大胜利召开提供安全可靠的电力保障、营造和谐稳定的社会环境，是国家电网公司当前最为重大紧要的任务，也是党和国家对我们工作成效的一次检验。党的十九大供电保障责任重大，使命光荣，各级保电人员要严防死守，确保万无一失。同时，党的十九大保电工作时间跨度大，相关部门要做好后勤保障工作，解决一线人员的后

顾之忧。

舒印彪强调，保障党的十九大电力安全可靠供应是国家电网公司肩负的重大政治责任，干部员工队伍应始终以强烈的政治意识、大局意识、责任意识，集中精力、全力以赴，确保党的十九大保电稳定服务工作万无一失。

舒印彪对参与支援保电工作的干部员工致以慰问和感谢。他表示，参与保电的各单位思想觉悟高、工作认真细致，充分发扬了国家电网公司干部员工队伍能打硬仗、善打硬仗的优良传统和勇于担当、甘于奉献的精神风貌。他希望干部员工凝聚力量，鼓舞士气，以强烈的责任感和使命感，高质量完成党的十九大保电任务。

王小洪到公司检查十九大供电安保工作

10 月 16 日，公安部副部长、北京市副市长、北京市公安局局长王小洪带队到公司，现场检查十九大供电安保工作。

王小洪一行来到公司本部十九大供电保障重点区域，察看各项人防、技防措施，现场检查十九大供电保障安保防恐工作，了解十九大供电保障整体工作开展情况、重点站线安保防恐举措、安保防恐先进设备和新技术应用等工作，肯定公司建立的电网“全员防恐”标准升级体系。

按照国家电网公司“五个最”工作要求和公安系统相关部署，公司在十九大供电保障中，采取了最高的安保防恐级别，全面加强重点站线和重要客户反恐怖防范工作。公司对所有参与保电人员开展了身份甄别和政审工作，并实现与公安系统的信息交互；开展多次安保防恐实战演练，提升整体安保防恐水平。升级人防标准，对所有重点变/配电站恢复 24 小时有人值守模式，并增加安保人员；针对重点杆塔等，组建保障小组 24 小时定点看护；与党的十八大保电投入力量相比，这次运维、安保防恐人员增加了一倍。升级技防标准，针对重点直供站线部署智能安防系统，实现视频监控、出入控制、入侵探测全覆盖；针对重点部位电缆通道，部署监控系统，实现井盖监控和联动报警功能。升级装备标准，为所有安保人员配备新型防恐装备和通信工具，全力以赴开展十九大供电安全保障工作。

要　事　特　辑

【党建暨反腐倡廉建设工作会】 7 月 26 日，公司召开 2017 年党建暨反腐倡廉建设工作会议。会议对党的十八大、特别是十八届六中全会以来，公司党建工作进行全面总结，分析新形势下加强公司党建工作的重要性、紧迫性，提出构建“站位高、机制优、融合深、载体实、作用强”的公司“大党建”工作格局，明确下阶段党建工作的总体要求，部署六方面工作。会议同时总结回顾过去一阶段反腐倡廉建设工作取得的成效，并分析当前形势，提出下一步反腐倡廉建设工作思路，部署六方面工作。会议对 2016～2017 年度创先争优活动中涌现出来的先进党委、党建工作先进单位、先进党支部、优秀共产党员、优秀党务工作者和优秀纪检监察干部进行表彰。会上宣读《关于开展“双百”创建提升党建水平　打造首都电力党员先锋队伍的意见》。

（张　鹏）

【“煤改电”工程】 年内，按照国家电网公司和北京市委市政府的整体部署及工作要求，公司履行政治责任和社会责任，超额完成市政府下达的“煤改电”配套电网建设任务，总建设规模达 904 个村 40.77 万户，基本实现南七区平原地区“无煤化”。截至采暖季前，北京电采暖用户达 110 万户。公司自主开发建设“电采暖用户补贴代发放系统”，配合政府提早确定享受补贴的农村用户，实现 2017～2018 年采暖季市区两级政府 0.2 元/kWh 的低谷时段电费补贴，由过去采暖季后核补优化为实时补贴到用户电表。配合市农委、市农业局推进村委会“煤改电”工作。截至采暖季前，完成 1514 个村委会、95 万 m^2 籽种农业生产设施“煤改清洁能源”工作。发挥北京电力交易中心和首都电力交易中心两级交易平台协同作用，借助市场化交易手段，将清洁绿色电力引入北京。2016 年北京地区集中电采暖用户采购东北富余风电电量约 0.46 亿 kWh，2017 年“煤改电”用户采购本地或区外清洁能源，预计交易电量20亿kWh，满足“煤改电”用电需求。

（王瀚秋）

【“五新”服务】深化开展“五新”服务工作，通过开展深化“互联网+”业扩报装应用、深化契约式服务、深化业扩项目经理制、深化业扩全流程管控及加大“三供一业”改造力度等5个方面工作，着力提升业扩报装服务水平。全年完成接电1333.33万kVA，同比增加3.9%，完成全年接电任务的121.21%，线上报装率达96.06%。全年签订契约项目554项，送电项目386项。将方案会审、间隔审批、断面审批等协同环节全部纳入业扩线上流程进行督查管控，初步实现业扩全流程线上流转及监控。

（苏一飞）

【首都核心区架空线入地工程】公司落实市委、市政府决策部署，在国家电网公司大力支持下，举全公司之力，在人财物方面超常规投入，首都核心区电力架空线入地工程从3月份启动，施工高峰期组织人员4700余人、各类机械车辆1200余台套参与会战。截至12月27日，全面完成北京市下达给公司的58项，50.61km电力架空线入地建设任务，拆除导线164.5km、拆除柱上变压器326台、拔除电杆2193基。此次核心区架空线路入地工程，按照入地后箱式设备小型化、景观化、隐性化“三化”要求，公司创新研发小型设备，同时形成5套装饰方案，达到与城市环境的协调统一。

（周晓梅）

【十九大供电保电】党的十九大供电保障任务保障涉及62户重要客户、120座重点站室、9605km 10kV及以上重点线路，保障工作点多面广。坚持最高的保障标准，并得到山东、河南等10个兄弟单位1700余名精兵强将支援，23 793人参与保障工作；特级保障时段最长，9月30日起，全面进入保障阶段；安保防恐级别最高，全面升级重点站线和重要客户安保防恐标准，采取运维、安保双看护；筹备工作最周密，将保电科学划分为“备战、决战、决胜”三个阶段，细化38项重点任务、456项工作计划，先后召开专题党委会议、12次推进会、85次专业会议推进重点任务落实。进入决胜阶段后，总指挥部、3个现场指挥部和24个二级指挥部24小时不间断运转，与国家电网公司、北京市等上级保障体系紧密对接，充分利用信息化等先进手段，确保信息掌握及时、决策指挥科学、调度协调有力。以变电站、线路和客户为单位，创新组建融合运维、安保、客户服务等专业的287个保障团队，构建了“整体指挥、专业协同、团队合作”的作战模式，专业间沟通更顺畅、配合更紧密、保障更有力。同时加大科技保电工作力度，创新研发运检智能管控平台、政治供电监测、气象灾害精准预报预警等8个先进信息系统，运用移动应用等先进手段，实时掌握客户、气象等关键信息，精准部署人员、车辆等重要资源，实现智能化指挥、智能化管控、智能化保障。针对会场、驻地等重要客户，专门配备大容量飞轮储能和UPS电源车、110kV车载移动式变电站、10kV移动箱变车等先进装备，运用“固态切换开关+不间断电源”等先进技术，为客户零闪动提供坚强保障。17 000余名一线保障人员克服恶劣天气，近一个月驻守在野外和变电站，昼夜守护遍布全市的重点站线。

（李　戎）

【成立十九大保电前线联合指挥部临时党委】9月23日，公司召开十九大供电保障前线联合指挥部（临时党委）成立大会。国家电网公司党组副书记、副总经理辛保安出席会议，并为前线联合指挥部（临时党委）揭牌。在成立大会上，辛保安指出，举行前线联合指挥部（临时党委）成立仪式，是旗帜领航、保电稳定、加强党建、发挥作用的重要实践，充分体现了公司党委强烈的大局意识和抓党建、强党建的主动作为，希望公司再接再厉，成为国家电网公司乃至央企的排头兵和示范窗口。并提出五点要求：一要提高政治站位；二要发挥党建优势；三要注重深度融合；四要注重总结提炼；五要确保十九大安全供电万无一失。会上宣读了《国网北京市电力公司党委关于在党的十九大供电保障中成立临时党组织机构的通知》和《关于加强党的领导　发挥党员示范　为圆满完成党的十九大保电提供坚强保障的意见》。检修公司电网运维保障队、城区公司重要客户服务队、工程公司应急抢修突击队、海淀公司综合服务保障队代表分别作表态发言。

（张　鹏）

【十九大供电保障宣传综合报道】围绕党的十九大供电保障及学习贯彻会议精神、“煤改电”供电保障等9项议题，组织12次新闻发布活动，发布新闻通稿28篇次，20余家媒体播发新闻稿件600余篇次，其中《人民日报》、新华社、中央电视台等权威媒体报道28篇次。依托20家中央及网络媒体，展示北京“煤改电”实施成效及示范经验。十九大召开期间，组织召开“长安街1路电动公交车充电站投运”新闻发布会，展示公司服务全市电动公交车充电站建设成效。围绕贯彻落实十九大构建清洁低碳、安全高效能源体系的精神，组织新华社等媒体记者现场采访北京城市副中心充电桩建设阶段成效。组织公司干部员工第一时间收听收看十九大盛况，《人民日报》、新华社等重点媒体连续4天刊发公司党员干部、先进典型、一线员工学习会议精神体会30篇次。公司网站推出“打赢保电攻坚战·十九大”专题，围绕保电故事、“双百”创建、典型人物等主题，刊登报道28期，报道规模和推出频次均创历史之最；组织跟拍、夜拍、雨中拍摄，开展纪实采访，同期音录制，拍摄视频素材1500分钟，为十九大供电保障任务圆满完成营造良好舆论环境。

（张晨曦　朱雪敏）

【发布《因电而变——国网北京市电力公司服务地方经济社会发展2016》白皮书】4月24日，公司发布《因电而变——国网北京市电力公司服务地方经济社会发展2016》社会责任信息披露报告书。公司把握2016年度首都经济社会发展态势，调整优化自身业务运营，与之进行全面对接。报告书以“因电而变”为核心主题，“坚强电网推动首都格局新升级”“绿色电网引领能源结构新升级”“智能电网助力生活方式新升级”核心篇章围绕“变化”展开。面对北京加快疏解非首都功能、北京城市副中心加快建设、北京冬奥会等建设全面提速的新变化，公司启动首都电网“135”提升工程、高标准编制城市副中心智能电网建设方案、建设配电运营指挥平台等配套电网工程、实施配电网升级改造等，以坚强电网推动首都格局新升级，为首都发展注入动力。面对空气治理已成为首都发展的战略性任务的新变化，公司推行“外电入京”战略、实施电能替代、提升消费比例、成立首都电力交易中心、提供节能咨询服务、开展节能宣传等，以绿色电网引领能源结构新升级，践行服务首都可持续发展责任。面对“互联网+”渗透到首都人民生产生活各个方面的新变化，公司深化“互联网+电力营销服务”模式，构建“移动终端+互联网+大数据”智能管理体系，将“互联网+”与公司管理、生产、经营、服务深度融合，推动数据资源充分共享、信息传递方便快捷，为客户提供更加智能高效的业扩报装、运维检修和购电服务。报告书用翔实的数据展示公司在建设首善之区、守护平安首都、引领智慧生活、助力绿色北京过程中的投入与贡献。公司做出“电亮北京蓝”的庄重承诺，将通过电网企业资源配置平台功能和优势，开展一系列共迎“北京蓝”、共享“北京蓝”的行动。

（李春华　朱雪敏）

公司概况

【公司简介】国网北京市电力公司（简称公司）是国家电网公司的子公司，前身是1905年创建的京师华商电灯股份有限公司。2003年以前作为华北电力集团公司的直属单位，按地市公司实施“收支两条线”管理；2003年成为华北电力集团公司授权经营、独立核算的分公司，由国家电网公司按省公司直接管理；2008年成为独立法人企业。

公司作为国家电网公司服务首都的示范窗口和北京市重要能源支柱企业，主要负责北京地区1.64万km^2范围内的电网规划建设、运行管理和766万用电客户的供电服务工作，同时肩负着确保党政军首脑机关、重大政治、外事活动和城市运行安全供电的光荣使命，承担着重要的政治责任、经济责任和社会责任，先后完成了第29届奥运会、新中国成立60周年庆典、APEC供电保障、纪念抗日战争胜利70周年、“一带一路”国际合作高峰论坛等重大活动保电任务。

公司下辖二级单位30个，包括供电公司16个、业务支撑和实施机构10个、其他单位4个。近年来，公司贯彻落实国家电网公司战略部署，践行“努力超越，追求卓越”的企业精神和“诚信、责任、创新、奉献”的核心价值观，坚持做好为中央党政军领导机关服务，为日益扩大的国际交往服务，为国家教育、科技、文化和卫生事业的发展服务，为首都市民的工作和生活服务，不断深化“两个转变”，公司和电网发展迈上了新台阶。

（李兴华）

【公司年度工作思路】以党的十八大和十八届历次全会精神为指引，全面贯彻国家电网公司和北京市委、市政府各项决策部署，时刻牢记政治使命，全员担当政治责任，以安全稳定为基础，突出重点、聚力攻坚、统筹兼顾，全面实现安全、质量、服务、效率、效益新提升，以优异成绩迎接党的十九大胜利召开。

【安全生产】将党的十九大保电作为践行“四个意识”的重大政治任务，2万多名干部职工精心筹备近一年、昼夜奋战一个月，严格落实“五个最”保电要求，实现“四个零”“五个杜绝”保电目标，保障标准之高、投入力度之大、运用手段之新，都树立了国家电网公司政治保电新标杆。全年完成“一带一路”国际合作高峰论坛等重大政治保电任务178项、保电天数328天。面对生产建设任务重、安全管控压力大等诸多挑战，贯彻本质安全要求，落实各级安全责任，开展安全生产大检查等活动，安全事件、违章行为同比降低32.2%、27.5%。创新建立两级安全监控中心，实现对所有作业现场24小时无死角视频监控。建立外包企业和人员安全质量信用评价体系，形成“严格准入”和“动态淘汰”相结合的管控模式。科学安排运行方式，强化风险预警管控，成功应对2254万kW历史最大负荷和1954万kW冬季最大负荷考验。建成国内首套“一体双核”配电自动化主站系统，接入6575条配电自动化线路，提前实现城市区域全覆盖。以防范外力和用户内部故障为重点，安装1187台视频监控装置和10 585台用户分界断路器，输电、变电、配电设备故障同比下降41.2%、36.4%和69.2%，实现连续两年的大幅下降。成立国内首家两级配网管控运维中心，全面运用生产移动作业终端，设备精益化管理水平显著提升。

（李兴华）

【电网发展】滚动修编“十三五”电网规划，高标准编制冬奥会、怀柔科学城等专项规划。先后与16家区政府签署战略合作协议，深化与规划国土、环保等10个部门工作协同，“十三五”期间争取和节约资金超300亿元。政府在城市副中心、新机场、冬奥会、世园会等重点区域，无偿提供2.95万m^2土地建设供电保障中心。利用政府绿色通道、“一会三函”等有利政策，全年取得500kV通州北等73项立项核准。完成58条50.61km首都核心区架空线入地任务，工程量超过自1999年开展该项工作18年以来总和，核心区“风貌更新、风韵更浓”，居民幸福感明显增强。城市副中心配套输变电工程提前投产，行政办公区初步建成国际一流高端智能配电网，为北京市四套班子入驻提供了坚强电力支撑。冬奥会、新机场等配套电力工程计划节点任务全部完成。220kV北宫输变电工程等56项工程顺利投产，张北柔直工程、500kV房山—南蔡等74项工程开工建设。全年投产35kV及以上线路702.94km、变电容量850.65万kVA，开工35kV及以上线路934.06km、变电容量789.5万kVA。开展电力建设施工安全年活动，实施安全责任量化考核。紧盯招标采购、合同履约和调配预警等关键环节，物资供应及时高效。制定36项提速增效保障措施，实现输变电优质工程率100%，220kV马坡变电站工程以及团结湖送电工程荣获“国家电网公司2017年度创优示范工程”称号。

（李兴华）

【经营管理】深化改革取得突破。成立全面深化改革领导小组，参与配套政策制定，公司主要观点均得到政府采纳。创新首钢地区配网建设与服务模式，设立供电服务中心，实现园区新增及现有负荷全部接入公网。巩固与新机场合作成果，与南航签订战略合作协议，将供电服务范围延伸至用电客户内部，实现10kV配电市场的新突破。稳妥推进马坊工业园区增量配电改革试点，以绝对控股方式与相关方达成合作意向协议。优化提升“三集五大”体系，在首都核心区推广“营配合一”供电服务中心，试点建成通州西集、怀柔雁栖湖等“全能型”供电所。明确党组织在公司法人治理结构中的法定地位，将党委职责内嵌到公司章程。率先完成3家全民所有制企业公司制改制工作。

科技创新成果丰硕。863课题“主动配电网关键技术研究及示范”通过国家科技部验收。创新研发气象灾害预报预警等6个先进信息系统。组建网络安全分析室，成功拦截境内外网络攻击7507次。公司首次荣获中国专利奖，获得北京市科技成果一等奖1项、省级及以上科技成果24项。

集体企业创新创效。全年实现收入150.07亿元，同比增长31%；完成利润8.16亿元，同比增长18%。开展设计施工联合运作，组建16个项目部，派驻109名专业人员，实现设计市场占有率翻两番。探索综合能源服务，试点智慧能源管家，代维产值同比增长61%。深入推进资金集中统一管理，资金归集100亿元，收益增加近1亿元。完成年度瘦身健体既定任务，集体企业改革平稳有序，对电网和公司发展支撑有力。

企业管理规范高效。大力增供扩销、降本增效，在非首都功能疏解力度不断加大的背景下，主要经营指标稳中向好。争取外部支持资金41.4亿元。抢抓大气污染治理契机，政府给予清洁取暖补贴，化解华能煤机停备造成的购电成本增加风险，为公司争取经济效益6.14亿元。全年完成市场化交易电量144.25亿kWh，释放改革红利5.7亿元。深化工程决算转资管控，全年完成转资200亿元，转资率88.5%。创新“四个保障、三个强化”同期线损管理，建设成效在国网系统保持领先。深化运监大数据平台应用，常态开展62项业务数据归集和监测分析，实现主营业务监测全覆盖。毕业生招聘数量突破400人，实现长期职工数量17年来首次正增长。

依法治企显著加强。将问题清单梳理作为促进管理提升的重要抓手，梳理整改391项制约发展的突出问题，妥善处置京电房、电动出租车公司等历史遗留问题，工作成效得到国务院监事会肯定。强化依法维权和法律风险防控，应诉案件同比下降25.8%，避免和挽回经济损失8000余万元。成立审计中心，构建“上审下”机制。发挥审计监督效能，持续开展“煤改电”等重点工程过程跟踪审计。

后勤工作价值提升。完成十九大保电后勤保障。紧密对接公司发展和一线需求，集中改造一批生产服务场所，建国门现场指挥部在核心区架空线入地等重点工作中发挥作用。推进职工家属区“两供一业”分离移交，框架协议签订率100%。开展职工“精准健康管理”，建成启用八里庄青年公寓，实现工区班组级“健康食堂”全部达标挂牌，服务职工举措更加贴心丰富。推进后勤资源集约管理，盘活公司房屋土地资源，实现经济效益近1亿元。

（李兴华）

【优质服务】电能替代全面示范。超额完成中央下达的“煤改电”任务，全年完成904个村、40.77万户，全市电采暖客户超过110万户，公司成为第二大供暖企业。电采暖客户每个采暖季贡献售电量50亿kWh，减少燃煤416万t。与公交集团合作，建成103座电动公交车充电站，满足5100辆电动公交车充电需求。全市共建成1156座充换电站、14 915台充电桩，建设规模和服务水平均居全国首位。完成43.5亿kWh燃气发电压减任务，引入京外清洁电力进行替代，大气污染防治成效更加显著。

服务质量大幅提升。深化业扩“五新”服务，全年完成接电1333.33万kVA，拉动电量增长3.89个百分点。累计签订契约项目554项、容量378.48万kVA。创新城市副中心、新机场等重点区域服务机制，就近设立多专业融合的服务机构，实现客户办理业务“零往返”。深化与军委机关事务管理局战略合作，在国管局、中直机关等51个小区开展便民服务活动。全方位做好“煤改电”度冬保障，逐村、逐线制定差异化管控方案，落实电力管家驻村全覆盖、发电车服务全天候等保障措施，确保百姓度冬无忧。加强服务质量监督，完善投诉管控机制，全年受理客户投诉2422件，同比下降42.06%，降幅位居国网系统首位。建成省级计量中心，创新构建“六线二库”功能体系，全面提升计量资产全寿命周期管理水平。全年累计更换智能电能表23.23万具，全采集覆盖率提升至99.6%，客户购电下发平均时长缩短20%。深化“互联网+电力营销”服务，拓展智能互动平台功能，居民线上缴费率、线上业扩报装率、客户报修电子接单率分别为71.26%、96.06%、97.20%。

（李兴华）

【组织机构】

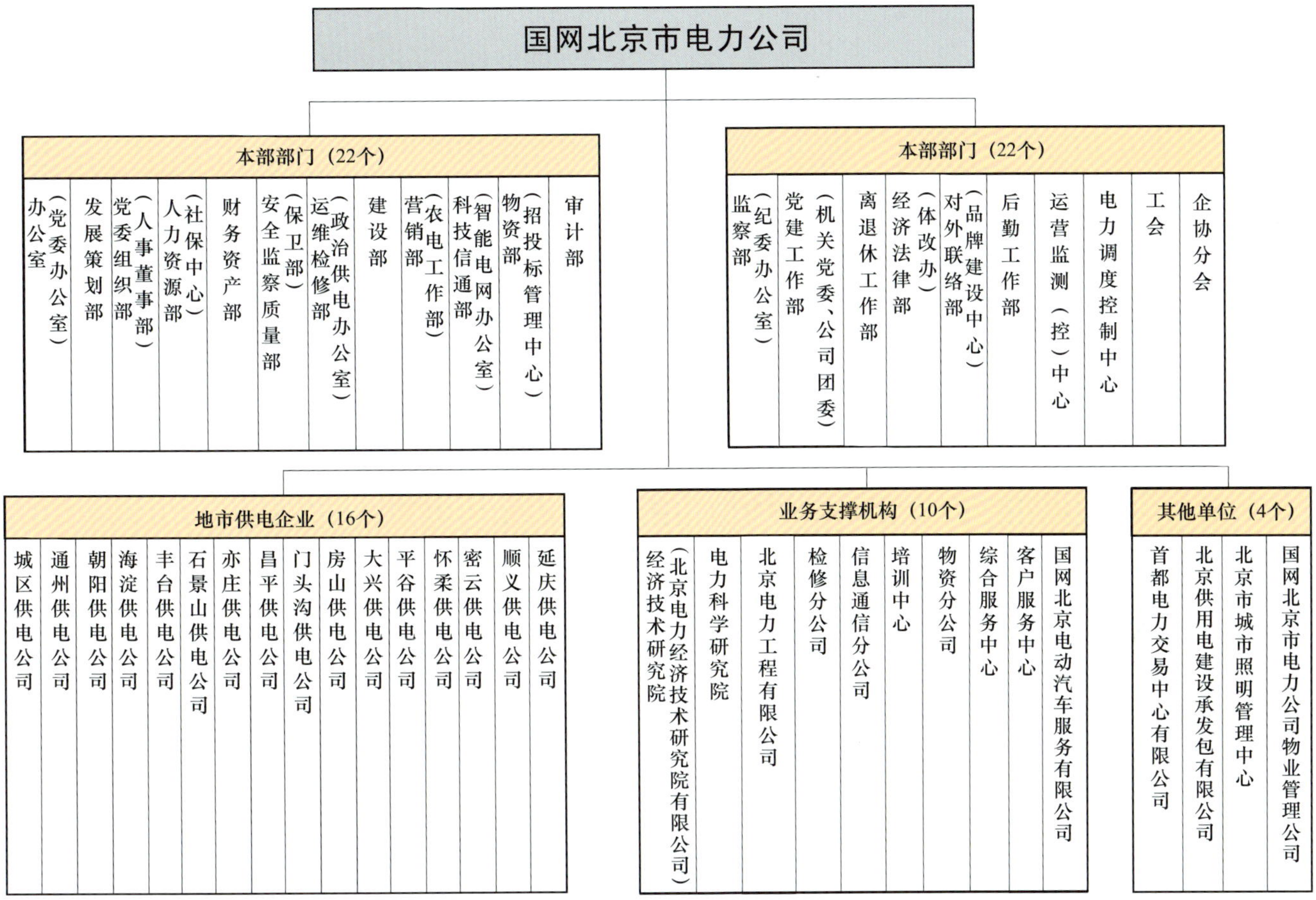

国网北京市电力公司

本部部门（22个）
- 办公室（党委办公室）
- 发展策划部
- 党委组织部（人事董事部）
- 人力资源部（社保中心）
- 财务资产部
- 安全监察质量部（保卫部）
- 运维检修部（政治供电办公室）
- 建设部
- 营销部（农电工作部）
- 科技信通部（智能电网办公室）
- 物资部（招投标管理中心）
- 审计部

本部部门（22个）
- 监察部（纪委办公室）
- 党建工作部（机关党委、公司团委）
- 离退休工作部
- 经济法律部（体改办）
- 对外联络部（品牌建设中心）
- 后勤工作部
- 运营监测（控）中心
- 电力调度控制中心
- 工会
- 企协分会

地市供电企业（16个）
- 城区供电公司
- 通州供电公司
- 朝阳供电公司
- 海淀供电公司
- 丰台供电公司
- 石景山供电公司
- 亦庄供电公司
- 昌平供电公司
- 门头沟供电公司
- 房山供电公司
- 大兴供电公司
- 平谷供电公司
- 怀柔供电公司
- 密云供电公司
- 顺义供电公司
- 延庆供电公司

业务支撑机构（10个）
- 经济技术研究院（北京电力经济技术研究院有限公司）
- 电力科学研究院
- 北京电力工程有限公司
- 检修分公司
- 信息通信分公司
- 培训中心
- 物资分公司
- 综合服务中心
- 客户服务中心
- 国网北京电动汽车服务有限公司

其他单位（4个）
- 首都电力交易中心有限公司
- 北京供用电建设承发包有限公司
- 北京市城市照明管理中心
- 国网北京市电力公司物业管理公司

国网北京市电力公司组织机构图（2017 年）

【公司领导班子】

国家电网公司副总工程师兼国网北京市电力公司董事长、党委书记	李同智（2017 年 5 月改任董事长、党委书记，原任总经理、党委副书记）
董事、总经理、党委副书记	万志军（2017 年 5 月任）
副总经理、党委委员	刘润生
副总经理、党委委员	安建强
副总经理、党委委员	唐屹峰
总会计师、党委委员	李　路
副总经理、党委委员、工会主席	王西胜
副总经理、党委委员	张铁恒
副总经理、党委委员，通州公司总经理、党委副书记	赖祥生
副总经理、党委委员，城区公司总经理、党委副书记	孙兴泉
党委委员、纪委书记	闫承山
总工程师	陈守军
党委书记、副总经理	杨新法（2017 年 5 月离任）

电网发展

规划与发展

【综述】以电网发展工作主动对接首都发展大局，基于新总规全面启动北京电网发展研究，探索新时代北京电网发展方向和实施路径。滚动修编“十三五”电网规划并在全国率先获得政府批复，总投资1000亿元全部纳入输配电价核定范畴。持续优化冬奥会、怀柔科学城等重点区域专项规划。先后与16个区政府签订战略合作协议，实现区县战略合作全覆盖，节约“十三五”工程投资188亿元。借助政府将公共服务类建设项目纳入投资审批改革试点的有利契机，将136项工程纳入政府督办任务和“一会三函”审批流程，56项工程纳入绿色通道审批流程。全年取得张北柔直示范工程等73项重大项目立项核准。

（孙　昕）

【北京电网发展规划】以北京新总规发布为契机，秉持“五个一流、四个理念”、落实“本质安全”，启动研究新总规对北京电网影响，探索首都电网发展方向和实施路径；开展“十三五”电网规划滚动修编，启动怀柔科学城等重点区域配套电网规划；推动副中心、冬奥会、新机场等重点区域配套电网规划落地，完成220kV及以上输变电工程可研编制33项（累计占“十三五”规划的53%）；制定度夏、度冬电网风险规划解决方案，安排新扩建及配电网改造工程164项，不断提升电网抵御风险的能力；推进副中心行政办公区、世园会等重点区域架空线迁改工程，服务国家重大项目规划建设。

创新电网规划与城市规划融合机制，参与城市副中心155km^{2}控规编制，将全部41座规划变电站和17项电力应急保障设施纳入副中心控规；深化与首钢合作，将配网投资范围延伸至园区；结合新机场等配套电网规划，预留电力应急保障中心等地上建筑规模约6万m^2；创新开展阿苏卫等4座可再生能源电厂并网工程零前期投资模式，为公司节约前期费用约2.3亿元。

张北柔性直流工程、北京东—通州工程完成北京段所有支持性文件上报国家发改委立项核准；新机场配套500kV新航城等6座红线外变电站和2座红线内110kV变电站规划前期工作基本完成；冬奥会配套500kV柔直下送、220kV西白庙、110kV玉渡、海坨等变电站完成选址选线、前期工作函办理工作。

（齐　飞　张　瀛）

【课题研究】开展京津冀协同发展对电网影响、冬奥会配套电网规划技术研究、同期线损管理、精准投资管控等方面重点研究，共形成研究成果24篇，其中：《基于卓越管理理念的同期线损精益化管理创新与实践》荣获国家电网公司2017年管理创新一等奖，《政企合作拓展电网规划前期工作的管理实践》获第三十二届北京市企业管理现代化创新成果二等奖，《基于可持续发展理念的冬奥会能源规划优化策略研究》获公司2017年度科技进步一等奖，《北京“煤改电”工程对线损影响及应对策略研究技术报告》等三篇课题研究成果获公司2017年度科技进步二等奖，《电力体制改革形势下精准投资全过程管控创新实践》等三篇课题研究成果获公司2017年管理创新三等奖，《国际、国内一流城市电网发展对比和北京电网发展定位研究》等两篇分析成果获中电联2017年度全国电力行业统计与分析优秀论文。

（张　晶）

工程建设与管理

【综述】完成年度电网建设计划任务。蔚县—门头沟500kV送出工程（北京段）9月具备投产条件，张北柔直工程“四通一平”工作11月完成，安定500kV变电站主变压器增容工程跨全国两会、“一带一路”期间施工，是公司历史上一级+风险存续时间最长工程（102天），平谷变电站扩建、乔庄等24项度夏工程，北宫、周各庄等25项“煤改电”工程如期投产，城市副中心市府西、新机场张华等配套工程投运，核心区拔杆2193基、撤线164.46km，历时5年完成昆明湖地区隧道积水问题整治，大兴生产基地中心库一期工程如期建成。全年开工 35kV 及以上变电容量 789.5 万 kVA，线路 934.06km；投产 35kV 及以上变电容量 850.65 万 kVA、线路 702.94km，投产核心区 10kV 架空入地工程 58 项，线路 50.61km；投产 35kV 及以上高压线路迁改工程 10 项，线路 42.11km。参加国家电网公司输变电工程质量工艺技能竞赛，取得导地线压接个人第 4 名、高压电缆头制作个人第 5 名。开展电力建设工程施工安全年活动，推进基建现场反违章专项行动，实施基建工程安全责任量化考核，推广“智慧工地”建设和深化应用，全年基建安全质量局面稳定。持续开展创优示范工程建设和标准工艺竞赛活动，完成年度创优输变电工程 26 项，优质工程率 100%，马坡 220kV 变电工程、团结湖 220kV 送电工程荣获国家电网公司 2017 年度创优示范工程；创新实施“10+36”项工程提速增效措施，全方位应用“智慧工地”，深化 110kV 变电站钢结构模块化建设，全过程应用变电站、架空线路、电缆机械化施工；完成基建骨干人才储备库三年建设计划，推动基建专家骨干人才“红、黄、蓝”队伍常态化运转，高起点启动基建教研室建设。公司荣获国家电网公司 2017 年度基建管理先进单位，基建同业对标连续 4 年获得专业标杆，并取得第 3 的历史最好成绩；经研院依托三营门 220kV 变电站工程夺得国家电网公司“三维设计”专项竞赛优胜奖；蔚县—门头沟 500kV 送出工程（北京段）项目部荣获国家电网公司 2017 示范业主项目部，建设部、经研院“煤改电”工程班组式示范业主项目部。

（王小峰）

【基建工程完成情况】 全年开工 35kV 及以上输变电工程 74 项，新建变电容量 789.5 万 kVA，线路 934.06km；投产 35kV 及以上输变电工程 56 项，投产变电容量 850.65 万 kVA、线路 702.94km；投产核心区 10kV 架空入地工程 58 项，线路 50.61km；投产 35kV 及以上高压线路迁改工程 10 项，线路 42.11km。

（陈　伟）

2017 年输变电竣工投产工程项目

建设单位	工程名称	新建变电容量（万 kVA）	新建线路长度（km）	投产时间
通州	望君疃 110kV 输变电工程	10	33.8	1月
经研院	马坡 220kV 输变电工程	36	33	3月
顺义	新城 110kV 输变电工程	10	4.77	4月
亦庄	康宁—庆羊 110kV 联络线工程	—	7.52	4月
顺义	马坡—聚源 110kV 联络线工程	—	1.5	4月
房山	昊天 110kV 输变电工程	10	12.34	4月
通州	110kV 乔庄输变电工程	10	3.48	6月
通州	永乐店 110kV 变电站（扩建）改造工程	3.15	—	6月
丰台	大灰厂 110kV 变电站增容改造工程	10	—	6月
房山	南尚乐站 35kV 解重载工程	—	2.48	6月
房山	江村站 35kV 解重载工程	—	9.87	6月
通州	漷县 110kV 变电站扩建工程	15	27.84	6月
大兴	天堂河 110kV 输变电工程	10	7.28	6月
大兴	会战村 110kV 变电站（扩建）改造工程	10	—	6月
怀柔	桥梓 110kV 变电站（扩建）改造工程	10	—	6月
顺义	仁和—米各庄 110kV 联络线工程	—	9.19	6月
朝阳	朝阳酒仙桥站 110kV 切改工程	—	6.52	6月
丰台	长辛店 110kV 输变电工程	10	5.94	9月
顺义	军营 110kV 输变电工程	10	12	9月
通州	永新 110kV 变电站扩建工程	15	—	9月
经研院	北宫 220kV 输变电工程	36	5.92	9月
大兴	张华 110kV 输变电工程	10	1.54	9月
建设部	涿州电厂 220kV 送出工程	—	38.6	8月
检修分公司	平谷 220kV 变电站主变压器扩建工程	18	—	5月
昌平	生命园 110kV 变电站主变压器扩建工程	5	—	6月
昌平	昌平山峡 110kV 变电站扩建工程	5	—	6月
检修分公司	通州 220kV 变电站扩建工程	36	—	4月

续表

建设单位	工程名称	新建变电容量（万 kVA）	新建线路长度（km）	投产时间
昌平	阳坊北 110kV 变电站主变压器改造工程	10	—	6 月
大兴	求贤 110kV 变电站主变压器增容工程	10	25.05	4 月
经研院	八里庄—昆玉河 220kV 线路破口远大工程（远大外电源）	—	18.48	2 月
检修分公司	西北旺 220kV 扩建工程	—	12.72	8 月
经研院	昌平—东升 220kV 线路工程	—	110.29	8 月
通州	通州辛安屯 110kV 输变电工程	10	1.97	8 月
怀柔	怀柔周各庄 110kV 输变电工程	10	9.6	9 月
顺义	顺义东营 110kV 输变电工程	6.3	7.69	9 月
建设部	蔚县电厂—门头沟 500kV 送出工程	—	104	9 月
顺义	潮白河主变压器增容工程	10	—	9 月
房山	南尚乐 110kV 变电站扩建工程	5	16.24	11 月
通州	潞城 110kV 变电站扩建工程	10	0.96	11 月
朝阳	朝阳郎辛庄 110kV 输变电工程	10	2.62	11 月
房山	110kV 普安屯输变电	10	17.4	11 月
房山	官道 110kV 输变电工程	10	12.88	11 月
朝阳	朝阳大羊坊 110kV 输变电工程	10	7.2	11 月
平谷	平谷东高村 110kV 输变电工程	10	22.08	11 月
房山	普安屯 35kV 配套切改工程	—	10.01	12 月
房山	官道 35kV 配套切改工程	—	6.15	12 月
怀柔	辛营 110kV 输变电工程	6.3	34	12 月
顺义	顺义北河 110kV 输变电工程	6.3	10.7	12 月
通州	东夏园 110kV 输变电工程	20	2	12 月
朝阳	朝阳方家村 110kV 输变电工程	10	3.06	12 月

续表

建设单位	工程名称	新建变电容量（万 kVA）	新建线路长度（km）	投产时间
城区	地安门—交道口 110kV 送电工程	—	3.94	12 月
房山	长沟 110kV 变电站扩建工程	5	—	12 月
顺义	顺义张镇 110kV 输变电工程	6.3	20.17	12 月
朝阳	东小井 110kV 输变电工程	20	9.1	12 月
丰台	北湖 110kV 输变电工程	10	7.92	12 月
密云	商务区北 110kV 输变电工程	6.3	3.12	12 月

【重点工程建设】

1. 蔚县电厂—门头沟 500kV 线路工程

为服务首都大气环境治理，推动京津冀协同发展，公司规划了东、南、西、北四个方向 6 条外受电通道建设。已列入《北京市 2013～2017 年清洁空气行动计划》的蔚县至门头沟送出工程，是北京电网“西部”重要的电力外送通道工程之一。项目投产后一期将以两台 66 万 kW 的机组并入北京电网，将增加北京电网 130 万 kW 受电能力，相当于北京西北部燃煤电厂关停前约 50% 的装机容量，将为北京“四个中心”建设提供可靠能源保障。

蔚县电厂—门头沟 500kV 送出工程（北京段），包含新建双回路架空线路、已建南门线还建部分和更换门头沟变电站侧已建线路单侧地线 3 部分。线路起于北京市门头沟区与河北省怀来县交界处 No. 1 号塔，止于门头沟变电站侧 500kV 出线龙门架，全线位于门头沟区。线路总长 59.58km，新建铁塔 101 基。

沿线地形山地占 30%，高山占 50%，峻岭占 20%，海拔 300～1700m，塔位处地形多为灰岩、页岩、片麻岩、大理岩、石英岩等，岩石硬度较大。基础施工时需采取爆破施工，在炸药爆破手续未完成情况下，选用“二氧化碳致裂器”新型设备，用于降基面、爆破成孔等施工作业，加快基础土石方施工速度，节约人工成本，有着良好降方及成孔效果。架设索道，为工程材料运输搭设桥梁，该工程共计架设索道 49 条，架设总长度为 65km。在混凝土浇筑现场设置视频监控，通过视频监控记录整个浇筑过程，确保基础质量。实行标准化项目管理，在工程建设初期，成立业主、监理、施工、设计、物资、前期项目部集中办公，提前策划，加快工程前期协调进度。工程于 2016 年 8 月 25 日正式开工建设，在各参建单位的共同努力下，已于 2017 年 9 月底具备反送电条件。待冀北段完成后启动投产。

2. 安定 500kV 变电站增容扩建工程

为满足北京电网负荷增长需求，提高电网供电能力和可靠性，公司投资并实施安定 500kV 变电站增容扩建工程。工程将依次更换站内 4 台主变压器及相关配套附属设施，改造完成后，将缓解迎峰度夏期间北京电网供电负荷压力，优化北京南部地区电网结构。安定 500kV 变电站增容工程属于临电、近电作业，施工环境复杂，且施工安全标准高、工期紧、任务重，工程为一级+风险，是公司本年度风险等级最高的建设项目。工程涉及土建施工、变电一次、二次安装、继电保护调试、自动化等多个专业。

工程于 2017 年 1 月 10 日正式进场开工，按计划分别完成大型调相机设备和基础的拆除工作，计划 2018 年 1 月完成 4 组主变压器及相应配套无功补偿设备的更换改造工作。增容改造期间本工程跨越了多个重要政治活动，实现了两组主变压器的顺利投产。下半年实施更换 3 号主变压器工作，增容工程最大的难点和风险点是在 4 号甲、4 号乙母线不能停电的情况下，完成带电跨越更换 220kV 主开关的上跨线，确保于十九大召开前顺利投产。

3. 昌平 500kV 变电站增容工程

北京电网以 9 座 500kV 变电站为中心分为 6 个 220kV 供电分区。其中，昌平—城北分区现有 500kV 主变压器 3 台，变电容量 2802MVA，接入 220kV 及以下电压等级电源装机 400MW，预计 2016 年京阳热电厂 2×240+1×300MW 机组切改至该分区。门头沟—昌平分区现有 500kV 主变压器 3 台，接入 220kV 及以下电压等级电源装机 2693MVA，预计 2015 年新高井电厂 2×300+300MW 机组投运。随着 2014 年海淀 500kV 变电站（2×1200MVA）投运，门头沟—昌平供电分区将分为门头沟—海淀、海淀—昌平两个分区，最大负荷将分别达到 2002MW 和 2417MW。考虑“十二五”末新高井、新石热电厂投运后需要 500kV 变电容量分别为 3300、3500MVA，仅靠现有变电容量无法满足复合增长需求。因此，为满足“十二五”期间北京电网西北部地区负荷增长发展需要，提高电网供电能力和供电可靠性，2014 年昌平 500kV 变电站增容工程是十分必要的。

本期工程将原有 4 组主变压器全部更换为 1200MVA 主变压器，更换 220kV 主变进线、分段、母联间隔的部分设备和 220kV 主母线。本期工程在围墙内进行扩建，无新征用地。工程目前已完成 1 号和 4 号主变压器的增容更换工作，由于受到停电计划的约束，预计该工程将于 2018 年底前建成投产。

4. 河北张南—昌平 500kV 送出第三回工程（北京段）

由于张南—昌平双回 500kV 线路长期重载运行，输送潮流已达到 2000MW 以上水平。“十二五”后，张北风电基地、蔚县电厂、塔山电厂二期将相继投产，对京津及冀北电网“西电东送”断面带来较大的压力。经过潮流计算，张南站在送出电力约 4700MW 时，张南—昌平“*N*-1”方式下，张昌单回线路潮流约 2338MW，超过张昌单回 4×LGJ-300 线路 40 度热稳极限（2062MW）。因此，迫切需要架设张南—昌平第三回 500kV 线路，以加强张南—昌平送电通道，满足受端京津及冀北电网的电力需求。

张南 500kV 变电站是京津及冀北电网“三横三纵”网架北部一横的起点，承接张北风电和沙岭子电厂的外送电力。张南—昌平Ⅲ回 500kV 线路工程起于河北省涿鹿县张家口南 500kV 变电站，止于北京市昌平区昌平 500kV 变电站。线路大致东西方向走线，途经河北省涿鹿县、怀来县，北京市延庆县和昌平区。路径全长约 120km（北京段长约 51.3km），沿线海拔高度为 500～1150m。全线按单回设计，为完善网架结构兼顾今后发展需要，本线路采用双回路塔，单侧挂线，导线推荐采用 630m^3 钢芯铝绞线，地线为 1 根 24 芯的 OPGW 复合光缆，1 根铝包钢绞线的分流线。配合输电线路的建设，工程两端的张南及昌平 500kV 站各新建 1 回 500kV 出线间隔。工程于 2017 年 9 月底正式开工建设，目前处于土建基础施工中，计划于 2018 年 12 月底前建成并具备投产条件。

5. 房山—天津南蔡 500kV 输变电工程

该工程可缓解张昌、保霸 2 个“西电东送”通道的潮流压力，是形成坚强的“三横三纵”京津及冀北电网 500kV 主干网架的需要，可提高京津及冀北电网“西电东送”能力、增强电网安全可靠性。

工程北京段架空线长度 58.842km，改造 500kV 安房一线 0.913km，改造 500kV 安固线 0.468km。500kV 房山站扩建 2 个 500kV 出线间隔，500kV 安定变电站改建 1 个 500kV 出线间隔。500kV 安房一线拆除线路长度 29.995km。拆除单回路铁塔 81 基。500kV 安北线拆除线路长度 16.996km，拆除单回路铁塔 45 基。

沿线走廊环境复杂，需要大量拆迁，并有京广、京沪、京霸、京九等多条铁路及高速公路等重要跨越。线路还涉及 500kV 安房一线改造、500kV 安蔡线改造、500kV 安固线改造、跨越 500kV 源一、二安线等重要停电跨越。

工程涉及北京段、冀北段、天津段三部分，北京段又分为安房一线改造段及安蔡线改造段，北京段安房一线改造部分计划 2018 年 9 月 30 日投产，安蔡段改造部分需要会同冀北公司、天津公司共同排定施工、停电及投产计划。同时又涉及华北分部、冀北运检等管理单位，在工程建设、停电计划、运行验收等阶段需要同时协调多单位多部门开展工作。线路工程于 2017 年 12 月 27 日开工建设，按计划将于 2019 年 10 月投产。

（周云浩）

【基建工程管理】 面对处于历史峰值的建设任务，科学组织、统筹施策，出台“10+36”建设管理提速提效措施，提升工程推进效率。工程关键节点匹配率达 95%。首都核心区 58 条道路、50.61km 架空线入地工程建设工作，得到北京市委市政府肯定。城市副中心行政办公区配套 2 项 110kV 输变电工程如期投产，为市政府启动搬迁入驻提供可靠保障。新机场配套 110kV 张华输变电工程提前建成。如期建成蔚县—门头沟 500kV 线路工程（北京段）。完成张北柔直示范工程四通一平并突破文保审批手续，为工程按计划开工奠定基础。顺利完成安定增容工程全部 4 组变压器更换。开工建设 500kV 张昌三、房山—南蔡线路工程以及南苑、聂各庄加装调相机工程。

结合基建安全形势和电网建设攻坚的实际情况，推进基建现场反违章专项行动和电力建设工程施工安全年活动，全年基建反违章督查 3000 余次，下发整改通知单 712 张，实施“亮牌”考核 26 次，治理各类安全问题 4986 项，确保基建施工安全。开展基建安全责任量化考核，创新实施“NIM”安全责任督查，压实各级管理人员安全责任。汲取国网系统“5·7”“5·14”事故教训，制定 25 项“加强基建安全管理坚决防范安全事故”的措施，全面梳理、排查治理输电线路工程 15 类安全隐患；针对“三跨”等重大施工风险作业，开展全过程动态管控，全面落实分包管理办法，严格执行“二维码”管理，精准管控分包人员及分包作业。基建工程全覆盖应用“智慧工地”，开展远程巡检，严厉通报和整治现场违章问题；十九大保电期间开展停工保障，对所有基建现场值守人员实施政审排查，确保基建现场和谐稳定。

开展创优示范工程建设和标准工艺竞赛活动，选树“样板工程”，实现过程管控能力、实体质量水平双提升。编制并推广使用《变电站工程安全文明施工口袋书》《变电站工程质量工艺控制口袋书》，编制钢结构工艺设计图集和典型施工方法，丰富标准工艺内容，印发《关于进一步提升变电站工程钢结构标准工艺应用效果的通知》，规范钢结构工程施工工艺；推广土建工程预制技术，对散水、围墙压顶、井口等 7 项建（构）筑物实施工厂化预制，减少现场湿作业，提高工程实体质量。

坚持党建引领、强化党员示范，组建成立“党员突击队”95 支，有效激发广大干部员工干事创业热情。完成基建骨干人才储备库三年建设计划，三批、42 名基建系统优秀人才入库。推动基建专家骨干人才“红、黄、蓝”队伍常态化运转，在承担重要工作任务、取得重要成果方面、开展培训授课等各方面都发挥重要支撑作用。高起点启动基建教研室建设，共组织开展以“精品班”为代表的 5 大类 17 个班次、覆盖各层级、各专业 1800 余人次的专业培训。荣获国家电网公司 2017 年示范业主项目部 1 个、班组式示范业主项目部 2 个，评比命名公司示范业主项目部 7 个。基建专业连续 4 年进入国家电网公司对标标杆行列，并首次进入前三名。

（胡进辉）

【基建技术管理】 推进输变电工程变电站模块化建设，编制完成 220-A2-6、220-A3-4、500-A2-1 三个通用设计模块，依托 220kV 宜庄西南 220kV 变电站工程示范应用 220kV 变电站模块化通用设计。编制完成《国家电网公司电缆通用设计》贯彻国网公司“三通一标”，以及通用设备“四统一”要求。

完成《额定电缆 500kV 交联聚乙烯电缆线路施工及验收规范》《户内变电站防汛、防涝设计技术规程》《综合管廊电力舱设计技术导则》等国家电网公司企业标准的编制工作。印发《电缆机械化施工技术》《国网北京市电力公司钢结构变电站建设管控要点》等技术要求。依托金沟河 110kV 输变电工程，开展《高压电缆接头防火防爆装置的技术研究及应用》。

开展三维设计应用研究，通过三营门 220kV 输变电工程、于庄 110kV 变电站开展三维设计应用示范。组织设计竞赛与设计评优，公司经研院获国家电网公司竞赛优胜奖一次、二等奖一次、三等奖一次，七家庄 220kV 变电站工程获国家电网公司优秀设计二等奖。开展设计质量“回头看”专项自查工作，对2016～2017 年投产的 110kV 以上输变电工程进行检查。在国家电网公司统一指导下，完成第一批次施工装备购置，提升公司施工单位装备配置水平。

（张　波）

【基建技经管理】 完成110kV及以下输变电工程初设评审29项，审定概算22.97亿元，经评审核减造价0.98亿元，核减率为4.09%。完成220kV及以上输变电工程初步设计评（内）审14项，审定概算34.3亿元，经评审核减造价4.58亿元，核减率为11.78%。完成电力设施迁改及输变电配套10kV切改等其他工程127项，审定概算20.43亿元，经评审核减造价1.22亿元，核减率为5.97%。

公司技经巡检工作覆盖建设部项目处、经研院建管中心、检修分公司、城区公司等19家建设管理单位。开展常规技经巡检，涉及6项工程；施工图招标管理专项检查，涉及94项单项工程；设计质量管理专项检查，涉及43项工程；输变电工程竣工结算质量检查，涉及8项工程；城区架空线入地工程专项技经巡检，涉及58项工程；工程前期赔偿情况检查，涉及2项工程；施工图复核情况统计分析，涉及6项单项工程；配合机械化施工专项检查，涉及3项工程。

完成国网公司电缆工程造价分析、公司年度造价分析等课题研究任务，完成地下站垂直运输费用研究，开展《电力隧道工艺井造价分析》《架空线路基础造价分析》《北京公司地下站半地下站造价分析》《输变电工程前期补偿费用造价分析》等。

落实施工图预算管理。施工图预算管理纳入里程碑进度计划管控，细化施工图及预算的编制审核和招标工作的时间节点。编制《变电站建筑工程施工图预算标准化模块》《电缆隧道工程施工图预算标准化模块》，规范变电站施工图预算文件编制，提高施工图预算文件质量。选取70项单项工程，对变电站建筑工程和送电电力隧道工程开展施工图预算成效分析，预算较概算下降3.63%，招标控制价较预算下降1.64%。

（张　波）

农　电　发　展

【农电标准化建设】 按照国家电网公司的统一部署，公司组织开展“全能型”乡镇供电所示范建设，编制《全能供电所建设评价标准》，试点建设营配业务融合、人员一岗多能的“全能型”乡镇供电所。其中，昌平十三陵供电所、房山长阳供电所获得“国家电网公司五星级乡镇供电所”荣誉称号。

（王瀚秋）

企业管理

计划与投资管理

【投资管理】树立“精益发展、精准投资”理念，保障“煤改电”、副中心等重点任务投资，全年完成固定资产投资228亿元；借助核心区架空线入地、新机场、“煤改电”等工程，争取外部资金41.4亿元，超过全年电网投资的20%；提前预安排2018年度夏防汛重点项目投资计划，方便各单位提前开展工作并加快进度，为及时投运创造条件。

（周启亮）

【计划管理】落实市政府压减燃气电量目标，科学编制全年压减燃气40亿kWh的发电量计划，在为北京市大气污染治理作出贡献的同时，为公司带来直接效益2.8亿元；有效化解华能煤机停备带来的公司成本增加，节省购电成本5900万元。

开展同期线损精益化管理。突出以同期线损管理系统建设为基础保障、以优化流程规范固化机制为制度保障、以线损实时监控平台发布倒逼专业管理提升为监督保障、以全面加强线损分析促管理和系统建设为技术保障的“四个保障”；打造强化人才队伍培养提升业务技术能力、强化工程支撑补充采集通信等基础业务短板、强化劳动竞赛营造全员参与竞争氛围的“三个强化”，形成基于“四个保障、三个强化”技术和管理双驱动的同期线损精益化管理模式，管理成效在国家电网公司持续领先，综合线损率同比下降0.41个百分点，下降幅度在国家电网公司排名第五、在四个直辖市中排名第一；降低损耗3.73亿kWh，减少购电成本1.98亿元，在完成央企履约责任的同时，结余碳排放配额27.8万t，带来效益1800万元。

（佘　妍　丁　冬）

【统计管理】创新开展统计信息化“两个100%”建设，实现报表一键生成、校验一箭穿透、问题一目了然；建立“四位一体”支撑、跨专业关键数据对比、新发电厂信息传送“三大机制”，顺畅流程、明确责任，实现数据应统必统、口径一致、高效集成，蝉联“诚信统计单位”荣誉称号。参与国民经济行业用电分类调整工作，建立133项指标体系，编制指标解释、行业标准和指导手册，推动新版行业用电分类在全国实行。

（张　晶）

人力资源

【综述】公司业绩考核连续三年位列A段，取得国家电网公司对标考核第三名的历史最好成绩。2017年，公司共有全民职工8156人，其中：研究生及以上学历1628人，本科学历3923人，专科学历1527人；高级职称1470人，中级职称1846人；技师及以上职业资格4041人，高级工1709人，中级工469人。

（王桂哲）

【领导班子和干部队伍建设】选人用人工作。坚决贯彻党的十九大精神，坚持以习近平新时代中国特色社会主义思想为指导，按照国有企业领导人员“20字”要求，把好干部标准落到实处，突出“政治标准”，强调“事业为上”，将公司重点工作作为干部培养的主战场，在复杂的环境、艰巨的任务中锤炼干部。践行“三个最大限度”要求，考虑岗位对专业能力、工作经历等条件要求，注重选拔业务精、懂管理、善经营的干部充实到领导班子，配强班子正职，配齐党务、纪检监察干部，优化集体企业班子结构，抽调管理和技术骨干到国家重大工程一线等，有力推动各项重点任务。严肃干部人事纪律，坚持民主集中制，严格执行动议提名、组织考察、讨论决定等程序步骤，严把干部的政治关、品行关、廉洁关、能力关，落实“凡提四必”“双签字”等措施，防止“带病提拔”。

干部考核和干部监督。围绕国家电网公司干部人事专业管理要求，形成《国家电网公司领导人员管理办法》等制度。完善公司现有制度体系，运用“基层与机关互评、同级互评、上下互评”的联合考评组织方式，建立现场考核与网络测评有效衔接、相互补充的考评手段，提高考评效率和考评效果。丰富测评维度，开展党政正职和专业干部横向测评，进行本部干部考核和后备推荐，实现上级、同级、下级同时参评的360°评价。抓住考核关键点，开展干部行为反向测评，实施干部业绩网上公示，积极营造干事创业氛围。完成本年度班子和干部综合考评，并综合测评数据、现场谈话以及日常掌握情况，进行分析研判。抓好“两项法规”学习贯彻，加强政策指导，确保公司领导班子和部分处级干部精准填报。落实领导干部和关键岗位人员出国（境）备案管理要求，严格执行领导干部提醒、函询、诫勉谈话等制度，坚持抓早抓小、抓在日常，确保公司干部队伍肌体健康。坚持开展基层单位中层干部选拔任用“一报告两评议”和选人用人工作检查。

干部培训培养与作风建设。突出政治建设，强化理想信念，举办“十八届六中全会专题培训班”、“党的十九大精神专题研讨班”和本部大讲堂，对处级干部进行脱产轮训，推动各级干部认真学习习近平总书记系列重要讲话精神和治国理政新理念新思想新战略，“四个意识”进一步强化。将认真学习宣传贯彻党的十九大精神作为首要政治任务，组建“1+*N*+*X*”宣讲体系，发挥领导干部带头作用，实现党的十九大精神贯穿至一线、覆盖至全员、延伸至客户。在两级机关干部中，开展“三带头、三强化”作风建设，着力打造“带头担当、带头谋划、带头落实”的领导集体和“强化执行、强化协同、强化服务”的管理机关，改进作风建设。

（司贺秋）

【人才队伍建设】在人才培养方面，以建设专业为试点，编制并落实《基建骨干人才储备库建设三年计划（2015～2017）》，加强基建骨干人才培训培养，实现专业人才储备与专家人才培养选拔的有效衔接。在公司范围内择优选拔各级各类专家人才125人。在人才使用方面，会同建设部落实《基建专业专家骨干人才培养提升与使用激励实施方案》，组建基建专家骨干人才团队，下设“红、黄、蓝”三支分队，通过分队竞赛机制和配套激励机制，激发专业人才融入和服务专业发展。发挥公司各级各类专家和兼职培训师作用，承担国家电网公司培训资源开发工作。在资源建设方面，探索利用现状实训场地资源加强实训基地建设，在平谷、城区挂牌建设配电与营业、供电服务实训基地；选拔认证初、中级兼职培训师755名；在培训中心建设基建、生产、营销、党建、经营等专业培训教研室，支撑专业人员岗位培训和人才培养工作。

（王希菁）

【全员教育培训】落实全年培训计划，完成培训项目432个，合计60 192人次。聚焦公司重点工作、核心业务，重点组织开展十九大供电保障、“煤改电”供电服务、继电保护专业和供电所业务青年员工“回炉”等培训；提升专业培训的精准性、系统性，协同建设部、调控中心制定落实专业业务岗位培训、人才培养方案。支持各部门参加国家电网公司竞赛调考工作，并取得较好的调考成绩。

（司贺秋）

【深化“三集五大”体系建设】推进前端全能型班组和后台营配调贯通工作，形成相对完整的业务集约融合体系。建立安全管控和配网运维管控平台，推广应用“智慧工地”，实现各类作业现场全覆盖，实现安全、质量的全流程管理和监控。在城市化区域试点将10kV生产营销服务等业务下放至营业所，为辖区客户提供立体式、综合式服务，城区供电公司在设置天安门、崇文供电服务中心的基础上，推广设置西城、东城、宣武和黄寺供电服务中心。创建首钢冬奥供电服务中心，拓展供电范围，打破石景山地区“一个区域，两张电网”的现状。完成北京城市副中心、雁栖湖等供电服务中心建设，提升重要区域、重要客户服务水平。融合10kV及以下的生产运维业务，设置线路经理、台区经理和业务经理，打造“服务全能、素质全能、手段全能、装备全能”的全能型供电所。

（李　蓉）

【“三定”管理】在机构设置方面，撤销电力交易中心，成立首都电力交易中心有限公司；研究混合所有制公司组建方案；加强党建工作力量，优化公司党建工作机构设置，公司各层级党建部门党建工作人员编制增幅34%。优化审计力量，设立审计中心。全面梳理公司各类临时机构，保留42个，撤销56个。按国网公司要求，开展公司机构编制诊断分析工作。在定员管理方面，完成年度劳动定员测算工作，并申报国家电网公司审核。承接国家电网公司定员工作，与人力资源和社会保障出版社积极沟通，完成《电力行业供电劳动定员》《电力行业供电业务岗位分类》和《电力行业供电劳动定员应用指南》等书籍出版工作，提升公司的定员管理水平。在岗位管理方面，结合业务集约融合工作的推进，设置供电服务机构等复合岗位体系，探讨明确任职资格标准。

（李　蓉）

【“五位一体”机制建设】开展“五位一体”深化应用

工作。结合流程、制度、标准等要素变化，组织各部门完善“五位一体”平台建设，新增流程63条，废止流程47条，完善流程39条，调整典型岗位19个，新增匹配制度55个，废止制度28个。首次将国家电网公司监察局廉洁风险及控制体系融入公司“五位一体”体系，为全部典型岗位匹配廉洁风险点115项、防控措施409项，将廉洁风险防控要求及时准确落实至相关岗位。深化“五位一体”应用工作，形成最佳实践案例91个。

（李　蓉）

【员工管理】开展交流配置1988人次，其中跨单位人员配置174人次，有效解决结构性缺员问题，核心业务用工配置率提升。遴选36名优秀专业人才对北京城市副中心电网建设、首都核心区架空线入地工程、首都新机场配套电网工程、冬奥会场馆配套电网工程建设工作开展支援，遴选4名优秀专业人才赴西藏对口县公司开展帮扶工作。

（段鹏飞）

【薪酬管理】聚焦公司年度“三大攻坚战、五方面重点任务”，全国“两会”、“一带一路”高峰论坛、十九大政治供电，首都核心区架空线路入地、大兴新机场、延庆冬奥会工程等难度大、时间紧、标准高、影响大的“重中之重”专项工作，设置专项激励资金，研究制定“攻坚创优”专项奖励实施方案，发挥薪酬激励的引导性和时效性，引导员工从“单位发钱”到“自己挣钱”的意识逐步转变。

（张亚楠）

【绩效管理】依据量化、细化、流程化“三化”原则，以各部门职责、制度、标准为基础，指标分解纵向到底，指标协同配合横向到边，建立起覆盖核心业务、关键环节、层级清晰、脉络连贯的“三级三化”指标体系。开发绩效工资激励功能评估模块，准确掌握各单位绩效工资占比、与考核结果直接挂钩比重、同层级人员分配差距等，倒逼全员绩效管理，强化激励功能。基于“互联网+”的理念，推广使用“移动智能作业、工时自动统计、工分自动计算”的移动APP，依据员工任务角色和分配情况自动统计计算个人工作积分，提升工作项目记录的准确性和便捷性，提高员工工作满意率。

（张亚楠）

【社会保险】以“保职工利益、降企业成本”为目标，在主动取得政府部门认可情况下，公司执行“五险”企业缴费最低费率，每年减少支出千余万元。实行倾斜一线分配稳岗补贴制度，围绕公司年度重大任务和重点工程，补贴资金分配向基层单位倾斜。促进健康食堂建设，提升一线职工就餐品质。

（李　宝）

【信息化建设】组织公司各单位按规范要求，维护管理人力资源市场及ERP系统中退二线、离职、退休及降岗、待岗人员信息数据，开展农电人员系统信息核查修正工作。按照国家电网公司信息化建设要求，统一组织、集中开展人力资源重点项目专业信息检查治理工作，并通过国家电网公司人力资源信息实用化评价考核。

（段鹏飞）

财　务　管　理

【综述】贯彻落实年初“两会”要求，开展提质增效工作，落实输配电价上涨空间，推进工程转资，加强资源精益管控，开展问题清单梳理，提升风险防控能力，连续4年荣获国家电网公司财务专业管理标杆。在国家电网公司财务工作典型经验评比中，公司预算、价格、资金和队伍建设四个专业典型经验获得领先型和提升型标杆单位称号。财务专业2项管理创新分获北京市企业管理现代化创新成果一、二等奖，1项管理创新获得国家电网公司管理创新成果一等奖，2项获三等奖。

（李　刚）

【提质增效】多措并举，提质增效，克服折旧、财务费用刚性增长的影响，消化公司十九大保电等成本增长7.5亿元，完成利润目标。增供扩销实现收入增长。克服北京市减量集约发展影响，全年完成售电量968.01亿kWh，实现年度5.41%的电量增速，高于核价增速（3.19%）1.21个百分点，直接带来利润贡献

4.81亿元。抓住“政府补助”准则调整契机，实现各类政府补助、迁改补偿等外部资金7.74亿元转化公司利润。全面完成“降成本”整改任务，诉讼赔偿等支出控制在2016年的70%以内，“两供一业”相关成本压降30%，清理历史挂账，巩固“两金”压降成果，推进亏损企业治理。

（邓　伟）

【预算管理】应用经营目标测算模型，跟踪因素变动强化经营预测，资源配置进一步优化。开展储备项目可研经济性与合规性审查，完善全链条闭环管控，实现项目财务审查工作“三个100%”。应用公司级项目管理平台开展项目管理，强化项目预算过程管控，确保项目预算执行合规有序。安排成本支出，强化预算控制的“硬约束”，严格成本管控，坚持有保有压，保证十九大政治供电等成本需求，并从严控制非生产开支，成本精益管控能力得到提升。

（邓　伟）

【会计精益核算】把握会计政策变化，为公司保持业绩水平目标提供政策方法支撑。组织探索研究输配电成本归集体系，会计政策研究不断强化。完成2016年度财务决算编制工作，提升信息反映水平。开展供应商客户主数据和挂账清理，巩固“两金”压降成果，回收工程长期挂账资金，开展基础工作检查，细化财务数据颗粒度，推动决算管理闭环，提升精益化管理水平。参与单体报表取数拓源、分业报表等试点，配合国家电网公司“五棵树”项目建设。完善预付费、“煤改电”补贴等线上流程，业财融合持续加强。

（姚敬明）

【资金集中管理】压减公司10%银行账户，搭建集团账户体系，全面归集子公司资金并加强运作，实现资金整体效益最大化。全面推行内部封闭结算，试点研究资金预算“日排程”，平滑资金收支曲线，提高资金集中管理效益。构建应用融资决策模型，科学筹划方案，精准控制节奏，全年维持贷款利率水平下浮10%，在有力保障首都电网发展资金需求的同时，压降财务费用5000余万元。建立资金风险预警和排查常态化机制，组织对公司七个方面75项重点领域开展资金安全检查，并督导及时整改发现的问题和隐患，保障资金管理安全。

（韩　丹）

【工程资产管理】推进工程投资全面预算管控，强化源头治理、狠抓执行控制、拓宽工程投资预算的广度和深度，实现基建投资预算和全面预算标准对接。梳理匹配物料编码、设备分类编码、资产分类编码对应关系，规范物资需求提报和严格限定关键业务的时限要求，推进工程自动竣工决算。设置WBS标识位，固化费用分摊规则，持续开展账卡物一致治理，试点建设“资产设备树”管理方法，资产管理基础夯实。积极推进产权清理，将产权管理级次压降至3级，完成公司4家未建立资本纽带企业的清理处置。对公司新设首都电力交易中心有限公司注资5000万元，追加河北丰宁抽水蓄能有限公司投资1966万元。积极推进财产保险赔付工作，全年理赔1978万元，同比增加1.37倍，有效降低资产损失。

（朱　平）

【内控稽核评价】健全完善风险防控体系，落实风险防控责任，全面防控企业经营风险。开展问题清单梳理工作，完成“四上四下”梳理任务，落实整改决议，391项问题得到有效整改。两次迎接监事会来公司现场调研，获得监事会肯定。对历史遗留问题的处理取得成效，京电房公司顺利划转，大雁楼宾馆停业关闭，7家电动出租车公司投资款实现现金回收，电动车公司1.55亿元的电池租赁款清欠工作纳入议事日程。梳理资金支付现状，统计分析22万余条支付数据，确定分级授权标准，资金分级授权体系初步建成，为资金分级授权标准的落地执行做好准备。开展电费收入、关联交易专题评价，推进常态实时监督，提示经营风险，推动问题整改，提高企业风险防控能力。

（张娜娜）

【电价税收管理】利用财务管控等信息化手段，加强电价执行分析，搭建指标考核体系，完善电价管控能力；借助可再生能源结算系统，提升分布式光伏管控力度，防范经营和服务风险；有效应对电价监管，规范公司对外电价执行和收费管理业务，防范企业经营风险。有效应对史上最长、最广、最严电价检查，营销、产业、财务形成合力，未发生对公司产生重大影响的问题，风险得到有力控制。落实财税政策降低税负成本。全面落实“营改增”政策，开展纳税筹划，为企业减税2128.73万元。

（金　锋　滕仁鹏）

审 计 管 理

【综述】围绕中心、服务大局、凝心聚力、真抓实干，着力于“全覆盖、促整改、重创新、强基础”，完成公司各项审计任务。两级审计共完成各类项目82项，促进增收节支2.26亿元，提出各类审计建议1164条，审计建议采纳率100%。《价值视角下电网企业内部审计管理模式的转型与升级》等3篇论文获得中国内审协会理论研讨三等奖，《以内部审计工作转型适应城市副中心经济新常态》等2篇论文分别获得北京市内审协会专题研讨二、三等奖，《电网企业内部审计效能提升的模式创新与实践》获得北京市企业管理现代化创新成果一等奖，《新常态下内部审计监督全覆盖的创新实践》等2项获得公司管理创新成果奖。《信息化环境下电力营销专项审计》等6个项目获得国家电网公司优秀审计项目。

（赵　悦）

■ 1月13日，检修分公司、北京市电力公司优秀审计项目成果发布会。（吴婷婷　摄）

【重点迎审及派出审计】完成迎接国家审计署电力体制改革电力市场交易政策落实完成情况的专题调研和审计延伸工作。全力配合做好国网公司后续审计的迎审工作，公司审计问题整改验收率100%，未有问题纳入国网整改台账。遴选公司上下两级共28名审计及专业骨干人员组成审计组，完成对英大传媒集团公司、英大人寿公司经济责任和依法治企审计、国网北京电力医院改扩建工程审计、华北分部兰州供电公司经济责任审计任务，其中3项获得总部考评A类。参与派出审计人员纪律严明、业务精良，充分彰显公司审计能力。

（赵　悦）

【工程投资审计监督】开展2016年工程决算转资“回头看”审计，共抽取公司22家单位各类转资项目258项，涉及金额49.91亿元。对在建设过程中已同步开展过程造价控制或过程跟踪审计的工程项目进行抽审，实现有重点地审计覆盖；依据竣工图纸对工程完工情况逐一进行现场踏勘，确保工程价款结算、物资领退、洽商变更、计价调整等与工程实施情况相符；审计过程利用生产管理系统上线数据，通过数据提取分析与工程完工移交设备的现场校核，提出纠正和治理要求，以审计过程同步督导业务管理要求落实。随着电能替代战略推进，开展充换电建设和运营管理审计，对662处公共充电桩群建设规范性和运营效益进行评估，清查公共充电桩资产9832项，利用“车联网”平台数据和营销系统对充电桩的合规性及运用过程的效益性进行分析，拓展新业务领域中审计的监督保障作用。

（赵　悦）

【领导干部履职监督】坚持“离任必审、离任即审”原则，落实全面从严管党治党要求、结合国家电网内部巡视工作，深化领导干部经济责任审计，完成21名领导干部的离任和任中经济责任审计。在实施全面审计的基础上，将工程项目实施、成本列支、物资管理、职务消费、集体企业改革改制、主业与集体企业关联交易、集体企业供应商选择与管理等方面作为审计重点，突出对资金运转、责任履行和权力运行的审计监督，客观评价领导干部经营业绩，依规公正定责，充分发挥经济责任审计在加强干部监督、推进全面从严治党进程中的重要作用。

（赵　悦）

【重点领域审计监督】持续对60万户、81.75亿元“煤改电”民生工程开展过程跟踪审计，提出“项目结、问题清”的总体目标，建立“一村一卡”工作标准，坚持“三不放过”工作原则，实行“四方联合”现场复核工作机制，踏勘现场1216次，出具核实记录481份，共计下达整改意见书434份，事中纠偏问题3000余个，促进增收节支1.07亿元，避免损失浪费2.5亿元，确保民生工程惠及百姓、政府资金高效清廉。针对两级政府对居民“煤改电”电费补贴的发放开展专项审计，对30万居民逐户进行资金核查，通过营销和电量采集系统远程调取数据72.02万条，对于可疑数据逐一核查，确保政府补贴到户。落实集体企业“瘦身健体”要求，对21家清算关闭企业开展清算审计，对31家存续企业开展以治理“五突出”为重点的规范管理进行全面审计，促进集体企业健康、有序发展。

（赵　悦）

■ 6月30日，房山“煤改电”工程跟踪审计工作现场。（吴婷婷　摄）

【审计成果综合运用】贯彻国家电网公司“严肃审计、严肃整改、严肃问责”的审计工作要求，深化审计整改专项行动，强化源头整改机制，健全整改闭环管理机制，以后续审计标准检验整改质量与成效，促进审计成果向规范管理的转化，确保问题整改工作取得实效。坚持整改与审计同部署、同落实，坚持挂号销号管理机制，下发限期整改清单，按照“一项一档”方式，逐项梳理历次审计问题整改实证资料，对整改效果进行动态跟踪评价，推进深层次管理问题的有效解决。

（赵　悦）

■ 12月28日，公司本部审计中心成立揭牌仪式。（吴婷婷　摄）

【审计工作机制建设】落实国家电网审计体制改革决策部署，紧跟审计体制机制变革步伐，优化资源配置，遴选优秀人才充实审计队伍，按期完成审计中心建设工作，为落实全领域监督打好基础。强化对二级审计机构的管理和指导，在计划安排、审计重点、力量调配等方面发挥集约管理优势，做到上下呼应、协调配合，真正使公司两级审计成为“一盘棋”。紧跟国家电网数字化审计步伐，集成、关联、分析业务管理系统与审计作业实施系统数据，以各项经营业务管理活动中的敏感风险与异常信息为驱动，科学规划审计立项、精准聚焦审计重点，有深度、有质量开展审计项目实施，多维度、广视角展现审计监督成果，不断推动审计全覆盖向纵深发展。

（赵　悦）

【审计专家团队建设】强化审计资源集约管理，建立内部专兼职审计专家队伍，对国家电网公司审计工作形成有力支撑。审计部3名同志入选国网审计专家团队，1名同志到总部挂职，主编国家电网公司人寿保险业务审计指引，参与国网专家团队授课、方案研讨，总部数字化审计建设和平台搭建160余人次，为公司总部审计工作开展提供有力支撑。

（赵　悦）

物　资　管　理

【综述】根据公司统一部署，全面提升物资管理水平，推进物资专业各项工作。全年完成集中采购金额128.58亿元，签订物资采购供货单5211份，订单金额33.16亿元。完成监造工程89项，下达检测任务2684条，检测物资21 155台（套），整改设备质量问题284项。

（白晓东）

【计划管理】全年组织实施招标采购批次54批，其中物资采购批次36批，服务采购批次18批。面对十九大保电、首都核心区架空线入地、城市副中心、首都新机场等重点项目物资保障的诸多挑战，在北京市各级政府及国家电网公司的大力支持下，将采购需求列入“绿色通道”，以最优化的采购模式，选取价格合理、高质量的设备，并且大幅缩短采购周期，确保重点工程顺利实施。

（申　博）

【招投标管理】公司强化采购前期准备，提升招标文件审查力度，加强采购规则分析，合理设置资质业绩条件、合理划分标包，坚持“选强选优”的招标导向。深化供应商管理，将供应商管理与招标采购、合同履约环节紧密联动，加大不良行为处罚力度。提升信息化管控水平，搭建评标辅助系统，借助信息化手段，提升评标质量。

（吴　江）

【采购合同管理】全年签订采购合同5293份，金额84.47亿元。规范合同变更、解除及违约处罚流程。杜绝“先到货，后变更”的现象，明确限时办结机制。通过对供应商的宣贯，对建设单位的督促和考核，全年新近工程未发生“先收货，后变更”的现象，变更滞后的问题得到有效改观。对供应商原因导致的产品质量、交货期、售后服务等违约行为，依据合同规定开展合同违约处理工作。全年处理违约金额80.89万元。

（陈　晨）

【物资仓储管理】基于协议库存、电商化采购等方式，建立“集中储备、统一配送”的供应保障新机制，突破行政区域限制，建立仓储跨区域服务机制，推广通用物料单元化、成套化配送，建成以中心库为主体、各周转库为支撑的主动配送体系。

（高国中）

【物资供应管理】北京电网建设任务处于历史峰值，工程建设任务紧急，供货压力大，公司针对重点主配网工程物资“月计划、周协调、日调度”，分层级、多频次协调供货。面对环境整治下供应商停产压力，周密制订主配网供应计划，力保物资供应及时高效，顺利完成多项重点工程的物资供应。

（李　静）

【物资质量管理】加强标准化建设，优化监造抽检策略，按物资品类完善监造、抽检技术标准。扩大监造范围，将电缆、铁塔、开关柜等设备材料纳入监造，通过“一张表”模式，实现监造业务过程管控，多种方式提升监造工作水平。提高抽检质量，以到货检测为主，厂内检测及专项抽检相结合，严控不合格设备进入电网。

（李　静）

【废旧物资管理】妥善处置历史遗留问题，高度关注废旧物资技术鉴定、资产报废手续办理，全年废旧物资处置取得实效，处置金额达5296.51万元，较上一年提升118.74%。开展废旧、剩余物资置换，打通各项业务节点，完成4个开闭站680万元剩余物资置换，完成3405台10kV避雷器到新疆公司的跨省调拨。

（高国中）

【物资监察管理】完成国家电网公司风险防控课题研究，深度分析系统存在的仓储账实不符问题，排查问题及成因，制定有针对性的风险防控方案，力求研究成果在仓储管理中发挥借鉴作用。坚持优化评标专家库结构，持续人才挖潜，结合指标设置引导，公司评标专家库高级职称占比、四级四类人才比例再次提高。

（陈　巍）

【物资信息化建设】基于ERP系统增加供应链全流程监控模块，清晰追溯采购计划至付款结算状态，实现全流程闭环监控；研发物资一键式结算模块，实现结算清单自动生成，大幅提高结算工作效率。实施仓储管理系统试点应用，实现对库存实物有效管控。搭建供应商管理系统，将供应商绩效评价、资质业绩核实及不良行为处罚统一纳入系统管理。

（刘静斐）

运营监测（控）工作

【常态化监测】深化运监大数据平台建设，开展核心指标、安全生产、营销服务、电网建设、经营管理、专题分析、地图与视频七大类主题监测工作，监测内容覆盖11个主营业务部门，累计接入业务系统16套、数据4.1亿条，基本实现对公司业务监测的全覆盖；推进核心指标、安全生产、营销服务、电网建设、经营管理五类监测主题在公司所属16家地市公司的部署实施和推广应用工作，保证基层单位能够自主开展地市层面的监测分析工作。

【系统与数据】 梳理各专业部门及信息系统数据管理现状，编制完成公司《信息系统建设应用和业务数据管理现状调研报告》及《业务数据清册》；重点推进公司30套信息系统查询权限和21套系统数据库读取权限开通工作，为全面开展常态监测业务及大数据分析工作奠定数据基础。

【电网运营在线监测】 在实现110kV及以下电压等级设备监测的基础上，将监测范围拓展至220kV及500kV主变压器及线路，开展常态化监测工作，梳理公司各单位运营效率异常、台区电压异常等疑似问题，及时向公司各部门、各单位提出预警。

【大数据分析应用】 应用大数据分析技术，完成售电量、物资采购价格、电网运营成效及充换电设施大数据专题分析；设计“数据宝宝”卡通形象，设立“数据宝宝讲数据”系列微讲堂，邀请国内知名企业分享数据管理及应用经验，营造“用数据分析问题、用数据解决问题”的氛围。

【重点工作】 完成62项常态业务月度数据归集和监测分析工作，涉及233张数据表、4441个数据字段，累计接入数据868.3亿条，每月新增接入数据3.2亿条；围绕公司内外部环境，深入开展外部环境周监测、月解读、年分析工作，共完成监测周报49期，月报12期，年报1期，将公司运营管理与外部环境变化全景呈现，为公司领导的决策部署提供有效的信息支撑。

（赵　飞）

基础管理

【电力体制改革推进】 与北京市城管委等政府部门建立多层级长效沟通机制，深度参与电力市场交易、售电市场主体准入等政策制定，公司主要观点均得到采纳。推广首钢、新机场模式，打造利用市场化手段拓展增量配电业务市场的样板。完成公司改制任务。协调推进交易机构相对独立运作、“三供一业”分离移交等多项工作，确保改革工作稳中有进。

（郑　磊）

【对标管理】 贯彻落实公司两会精神，结合公司重点工作任务，制定对标目标和保障措施，强化过程管控，开展指标预测预控，优化制定内部对标指标体系，组织开展专项诊断和经验交流，公司专业管理水平稳步上升，获得国家电网公司对标综合、管理标杆，安全、财力、规划、建设、检修、营销管理6项专业标杆。

（陈毛昌）

【管理创新】 实施重大创新项目，推动公司多层次、重点突出的开展管理创新实践活动。以国网系统近三年（2015～2017年）优秀创新成果为重点，遴选成熟度高、代表性强的成果，结合实际组织开展推广应用。加大部门参与力度，联合专业部门建立定期协调推进工作机制，提高项目实施针对性、实效性。通过月度推进会、集中培训、座谈会、“一对一”专项指导等多种形式解决问题和难点，并制定针对性提升措施。公司全年有55项成果获得省部级以上奖项，连续五年被评为北京市企业管理现代化创新成果优秀组织单位。

（刘园园）

【QC小组活动】 规范QC小组活动管理，建立QC小组活动“124”管理工作体系（一套管理办法、两种宣贯方式、四项具体措施），强化两级职能管理，定期组织季度会部署各阶段工作安排及重点任务，开展经验交流及分享。印发立项课题169项，结合运检、营销、安监等专业意见，遴选重点课题60项，开展5次片区指导并印发通报。组织133人参加QC小组活动诊断师骨干培训取证，推荐QC骨干50人次参加中质协初级、中级诊断师培训，召开QC诊断师交流培训活动，采取“2+3”师带徒模式，实现诊断师队伍梯队发展，全年参与课题管理诊断师共计100人。参加国家电网公司首届QC成果发布会，获一等奖1项、三等奖2项，组织参加中质协、北质协、水电质协发布会，获国优奖项3项、其他各级奖项55项。组织召开公司年度QC成果评审发布会，表彰一等奖成果10项、二等奖成果30项、三等奖成果50项。

（高明洁）

【标准化建设】开展国家电网公司新发布制度标准识别分解及宣贯工作，组织经法部、科信部完成350项制度标准（包括通用制度70项、技术标准280项）的识别，发挥制度标准一体化平台、“五位一体”协同管理平台、制度学考APP及移动作业终端作用，提升制度标准的实用性和操作性。组织编制公司制度标准执行情况报表及标准化工作总结，并按季度上报国网企协。组织城区公司、通州公司召开专题会议，部署大型供电企业单位对标指标考核事项及制度标准执行情况报表填报工作。围绕中心任务和重点工作，在运检部、16家供电公司和经研院开展卓越绩效管理和评价工作，获评2017年“全国实施卓越绩效模式先进企业”。

（高明洁）

【社团组织管理】研究公司部分社团组织调整规范建议，按照公司党委会审议决议，先后召开四次专题会议，推进社团组织合并注销及常态管理工作，启动北京电力行业协会注销工作，启动中电联供电分会与农电分会合并工作，完成北京电力老科协注销工作。按照国家电网公司通用制度，强化职能管理，完成电力交易中心加入首都要素市场协会审批及备案手续，完成营销部、工程公司、经研院、电科院、电动汽车公司参加外部社团组织成效评估，严格执行会费预算制度，实现社团组织活动常态管理。

（高明洁）

依法治企

【综述】贯彻国家电网公司年初法治工作会议精神，落实“提升公司法治力，织密法律‘防护网’”要求，推动法治工作从专项业务向全局性、战略性工作的提档升级，加快建设“三全五依”法治企业。以“12·4”国家宪法日为契机，举办法治企业建设成果发布会，发布“法治电网”APP等6项成果，展现公司法治企业建设成效。

（王进钟）

【普法工作】依托《电网企业法律纠纷典型案例评析》，开展“学案例防风险”活动，制作专题“微课堂”，组织进行专题学习、宣讲、研讨、运用，提升各级领导干部和全体员工的法律风险防范意识和能力。建立领导干部季度集中学法常态机制，组织开展“法治五进”和“法治在身边”主题活动，扩大普法覆盖面。在国资委组织的中央媒体采访活动中，配合国网总部展示法治工作亮点成效，得到媒体关注。

（王进钟）

【规章制度管理】开展通用制度和公司自建制度两级评估，收到基层单位反馈意见建议564项，废止与管理现状不符的制度158项（本部层面18项、基层单位140项），推动制度体系健全完善。创新制度宣贯手段，完成人力资源、财务资产、物资管理、发展规划等专业167项制度图解，制作制度宣贯微视频。开展制度落地执行检查，发现整改问题87项，提出意见建议154项，确保制度有效落地。

（王进钟）

【法律风险防范】总结近年来法律风险防范体系建设成果，梳理规划建设、电网运维、营销服务、人力资源等主要领域涉法问题1155项，组织各专业专家深入研讨，明确指导意见和应对措施，形成涉法问答丛书，作为各专业依法合规开展工作的业务指导和实践依托。将法律把关嵌入业务流程和管理链条，制订落实年度法律风险控制计划，印发法律风险提示书60份，是2016年同期的5倍，实现法律风险全过程管控。

（王进钟）

【合同及招投标管理】编制合同承办审核手册，收列常用合同类型5类33项，针对常见问题提出指导意见，提升合同承办审核规范化水平。做好合同承办人员培训，对常见错误进行讲解分析，确保流程无瑕疵、条款无问题。探索信息化履约管控模式，推进项目、合同、财务管理深度融合，形成全流程管控体系，逐步规避管理漏洞和履约风险。完成国网经法系统合同模块一级部署，确保平稳对接。

（王进钟）

【依法维权】落实“六凡六必”（凡案必登、凡案必鉴、凡案必检、凡案必示、凡案必躬、凡案必评）案件管理要求，深化一案一报告、领导干部出庭代理、两级典型案件研讨等常态机制，建立重大案件“建档”和“销号”制度，落实案件处理责任制，提升干部员工对法律纠纷的重视程度。强化案件追责，建立有责案件“三不放过”（不分析原因不放过、整改措施不到位不放过、责任未追究不放过）机制。开展优秀结案报告评选，挖掘诉讼案件价值，打造精品结案报告。全年应诉案件同比下降44%，主动起诉案件同比增长31.05%，妥善处置多起重大案件，避免和挽回经济损失8000余万元。

（王进钟）

【法律队伍建设】 梳理分析公司法律队伍情况，立足现状制定专业人才队伍建设方案，着力解决人员偏少、能力不足等突出问题。开展基层单位新入职法律顾问到公司本部学习轮训，快速提升履职能力。推行“AB角”工作机制，加强后备人才储备。试点创建基层法治工作室，承担重要涉法问题论证、法治宣传教育等工作，强化经法工作与专业管理的融合。

（王进钟）

综合管理

【值班室工作】 印发《国网北京市电力公司办公室关于进一步加强在岗值班管理工作的通知》，规范和加强公司值班工作。编制《值班工作提示》，明确值班领导工作职责；编制值班专业《行政办公工作手册》、月度《值班工作安排》手册。修订《行政值班工作指南》《总值班室值班员接打电话规范》，夯实工作基础。加大硬件投入，改善值班工作条件。

完成全国两会、“一带一路”国际合作高峰论坛、中国共产党第十九次全国代表大会等重要活动及重要节假日期间的行政值班保障工作，完成公司和北京市16家区县政府、2家大型企业签署战略合作协议，完成国务院监事会、国家电网公司、北京市委市政府等上级领导调研等重要公务活动保障。全年共完成国家电网公司各类值班任务36项，向国家电网公司报送值班报告21件，处理来文来电1320件；编制各类值班刊物624期，其中，《值班日报》209期、《值班快报》365期、《值班周报》50期。

（李国强）

【信访工作】 完善两级信访维稳工作体系，横向统筹各部门，纵向贯通各单位，压实信访稳定责任。精细开展不稳定因素排查化解，落实领导包案工作机制，从源头预防和减少矛盾问题的发生。编制公司及各单位“1+38”专项应急预案，印发《公司信访接待常见问题解释参考》《公司信访处理实务》。加强与地方政府的沟通联系，建立协同联动、灵活高效的突发事件应急处置机制。全年未发生非正常访、集体访和越级访情况，完成“一带一路”高峰论坛、党的十九大供电保障期间信访维稳目标任务。

（崔　征）

【文档管理】 全年有效提升公文流转效率，流转公司收文3838件、发文2126件、机要文件232件、签报和呈批文件125件。深入挖掘公文信息，编制《基于公文的公司重点工作分析》27期。稳步提升公文质量，组织开展公文提升专项行动，全年报送国家电网公司上行公文实现无差错，1篇被评为国网优秀公文。切实增强印信使用规范，严格执行印信管理制度，建立印信使用专责人体系，全年办理印信业务4865人次，日均办理25人次。规范重大保电活动档案和保密管理，完成党的十九大、“一带一路”国际合作高峰论坛等供电保障等相关资料归档及涉密资料销毁工作。组织开展了2017年国际档案日系列宣传活动。全面夯实档案工作基础，公司本部共归档文书档案1300件、提供档案利用3127卷，归档15 819份，工程档案立3187卷、会计档案1549册，照片档案入册1868张。

（李　颖）

机关管理

【本部建设】 学习贯彻党的十九大精神，落实国家电网公司“旗帜领航　三年登高”基础建设年工作安排和公司党委“双百”创建工作要求，重点开展以下工作：突出党建引领，全面融入中心工作。在十九大政治供电期间，组织本部党员干部赴一线参加保电工作。结合公司“三大攻坚战”等全年重点任务，推进“电网先锋党支部”创建，开展“百佳支部堡垒”和“百佳党员先锋”创建活动。各支部根据自身业务特点，建立党支部阵地；突出党性教育，扎实开展“两学一做”。组织“三学三亮三比三争当”实践活动，以“学党章党规、学系列讲话、学知识技能”为抓手，开展“本部大讲堂”活动，建立机关全体党员常态化学习机制。建立支部书屋，向各支部党员累计发放书籍3000余册。组织开展“支部互联两个一”活动，通过机关与基层联合开展党日活动的形式，搭建机关与基层单位支部沟通学习的桥梁。以“党员亮身份、党员亮职责、党员亮承诺”为抓手，统一制作员工工位标识牌，征集共产党员卓越履职清单，组织参观《铭记光辉历史 开创强军伟业》和《砥砺奋进的五年》展览，加强党员党性教育；突出组织建设，建设坚强支部堡垒。加强基础管理，按期完成支部委员增补，选优配强基层党支部委员会和支部负责人。结合巡察工作，设置临时党支部，实现组织全覆盖。按时保质开展“三会一课”，提高党支部建设规范化、制度化、科学化水平；突出作风建设，改进机关工作作风。开展“三带头、三强化”，建立管理人员走进一线班组机制，机关领导干部深入生产一线和工作现场开展调查研究，协助解决一线实际问题。各级干部及专业人员累计下基层4600余人次，协调重点专项工作1076次；突出群团工作，支持和指导机关工会和团委工作。开展职工健康大讲堂活动，创建“健康食堂”，组织读书会、体育比赛等丰富的文体活动，增加部门之间、机关与基层单位之间的交流与认同。开展“青春基层行”和“书香园地”赠书活动，共计向机关团员青年赠书450余册。

（张　鹏）

【党务管理】完成公司党委2016～2017年度创先争优评选表彰推荐工作，党建部党支部等4个先进党支部、王桂哲等10名优秀共产党员、周游等5名优秀党务工作者受到公司党委表彰。开展“百佳支部堡垒”“百佳党员先锋”评选活动，办公室党支部等10个党支部被评为公司“百佳支部堡垒”，人资部郭建府等12名员工被评为公司“百佳党员先锋”。认真组织党员发展，发展党员7名，预备党员转正4名，做好党员组织关系转移工作，转入38人，转出39人。

（张　鹏）

后　勤　管　理

【后勤安全管理】成立后勤安全巡检组，分3轮次对22家基层单位开展全口径安全检查，围绕工程项目、消防安全、交通出行、办公场所、设备设施、食品卫生等重点领域，共计发现后勤安全隐患271项，下发整改通知单66份，整改完成率100%。开展全部对外出租房产专题安全检查，累计发现安全隐患494处，下达整改通知单84份，对问题严重且整改不善的清退终止合同。组织公司本部消防疏散逃生演习，开展后勤专业“百日安全”消防隐患排查专项行动，发现问题隐患43项，完成整改31项，制订整改计划12项。坚持严重交通违法行为单位约谈制，道路交通违法率始终保持在低位。全年未发生重大安全责任事故，后勤系统保持安全稳定运行。

（韩戈奇）

【后勤领域改革】完成公务用车改革，实现公务用车数量和运行成本“双降10%”目标。历时7个月开展4轮摸底调查，建立房屋设备设施、从业人员等现状台账。实施“两供一业”分离移交，完成9处自供热锅炉房正式移交，签订184处物业移交框架协议，涉及居民8605户，框架协议签订率100%，超额完成国家电网公司下达的70%年度目标。启动办公物业市场化改革，赴知名企业交流学习，调研业务委托模式和服务质量，着手制定物业市场化改革实施方案。

（韩戈奇）

【后勤资源管理】梳理2184处房屋资源，开展内部实测和综合评估，测量建筑面积332.25万m^2，形成“一房一册”信息图集。新增对外出租房屋171处、16.04万m^2，增加经济效益近1亿元。利用闲置资源，跨单位调配房屋4.2万m^2。完成361辆国Ⅰ、国Ⅱ车辆更新，车辆限行难题得到有效缓解。购置大型疏浚车，结合十九大保电提升应急发电车辆配置水平。更新普通用车431辆、特种车辆71辆。发挥专业公司支撑作用，争取100个工程抢险车号牌指标。

（韩戈奇）

【后勤项目建设】全年安排小型基建项目8个，完成投资2.95亿元；非生技改项目57个，投资0.66亿元；非生修理项目246个，投资2.97亿元。省级计量中心、中心库一期等投产使用，新增建筑面积5.5万m^2。通州生产综合楼实现入驻办公，城区公司、大兴公司、电科院、客服中心、京电大厦等综合设施完成维修改造，建成通州张家湾、顺义赵全营2个乡镇供电所，建设改造行政办公区、首钢冬奥等“营配合一”供电服务中心。服务重大活动供电保障，建成“一带一路”雁栖湖、十九大建国门前线联合指挥部。服务企业文化建设，完成长椿街、阜成门、什刹海等职工文化中心建设。推行《国家电网公司小型基建项目管理手册》，编制《小型基建项目前期工作手册》。实行项目全过程管控，后勤项目初设评审覆盖率、评审合格率、竣工完成率、结算完成率均达100%。

（韩戈奇）

【职工服务】开展精准健康管理，依托电力医院，统筹体检资源，对1.6万名职工健康数据实施集约管理。围绕体检发现突出问题，举办健康关爱知识讲座3期，本部试点开展“面对面”专家健康咨询。推广健康管理手机APP，提供在线体检报告、运动处方、膳食搭配等动态健康指导。按照本部试点、标准先行、全面创建、自查整改、验收挂牌、总结提升六个阶段，推进健康食堂创建，公司所属247个食堂全部达标，提前半年完成创建任务，同步建成37个全电食堂。公司本部、城区公司、通州公司、石景山公司试点建设智慧健康食堂，实施职工智慧选餐、餐台智慧结算。建成投用八里庄青年公寓，357名青年员工入住。采取市场化方式，开展电动汽车分时租赁业务。

（韩戈奇）

【重大活动后勤保障】践行“安心、贴心、暖心”的后勤服务理念，以最高标准推进十九大保电后勤保障工作，完成2.3万余名干部职工和1609名支援人员的保障任务。保障期间，日均投入后勤保障人员900余人、车辆600余台次，累计送餐35万余份，开辟“1+15”绿色就医通道，累计安排就医344例，救护急重病患5例，提供3大类28种保障物资88 523件。后勤系统7人荣获国家电网公司“党的十九大供电保障先进个人”称号，后勤部获评公司“党的十九大供电保障突出贡献部门”。

（韩戈奇）

【后勤专业化管理】贯彻中央八项规定精神，开展自查自纠和问题整改，坚决整治“四风”问题。推进后勤“精益化管理年”活动，围绕公司后勤8个方面年度重点工作，细化21项重点任务。在国家电网公司首次后勤专业调考中，取得团体第4名。配合应对夏季电网负荷高峰，开展“空调调高一度，从我做起”特色活动，获国家和北京市多家重要媒体报道。开展“一线工作日”活动，与海淀公司综合管理党支部、朝阳公司奥运村营业所等基层党支部结对子，解决基层难题，服务一线职工。打造后勤工作经验交流平台，发布《后勤工作动态》12期。《大型电网企业后勤综合管理体系建设创新实践》获北京市第32届企业管理创新成果一等奖，出版《非生产性房屋及其配套设备设施维修改造典型方案》《典型造价》《“互联网+”与电力后勤的融合与发展》3种专业管理书籍。其中1项管理经验荣获国家电网公司典型经验第四名，后勤综合保障指标连续保持国家电网公司标杆行列。

（韩戈奇）

安全生产

安 全 监 察

【综述】严抓安全责任落实，创新安全及运检管理机制和技术手段，推进安全生产工作标准化、智能化，开展配网设备质量“两排查一整治”专项行动、安全生产大检查、集体企业安全管理规范年等活动，强化作业现场安全管控、设备隐患排查治理及电网风险预警管控，实现电网安全稳定运行和设备故障连续两年的大幅度下降，安全形势总体保持平稳。公司全年未发生造成重大影响的安全事件，平稳应对迎峰度夏度冬和夏季汛期考验，完成党的十九大、“一带一路”国际合作高峰论坛、全国两会等重大保电任务。

（宗晓茜）

【安全责任落实】落实国家电网公司强化本质安全30条要求，细化分解安全稳定攻坚战19类98项任务清单，明确专业职责，推动公司本质安全水平不断提升。完善领导干部安全检查和到位把关工作机制，监督各级安全责任落实，形成安全齐抓共管的良好局面，全年安全事件同比下降32.15%。开展安全生产大检查、集体企业安全管理年等活动，查处并整改问题314项。

（宗晓茜）

【安全风险预警管控】在公司电网运行与管理领导小组统一领导下，安监部门定期发布电网风险预警，推动响应措施有效落地，实现电网风险分析、预警、控制全过程规范管理。面对安定变电站主变压器增容工程实施过程中东部、东南部电网严峻的运行形势，开展安全校核50次，发布风险预警6项，实施预控措施6项。开展华能电厂一期退运、三期并网专项安全分析，合理安排过渡并网期间电网运行方式，科学制定安稳控制系统运行策略，确保过渡并网期间电网安全稳定运行。

（宗晓茜）

【智能安全管控】组建国内首家省地两级安全监控中心，建立可视化智能安全管控系统，完善生产作业安全规范化管控平台及APP功能，实现施工现场视频监督、作业流程管控全覆盖。应用“互联网+”技术，深化安全双准入手段，建立外包企业和人员安全质量信用评价体系，形成“严格准入”与“动态淘汰”相结合的安全质量管控长效机制。

（宗晓茜）

【质量监督管理】开展配网设备质量“两排查一整治”专项行动，排查并治理配网设备质量问题326项，提升配网设备质量管控水平。完善隐患排查治理管理体系，建立政治保电专项排查治理组织模式，组织专项设备质量排查工作，顺利完成党的十九大、“一带一路”等重大活动专项隐患排查治理任务。

（宗晓茜）

【应急处置能力】建立常态预案、检修预案和专项预案三级预案管理体系，在严重故障处置、典型设备异常处理、拉路限电方案执行等方面应用“一键操作”技术，缩短故障处置时间。面对当年负荷增势迅猛的特点，开展度夏2500万kW、度冬2000万kW负荷水平下电网风险分析，编制故障处置预案1469份，实施方式调整措施47项，开展联合反事故演练14次，确保平稳应对电网2254万kW历史最大负荷和1960万kW冬季最大负荷的考验。

（宗晓茜）

【应急防恐】强化应急队伍能力建设，开展度夏防汛、政治保电等应急演练114次，公司综合应急救援队首次获得北京市电力市级专业应急队伍资格。加强安保防恐日常管理和专项稽查，确保公司安保防恐形势平稳。

（宗晓茜）

生 产 管 理

【综述】按照国家电网公司的决策部署，公司将打赢安全稳定攻坚战作为核心任务，提高电网本质安全水平，推进智能运检体系建设，强化现场作业安全管控，完成党的十九大供电等保障任务。运维管控更加精益，成立国内首家两级配网管控运维中心，建成国内首套“一体双核”配电自动化主站系统；接入6575条配电自动化线路，提前实现城市区域覆盖率100%。以防范外力和用户内部故障为重点，安装1187台视频监控装置和10 585台用户分界断路器，全面应用生产移动作业终端。综合运用人防、物防和技防措施，输电、变电、配电设备故障同比下降41.2%、36.4%和69.2%。

（李　戎）

【重大活动供电保障】公司全年完成保电任务178项，其中特级任务3项，一级任务47项，二级任务34项，三级任务94项。全年累计保电328天，完成全国两会、“一带一路”高峰论坛、党的十九大、天舟一号航天任务以及党中央、国务院重要会议等政治供电任务。各项任务保障期间，北京电网运行平稳，未发生造成保电客户供电影响的电网故障。牵头编制国家电网公司供电保障相关文件，将公司供电保障经验和典型做法收录到在国家电网公司系统，有效推广公司保电工作经验。

（李　戎）

■ 全国两会期间国网北京电力员工巡视重要输电线路。（李强　摄）

【设备管理】有效管控变电设备故障，强化新设备交接验收，开展1597台次干式设备强制检测工作，确保设备“零缺陷”投运。加强状态检测计划过程管控，共计完成2228座次变电站排查和整改。加强电网设备检修工作的组织管理，共计处理2329条缺陷，有效确保变电设备安全运行。针对22条生命线以及存在串供、转带风险的64条线路开展防雷治理，加装避雷器2572支，差异化绝缘治理1281串，全年输电线路雷击故障率同比下降60%。扎实推进“三跨”隐患排查及治理，安装可视化监控装置38套。结合政治供电保障、专项隐患排查、度夏度冬大负荷专项排查，完成2125km电缆线路、782km隧道隐患排查工作，确保三环内电缆隧道防火隔板及防火槽盒全覆盖。制定《电力电缆设备设施标志标识命名及安装使用规范》，编写《高压电缆设备典型故障分析案例汇编》。为提升北京电网安保防恐能力，落实17002、17003供电保障工作要求，设计建设输变电智能安防系统，完成34座直供变电站试点建设，实现对直供变电站的“3个覆盖”（监控视频全覆盖、出入控制全覆盖、入侵探测全覆盖）、“2个联动”（报警联动灯光、定位联动视频跟踪）和“1个大数据分析”（智能分析），针对电力设施环境风险，及时发现、联动报警、有效应对，全面提升电网安全运行水平。

（李　戎）

【状态检修工作】推进不停电检测体系建设，推行基于不停电检测的开关柜状态检修，推进状态检修体系的优化建设。开展十一类电网设备基于不停电检测技术应用研究，完成高压电缆不停电检测方案制定。重点开展变电设备状态评价导则的修订工作，将带电检测结果纳入设备状态评价范畴，丰富设备评价手段。开展第三方评估检测，利用制造厂技术优势，分析设备运行状态，确保设备安全运行可控在控，针对105座重点变电站进行了评估检测，累计发现并处理问题2316项，确保设备安全运行。通过使用新技术丰富有效的停电试验替代手段，引进超低频介损试验，重点开展进水电缆受潮老化情况进行检测。在重点供电保障任务期间，对124条直供或相关配电电缆线路开展超低频介损检测，发现问题电缆23条，有效降低电缆受潮引发的故障。推进先进技术与生产一线工作结合，通过将基于物联网的设备智能识别技术与不停电状态检测仪器相结合，实现开关柜设备现场检测数据与设备的自动关联、历史状态的实时比对分析，降低一线人员数据记录和数据处理工作强度。春检期间重点侧重利用智能分析决策和专家系统实现对现场作业的指导和支撑。防汛度夏期间通过会议系统、3G单兵系统等手段，实现专家团队会商对现场工作的技术支撑，为运检专业管理提供支撑。开展输电线路图像自动识别技术研究，利用大数据技术对历年876万张海量运行图片进行分类收集与筛查，完成图像智能识别程序开发并投入运行，已处理照片1382万张，发现有效异常2.2万次，正确识别率达到99.85%，相比人工监视效率提升8.9倍。开发配电网智能化供电服务指挥系统，科学指导配网运维检修工作；实现配电网运行状态趋势分析，形成符合状态检修要求的预警告警机制，辅助提升电网检修及运行的效率效益；实现配网运维检修、抢修工作重要节点、关键环节监控，跟踪分析业务全过程，实现现场作业穿透管理。

（李　戎）

【防汛工作】公司防汛工作以“组织、人员、措施、物资”四落实为原则，立足于精准预报、精心准备、精益管控，密切关注天气变化，实时掌握动态信息，从电网和防汛客户两个层面开展防汛工作，以精准预报和精准管控为抓手，开展精准防汛实践。全年汛期输电、变电、配电故障率同比分别下降 32.5%、50%、62.39%，水淹、水浸、渗漏水等设施受损率大幅度降低，客服报修工单数量明显降低，未发生防汛重要用户外电源故障、未发生人身安全事故，电网设备设施度汛实现新的突破。汛前有序开展防汛应急演练；推进防汛隐患排查治理并开展督导检查，实现消隐工作闭环管理；完成重要用户供用电安全专项检查，确保用电安全。强化与市防办指挥协同，成为北京市防汛指挥 APP 应用成员，加强与防汛重要用户工作协同。利用国家电网公司发布的电网气象日报，基于中国电科院数值中心的预测信息，提前获取华北地区周边省市气象动态以及对公司供电设施影响情况，做好各项防范应对准备工作。公司与中央气象台建立合作机制，依托先进天气预报技术、大数据分析以及重大工程气象灾害致灾机理和影响规律的深入研究前沿成果，结合气象灾害风险管理的最新理念，建成应用国际领先的电网气象灾害精准预报预警系统。

（李　戎）

【生产运行管理】度夏期间加强重点站值守及设备运维管理，针对重载变电站恢复有人值守 44 站次，安排巡视人员 1709 人次。开展状态检测，完成变压器油样检测 42 站 45 台次，开展专项接头测温 1904 次，及时发现处理过热缺陷 24 处。公司精益化检查工作中加大基础性管理工作的检查力度，加大管理规范性的检查力度，特别是变电站现场运行专用规程管理、防误闭锁管理、图纸资料管理、两票规范性管理、运维检修记录规范性管理等内容；深化输电通道属地化运维，梳理明确公司内部各部门职责，实行输电线路属地化管理，各通道运维单位发挥属地优势，根据本区域特点采取属地供电所管控、外协队伍管理、政企联合、群众护线等多种模式强化通道环境管控；提高线路运维管控标准，缩短巡视周期。对生命线和电压跌落等重点线路每日 22 点至次日凌晨 1 点组织 1 次夜巡，严格落实隐患看护要求。通过移动 APP 对外协人员巡视

■ 国网北京电力员工冒雪巡视 110kV 变电站。（李强　摄）

情况进行管理，成立两级反外力监控中心，有效加强过程管控。公司全年外力故障共计 37 次，同比下降 36.2%。推动政企警企联合治理隐患，制定《国网北京市电力公司、北京市园林绿化局树线安全管理框架合作协议》，明确双方在通道保护区内植树规划、种植施工、树线安全治理等方面的战略合作意向，逐级建立健全协助工作机制，建立了政企、警企联动工作模式，全年累计消除线下隐患 1124 处，累计向社会发放电力设施保护宣传联系单 26 124 份、电网环境隐患整改通知书 2845 份、电力设施保护安全协议书 613 份。建设完成新一代雷电定位系统，完成差异化防雷评估系统；推动通道气象监测站建设，数据通过光纤或无线公网方式接入 PMS 在线监测系统。建立无人机、直升机立体巡视模式，与国网通航公司合作，对 8 条 500kV 线路、10 条 220kV 4 级及以上风险线路共计 1615km、1978 基铁塔进行直升机正常航巡，共发现缺陷 207 件。规范反外力视频装置应用，开发建设输变电智能安防系统，加装视频监控摄像头 822 个，研发试点大型机械特征识别技术，实现重点线路输电视频全覆盖及异常情况下的弹窗报警功能，加大对重点线路和线下危重隐患点的监控。

（李　戎）

【配网管理】开展故障高发线路专家会诊巡视，累计会诊巡视线路 227 条，发现各类缺陷、隐患 4143 处；精准开展运维质量提升和季节性防护工作，配网架空线路故障率同比降低 69.3%。通过加装信号放大装置、宽带载波等技术手段，解决山区信号盲区、部分地下配电室信号较弱等问题，台区关口计量及采集装置覆盖率、采集率、一致率和完整率均达到 99% 以上。公司实践配电运检业务管理新模式，构建以两级中心为核心的配电运检业务管理体系，解决现阶段效率提升与人员质量双管控的难题。优化调整配电管理组织架

构，实现对两级运检部的支撑。通过开发应用智能化供电服务指挥系统与配网运检 APP，实现配电管理“全流程闭环、全信息穿透、全业务监管”。建成国内首套“一体双核”配电自动化主站系统，完成 2324 条线路配电自动化改造，实现北京城区区域配电自动化覆盖 100%，全区域自动化覆盖率 87.8%；开展“煤改电”台区智能监测终端建设工作，累计将 2587 台终端接入配电自动化系统，实现异常台区快速管控。编制《国网北京市电力公司世界一流城市配电网建设实施方案》及网架结构、设备建设、精益运维、智能互动等四个分项实施方案；首推省、市两级配网运维管控模式、“一体双核”配电自动化系统、智能安防和气象灾害预警系统、10kV 电缆头质量管控机制等工作，实现北京配电网建设管理的新突破。推动带电作业集约化发展，建成带电作业西南分中心。颁发《国网北京市电力公司配网电缆接头制作管理规范》《国网北京市电力公司 10kV 电缆线路超低频介损试验检测工作标准》。研制应急发电车并联技术，远期实现多机并机、并网不间断转移负载，进一步减少停电检修对重要用户造成的不良影响。电缆超低频检测技术作为国网试点工作取得成效，绝缘杆断接引流线作业方法，成功解决绝缘导线剥皮、带电接引、恢复绝缘 3 项关键问题，大幅度提升带电作业的安全性和作业效率。试点应用超声波局放检测仪，提前预防因线路设备绝缘下降或局放等原因而引起的故障，有效提高线路可靠性。推广应用配电台区智能监测终端，在亦庄公司开展智能电能表支撑配电网运维管理试点应用，实现配电变压器运行状态监测、户用变压器关系识别、低压停电事件主动上报等 7 大业务功能。

（李　戎）

【技术监督管理】公司完成规划可研、工程设计、设备采购、设备制造、设备验收、运维检修技术监督任务 46 项；完成电能谐波技术监督、变电站输电线路专项环保技术监督、新建机组并网技术监督等专项技术监督 26 项。组织电科院、检修分公司及各属地公司参加 2017 年国家电网公司金属技术监督检测技能竞赛，获得团体第八名，并获得“优秀组织奖”，在四个直辖市中排名第一。落实“突出配电网建设改造、提升电网发展水平”的决策部署，开展常态化配网技术监督。独立完成国网技术监督大数据分析报告和国网运检部技术监督月报、季报的编制工作，牵头完成隔离开关大数据分析报告的编制工作，参与完成《全过程技术监督精益化管理实施细则教材》编制及技术监督信息系统的开发工作。

（李　戎）

【大检修体系建设】强化运维区域化管控，在输变电运维业务区域化调整基础上，对运维区域交叉的生产班组进行优化。优化业务管理模式，在变电运维专业推广“运行班+行政班”模式，解决集约后各运维班人员承载力不足的问题。强化输电通道属地管理，建立常态化输电线路保杆护线队伍，应用管控系统和移动作业终端强化工作质量监督检查。着重分析重要客户、“煤改电”用户、报修热点地区等分布情况，落实配电网抢修布点网格化管理，完成配电网故障抢修指挥等 45 项业务流程再造，优化调整配电网抢修布点，促进配电网专业集约和末端融合。推进 10kV 电缆接头安装质量管控，做好电缆施工企业、接头安装人员的“双准入”管理。深化运检指挥体系建设，健全运检指挥管理制度，梳理完善运检指挥中心与各生产单位的运检业务流程，同时发布《运检指挥中心管理规范》。建设配电运维管控中心，在 16 家属地供电公司配电运营指挥中心建成投运的背景下，创新“两级中心”管理，构建配电运检业务管理体系，以监视、分析、管控、评价为主要工作机制，督促供电公司配电网业务管理水平持续提升。公司编制发布《配电运维管控工作管理规定》和《配电运维管控中心工作规范》，明确配电运维管控中心与供电公司配电运营指挥中心间的业务流程，实现配电网业务有效衔接。开发应用输电线路巡检 APP、10kV 配电电缆接头作业管控 APP，推进移动作业现场应用，提升各专业现场移动作业终端应用率。

（李　戎）

【技术改造与大修管理】修订《北京公司生产技改大修项目编报规范》《生产技改大修项目可研及储备管理流程》。编制技改大修项目里程碑计划。编报十九大相关技改大修项目，对十九大供电保障范围涉及输、变、配设备进行全面排查，梳理生产技改、大修和零购等项目需求，共计提报生产技改项目 34 项、生产大修项目 5 项、零购项目 15 项。开展年度调整建议、下年度总控目标和计划编制工作。根据生产技改项目实施情况，因物资招标采购、环境条件变化等因素，共计申请总部调整项目 292 项。

（李　戎）

电网运行与电力市场

电力供需形势

【2017 年电力供需形势分析】全社会用电量累计完成 1066.89 亿 kWh，同比增长 8.59%。其中第一产业用电量累计完成 19.95 亿 kWh，同比增长 1.66%；第二产业用电量累计完成 332.23 亿 kWh，同比减少 0.63%；第三产业用电量累计完成 496.66 亿 kWh，同比增长 5.47%；城乡居民生活用电量累计完成 218.05 亿 kWh，同比增长 11.57%。

北京电网最大瞬时负荷为 2254 万 kW，发生在 7 月 13 日 12 时 26 分，比 2016 年最大负荷 2082.8 万 kW 增长 8.22%。高峰负荷时刻，北京地区电厂出力 709.3 万 kW，外网联络线受电 1544.7 万 kW，外网受电比例 68.53%。

截至 12 月底，北京地区全社会发电机组装机容量 1219.23 万 kW，同比增长 10.52%。其中，水电装机容量 98.30 万 kW（含十三陵抽水蓄能电厂），占总发电装机容量的 8.06%；煤电装机容量 84.5 万 kW，占总发电装机容量的 6.93%；气电装机容量 950.49 万 kW，占总发电装机容量的 77.96%；风电装机容量 18.85 万 kW，占总发电装机容量的 1.55%；太阳能装机容量 24.90 万 kW，占总发电装机容量的 2.04%。截至 12 月，全社会发电机组发电设备平均利用小时数为 3449h，同比下降 12.88%。其中，水电发电设备平均利用小时数为 1135h，同比下降 8.02%；火电发电设备平均利用小时数为 3755h，同比下降 13.08%；风电发电设备平均利用小时数为 1855h，同比增长 6.00%；太阳能发电设备平均利用小时数为 1038h，同比增长 25.97%。

北京电网为非独立控制区，电力平衡在京津唐电网内统一安排。2017 年，北京电网 500kV 层面依然保持 10 个通道 20 回线路与外网联络，受电能力较强，网内机组按照月度电量计划及京津唐电网平衡情况统一安排发电、停备及检修。全年北京地区电力供应充足，无拉路限电情况发生。

（佘　妍　张　晶）

【2018 年电力供需形势预测】全社会用电量预测。2018 年北京地区依然处于经济结构转型、提升发展质量，推进大气污染治理，疏散非首都核心功能的重要时期，预计 2018 年全社会用电量为 1103 亿 kWh，同比增长 3.4%。

根据近年来统调最大负荷的增长规律，并综合考虑影响负荷增长的各种主要因素，预计 2018 年最大负荷预测值为 2450 万 kW，同比增长 8.7%。

2018 年预计海淀北、通州等燃气热电冷三联供电厂投运，预计 2018 年末全社会发电装机容量为 1265 万 kW。北京地区外送电通道输电能力保持不变，高峰负荷期间，最大输送能力为 2000 万 kW。

（佘　妍）

电网调度运行

【电网概况】截至年底，北京电网内共有电厂 29 座，发电机组 274 台（含 124 台风机+73 台光伏逆变器），总装机容量 10 453.08MW。并入 110kV 及以上的升压变压器共有 64 台，变电容量 13 739.5MVA，其中，并入 220kV 的升压变压器 37 台，变电容量 12 570MVA；并入 110kV 的升压变压器 27 台，变电容量 1169.5MVA。北京地区运行的 110kV 及以上变电站 498 座，变压器 1252 台，变电容量 117 078.3MVA。500kV 变电站 10 座，变压器 28 台，变电容量 29 703MVA。220kV 变电站 87 座，变压器 233 台，变电容量 40 795MVA。其中，公司所属变电站 80 座，变压器 210 台，变电容量 39 680MVA；用户变电站 7 座，变压器 23 台，变电容量 1115MVA。110kV 变电站 401 座，变压器 991 台，变电容量 46 580.3MVA。其中，公司所属变电站 352 座，变压器 880 台，变电容量 42 487MVA；用户变电站 49 座，变压器 111 台，变电容量 4093.3MVA。北京电网共有 110kV 及以上架空线路 603 条，共 7067.35km；110kV 及以上电缆线路 986 条，共 2076.75km。500kV 架空线路 8 条，共 312.706km；500kV 电缆线路 2 条，共 13.372km（其中昌海、门海线为架混线路）。220kV 架空线路 213 条，共 2896.02km；220kV 电缆线路 143 条，共

620.29km。110kV 架空线路 382 条，共 3858.63km；110kV 电缆线路 794 条，共 1443.09km。

（张绍峰）

【系统运行管理】全年发布年度电网风险预警 15 类 219 项，度夏季节性风险预警 8 类 98 项，度冬季节性风险预警 11 类 140 项，重要客户外电源风险预警 4 类 129 项。开展重大检修方式专项校核 128 次。编制电网 220kV 批准书 18 项、110kV 批准书 78 项。完成 2 座燃气电厂并网任务，实增装机容量 1264MW。度夏期间主、配网采取 96 项方式调整措施。完成 990 个重要客户外电源方式图绘制，开展重要客户基本信息、外电源风险信息、外电源追溯信息梳理工作。持续开展机组参数建模实测工作，北京电网 220kV 机组参数入库率达到 100%。积极应对“煤改电”负荷接入，针对 2017 年冬季 45 万户“煤改电”客户接入，开展冬季电网运行形势专项分析，提前预测带“煤改电”负荷设备的负荷增长趋势，组织两级调度协同制定方式调整措施。针对北京燃气管网运行风险，开展北京地区燃气机组全停专题分析，明确燃气机组全停情况下电网运行风险及相关应急处置措施，并向政府行文报备。完成“一带一路”、十九大等供电保障任务。针对人民大会堂、京西宾馆、怀柔雁栖湖等保障客户开展电源追溯，绘制供电方式图共计 62 张，组织相关地调制定并执行 113 项方式调整措施。

（张绍峰）

【设备监控管理】开展变电站集中监控许可工作。组织完成 220kV 马坡、北宫 2 座变电站的集中监控接入工作，完成 110kV 望君疃站、礼士路站、顺新站、昊天站、军营站、天堂河站、乔庄站、市府西站、长辛店站、周各庄站、东营站、张华站、万通站、大羊坊站、甘棠站、官道站、普安屯站 17 座变电站的集中监控接入工作，实现公司 110kV 及以上局属变电站集中监控覆盖率 100%。公司两级调控机构共组织开展变电站集中监控试运行评估 19 站次，评估过程中发现问题 9 项并督促完成整改。

开展监控信息梳理。结合调控系统安全大检查及运维工作范围调整，重新组织运维单位对消技防、直流、所内设备安装情况、信息接入情况梳理，反馈运检部督促相关设备安装及接入工作。结合防汛工作开展溢水装置安装及信号接入情况梳理，完成全部变电站信息核查，发现及整改问题 14 项，列入隐患 7 项，协同运检部督促相关单位汛前完成溢水装置安装及信息接入。

完成负荷批量控制功能建设。按照负荷批量控制功能建设计划完成全部 16 家地区公司的功能建设、测试、验收工作。其中城区公司、朝阳公司等 7 个有 D5000 建设任务的单位，负荷批量控制功能跟随系统建设一并完成，其余 9 个单位在现有系统上完成功能建设。

推进监控信息量表定值化管理。完成变电站监控信息表专家系统建设，实现 35kV 及以上全部变电站信息量表流程和功能。结合自动化和调控专业数据库维护和传动功能模块建设情况，完成功能对接，实现信息量表审核、入库、传动及归档的线上闭环管理。开展信息量表系统与 D5000 实时系统比对工作，确保监控信息的一致性，防范监控信息私自修改、系统故障等风险。

监控信息分析管理。在现有监控信息分析基础上，开展分析数据源治理，提高分析数据准确性。开发监控日分析模块，强化监控运行人员对所辖站监控信息的把控，防止遗漏信号。

监控缺陷管理。通过早汇报、通报形式督促运检部对重点问题进行分析、运维单位对重点问题进行处理。结合全国两会、“一带一路”、十九大政治保电工作，对所辖重点站线缺陷进行梳理并督促完成整改。建立月度例会工作机制，在现有周会商基础上，每月组织运检、两级调控及设备监控专业人员、自动化、保护、检修单位开展月度缺陷分析及专业会，搭建沟通平台，发现并协调解决监控运行及设备缺陷问题。

（刘　洋）

【继电保护管理】全年，公司全部继电保护及安全自动装置（不包含故障录波器）共 38 361 套，其中微机保护装置共 38 108 套，微机化率 99.34%，同比增加 0.3%；北京地区全部继电保护及安全自动装置共计动作 2375 次，正确动作 2375 次，正确动作率 100%。其中，220kV 及以上系统继电保护及安全自动装置按照功能统计共计动作 211 次，正确动作率连续 12 年保持 100%。全年故障录波完好率 100%，故障快速切除率 100%。组织召开公司继电保护专业工作会。编写并印发《新建、改扩建工程继电保护设计审查要点的通知》《继电保护设备现场巡检作业指导书》《关于调整 110kV 及以上架空电缆混合线路重合闸整定原则》。同时开展对 110kV 及以上继电保护作业现场的全覆盖安全检查。开展继电保护后备保护定值配合情况核查工作，重点检查 220kV 环网线路后备定值配合方案、

110kV 线路定值与负荷站内相关设备保护定值配合情况。完成 35kV 及以下线路过流保护定值专项核查工作。开展全国两会、“一带一路”及十九大涉及的重要客户供电设施保护定值与上级电源保护定值配合关系等全面核查，同时组织重要客户进行保护装置实际传动工作。绘制完成重要客户及其外电源继电保护定值配置图。组织开展智能变电站典型继电保护装置配置及工程调试技术培训和 110kV 继电保护整定计算培训。

（刘晓娟）

【调控运行管理】全年，北京市调完成 3 座 220kV 变电站传动接入工作。截至年底，已接入北京市调监控的变电站达 84 座，其中 500kV 变电站 4 座，220kV 变电站 80 座。接入 110kV 变电站 336 座。年内，北京市调共下达电网操作任务 2166 项，操作步骤 31 506 步，执行正确率 100%；执行停电计划票共计 1432 张，完成率 100%；处理 110kV 及以上电网故障 75 起，正确率 100%；执行监控操作任务共 1755 项，执行正确率 100%；远方遥控操作 791 次，成功率 100%。发挥在线安全分析系统功能，针对重大检修计划进行电网安全校核分析 112 次，针对电网事故预想进行电网安全校核分析 422 次，与网调、国调开展联合计算进行电网安全校核分析 52 次。编制各类预案 1267 项，开展反事故演练 759 次。推进一键顺控操作，针对设备严重过载、变电站全停等电网风险，参照事故预案编制专项“一键操作”方案 259 项，减少故障处置过程中遥控操作用时。印发《关于进一步加强 OMS 系统调控运行相关功能模块应用的通知》《关于细化故障停运设备远方试送处置原则的通知》。创新基改建工程投产模式，在投产高峰期，采用市地联合启动模式安排工程送电，采用现场模拟主站传动方式开展新站接入工作，传动接入效率提升 60%。完成在线安全分析单相短路电流计算试点工作，通过可视化的展示手段，帮助调控人员把握电网运行状态，解决短路电流超标问题。完成“三跨”（跨越高速铁路、高速公路和重要输电通道）线路技术支持系统建设，建立北京电网“三跨”线路信息库。完成电网实时平衡能力监视功能开发，实现火电机组调节能力、新能源发电及受阻情况实时监视，推进新能源消纳工作。加强 DTS（调度员仿真培训系统）系统建设，完成市调所属 80 座 220kV、4 座 500kV 变电站建模，完成 30 座 110kV 输电网建模，在调控人员培训、供电保障工作中得到广泛应用。

（张印宝）

【调度计划管理】全年，北京电网 110kV 及以上设备停电计划共计执行 1461 项、35kV 及以下设备停电计划共计执行 18 226 项。全年审核通过停电及带电作业风险工作共计 1790 项，其中 110kV 及以上设备涉及电网三级以上风险的风险管控单 645 张，电网维度一级（+）风险 19 项、一级风险 146 项、二级风险 410 项、三级风险 70 项；35kV 及以下设备涉及电网三级以上风险的风险管控单 1145 张。年内，北京电网未发生人为责任的电网或人员事故，未对重要客户造成故障停电影响。北京电网新投产燃气蒸汽联合循环机组一套，装机容量 99. 8kW；垃圾焚烧电厂 2 座，发电机组 3 台，装机容量 6. 5MW；全网新增装机容量 106. 3 万 kW。北京电网统调电厂完成发电量 346. 53 亿 kWh，地方电厂完成发电量 30. 55 亿 kWh，合计完成发电量 377. 08 亿 kWh。其中，燃煤发电占总发电量的 3. 55%，燃气发电占总发电量的 88. 81%，火力发电合计占总发电量的 91. 67%；风力发电占总发电量的 0. 91%，水力发电仅占总发电量的 0. 14%，以垃圾焚烧为主的生物质能发电占总发电量的 3. 51%。

全年，北京地区最大负荷 2254. 0 万 kW，发生在 7 月 13 日 12 时 26 分，同比 2016 年夏季历史最大负荷 2082. 8 万 kW 增长 8. 22%。高峰负荷时刻，空调等降温负荷为 1109 万 kW，占最大负荷的 49. 2%。当日整点最大负荷发生于 12 时，最大负荷 2244. 8 万 kW。北京区内电厂出力 772. 7 万 kW，联络线净受电 1472. 1 万 kW，区内电厂出力占总电力需求比例为 34. 42%，外网受电比例 65. 58%。电网负荷需求纳入京津唐电网统一平衡，保证对首都用户的可靠供电。

全年，首都大气污染防治工作要求北京电网燃气发电量压减 40 亿 kWh。公司针对不同季节电网运行特点，通过开展年计划、月分析、周管控、日安排的工作方式，落实“长短结合、见缝插针”的压减工作策略，科学调整发电计划，优化机组停备与检修安排，春秋季机组平均停备容量 210 万 kW，启停调峰 387 台次，实现本地燃气发电量压减和电网安全运行的双保障。年内，压减燃气电量 43. 45 亿 kWh，完成压减目标的 108. 625%，减少本地燃气耗量约 8. 69 亿 m^3。

（薛建杰）

【自动化管理】全年，北京公司自动化系统及设备运行稳定，厂站遥测数据合格率保持在 99. 5% 以上，110kV 及以上变电站远动系统运行率达 100%；同业对标和自动化运行指标维持在较高水平。

推进自动化专业技术装备改造。完成朝阳等 6 个地调自动化系统建设工作，系统投入试运行，开展石景山等9个地调自动化系统改造前期准备工作，完成可研编制，并通过国网经研院项目审核。推进基础自动化改造工程，截至年底公司共完成基础自动化改造变电站141座，其中包括12套RTU装置改造，116套监控系统升级，13座厂站交换机更换等。完成市调及城区、朝阳、海淀3个地调电力监控系统安全防护管理系统建设，扩展安全防护监视范围。

提高自动化系统实用化水平。开展D5000系统应用功能提升工作，对政治供电监测模块、电网信息综合展示（TIPS）、110kV状态估计、一体化运维管控平台等功能进行完善。开展市调D5000系统综合测试评估，针对薄弱环节进行整改，提高系统可靠性。开展公司配电网图模完善及调配一体化小系统建设工作，实现公司配电网图模来源唯一、标准统一、全局共享。开展移动主站方式传动工作，节约基建站传动工作时间，提高传动工作效率。开展电量采集系统功能提升工作，完成电量采集故障研判、母线电压平衡率统计分析等功能开发建设，截至年底，公司10kV及以上母线平衡率达97%。根据国调中心调控云平台总体规划，开展综合数据平台升级改造工作。开展调度技术支持系统功能完善提升工作，完成OMS（智能调度管理系统）各业务模块适应化改造、变电站视频监控系统录像回放功能升级等系统功能完善工作。

初步建成电力监控系统安全防护管控体系。建立调控中心、电科院、各基层单位（以及直调电厂）技术督查体系，形成自上而下的安全技术监督工作体系，年内下发整改通知单243张，截至年末均已完成整改工作。完成18座新建厂站安全防护验收工作，发现并解决安全隐患5438项。建立考核评价机制，将安全防护工作考核指标纳入同业对标及自动化专业OMS考核指标，以考核指标为抓手推动各项重点工作开展。建立应急专业人员队伍，供电保障期间执行7×24小时应急值班并开展应急演练。成立国网调度系统首个电力监控系统安全防护中心，整合技术支持系统进行统一监视，实时掌握北京电网电力监控系统安全态势，实现电力监控系统安全防护“统一监视、统一调度、统一指挥”。

加强自动化系统运行维护与安全管理。完成调度数据网风险评估，优化全网路由策略，整治单点设备安全隐患，解决西直门等17个厂站单电源供电、超温运行等风险问题。组织开展变电站视频监控系统排查整改工作，发现并处理900余项缺陷问题。以工序卡为抓手，推进标准化、规范化运维，形成计划→执行→审核的闭环管控，实现系统维护水平稳步提升。开展电厂自动化专业管理工作，确保电厂管理与公司所属厂站管理相同标准与相同质量。

（董　宁　许章波）

电力市场交易

【综述】全年电力交易中心纵深推进电力市场建设，持续提升平台实用化水平；精益管理交易结算分析，创新服务厂网差异化需求；全面加强交易合规管理，成功实现机构公司化运作积极开展市场化交易，助力首都发展服务民生需求。

全年北京电网全口径购电交易电量1036.98亿kWh，同比增长5.73%（北京地区电厂购电量完成情况见表1）。

表1　2017年北京地区电厂购电量完成情况统计表　单位：万kWh,%，元/MWh

序号	单位名称	购电量			上网电价
		本　期	同　期	同　比	
	电厂合计	4 222 693.27	4 581 619.53	-7.83%	—
	火电	4 157 556.37	4 549 350.22	-8.61%	—
	其中：燃煤	690 762.78	873 722.72	-20.94%	—
	燃气	3 364 728.46	3 613 001.39	-6.87%	—
	生物质能	102 065.13	62 626.11	62.98%	—
	水电	6363.95	3206.16	98.49%	—
	风电	42 671.51	24 699.84	72.76%	—

续表

序号	单位名称	购电量			上网电价
		本　期	同　期	同　比	
	光伏	16 101.44	4363.31	269.02%	—
—	直购电厂	4 215 557.08	4 577 664.41	-7.91%	—
1	高井电厂（燃煤）	152 545.00	169 783.00	-10.15%	关停
2	石景山电厂（燃煤）	232 348.00	259 036.00	-10.30%	关停
3	一热电厂（燃煤）	103 521.00	148 360.00	-30.22%	关停
4	华能电厂1～4号机	202 348.78	278 605.64	-27.37%	停备
	华能电厂5号机	0.00	17 938.08	-100.00%	停备
	华能电厂6～8号机	392 497.57	404 074.24	-2.86%	650
	华能电厂9～11号机	76 946.62	—	—	278.24
5	京丰燃气电厂	154 787.49	167 210.44	-7.43%	650
6	郑常庄燃气电厂	193 766.65	208 104.60	-6.89%	650
7	京阳燃气电厂	295 941.80	336 429.50	-12.03%	650
8	京桥燃气电厂	349 537.49	361 076.60	-3.20%	650
9	京科燃气电厂	94 694.22	108 090.51	-12.39%	650
10	高井电厂（燃气）	522 293.75	584 361.25	-10.62%	650
11	京西燃气电厂	497 560.97	561 185.35	-11.34%	650
12	高安屯热电	316 580.55	363 025.28	-12.79%	650
13	国华燃气热电	348 053.71	390 664.43	-10.91%	650
14	协鑫热电厂	72 839.58	73 715.40	-1.19%	650
15	正东热电厂	49 228.08	55 063.80	-10.60%	650
16	密云水电厂	3.84	38.10	-89.92%	364
17	京西水电厂	4400.42	1053.87	317.55%	364
18	鹿鸣山风电场	42 671.51	24 699.84	72.76%	459.8/359.8
19	阿苏卫沼气电厂	3656.69	3527.83	3.65%	359.8
20	高安屯垃圾焚烧电厂	21 395.88	21 846.00	-2.06%	359.8
21	德青源沼气电厂	348.90	478.28	-27.05%	359.8
22	绿赛克沼气电厂	0.00	0.00	—	359.8
23	华泰沼气电厂	6928.50	7199.40	-3.76%	359.8
24	鲁家山垃圾焚烧电厂	30 224.48	29 574.60	2.20%	359.8
25	金榆路电厂	32 312.28	—	—	359.8
26	南宫电厂	7198.40	—	—	359.8/351.5
27	华电密云光伏电站	2614.64	2522.38	3.66%	359.8

续表

序号	单位名称	购电量			上网电价
		本　期	同　期	同　比	
28	龙庆峡光伏电站	8310.30	—	—	359.8
二	非直购电厂	7136.19	3955.12	80.43%	—
29	地区小水电站	1959.69	2114.19	-7.31%	300
30	地区光伏	5176.50	1840.93	181.19%	359.8

【电力市场建设】纵深推进电力市场建设。研究电力市场化政策，与北京电力交易中心、政府主管部门沟通联络，配合开展北京市大用户直接交易规模测算，编制大用户及售电公司准入条件等建议材料，助力北京市系列市场化政策出台。持续提升平台实用化水平。不断优化交易平台服务功能，完成三期功能模块建设，实现平台移动应用及市场成员自主注册功能。截至年底，北京电网在运直购电厂 24 座、发电机组 198 台，总装机容量 1086.79 万 kW（全年北京电网直购电厂情况见表 2）。

表 2　　北京电网直购电厂情况统计表

单位：万 kW，个

序号	电厂名称	装机容量	机组台数
	直购电厂合计	1086.79	198
	其中：火电	1048.39	65
	水电	14.7	7
	风电	18.6	124
	光伏	5.1	2
一	火电厂	1048.39	65
	其中：燃煤	84.5	5
	燃气	946.64	42
	生物质能	17.25	18
1	华能电厂 1～5 号机（燃煤）	84.5	5
	华能电厂 6～8 号机（燃气）	92.34	3
	华能电厂 9～11 号机（燃气）	99.8	3
2	京丰燃气电厂	41	1
3	郑常庄燃气电厂	50.8	4
4	京阳燃气电厂	78	3
5	京桥燃气电厂	83.8	3
6	京科燃气电厂	25.5	2
7	高井燃气电厂	138	5
8	京西燃气电厂	130.80	5
9	高安屯热电	84.5	3
10	国华燃气热电厂	95.10	3
11	协鑫热电厂	15	4
12	正东热电厂	12	3
13	阿苏卫沼气电厂	0.54	4
14	高安屯垃圾焚烧电厂	3	2
15	德青源沼气电厂	0.21	2
16	华泰沼气电厂	1	5
17	鲁家山垃圾焚烧电厂	6	2
18	金榆路电厂	4	2
19	南宫电厂	2.5	1
二	水电厂	14.7	7
20	密云水电厂	5.2	4
21	京西下马岭电厂	6.5	1
	京西下苇甸电厂	3	2
三	风电场	18.6	124
22	鹿鸣山风电场	18.6	124
四	光伏发电	5.1	2
23	华电密云光伏电站	2	1
24	龙庆峡光伏电厂	3.1	1

注　以上为截至 12 月 31 日在首都电力交易平台注册并正常运营的发电企业。

【交易开展情况】北京地区积极贯彻落实《中共中央、国务院关于进一步深化电力体制改革的若干意见》（中发〔2015〕9号）和《国家发展改革委、国家能源局关于印发电力体制改革配套文件的通知》（发改经体〔2015〕2752号）精神，稳步推进市场化交易，全年完成市场化交易电量144.25亿kWh，其中电力直接交易电量完成80.85亿kWh，电力援疆跨省跨区交易电量5.95亿kWh，完成发电权交易电量57.45亿kWh，节约标煤33.59万t、减排二氧化硫7067.75t，减排二氧化碳87.33万t。通过开展市场化交易，释放改革红利，促进非首都功能有序疏解和北京地区节能减排、低碳转型（全年市场化交易电量完成情况见表3）。

表3　　市场化交易电量完成情况统计表　　单位：万kWh,%

<table>
<tr><th rowspan="2">序号</th><th rowspan="2" colspan="2">交易类型</th><th colspan="4">交易电量</th></tr>
<tr><th colspan="2">本　期</th><th>同　期</th><th>同　比</th></tr>
<tr><td>1</td><td rowspan="3">市场化直接交易</td><td>京津唐电力直接交易</td><td rowspan="3">808 476.26</td><td>778 972.99</td><td>228 527.01</td><td>240.87%</td></tr>
<tr><td>2</td><td>“煤改电”居民用户电力直接交易</td><td>25 400.00</td><td>—</td><td>—</td></tr>
<tr><td>3</td><td>集中电采暖直接交易</td><td>4103.27</td><td>4614.91</td><td>-11.09%</td></tr>
<tr><td>4</td><td colspan="2">新疆送北京交易</td><td colspan="2">59 534.08</td><td>28 824.09</td><td>106.54%</td></tr>
<tr><td>5</td><td colspan="2">发电权交易</td><td colspan="2">574 494.00</td><td>590 678.00</td><td>-2.74%</td></tr>
<tr><td>6</td><td colspan="2">绿电替代交易</td><td colspan="2">—</td><td>13 655.00</td><td>-100.00%</td></tr>
<tr><td colspan="3">合　计</td><td colspan="2">1 442 504.34</td><td>866 299.01</td><td>66.51%</td></tr>
</table>

【电力市场服务】深入强化交易业务管理。规范电力市场秩序，开展季度、年度电力交易与市场秩序评价，采用交易平台公告、联席会等方式，及时发布北京地区月度、季度电力市场交易情况和工作信息。进一步加强针对发电企业的专业服务和沟通，组织发电企业人员开展电力交易平台和相关业务培训。精细月度电量计划和购电结算管理，应对交易成份日趋复杂、结算工作量大等挑战，交易结算准确率100%。持续提升市场服务水平。按照规定时间和披露内容及时向发电企业发布了北京电网电力市场交易信息，全年共组织召开北京电网厂网联席会暨电力市场交易信息发布会4次。通过交易大厅做好对外服务和问询答复等工作，全年电力交易大厅共接待人员来访136人次，受理问询763次。主动征询588次，接受问询175次。

电力市场营销

【综述】公司全年完成全口径售电量968.01亿kWh，同比增长5.41%（见表1）。实现当年电费回收率100%。应收电费余额完成2455.95万元，同比上升117.75%。新增客户174 237户，同比增长2.20%（见表2）。共受理客户申请报装容量1876.40kVA，同比增长5.72%；共完成接电容量1333.33万kVA，同比增长3.90%（见表3）。

（耿　涛）

表1　　公司电力销售情况

单　位	售电量（亿kWh）	增长率（%）
城区供电公司	102.06	0.64
朝阳供电公司	178.00	4.82

续表

单　位	售电量（亿kWh）	增长率（%）
海淀供电公司	138.67	4.56
丰台供电公司	82.78	4.22
石景山供电公司	18.49	1.35
亦庄供电公司	55.19	13.03
通州供电公司	60.62	6.28
昌平供电公司	69.88	7.32
门头沟供电公司	10.70	6.81
房山供电公司	64.08	11.58
大兴供电公司	58.07	5.20
平谷供电公司	15.51	4.84

续表

单　位	售电量（亿 kWh）	增长率（%）
怀柔供电公司	19.01	8.60
密云供电公司	18.97	12.93
顺义供电公司	66.05	0.41
延庆供电公司	9.96	19.09
合计	968.01	5.41

表 2　　　　公司客户发展情况

单位	2017 年户数	2016 年户数	2017 年新增户数	增长率（%）
城区供电公司	909 375	921 719	-12 344	-1.34
朝阳供电公司	1 584 349	1 565 880	18 469	1.18
海淀供电公司	805 638	794 502	11 136	1.40
丰台供电公司	845 984	843 819	2165	0.26
石景山供电公司	202 929	201 696	1233	0.61
亦庄供电公司	106 561	100 651	5910	5.87
通州供电公司	640 485	581 762	58 723	10.09
昌平供电公司	583 406	563 173	20 233	3.59
门头沟供电公司	165 781	164 268	1513	0.92
房山供电公司	502 663	473 814	28 849	6.09
大兴供电公司	522 742	508 544	14 198	2.79
平谷供电公司	215 079	211 313	3766	1.78
怀柔供电公司	167 708	164 698	3010	1.83
密云供电公司	262 296	256 624	5672	2.21
顺义供电公司	418 169	410 723	7446	1.81
延庆供电公司	157 134	152 876	4258	2.79
合计	8 090 299	7 916 062	174 237	2.20

表 3　　　　公司市场发展情况

单位	申请报装		完成接电	
	容量（万 kVA）	增长率（%）	容量（万 kVA）	增长率（%）
城区供电公司	39.16	-34.55	42.00	-21.29
朝阳供电公司	354.02	42.28	253.82	29.50
海淀供电公司	197.50	28.46	119.00	-12.22
丰台供电公司	123.00	-19.54	110.01	-15.48
石景山供电公司	45.26	48.12	23.11	20.93
亦庄供电公司	78.92	-2.80	44.27	-38.83
通州供电公司	266.16	-3.34	176.59	21.78

续表

单位	申请报装		完成接电	
	容量（万 kVA）	增长率（%）	容量（万 kVA）	增长率（%）
昌平供电公司	124.83	-0.56	101.09	-4.80
门头沟供电公司	34.90	-42.67	18.81	-34.36
房山供电公司	142.78	1.70	118.12	19.55
大兴供电公司	162.83	14.46	91.31	-11.00
平谷供电公司	42.58	7.33	35.87	35.26
怀柔供电公司	40.49	19.51	31.16	3.38
密云供电公司	35.65	-25.79	29.06	-20.19
顺义供电公司	156.70	1.17	120.80	47.24
延庆供电公司	31.60	17.26	18.33	-10.16
合计	1876.40	5.72	1333.33	3.90

【电能替代】公司全年累计完成电能替代电量 25.58 亿 kWh，同比增加 13.95%。各供电公司均完成年初下达的电能替代电量目标值，在公司电能替代工作中发挥带头示范作用。其中，城区公司在前门草厂开展电能替代示范区建设；丰台公司与海底捞集团签署合作协议，共同开展电能替代示范项目建设；密云公司在 15 个乡镇 48 所学校开展电能替代项目建设；海淀公司加大集中式电采暖推广力度。

（银　洋）

【光伏并网】光伏市场大规模发展，项目业主并网意愿强烈。全年受理并网申请 4523 项，累计报装容量 10.44 万 kW；完成并网发电 4521 项，容量 9.55 万 kW。截至年底，并网运行 6519 项，容量 28.31 万 kW；累计发电量 17 274.11 万 kWh，累计上网电量 5148.23 万 kWh。

（苏一飞）

【电费回收】加强电费回收管控，“当年电费回收率”“应收用户电费余额占当年月均应收用户电费比例”等同业对标指标保持国网 A 段水平，实现年底电费零在途。落实“一户一策”和“一类一策”的电费风险管控体系，开展高压客户分次划拨电费、分次抄表结算电费及电费担保等协议的签订工作，规范欠费停复电管理，加强电费回收风险预警，有效降低电费回收风险。

（蒋　旭）

【营业普查】组织开展春播农业生产和夏季高温大负荷打击窃电专项行动，组织开展专项检查5600余户次，共发现窃电531户，累计追补电量871.09万kWh，补收电费577.3万元，收取违约金3104.93万元。

（李佳玮）

【智能用电】全年建设完成341座充换电站、4545个充电桩。完成84项公交车充电站外电源建设。完成私人充电设施报装接电3.8万户，基本形成覆盖北京全部区域、服务公用行业和私人需求的充电服务网络。已投运的充换电站服务电动汽车16.2万辆，当年累计提供充换电服务562.65万次，充电量7433.25kWh，服务里程27 922.88万km，完成CO_2终端减排8.18万t。累计为北京市各类电动车用户开通充电卡业务共开卡15.40万张，预付电费收入12 096.46万元。完成全市公共、出租和环卫领域8888个充电设施新国标软硬件升级改造工作，领取奖励资金2096.5万元。全市开通车联网服务营业厅57个，实现城六区每区3个营业点、远郊区至少2个营业点。完成497个热点区域老旧桩迁移及环境整治工作，改造后充电桩的使用率提升50%。

（李　平）

【电价调整】国家发改委当年取消电气化铁路配套供电工程的还贷电价政策，明确电气化铁路牵引用电不执行峰谷分时电价政策，允许新开电气化铁路线路联调联试期间（联调联试期最长不超过5个月），最大需量可按实际需求申请确定，暂不受变压器与高压电动机容量总和的40%最低限制。依据政策要求，公司调整电气化铁路《供用电方案》编制规则，及时完成京郑、京沪、京九、京津城际等线路的还贷电价停征工作。

北京市发改委下调本市平均销售电价，并对当年4～6月销售电价进行追溯调整。依据政策要求，公司克服时间紧、任务重的困难，研究不同客户电费退补特点，制定“一类一策”电价调整实施方案与里程碑计划，有序组织、稳步实施，按期完成11.53万只非居民预付费智能电能表及1万个公共充电桩内置电价的远程调整工作。连续工作25天，在完成当月电费核算工作的同时，同步完成用户4～6月调价差额电费的追溯核算，当月实施调价核算144.63万户次，退还用户电费2.1亿元。执行该政策后，全年累计减收电费12.33亿元。

北京市发改委对执行居民峰谷试点电价用户及具备分表计量的集中电供暖用电客户，延长采暖季（11月1日至次年3月31日）低谷用电时段，延长后执行居民峰谷试点电价用户的低谷用电时段为20点至次日8点，集中电供暖用户的低谷用电时段为22点至次日7点，同时明确经区政府认定的城区“煤改电”分户自采暖用户、经市农委认定的农村“煤改电”分户自采暖用户、经市农委认定的村集体改造的“煤改电”集中供暖用户，可执行居民峰谷试点电价政策。依据政策要求，公司立即开展集中电供暖政策宣传与告知工作，完成27户集中电供暖及111.39万执行居民峰谷试点电价用户低谷时段电价调整工作。

北京市经信委、发改委陆续向公司提交龙徽酿酒等3家暂停执行差别电价企业名单。截至年底，地区执行差别加价电价政策企业有81家，年累计征收差别加价电费754.41万元。

（黄　宁）

【电价管理】国家能源局颁布了新版国民经济行业用电分类编码，按照国家电网公司的统一部署，结合北京地区用户实际特点，公司细致梳理新旧代码207处变化，编制《存量客户行业编码调整与替换规则》《电价分类与新版用电行业明细对照表》，完成20.61万非居民用户的行业核查与档案更新，确保11～12月新旧行业报表准确并轨运行，为公司后续开展用电分析、能源管理与经济决策提供可靠支撑。

围绕“强化人员业务素质、规范电价执行管理”工作目标，修订并下发《两部制电价用电客户基本电费核算管理办法》等5项管理办法，对现有项电费抄表与核算异常审核规则进行分析与修订，删除问题指征性不足的规则27项，深入优化规则34项，新增规则32项。

在电价专项稽查方面，公司结合国家发改委销售电价大检查工作内容，及时调整《2017年电价专项稽查工作方案》重点，按月开展电价稽查工作，发现各类电价执行差错问题83户次，增加公司经济收益约21.15万元。公司从抄表核算、业务受理、方案制定、用电检查等一线生产技能人员中抽选137人，组织电价知识抽调考试，平均成绩91.25分，发现并纠正17个电价政策理解薄弱点。

（黄　宁）

【电能计量管理】开展采集覆盖最后收尾工作，针对家中长期无人、拒装拒换客户开展换表收尾攻坚战。针对现场无表拆迁客户开展集中核实销户，联合有关部门主动开展社会宣传引导，多轮次上门排查通知，严格执行换装工作标准化流程，全年推广应用智能电能表58.36万只，用电信息采集累计实现816.23万户。全面优化采集网络，全年更换1.66万台非互通集中器及采集模块，分装1.2万台集中器，实现全网全互通，同步升级4G网络，优化现场采集网络；推广全网感知技术，应用五分钟电表感知数据，重构采集在线监控模型，实现小时级监控派单，优化采集系统购电下发机制，将购电费平均下发时间由年初的9.7min降低至6min以内，采集成功率提升至99.5%。加强采集运维现场管理，推动采集运维闭环管理深化应用。建立省、市两级运维管控体系，对超时异常派发督办工单，累计处理采集异常32.75万个，归档率98.13%，同时加快新版掌机应用，现场处理平均时间缩短约40%。深化智能电能表应用，开展宽带载波试点，自主研究台区自主识别技术，有效提升台区线损管理水平；在亦庄公司试点带有超级电容宽载通信模块和集中器，具备台区识别、停电事件主动上报和高频采集，满足配网故障主动研判等高级功能应用。强化计量防窃电管理，应用采集在线监控分析，查处现场窃电及计量装置故障31.09万起，追补电费1274万元；研究电能表移动感知技术，实现现场电能表移动自动感知，上传报警事件。推广应用面向对象通信协议，完成实验室检测能力改造和采集系统功能升级。

开展计量基础数据和关键业务数据管控，累计完成计量数据及业务问题整改1.99亿条，整改完成率86.9%。开展退运表计集中回收分拣，累计回收拆回智能表29万只，回收完成率99.77%，形成“新品直配、拆旧直返”的工作机制，进一步减少库存积压，提高物资周转效率。深化计量直配体系建设，结合直配体系深化，进一步提升计量库存管理水平，月库存周转率65%，超期库存电能表月均6.3万只，同比降低37%。

推广订单式直配大数据应用，全年累计完成订单2500笔，计量设备75.6万具，智能周转柜自动领用计量设备12万具，计量设备月库存周转率提升15%，计量设备超期表计降低至6.3万具；同时，结合订单式直配大数据推广，深化系统功能应用，优化订单式需求提报功能，在计量中心实现免审批自动生产订单，提升订单式直配实施效率。推广电能表状态检测应用，在部分供电公司试点应用的基础上，按计划完成资产全寿命周期管理系统MDS与营销SG186系统的部署及应用，推进计量装置品级评价的设备配置、设备质量、施工工艺、运行环境及数据采录等工作。

（董　宇）

【营销信息化建设】 建设完成反窃电分析及预警大数据应用平台并正式上线应用，由计量中心在系统中向各供电公司下派督察工单，并在全公司范围内推广。完成与腾讯公司微支付电费代收、支付上线，至年底已达日均1.5万笔交费，日均交费金额近500万元，增长趋势仍然强劲，同期开展微信公众号微支付有奖交费活动，受到社会广泛关注；完成“煤改电”客户电费补贴系统开发和上线工作，实现对全市“煤改电”客户认定和补贴发放功能，76万农村“煤改电”客户可通过掌上电力APP查询政府发放的补贴情况。

（董　宇）

【稽查监控管理】 持续开展营销业务质量稽查管控工作，常态开展重点稽查监控主题303个，累计处理营销业务异常问题57.61万项，营销业务异常率月均控制在0.003%以下，营销基础数据可用率持续保持100%。发挥市客服中心营销业务质量稽查管控支撑作用，开展15项营销业务质量专项稽查工作，累计下发营销业务质量专项稽查工单754个，指导各单位完成7859项专项稽查问题整改。解款超时限问题数量由每月1.74万条下降到每月5条以内，平均在途资金时长控制在2.1天以内，有效促进公司电费回收效率，业扩报装平均时长较年初缩短12天，95598派单超时由每月68张下降到每月49张，95598工单处理超时由每月56张下降到每月10张，提高客户优质服务水平。

（袁学重）

优　质　服　务

【重要活动保障】 完成全国两会、“一带一路”国际合作高峰论坛、中国共产党第十九次全国代表大会等187项重大活动重要客户用电安全服务保障工作，累计保障天数328天，实现“设备零故障、客户零闪动、工作零差错、服务零投诉”的工作目标。

（李伟玮）

【营业窗口服务】 截至年底，公司共设有营业窗口166个，其中A级营业厅15个、B级营业厅15个、C级营业厅103个、D级营业厅33个。全年公司共有6个供电公司29个营业厅完成优化调整工作，其中，关停营业厅5个，涉及通州1个、昌平2个、大兴1个、延庆1个；等级及营业时间变更营业厅23个，涉及城区5个、朝阳2个、大兴16个；迁址营业厅1个，涉及通州公司。

（王　峥）

【便民服务】 组织开展“你用电·我用心”便民服务专项活动，在国管局、中直机关、少数民族聚集区等51个小区开展服务活动，在全市居民小区开展“温馨提示”专项行动，累计服务客户82万余户。在全市范围内开展以“保卫首都蓝天，创造美好生活”为主题的清洁供暖服务日专项活动，在“煤改电”客户集中的村、镇、街道等区域设立303个宣传服务点，宣传十九大精神和“煤改电”服务保障举措。首都电力共产党员服务队走进8.2万户“煤改电”客户家中，现场为客户解决用电问题。

（李立刚）

【“三供一业”供电设施移交改造】 根据《国务院关于印发加快剥离国有企业办社会职能和解决历史遗留问题工作方案的通知》《国务院办公厅转发国务院国资委、财政部关于国有企业职工家属区“三供一业”分离移交工作指导意见的通知》和《北京市人民政府国有资产监督管理委员会北京市财政局关于市属国有企业非经营性资产和在京中央企业家属区“三供一业”分离移交工作有关事项的通知》，公司贯彻落实相关要求，根据国资委提供的在京中央企业及市属企业名单，截至年底，有232家企业同意实施分离移交，合计改造项目417个，涉及用电客户28.014万户，完成全部项目的框架协议签订工作。

（耿　涛）

【95598热线】 公司全年95598总计受理各类业务754 943件，同比减少17.07%。其中，故障报修工单327 066件，同比减少9.94%；业务咨询工单38 408件，同比减少29.21%；服务申请工单361 914件，同比减少28.29%；意见22 799件，同比增加31.37%；受理举报工单650件，同比减少30.92%。

公司全年95598受理投诉共计2422件，同比下降42.06%。其中，服务类投诉802件，占33.11%，同比下降39.06%；营业类投诉620件，占25.60%，同比下降62.08%；供电质量类投诉514件，占21.22%，同比增加16.82%；停送电类投诉331件，占13.67%，同比下降20.43%；电网建设类投诉155件，占6.40%，同比下降58.45%。

（王　峥）

【履行社会责任】 严格落实服务、通知、报告、督导四到位要求，完成1254户重要客户的用电安全评估工作。推进民生工程建设，完成6个老旧小区改造，惠及居民客户0.55万户。如期完成地铁S1线、3座可再生水厂、73项保障房等工程送电任务。

（李伟玮）

科技信息

科 技 工 作

【科技项目管理】公司全年研究开发费投入15 600万元。其中，国网总部管理项目63项，资金13 200万元；本单位管理项目75项，资金2400万元。围绕输变电设备运维与防灾减灾、智能配电网与电能质量、用电服务与电能替代、电网安全控制与自动化、信息通信与安全等领域开展项目顶层设计。牵头申报国家电网公司总部科技项目4项、参与申报国家电网公司总部科技项目21项。完成20个国家电网公司总部项目督导和50个公司项目验收，电能替代综合技术联合实验室获批国家电网公司联合实验室称号，公司状态检测实验室获批国家电网公司技术标准验证实验室。

（徐绍军）

【科技成果和知识产权】全年，公司获省部级及以上科技成果奖励24项。其中，获中国专利优秀奖1项、中国电源学会科学技术特等奖1项、中国电力科学技术奖3项、中国电力创新奖2项、中国机械工业科学技术三等奖1项、省级人民政府科技奖励12项、国家电网公司科技奖励8项。围绕“煤改电”、电动汽车、分布式电源等开展专利布局，共申请专利326件，其中发明专利申请200件、授权专利293件（含发明授权103件）。截至12月底，公司累计拥有授权专利2199项。

（徐绍军）

【国家级重大科技项目】公司牵头的“863”课题“主动配电网关键技术研究及示范”通过国家科技部验收。“863”课题“交直流混合配电网关键技术”持续推进，完成课题理论研究；开发高压供电分区互联调度软件、中压配电网运行控制软件、交直流混合配电网规划软件；研制220kV供电分区直流互联装置、10kV柔性环网控制装置、交直流混合配电网保护测控安全自动一体化装置。

（徐绍军）

【环境保护工作】公司组织完善环保监督管理体系，加强电网建设项目环保监督管理，主动与环保行政主管部门沟通，全年新开工110kV及以上电网建设项目环评率100%，110kV及以上电网建设项目竣工环保验收率100%。规范电网环保全过程管理，完成109座变电站电磁环境和噪声监测，以及40座有办公人员的变电站废水监测。完成3座噪声超标扰民变电站的治理工程立项，试点开展7座变电站全过程精细化环保技术监督。加强电网环保宣传，结合“六五”世界环境日、全国科普日、北京科学嘉年华等活动，开展环保科普宣传，引导公众科学认识输变电设施对环境的影响。

（沈　琪）

信 息 化 建 设

【网络安全】成立公司网络安全与信息化工作领导小组，构建覆盖公司本部、各供电公司、信通公司和集体企业全范围的网络安全组织体系。组织各部门、各单位签订网络安全责任书和网络安全承诺书。发放《网络安全法》学习材料1600册，梳理网络安全制度规范24份，公司各单位制作展板、手册、屏保、书签等宣传品2200余份。结合“2017年网络安全宣传周”活动，以“护网2017”网络攻防演习为有效载体，宣传网络安全行为“十不准”等网络安全要求。组织开展各层级培训37次，有效提高安全防护意识。组织评审信息系统安全防护方案24项，促进信息安全防护与信息系统建设的同步规划原则的有效落实。落实《网络安全法》要求，完成63套管理信息系统、26套电力监控系统等级保护测评和备案工作。邀请国家权威机构，对信息系统和电力监控系统开展渗透测试和木马检测，完成13套系统渗透测试、28套系统木马检测和7套APP源代码检测。结合全国两会、“一带一路”、党的十九大等特级保障任务，以“零缺陷”为目标，高标准制定排查标准，采取自查、专家排查和公司督查相结合的方式，开展多轮次隐患排查工作，共排查治理信息通信隐患82项。按照“一系统一报告”“一网站一报告”标准，编制网络安全隐患排查自查报告、专家排查报告和督查报告180份。建立信息专业“1+29”预案体系，编制专项预案30个。按照“一系统一案”“一网站一案”要求，编制现场处置预案60个。组织各单位完成30个典型场景应急演练，验证业务应急和系统应急的协同处置机制。完成北京市公安局组织的“护网2017”之“十九大”网络攻防演习，成功拦截外部攻击267次，抵御演习攻击90次。在“一带一路”和十九大保障期间，成功阻断勒索病毒传播。在国家电网公司系统率先成立网络安全分析室，构建网络安全可视化系统，实时监测分析异常情况，提升“态势感知、主动防御”能力。以网络安全攻防竞赛为契机，通过技能培训和攻防比赛，持续开展信息安全红蓝队建设。公司信息安全红队参加北京市委网信办、北京市公安局主办的国际网络安全挑战赛决赛，获得企业赛三等奖。开展全国两会、“一带一路”、十九大、集体企业、研发安全、营业厅摄像头、自建系统等14项信息安全专项督查，全年开展现场检查200余次，发现隐患3289个，下发整改通知单130张，完成技术报告574份，隐患整改完成率100%。

（李　新）

【信息系统建设】 全年共完成电网信息化项目133个，投资20 714万元。建成涵盖公司安全生产、经营管理、营销服务、企业文化、审计监察等多个领域的移动应用，通过“一个终端、一张SIM卡、一套通道、一个商店、一笔预算”强化移动应用标准化建设管理，推进国家电网公司三个移动应用商店实用化，明确移动应用发布流程，实现移动应用的统一管理。企业领导决策支持移动应用顺利上线，“互联网+”与公司经营管理深度融合。完成83个功能模块，1792个功能点的设计开发，实现对电网负荷、故障、投诉工单、经营绩效等指标数据在线监测。对安全稳定、优质服务和电网建设数据实时接入和深度挖掘，实现信息更加透明、进度实时掌握。

初步建成全业务数据中心分析域及一体化云平台，完成19套二级部署系统的全量业务数据接入，并建成“煤改电”综合效益分析及项目全过程分析两个场景；实现对服务器、磁盘阵列、网络设备等物理资源及虚拟机、容器等虚拟资源的标准化封装和分布式调度，并针对内网移动作业平台、同期线损等系统实现一键部署、弹性扩缩、故障自愈、不停运检修等业界领先的系统运行标准。推进北京数据中心新大楼建设工作。启动工业化和信息化融合试点贯标及信息化企业评价工作，完成两化融合体系文件签发并完成信息化企业评价自评；落实信息通信创新发展行动计划专项工作，形成“营配一体化末端融合移动应用”及“信息通信一体化移动运维智能终端”两个专项研究课题成果，完成《国家电网公司网络安全风险监控预警平台安全监测数据规范》标准的编制。开展年度信息化后评估工作，组织公司各单位对2015～2016年420个信息化项目进行规范性互查工作，共查出整改问题1400余个，对2016年在运系统综合绩效进行评估。

（徐绍军）

【信息系统运行】 作为国网信通部信息通信运维体系（SG-ITOM3.0）运维“六位一体”试点单位，公司积极参与SG-ITOM3.0总体设计、全业务需求集中设计、运维“六位一体”方案的编制，完成公司9项流程的梳理比对、实施上线工作。为进一步提升信息通信客户服务水平和优质服务形象，编制信息通信运维服务目录，完善运维客服知识库，加强客服人工座席运维知识培训和轮岗学习；针对敏感问题开展客户服务回访机制，并实现“21186”客服号码向“186”的缩减和过渡工作。推进移动运维APP等新技术的研发应用。完成信息系统移动运维APP的开发和上线，实现基于智能手持终端的设备状态巡视、一单两票移动审批、设备标签管理等管理功能；完成信息系统一键启停工具的研发并投运，进一步提升信息运维效率。

（徐绍军）

电力通信

【通信网建设管理】 完成骨干通信网建设任务，35kV及以上变电站、主要办公场所、营销网点、分支机构的光纤覆盖达100%。推进朝阳公司、亦庄公司、通州公司本部通信系统建设，完成初步设计、物资采购、服务招标工作。加快北京副中心通信网建设，构建潞城站、东夏园站、新胡各庄站和辛安屯站的骨干通信系统，初步建成12座开关站、用户配电室的核心区高端智能配电通信网。

升级通信业务系统。公司本部、顺义备调建设IMS行政交换核心网，与公网运营商实现双节点互联，为后续公司行政交换网向IMS交换方式演进奠定基础。升级高清电视电话会议系统，完成16个供电公司第一会场分体式高清会议系统覆盖，公司会议效率更加便捷、高效。推进通信专业降本增效。开展三大电信运营商通信资费和服务的竞争性谈判，年度无线通信租用费用成本下降45.6%，节省约3578万元。

（徐绍军）

【通信网运行管理】 夯实通信运行基础，建立通信站线标准作业管理体系，完成13套通信设备网管系统等级保护测评工作，完成通信系统电气火灾综合治理工作。完成线路走廊存在隐患的14条通信光缆专项整改，部署光缆反外力视频监控系统，光缆缺陷同比下降34.2%。加强继电保护等重点业务优化及分析评估，开展42个通信系统运行方式深度分析，完成1297条继电保护、1518条调度数据网等六大类重点业务通道风险分析和完善提升工作。健全公司通信系统“1+13”预案体系，修订公司通信系统突发事件应急预案，完善光传输设备、会议电视系统等现场处置预案13个，按照“一站一案”“一线一案”的要求编制十九大保障重点站线现场处置预案189个。超前筹划通信保障任务，制订通信专项保障方案，开展隐患排查治理及应急预案演练，开展重要通信系统专项检查及运行方式分析。综合运用4G单兵、800M集群等信息通信技术实现现场保障人员与指挥中心的音视频双向互动，应用量子通信技术传输配电自动化数据，安全加密能力达到国内最高级别。完成全国两会、“一带一路”国际合作高峰论坛、党的十九大等重大政治活动通信保障工作。

（徐绍军）

党的建设与精神文明建设

党建工作

【综述】全年，公司党委贯彻国家电网公司党组决策部署，推进“旗帜领航·三年登高”计划，发挥党委“把方向、管大局、保落实”领导作用，构建“大党建”格局，加强党建专业管理，推动党建工作价值创造，各项工作取得新突破、实现新进展。

（张　鹏）

【落实党建责任】完成党建工作要求写入公司及下属4个子公司章程，推进党的领导与公司治理有机统一。严格“三重一大”决策程序，全年召开党委会17次，研究党建工作14次。制定党建工作三年规划，细化任务清单和里程碑节点计划，统筹推进基础建设年五项重点任务。开展党组织书记抓党建工作述职评议考核，组织大党建工作联合考评，纳入企业负责人经营业绩考核，促进责任层层落实。学习宣传贯彻党的十九大精神，明确党委、党支部和党员各层面学习要求，两级中心组累计学习135次；组建“1+*N*+*X*”宣讲团（1指成立公司宣讲团，*N*指成立基层宣讲团，*X*指成立客户宣讲小分队），开展“六进”宣讲，领导班子带头深入基层宣讲27场次，结合“煤改电”冬季供暖，进村入户发放学习资料10万余册。

（张　鹏）

【发挥党建引领作用】以党的建设统领改革发展，强化党委决策前置程序，强化党员身份前置要求，推动党建工作融入安全稳定、电网建设、优质服务“三大攻坚战”。在安全稳定攻坚中成立党员保障队79支，组建党的十九大保电前线联合指挥部临时党委，开展综合保障工作，为万无一失完成保电任务提供坚强保证。在电网建设攻坚中成立党员突击队95支，党员干部带头攻坚，高质高效推进城市副中心、新首钢、新机场、冬奥运、首都核心区架空线入地、“煤改电”等国家级重大项目。在优质服务攻坚中发挥党员服务队作用，建立党员服务站492个、服务岗1096个，村村设党员电力管家、发放服务联系卡，主动入户服务10万余次，架起联系服务群众的“连心桥”。

（张　鹏）

【基层党组织建设】优化基层党支部设置，党组织数从265个增加到537个，与业务机构和一线班组更加匹配。加强制度建设，按照上级要求梳理47项制度清单，编印《党建工作手册》《阵地建设标准化指导手册》，建设89个支部规范化试点，崇文党支部获评国家电网公司首个中央企业示范党支部。建强党建工作机构，各级党建部门编制增加30%。

（张　鹏）

【党员教育管理】推动“两学一做”学习教育常态化制度化，抓住关键少数，严格落实理论中心组学习计划；领导干部带头参加学习教育、带头讲党课，按要求参加双重组织生活；抓基层党支部，严格执行“三会一课”等组织生活七项制度，实行“三会一课”计划备案制，细化各级党员卓越履责清单，推动“四讲四有”合格党员标准具体化。严把党员“入口”关，做好入党积极分子培训，全年发展党员181人。开展党委书记、党支部书记、党务人员培训，累计培训830人，有效提高党建专业队伍综合素质和党组织书记履职能力。创新党员教育管理手段，承担国家电网公司党建APP平台建设任务，为每个党委、支部、党员建立专属网上阵地，增进党员和组织的互动，实现党建管理纲举目张。作为国家电网公司党建信息化综合管理系统首批试点单位之一，推进试点应用工作。创建“首都电力先锋”党建微信订阅号，累计发布信息24期。围绕党建创新和党建专业人才培养，组建集培训、教学和课题研究开发为一体的党建专业教研室。

（张　鹏）

思想政治工作

【精神文明建设】弘扬社会主义核心价值观，以“道德讲堂”活动为抓手，深化文明单位创建，城区公司、丰台公司、海淀公司3家单位荣获第五届“全国文明单位”称号，公司系统“全国文明单位”数量增至14家；

28 家单位保持首都文明单位（标兵）荣誉；通州公司、海淀公司、检修公司 3 家单位获评第六届国家电网公司文明单位，城区公司、大兴公司、丰台公司和客服中心 4 家单位继续保留国家电网公司文明单位称号。

（张　鹏）

【企业文化建设】加强企业文化传播、落地、管理工作，全年开展企业文化培训 243 期，参培人数达万余人次。深化文化道德阵地建设和企业文化落地实践，全年新建成企业文化示范点 71 处。承担并完成国家电网公司企业文化重点项目建设 2 项，指导各单位开展企业文化建设储备项目实施。

（张　鹏）

【先进典型选树】打造先锋群体，开展“百佳支部堡垒”“百佳党员先锋”和“百佳班组”“百佳工匠”（简称两个“双百”）创建评选工作，变以往个别选树为普遍争先，激发干事创业热情，先后评选出百佳支部堡垒 100 个、百佳党员先锋 107 名、百佳班组 100 个、百佳工匠 106 名。选送“国企楷模”“北京榜样”等各级各类先进典型，引导各单位开展先进事迹选树宣传，密云公司郑瑞成当选年度“国企楷模”优秀人物，昌平公司常波、朝阳公司任立新入选“2017 北京榜样”7 月和 9 月周榜人物。

（张　鹏）

纪　检　监　察

【综述】全年，公司纪检监察工作贯彻落实国家电网公司党风廉政建设和反腐败工作决策部署，坚持不忘初心讲政治、牢记使命重担当，主动谋划、创新工作，围绕公司全面加强“三个建设”、大力实施“三大攻坚战”重点任务，严明政治纪律，强化责任落实，严格监督执纪问责，有效维护公司安全健康和谐发展大局。全年未发生处级及以上领导干部和本部员工腐败违法案件或严重违规违纪问题，未发生瞒案不报、压案不查或责任追究不到位的情况，未发生影响和损害公司形象的重大行风事件。

公司荣获国家电网公司纪检监察先进单位、2017 年度责任制考核优秀单位，丰台公司佟岩冰、监察部门吉光荣获纪检监察先进个人。同时公司压实廉洁风险防控责任、创新廉洁文化宣教模式等主要做法在《国家电网工作动态》进行经验交流；《重点领域关键环节风险防控机制建设》获得 2017 年度中国电力创新一等奖、北京市管理创新一等奖；《北京电力推出“首善清风”APP》等做法被人民网、新华网等主流媒体专题报道。

■ 7 月 26 日，公司在大雁楼会议中心召开 2017 年党建暨反腐倡廉建设工作会议。（李博　摄）

【党风廉政建设】落实国家电网公司“两个责任”实施意见和任务清单，以修订党风廉政建设责任制考核实施细则为抓手，梳理年度监督任务清单，突出八项规定等敏感环节，以及“四资一工”（资金管理、资产处置、资源配置、资本运作和工程项目）等重点领域进行严格监管，将领导干部责任明确到人、落实到事，促进责任清单落地生根。践行“一岗双责”，将反腐倡廉建设要求与生产经营管理业务一起部署、落实、检查、考核，并专门建立现场履责督导机制，公司领导班子成员通过“一线工作日”、调研走访、座谈研讨等方式，督促各级以“四个亲自”（落实党委主体责任，坚持党风廉政建设和反腐败重要工作亲自部署、重大问题亲自过问、重点环节亲自协调、重要案件亲自督办）的实际行动做到履职尽责。强化全面履责约谈和定期报告机制，公司两级领导班子成员共约谈下级负责人 3478 人次。发挥巡察利剑作用，在党十九大政治供电保障胜利后，立即实施开展巡察工作，健全巡察组织机构，设立巡察工作办公室和 3 个巡察组，配备工作人员 25 名。严格比照上级标准，突出政治体检，聚焦全面从严治党，紧盯落实管党治党责任、权力运行、选人用人、领导干部廉洁自律等方面问题，开展巡察工作。以规范化统一标准刻度，将巡察工作向基层延伸、向纵深推进，先期部署各单位开展自查自纠工作，排查分析薄弱环节，履行整改落实责任，促进立行立改、全面整改。开发巡察业务应用系统，实现巡察工作从准备阶段、现场检查、整改落实等全流程信息化管理。

■ 9月12日，公司在培训中心（模式口）召开巡察业务培训会。（杜敏 摄）

【廉洁文化宣教工作】依托“互联网+”技术，打造廉洁文化宣教“首善清风”APP平台，开展分层、分类送廉服务行动，快递知识干货，推送专题培训，有声、有色、有料开展宣教，全方位、全覆盖、全时段进行传播，提升廉洁认知，根植廉洁文化。提高思想站位，把握红线底线，实施法规制度解读、领导干部讲廉、重点岗位说风险、廉洁文化“四进”等专项教育行动，促进政令畅通、令行禁止。公司各级领导干部开展专题讲廉143次，重点岗位开展“业务风险我来讲”活动210次；通过APP平台推送廉洁知识服务300余项，覆盖主业和集体企业人员2万余人；公司系统开展廉洁教育540场次，直接受教育达6万人次。

■ 9月5日，客服中心干部员工扫码安装“首善清风”APP。（郑琳 摄）

【重点对象监督管理】贯彻国家电网公司廉洁风险防控机制建设意见，按照全面梳理、重点防控原则，对经营决策、业务管理、行风形象等5类115项廉洁风险防控名录进行梳理防控，结合“五位一体”（职责、流程、制度、标准、考核）协同机制建设，将廉洁风险防控融入业务、嵌入岗位，强化风险线上和线下的动态防控。突出权力制约，针对领导干部，深化“七廉”（学廉、讲廉、研廉、促廉、守廉、述廉、评廉）活动，促进各级领导干部和职能部门把好业务范围内廉洁风险防控的第一道关口。全年公司各级领导班子围绕八项规定执行监督、依法治企问题整改等重点工作进行不少于6次廉政专题研究。针对“职低权实”的重点岗位人员，拓展监督管理工作内涵，深化学廉考廉、交流轮岗等常态监督举措，促进重点岗位人员认知红线底线，严格自律自控，做到遵章守纪、秉公用权。截至目前，动态梳理重点岗位1832人，累计交流2299人次。

【专项监督工作】开展八项规定监督检查，紧盯敏感时段和关键环节，从公务接待、车辆使用等12类35个方面，对各单位及集体企业进行100%检查。开展购买消费高档白酒和公务用车管理专项监督工作，公司全年未发生违反八项规定精神的责任事件。优化监审联合监督机制，以“煤改电”等工程项目为重点，建立了“一村一卡”工作标准，从工程物资管理、分包队伍选用、账卡物匹配等方面，瞄准制度、流程执行的规范性和严肃性，从资金资产管理、人员廉洁从业等多个维度进行跟踪审计和执纪审查，增强监督的深入性和防控的实质性，累计对60万户、81.75亿元的“煤改电”民生工程开展过程跟踪审计。在选人用人监督方面，严把廉政关口，重点查防干部选拔任用中程序不规范、标准不执行等问题，公司层面共对79人出具廉政意见。在行风廉政监督方面，公司两级共开展明察暗访172次。发挥协同监督在化解风险上的平台作用，全年公司两级共召开协同监督会议59次，上报监督报告318份，下发整改意见书106份。

【信访案件查办】聚焦主责主业抓好纪律审查，查纠“四资一工”重点领域、选人用人和服务工作关键环节中的不正之风。针对潜在风险问题，督促公司各级党组织践行主体责任，运用好“第一种形态”。指导各级纪委从严掌握“四种形态”（经常开展批评和自我批评、约谈函询，让“红红脸、出出汗”成为常态；党纪轻处分、组织调整成为违纪处理的大多数；

党纪重处分、重大职务调整的成为少数；严重违纪涉嫌违法立案审查的成为极少数）转化条件，防止随意降低标准条件，防止滥用自由裁量权，保障监督执纪的严肃性。落实“三个区分开来”（把干部在推进改革中缺乏经验、先行先试出现的失误和错误，同明知故犯的违纪违法行为区分开来；把上级尚无明确限制的探索性试验中的失误和错误，同上级明令禁止后依然我行我素的违纪违法行为区分开来；把为推动发展的无意过失，同为谋取私利的违纪违法行为区分开来）要求，坚持激励与约束并举，既严格执纪，又保护党员干部干事创业的积极性。全年，公司纪检监察系统共收到并核查各类信访举报 29 件，初步核实 26 件，谈话函询 3 件，对所有人员进行了“面对面”核实，切实做到抓早抓小、严管厚爱。

（门吉光）

品 牌 建 设

【综述】 紧扣全年重点工作，注重高端策划、创新理念形式，在中央权威媒体、党报党刊重要版面、重要栏目刊发篇次和时长实现新增长，传播高度、强度与广度实现新突破。依托《人民日报》头版、中央电视台新闻联播在十九大期间主动输出“清洁能源替代”核心观点，十九大政治供电保障经验、首都电力党员先锋创建经验等 4 篇内参在新华社《国内动态清样》刊发。实现十九大供电保障全过程“零舆情”，全年舆情形势保持平稳。开展社会责任实践，跨区合作推进根植项目，获得中国电力行业企业最佳透明度管理奖。深化“一站一刊两微”全媒体格局，凝聚企业发展合力，为电网和公司发展营造良好舆论环境。

（李春华　朱雪敏）

■ 4 月 6 日，公司在大兴区洪士庄村举行“煤改电”配网工程全面开工新闻发布会。（程伟　摄）

【品牌传播】 围绕首都核心区架空线入地、农村地区“煤改电”、“一带一路”和十九大供电保障、北京城市副中心和首都新机场建设等重大主题和节点，依托《人民日报》、中央电视台等媒体推出重点报道。围绕十九大政治供电保障经验、首都电力党员先锋创建经验等公司重点工作，刊发新华社《国内动态清样》4 篇次。春节期间，中央电视台播发《春节的坚守：电力人的年三十儿》专题节目共 30min 时长；习近平总书记提出北方地区清洁取暖一周年之际，《焦点访谈》栏目播发深度报道《人要暖　天要蓝》。加大充换电设施建设的全球化传播力度，《人民日报》海外官方推特、FACEBOOK 实现新突破，多次播发相关报道。全年组织集中新闻发布 68 次，传播重点议题 63 项，同比增长 57.7%。在中央及市属媒体刊发报道 2842 篇次，其中《人民日报》刊发 72 篇，包括头版及长篇通讯 15 篇。新华社《国内动态清样》4 篇，中央电视台《新闻联播》等栏目播出时长 238min。中央权威媒体重要版面刊发报道同比增长 54%，中央电视台新闻播出时长同比增长 396%。加强与北京市委宣传部、市国资委、市城市管委等部门的常态沟通，将公司重大选题主动纳入全市整体宣传安排。主动设置“空调调高一度”议题，引发社会广泛关注，并由政府主导开展二次传播。

（李艳娜　朱雪敏）

■ 6 月 28 日，首都核心区电力架空线入地工程全面实施，公司联合市城管委组织新闻媒体现场采访活动。（杜敏　摄）

【新媒体传播】依托“国网故事汇”“电网头条”两个国家电网公司重点新媒体平台，讲好公司故事。全年“国网故事汇”共播发公司原创优秀作品54部，获得月度优秀作品11部。电网头条微信公众号和APP客户端共刊发公司作品522篇，在国家电网公司系统处于领先地位。加强公司新媒体运营平台建设，全年共发布各类作品近2000条。公司微信公众号累计发布信息85条，粉丝数达102万，比2016年增长18万，传播效果在国网省公司微信WCI9月排名中跻身前三。

（王莹彬　宣丽娜　朱雪敏）

【品牌维护】制定并发布《关于规范舆情预警与处置工作的意见》，实现舆情预警和处置标准化管理，促进舆情防控与专业管理互动提升，被《国网工作动态》作为典型经验推广。制定《十九大供电保障任务舆情防控“三不准、三应当”工作纪律》，组织本部和基层单位签订《舆情风险防控承诺书》，对外加强联络争取媒体和政府主管部门的价值认同，对内形成上下联动、协同作战的工作机制，实现全过程“零舆情”。围绕公司年度重点工作开展专项舆情风险梳理，制定专项舆情防控预案6项、舆情风险报告3项，形成《架空线入地工程舆情风险事件库》，为今后舆情风险隐患排查奠定基础。

（张　画　朱雪敏）

【品牌塑造】首次跨省协作，开展京津合作社会责任根植“煤改电”工程项目，形成区域协同探索典型经验，审报国家电网公司“四星”级项目。推进社会责任示范基地建设。编制2016年公司白皮书，策划社会责任杂志专刊，向利益相关方发布履责成果3000余册。“社会责任推广月”期间重点策划“电动出行守护蓝天”清新之旅，被《人民日报》、新华社、中央电视台报道，网络直播平台观看人数超过100万次。联合团市委、青基会共同开展“共绘北京蓝”儿童画

■ 5月24日，公司开展“电动出行守护蓝天”清新之旅活动。

（程伟　摄）

评选活动。推进“电力爱心教室”密云旗舰基地建设，新增挂牌爱心教室8家。逐步形成由国网北京电力展示厅、地区少年宫实体化教室以及学校（社区）挂牌教室组成的“电力爱心教室”公益项目三级体系。

（李春华　朱雪敏）

【企业内宣】利用公司网站、杂志、展板等内宣载体资源，加强新闻采写、网站及报刊编辑、视频制作等业务融合和集约管理，深化公司本部和基层单位两级宣传队伍建设，寻求与行业媒体深度合作，围绕重大选题，统筹内部宣传资源共同策划、联合采访，协同推送，达到宣传效果最大化。围绕年度重点任务开展专题策划，突出深度报道，全年完成重点选题策划685项，行业报刊发稿557篇，其中《国家电网报》《中国电力报》《亮报》头版报道61篇。网站推出专题报道42期，系列报道109次，编辑展板217块，制作宣传报道作品集10册。公司记者站被评为《中国电力报》“先进记者站”和英大传媒集团“十佳记者站”。

（赵　一　朱雪敏）

工　会　工　作

【综述】全年，公司工会把握正确方向，强化素质提升，开展卓有成效的工作，取得先进经验。突出内质建设，以“三抓一树”为重点，打造首都电力产业工人队伍。通过班组建设、劳动竞赛，夯实管理基础，激发一线活力，营造争先氛围，推动公司重点工作；通过“百佳班组”“百佳工匠”选树活动，弘扬劳模精神、劳动精神和工匠精神，让职工有榜样、愿意学、比着干，发挥典型引路作用。突出和谐发展，以职工需求为导向，搭建职工服务综合平台。强化民主管理，维护职工知情权、参与权、监督权；依托职工之家、职工文化中心开展精准服务，繁荣职工文化生活。突出外形建设，以企业特质为核心，聚焦首都电力品牌

形象。承办中国能源化学地质工会常委会现场会、国家电网公司“卓越之路”职工文化周、全国“五一”特别节目等上级工会活动。

（王　茜）

【民主管理】落实《国家电网公司“十三五”民主管理行动计划》要求，完善“双路径三保障”民主管理体系。执行职代会制度，履行民主程序，规范执行提案办理工作，三届二次职代会职工代表提案征集58件，提案办结率、满意度均为100%。拓展职代会闭会期间民主管理新途径，开展职工代表巡视检查，畅通职工诉求渠道，推动职代会各项决议与公司重点任务的落实。开展“我为企业献一策”合理化建议征集工作，公司采纳优秀建议124条，5条建议被国家电网公司评为优秀合理化建议。深化厂务公开工作，完善三级公开体系，实现厂务公开工作常态化、规范化管理。加强班组民主管理，创新管理形式，推进班务公开，切实维护职工知情权、参与权、表达权，激发基层班组自主管理活力。加强组织建设，完成承发包公司建会工作。

（王　婧）

【女工工作】鼓励女职工岗位成才，参与党的十九大供电保障，10名女职工获国家电网公司十九大供电保障先进个人称号，130余名女职工获公司功臣个人称号。参加国家电网公司“服务之星”竞赛，朝阳公司陈己宸获国家电网公司“十佳服务之星”称号。号召女职工参与劳动竞赛，产生女性竞赛之星34位。推进女性劳动模范命名的职工创新工作室建设，开展群众性技术创新、管理创新，城区公司陈牧云创新工作室被中华全国总工会命名，海淀公司冯丽利荣获“全国五一巾帼奖章”。组织丰富多彩的特色女职工活动，推进女职工文化生活再上新台阶。举办公司2017年女职工主题读书活动启动仪式暨“汗水绽放·聚力前行”文化成果展，展示女职工美丽知性的艺术气质和爱岗敬业的精神风貌。参加全国“书香三八”、国家电网公司“书香国网·和美家庭”等女职工主题读书活动，推荐作品300余篇，获全国第五届“书香三八”读书活动优秀组织奖。开展“和美家庭”评选活动，弘扬社会主义核心价值观和良好家风的时代内涵，评选公司级“和美家庭”16家，3个家庭荣获国家电网公司“和美家庭”称号。

（王　茜）

【职工文体】加大职工文化建设投入，打造什刹海、梨园职工文化活动中心。建立文学创作工作室，创作话剧剧本《西交民巷》。依托公司文体协会，开展篆刻、综艺、摄影、羽毛球、篮球等职工文体活动。公司职工作品在北京市“身边·匠心”文学作品评选、北京市“祖国颂·翰墨情怀”书画展、北京市“六好”摄影比赛、北京市六创小故事大赛和北京市第八届职工羽毛球比赛等文化体育赛事中均取得优异成绩。公司获得2013～2016年度全国群众体育先进单位。

■ 6月15日，公司工会组织本部职工进行搏击培训。

（吴国健　摄）

（于　磊）

【劳动保护与劳动竞赛】结合企业中心工作和职工队伍实际，开展降损增效、电网建设、电能替代、优质服务、智能配网、本质安全6项全员劳动竞赛活动，参赛单位30个，参与职工4万余人次。公司创新竞赛模式，亮指标、建网站、强激励、重宣传，解决传统劳动竞赛与企业中心工作结合不够、缺乏过程管控、职工参与率低等问题，有力推动企业中心工作的完成。劳动竞赛管理模式得到上级工会肯定，被中国能源化学地质工会、北京市总工会列入示范赛项目，32个集体和个人受到北京市总工会表彰。

承办北京市“职工技协杯”职工职业技能竞赛农网配电营业工比赛，组织供电服务之星、有限作业空间技能竞赛，开展“安康杯”竞赛活动。北京电力物业公司代表北京市参加京津冀有限作业空间竞赛获得团体第二名优异成绩。积极参加“北京大工匠”挑战赛，王月鹏被评为首届“北京大工匠”。

开展职工劳动安全卫生宣传教育系列活动，营造良好的安全工作氛围。加强劳动保护监督检查三级网络建设，开展劳动保护监督检查，举办劳动保护知识培训班。公司获得全国“安康杯”竞赛安全文化宣传先进单位称号，丰台公司、检修公司电缆检修班等单位和班组受到北京市总工会的表彰。

（高春雷）

■ 9月27日，公司承办北京市“职工技协杯”职业技能竞赛农网配电营业工比赛。（孙钢荣 摄）

【先进、劳模评选工作】规范培养选树机制，落实民主推荐程序，在公司重要工作岗位、重点工作任务和劳动竞赛活动中选树具有时代性和先进性的集体和个人，唱响“平凡孕育伟大、劳动奉献光荣”的主旋律。王朴被评为国家电网公司特等劳动模范；刘润生等4人被评为国家电网公司劳动模范；照明中心荣获全国五一劳动奖状；海淀公司配电运营指挥室荣获北京市工人先锋号；延庆公司张山营供电所等6个班组荣获国家电网公司工人先锋号；59个班组被评为国家电网公司先进班组。组织开展“百佳班组”“百佳工匠”创建评选活动，评选百佳班组和百佳工匠，大力弘扬劳模精神、劳动精神和工匠精神，发挥典型引领作用。多层面、深层次宣传劳模精神，引领职工敬业爱岗、助推企业稳步前行。开展劳模体检、休养、慰问等活动，将公司对劳模的关怀落在实处。

（高春雷）

■ 4月28日，公司为海淀公司配电运营指挥室颁发“北京市工人先锋号”奖牌。（孙钢荣 摄）

【班组建设】将班组定位于“企业管理第一关、客户服务第一线、职工成长第一站、创新发展第一源”，推进班组标准化和智能化建设，优化组织模式、注重互联网+、注重机制创新，前端融合，服务一体，打造全能型班组、复合型岗位，现代化班组建设初具雏形。着力抓好班组小家、班组文化和班组民主建设，开展“百佳班组”创建活动。通过转变班组业态，使班组从高效执行的细胞群转变为充满活力的生命体，推动基层班组减负、提质、增效、育人，实现“小班组大格局、小岗位大作为、小指标大贡献”。加强班组资金投入，规范基层班组标准化建设。深化班组小家建设，加强班组文化建设和自主管理，打造温馨、和谐职工家园。完成国家电网公司班组建设子课题研究任务和班组建设成果展示活动，公司智能化班组建设取得良好成效。

（高春雷）

【职工创新活动】推进职工创新工作室建设，建立劳模（职工）创新工作室33家，骨干成员超过2000人，实现基层单位全覆盖。围绕企业中心工作开展创新创效活动，取得创新成果580余项，转化应用300余项。完善创新体系，强化引导激励，鼓励众筹众创，创新开展班组移动作业终端，转变班组作业模式。公司多项职工技术创新成果获得全国电力职工创新成果一、二、三等奖，“电动汽车入网的方法、装置及系统”荣获第十九届中国专利优秀奖。城区公司陈牧云创新工作室被中华全国总工会授予“全国示范性劳模和工匠人才创新工作室”，陈牧云、冯丽利、王朴创新工作室被评为“国家电网公司劳模创新工作室示范点”。加强职工创新成果孵化基地建设，完成创新项目孵化38项，为职工创新活动提供有力支撑。

（高春雷）

■ 中华全国总工会为陈牧云创新工作室授牌。（孙钢荣 摄）

【服务职工】深化职工之家建设，注重线上线下结合，开展职工身体健康、心理咨询、评估与素质提升等项目，提升关爱服务效果。开展“心关爱 助保电”专项服务活动，为忠诚保电的干部职工提供健康保障。海淀公司、照明中心申报的“职工心理助推项目”在北京市总工会立项。搭建职工子女托管优质平台，举办为期10天的职工子女暑期乒乓球夏令营，开创工会服务企业、服务职工新途径。依托市总托管服务平台，发挥基层单位职工之家作用，在公司机关、石景山公司、房山公司、昌平公司、经研院等单位开展职工子女暑期托管服务，解决130余名职工暑期子女看护难题，广受职工欢迎。建立职工职业发展助推计划，年度发放助推补贴103万元，受益职工783人次。开展职工互助会、职工互助保险理赔工作，受益职工120人。组织困难职工帮扶、劳模慰问和十九大供电保障专项慰问等活动，将关心关爱职工工作落在实处。在北京市温暖基金会领导下，建立北京电力职工温暖基金，为职工提供全方位的生活保障。

（高春雷）

共青团工作

【主题教育活动】组织“学习总书记讲话，做合格共青团员”教育实践和“青春喜迎十九大·不忘初心跟党走”主题宣传教育工作，开展以“践行新思想 拥抱新时代”为主题的组织生活会，增进团员对党的政治认同、思想认同和情感认同。组织宣讲会、报告会、培训班、演讲比赛等144场次，153名团干部讲授团课，8000余名青年团员参与其中，共配发学习书籍800余册，覆盖全部147个团支部。

（张　鹏）

【“号手岗队站”创建】深化“号手岗队站”创建，发挥青年生力军作用，承办团中央“青年文明号开放周”活动，城区公司营销部营业一班荣获“全国青年文明号”，检修公司状态检测中心监测三班荣获“全国青年安全生产示范岗”，公司5个集体荣获“北京市青年安全生产示范岗”，2人荣获“国家电网公司青年岗位能手”，3人荣获“北京市青年岗位能手”。组建青年突击队、保障队、服务队，在全国两会、党的十九大等重大政治供电保障和首都核心区、城市副中心、新机场、电能替代等重点工作中贡献青春力量，首都电力北京城市副中心电网建设经研院青年突击队荣获“北京市优秀青年突击队标杆”。

（张　鹏）

【青年志愿服务】作为国家电网公司唯一项目，代表中央企业参加第四届中国青年志愿服务项目大赛，荣获示范项目创建提名奖。联合团市委、北京青基会共同组织开展“共绘北京蓝”儿童画评选活动，依托公司“电力爱心教室”公益品牌项目，征集画作2000多幅，引起广泛关注和好评。

（张　鹏）

【青年创新创效】加强青年创新阵地建设，激发青年创新热情，3个青年创新阵地获评首批北京市青年创新工作站，在全国双创周“十百千万”双创能力培育工程发布会上，作为北京市青年创新工作站代表上台领奖，并作为国家电网公司唯一代表进行交流发言。在国家电网公司第三届青年创新创意大赛中荣获1金1银2铜1优秀小革新奖。参加中央企业创新成就展、第二届国际创新创业博览会，展示公司多项优秀青年创新成果。

（张　鹏）

【团组织建设】执行团组织按期换届工作制度，召开共青团国网北京市电力公司第三次代表大会，选举产生共青团国网北京市电力公司第三届委员会，并召开三届一次会议，选举产生公司团委常委及书记、副书记。完成7家基层团组织换届选举工作，组建物业公司团委，调整集体企业团组织设置，现有基层团委33个、团总支2个，实现团组织全覆盖。

（张　鹏）

离退休工作

【综述】贯彻执行党和国家有关离退休工作的方针政策，落实国家电网公司离退休工作部署，各单位按照公司职代会暨工作会“落实离退休职工政治待遇和生活待遇，积极推进文化养老”的总体要求，强化职能管理和服务，在公司党政领导的关心指导下，党政工团齐抓共管，离退休部发挥职能作用，努力让离退休职工能够老有所学、老有所养、老有所医、老有所为、老有所乐，保证公司离退休人员队伍的和谐稳定。

（张文旭）

【落实老干部政治待遇】 认真落实好离退休老同志的政治待遇，加强离退休党支部建设和思想政治建设，离退休工作部党支部积极协助机关离退休党支部制订计划、开展活动，公司离退休工作部组织开展落实离退休干部工作。1月下旬，公司离退休职工代表分别参加国家电网公司和北京市电力公司职代会暨工作会。春节、重阳节期间，公司各级领导和离退休工作部负责人分别以慰问和座谈会等形式看望离退休老干部和退休职工，向老同志们表示节日的祝福，通报近一年来公司的发展建设情况，并听取老同志们的建议。

（张文旭）

【落实离退休职工生活待遇】 落实离退休职工生活待遇工作，按照合法合规、操作规范的原则，切实保障落实离退休职工生活待遇，履行好公司的社会责任。“五一”国际劳动节和“八一”建军节期间，公司各级领导和离退休工作部负责人慰问离退休老劳模和老军人。公司先后为离退休职工发放春节、“五一”、“十一”、重阳节日补贴、高龄补贴、困难补贴和月度生活补贴。继续为全公司退休职工办理“英大”慢性病补充医疗保险，并按照相关政策标准为患重病的老职工办理重大疾病保险。

■ 9月9日，公司离退休工作部组织机关退休职工重阳秋游活动。（韩广毅　摄）

机关及各单位分别举办离退休职工新春联欢会、重阳节秋游以及慰问病困离退休职工等活动；组织开展离退休职工年度体检工作，并根据离退休职工的身体状况，有针对性地举办老年健康养生讲座。进一步完善离退休活动平台建设，先后启动阜成门等老年活动站点。通过有重点地组织老年歌舞、健身太极、手工制作、书画摄影、时装模特等特色活动，达到促进离退休职工老有所为、老有所乐、保持身心健康的目的。

（张文旭）

■ 12月，阜成门离退休职工活动中心启动。（张文旭　摄）

【离退休管理和服务】 截至年底，公司在册离休干部为29人，退休职工为6180人，离退休职工共计6209人。在日常管理和服务中，公司各级单位坚持做好为公司离退休职工办理医药费报销，慰问重病、住院离退休职工，接待并处理老职工来信来访，为去世老职工办理丧事处理等帮扶送温暖工作，为保证离退休职工队伍的稳定提供基础保障。公司各级单位定期组织离退休工作研讨会、离退休职工座谈会，了解老职工的所思、所想和所需，努力把问题解决在个体和基层。全年没有发生集体上访等问题，保证公司离退休职工队伍的稳定。

（张文旭）

供电公司

城区供电公司

【概况】国网北京城区供电公司（简称城区公司）是国网北京市电力公司直属大型重点供电企业，负责首都核心区东城、西城两个行政地区 93km^2 范围内的电网规划建设、运行管理、电力销售和91万客户的供电服务工作，肩负着为政治核心区、国家党政军机关、重大政治活动和城市运行安全供电的光荣使命。

截至年底，共设置11个职能部门、9个业务支撑机构及1个集体企业，下设47个班组，“1+5”个供电服务中心。城区公司管辖范围内共有110kV变电站31座，变电容量5302MVA；10kV电缆线路16 001条，长度4168.7km；10kV架空线路297条，长度353.35km；10kV双环网47对，10kV电缆化率达到92.19%。

全年完成售电量102.06亿kWh，完成线损率5.09%，完成营业收入71.24亿元，实现内部利润7.89亿元，当年电费回收率100%，供电可靠性99.9911%，最大用电负荷256.5万kW，实现连续安全生产2942天。

城区公司荣获“全国文明单位”“首都文明单位标兵”“国网北京市电力公司先进单位”等荣誉称号。崇文供电服务中心党支部荣获中央企业示范党支部称号、营销部大客户经理三班荣获“全国三八红旗集体”称号、营销部营业一班荣获“全国青年文明号”称号、陈牧云创新工作室荣获全国劳模和工匠人才创新工作室称号等。

地址：北京市西城区西直门南小街174号
邮编：100034
电话：010-63128718

【人力资源】城区公司共有全民职工481人，其中研究生及以上学历67人，本科学历226人，专科学历107人，高中及以下学历81人；高级职称78人，中级职称100人。

持续深化“三集五大”体系建设，推动管理架构变革、业务再集约融合，在崇文供电服务中心试点经验基础上，通过培训先行、制度保障、班子督导，完成人员机构、资产设备、客户范围等划分调整，建成“1+5”城市供电服务中心，实现“营配合一”全域覆盖，打通客户服务“最后一公里”，显著提高服务质量和工作效率，在国家电网公司系统内树立了标杆。围绕“业务融合、流程再造”主线，开展“五位一体”机制梳理，落实“管理穿透、主体监督”职责，发挥“属地协调、区域运营”优势，经受了迎峰度冬、架空线入地等任务考验。

开展员工队伍职业化建设，建立管理、技术、技能“三类人才”纵向发展、横向流动机制，构建合理的后备梯队，增强“三类人才”人员储备，解决人才选拔和晋级渠道不畅通等问题，全面提升人才管理工作水平。建成永丰实训基地，开展10余期“业务融合”专业技能培训，切实有效提高职工实操水平，为复合型技能人才队伍建设提供保障。提升队伍素质，完善干部梯队机制建设，调整干部4批次45人次，提拔干部17人。畅通“三类人才”发展通道，组织技术、管理岗位竞聘2次、上岗7人。加强职业化教育，建成永丰供电服务实训基地，组织开展“业务融合”技能培训5期，为全能型人才培养提供平台支撑。深化管理机关、一线员工绩效管理，突出关键业绩与重点任务导向，激发干事创业热情。

深化薪酬绩效管理，调整完善管理机关季度考核评价模式，推进一线员工绩效考核工作，明确月度评价模式，提升全员绩效水平。推进、完善全员绩效系统应用，梳理系统人员信息及考核评价内容，探索将绩效系统与实际日常绩效考核工作有效结合。加强企业负责人业绩考核管控力度，强化绩效考核条款的动态修订，发挥激励约束作用，促进各项重点工作和指标任务的完成。进一步优化绩效工资分配方式，强化对年度专项重点工作、攻坚克难等重大事项进行奖励。

【电网规划与建设】完成菜市口—宣武门110kV线路工程、度夏项目桃园—北新桥110kV线路工程项目核准，取得阜成门站10kV线路切改工程和阜成门站直配电缆双环网工程的项目核准，解决了南草厂街现状隧道电缆路径卡脖子的问题。取得69项10kV工程发改委核准批复。完成《首都核心区“国际一流”配电网建设提升方案》修编，开展首都核心区“国际一流”配电网规划专项梳理，形成1个总报告、19个分报告及问题清单、76张现状及规划图、256张供电方案图等规划梳理成果。结合各类工程方案，累计将“国际一流”规划梳理成果在82项方案中落实，解决总计10类115个电网问题。

完成首都核心区架空线入地政治任务。持续奋战263天，圆满完成58项、50.6km道路电力架空线入地，新建管井42km、箱式变电站266台、开闭器255台，敷设10kV电缆151km；拆除柱上变压器326台，拆除架空导线164km，拔除电杆2193基。工程总量超过近18年核心区架空线入地工程总和，涉及2079个工作点位、1485处施工围挡、521基设备基础、5000余步电气试验及停送电倒闸操作，施工高峰期各类人员4586名，各类大型机械车辆756台参与会战。

深入工程过程管控，地安门—交道口—什刹海—桃园110kV联络线工程竣工投产，法华寺110kV输变电工程基坑开槽工作顺利进行。配电网提升工程和“国际一流”智能配电网工程全速推进，实现2014、2015、2016年全部260项工程报竣。26项遗留技改及可靠性提升工程，除计划取消的3项工程外，全部完成竣工决算。

【经营管理】加强综合计划管理，企业经济效益水平持续提高，15项综合计划指标全面超额完成。同期线损管理系统建设取得突破，深化机制协同，明确责任分工、业务流程，扎实开展分线分台区营配核查和数据治理。以营配数据治理为基础，加快同期线损系统建设，制定台区线损攻坚方案，分线、分台区线损合格率分别提升至62.82%、35%。

高质量报送问题清单，梳理全覆盖“四上”问题26项，形成整改决议1项。顺利通过全国电力价格专项检查。构建工程建设领域法律风险防范体系，梳理解答5大专题、398项涉法问题。深化“一事一议”协同监督，消纳剩余物资6019.6万元，清理集体企业遗留工程6600万元。推进重点领域关键环节风险防控机制落地，动态修订业扩报装、自采物资等6项关键业务流程，开展“五型”外协单位综合评价。全面推进巡视巡察迎检准备，自查自梳问题风险8类26项。开展集体企业、大修技改、物资管理等3类专项审计，及时发现经营管理薄弱环节。

营造创先争优浓厚氛围，组织开展内部劳动竞赛，夺得公司竞赛红旗9面、竞赛之星8名。完善对标诊断常态机制，大供对标得分率92.16%，A段指标占比提升11%；公司内部对标排名综合第1、管理第1、业绩第2，创造历史最好成绩。

【安全生产】完成重要政治保电任务，落实“五个最”要求，历史性投入1288名保障人员，全员放弃休假，昼夜奋战46天，高标准完成194项筹备计划，在4户重要会场驻地客户内部创新应用12台套SSTS、UPS设备，实现“四个零”（设备零故障、客户零闪动、工作零差错、服务零投诉）“五个杜绝”（杜绝大面积停电事故、杜绝重大设备事故、杜绝人身伤亡事故、杜绝重大舆情事故、杜绝影响社会稳定的群体性事件）目标，取得党的十九大供电保障全面胜利。累计完成全国“两会”“一带一路”国际合作高峰论坛等各级保电任务87项、257天，完成重要机构供电保障任务2096项、365天，实现政治供电保障“全天候、全时段”万无一失。

10月16日，十九大保电筹备阶段，员工巡视重点设备。（林峰　摄）

基本建成政治供电常态化体系，细化组织机构、信息档案、装备提升等6个维度19项重点任务，动态调整98户常态化客户、297户重要客户清单，编制政治供电体系指导手册，实现责任落实全层级、客户保障全覆盖。创新研发政治供电独立子系统，具备一期“高低压设备一体化运行监控”功能。启动半步桥政治供电应急指挥中心建设。编制《政治供电电网专项规划》，制定《政治供电核心区智能配网升级改造方案》，完成全国人大会议中心、五八二乙台等14项重难点工程，有效提升重要客户供电可靠性。

紧盯本质安全关键要素，梳理分析33类410项风险因素、1900余项防范措施，发布《典型作业全要素风险管控清册》，规范指导现场安全作业。扎实推进安全生产问题清单梳理，全面开展安全大检查及消防隐患大排查、大清理、大整治等专项行动，发现消除各类隐患98项。组建多专业联合现场巡查组，严格落实移动监控和飞行检查要求，全方位、全时段查处违章264件。建立负面清单积分制，从6个维度、40项指标对4类、149家单位开展年中、年度两次综合评价，工程管理日趋规范。

建立政企联动反外力机制，强化技术监督整改反馈，实现配网故障压降60.6%。推进管线资源精益管理，完成589户、792km电缆排查及数据录入，着力解决识别定位、路径跟踪等难题。周密部署度夏防汛和迎峰度冬，发现治理异常台区73台，成功应对“6·22”强降雨和夏季256.5万kW最大负荷考验。完成1187条线路图形导入，配合公司建成“一体双核”新一代配电自动化主站系统。

■ 6月22日，城区公司在东城区新中街大雨应急抢修。

（林峰 摄）

【营销与优质服务】 发挥清欠协收、“速审速结”协同作用，追回欠费2516.5万元，电费回收率100%。加快智能表换装收尾，完成4339具非互通集中器、6348具智能表更换，采集抄通率提升至99.48%。强化事前预防、事中管控、事后评估“三维度”12项举措，客户投诉同比下降55.34%。将协同环节纳入业扩全流程线上管控，创新开展供电方案可视化编制，接电周期压缩15%，接电指标完成112.7%。

深化“互联网+电力营销服务”，实现“掌上电力”APP企业版高压客户全绑定，线上业扩报装率、抢修作业接单率均达到100%。主动对接国有企业“三供一业”分离移交，签订框架协议20项，涉及居民1.12万户。在崇文中心建成国家电网公司首座智能营业厅，实现业务受理无纸化、客户体验互动化、产品展示多元化。开展营业窗口全业务轮训，培养全能型客户受理员，在公司率先实现“一厅通办、一站服务”。

加快“三个替代”步伐，全年替代电量2.77亿kWh，助力售电量正增长。完成29处199台公共充电桩、1173户私人充电桩建设，建成安定门、永定门、木樨园等5个公交场站充电集群，可满足560辆电动公交车充电需求。积极对接“清煤降氮”，开启电锅炉项目绿色通道，编制方案57项，投产送电19项。完成东、西城区1406户潜在“散煤改电”改造，彻底实现核心区“无煤化”。在前门草厂地区建成全市范围内首个集分散电采暖、集中电锅炉、全电厨房于一体的“电能替代综合示范区”，形成宣传推广示范效应。

【科技与信息化】 以“一库、四创新”为重点，全年储备创新项目253项，荣获公司及以上奖项19项，其中国家级2项、行业级4项、国家电网公司级4项、北京市级3项。创新构建QC实践应用三维轴，提升质量小组活动成效，获得全国一、二等奖各1项，国家电网公司一等奖1项，电力先锋QC小组获得“全国优秀质量管理小组”称号。推进科技项目试点落地，获得专利授权6项、核心论文3篇。中华全国总工会命名“陈牧云创新工作室”为“全国劳模和工匠人才创新工作室”。

以“做精智能化调度控制，做强精益化运维检修，信息安全防护加固”为目标，采用“大数据、云计算”技术，开展“一体双核”配电主站系统建设工作。作为“一体双核”系统的应急子系统之一，与公司、通州双核心形成全局的4个工作节点，保证一体化系统的高可用性。按照市调统一要求完成了“一体双核”系统2台远程工作站的部署，PMS2.0系统调度专题图的图形导出，以及在“一体双核”系统中的图形导入工作；完成一期建设任务，配合公司实现“一体双核”系统正式上线运行。同期完成“一体双核”系统二期工程项目申报，增补配电网运行监控、配电网运行状态管理等应用功能。

【党的建设与精神文明建设】 加强党的建设，第一时间组织学习宣贯党的十九大精神，制订党建工作三年计划，扎实推进“两学一做”学习教育常态化制度化。健全党的基层组织，形成1个党总支、16个党支部，崇文供电服务中心党支部成为首批命名的中央企业基层示范党支部。以“双百”创建为载体，组建6支党员突击队、4支党员保障队，党建工作深度融入企业发展。压实“两个责任”，以“首善清风”廉洁宣教平台为抓手，组织重点岗位64人开展廉教活动，约谈中层干部68人次。

强化企业文化品牌建设，围绕“文化城区、魅力城区、安康城区、和谐城区”主题，组织建企30周年纪念展。依托职工之家建设文化阵地，举办书画摄影、乒乓球比赛等活动，篮球队荣获公司超越组冠军。紧密对接公司发展和实际需求，集中改造建国门、半步桥等一批生产办公场所，建成“智慧健康食堂”，大幅提升职工归属感和满意度。坚持党建带团建，深化“号手岗队站”建设，营业一班荣获“全国青年文明号”称号。持续深化共产党员服务队建设，打造“互联网+电力公益”服务平台，荣获“全国三八红旗集体”称号。强化保密维稳、舆情防控、网络安全管理，确保和谐稳定良好局面。加大党员先锋群体品牌塑造和传播力度，在各级媒体发布稿件936篇，架空线入地工程党员突击队、保障队、服务队先进事迹多次登上《人民日报》、中央电视台等中央媒体。

■ 10月13日，城区公司共产党员服务队服务慰问敬老院老人。（林峰　摄）

（李　根）

朝阳供电公司

【概况】国网北京朝阳供电公司（简称朝阳公司）成立于1987年，是国网北京市电力公司直属供电企业，负责朝阳地区470.8km^{2}范围内的电网规划建设、运行管理、电力销售和156.57万客户的供电服务工作，肩负着约占全市三分之二的星级饭店、外交驻华使馆区、奥运中心区、中央商务区、大型商业区、工业、农业、涉外企业及居民生活和重大政治活动及城市运行安全供电的使命。共设置11个职能部门、3个业务支撑与实施机构，下设33个班组、6个供电营业所、4个农村供电所。

共负责10kV开闭站255座，小区配电室1873座，箱式变电站819座，配电变压器5121台；10kV架空线路333条，长度2101km；10kV电缆线路1529条，长度6774km。实现全年安全生产无事故目标，累计安全生产长周期3261天。

全年完成售电量177.99亿kWh，同比增长4.82%；完成线损率6.34%；完成接电容量173.71万kVA；电费回收率100%；城网供电可靠率99.9784%，农网供电可靠率99.9495%，电压合格率为99.998%；最大负荷400.7万kW。

朝阳公司蝉联“全国文明单位”，荣获“北京市安全文化建设示范企业”“北京市交通安全先进单位”“国家电网公司党的十九大保电工作先进单位”等荣誉称号。夺得16面劳动红旗，在公司红旗总榜排名第2位。业绩考核排名第4位，同业对标实现综合、业绩、管理3项标杆，6个专业进入专业标杆行列，业绩和同业对标均取得历史最好成绩。

地址：北京市朝阳区百子湾西里300号
邮编：100124
电话：010-63232270

【人力资源】截至年底，共有全民职工451人，研究生及以上学历59人，本科学历224人；高级职称62人，中级职称112人；技师及以上职业资格312人，高级工65人，中级工17人。

主动适应电力体制改革要求，优化提升“三集五大”体系建设。融合构建“3个中心”，即配电运营指挥中心、供电服务中心、智能配网支持中心。拓展建设集营配调资源调动和业务运转于一体的配电运营指挥中心，依托“传统调控、供电服务指挥、安全生产运营监控”三个业务模块，打造7×24小时全天候服务管控和服务响应的智能化指挥中枢；建设前端贴近、营配融合、作业智能的供电服务中心，依托社区经理（台区经理）和智能作业平台，实行“一口对外”，实现以客户为中心的服务管理新局面，服务更优质；创新建立智能配电网支持中心，集中管理数据图形资源，打造数字化电网，提升自动化实用化水平，强化技术创新能力，为智能电网的发展提供技术支撑。建设智能配电网实训基地，为全能型人才培训培养奠定基础。

深化人才培养工作。建立了211人的优秀专家人才培养库，有效对接“四级四类”专家人才；成立了

23个人才培养小组，交流解决难题；构建了覆盖15个一线专业核心岗位的人才培养路径，使人才培养更科学、更高效；建立了“三级讲堂”，全方位展示个人风采、历练职业素养；通过“走出去，请进来”建立人才联合培养模式，拓展视野，站高望远。

持续优化全员绩效管理工作。构建具有关键业绩、重点工作任务、通用考核、一票否决、职能间考核、生产营销联动、突出贡献等七大类指标的全面、完善的全员绩效管理体系，确保绩效管理工作多年来一直持续、稳步推进；建立指标与绩效联动机制，通过绩效指标的设定和分解，尤其是短板与重点关注指标的分解与考核评价，助力公司业绩与同业对标指标有效完成；建立年度“重点工作”分享激励机制，引导各部门“任务共担、成果共享”，助力公司各项重点工作圆满完成。

【电网规划与建设】规划前期取得突破，与朝阳区政府签署《战略合作协议》，争取到每年4.2亿元电力建设和应急保障资金，实现变电站建设“零前期”。按期完成8项110kV工程42个关键节点，取得142项配电网立项手续。助力冬奥会，完成朝阳赛区配套电网规划，率先落实速滑110kV变电站选址工作。CBD 500/220kV变电站前期工作取得重要进展，促成站址控规调整公示。

电网建设优质高效，全年在施工程12项，万通等5项工程按期投产，投产容量500MVA，达到2008年奥运会以来最好水平，有效提升朝阳东南、东北地区供电能力和可靠性，为地区“煤改电”提供了重要保障。克服重重困难，建设五年之久的东晓景工程顺利发电。康营、东苇等工程前期取得突破性进展。准确把握朝阳作为首都核心区与城市副中心的“廊道定位”，超前谋划“五区一路”架空线入地工程，工作成效得到区委区政府高度认可。

全面完成配电网自动化改造，333条架空线路实现标准化；完成“一体双核”（一体指16个供电公司一体，双核指北京公司和通州公司各一套核心服务器）配电自动化系统建设，1701条线路数据全部导入系统，提前3年实现全区自动化覆盖率100%。采用超声波、自动化等技术手段落实故障管控，发现缺陷292项；通过配电自动化实用化应用，累计处理配电网故障85路次，全年配电线路故障同比下降68.7%。度夏、度冬分换装配电变压器381台，成功应对400.7万kW历史最大负荷和293.7万kW冬季最大负荷考验。建立输电反外力监控中心，推广输电APP应用，输电通道故障同比下降60%。

【经营管理】优化“三集五大”体系，创新开展“三个中心”建设，打造兼具实用价值、朝阳特色与展示功能的全能型基地。完善配电运营指挥中心人员机构设置，全方位开展配电运营分析评价工作。以CBD、奥运村地区为试点，推进供电服务中心建设，实现营配融合良好开局。优化智能配电网支持中心，为配电自动化应用和数字化电网管理等方面提供技术支撑与决策依据。

启动线损百日攻坚战，开展同期线损治理和综合降损工作，整合内外部资源，共计投入1255人，加班加点，奋战百天，实现了综合线损6.34%，较公司下达指标下降了0.15%；10kV分线合格率、台区合格率分别达到68.16%、33.34%，较年初的12.18%、7.02%分别提升55.98、26.32个百分点。建立绩效分享激励机制，引导各部门对年度重点工作“任务共担、成果共享”。推进“两金”（应收账款和存货余额）压降、工程转资、增收节支等管理措施全面落地。全年精准决算项目155个，决算金额4亿元，工程竣工决算完成率100%。

按照“两个责任”任务清单和考核负面清单，全面开展自查自纠。梳理31项问题清单，整改成效得到监事会主席高度肯定。积极开展“煤改电”跟踪审计工作，发现9类23个问题，下达整改意见书35份。推行“三去一降一补”（去产能、去库存、去杠杆、降成本、补短板）政策，坚决压降“人耗”“物耗”，年末可控成本预算完成率100%。强化依法维权，成立法治工作室，构建基层自助法律服务机制。主动起诉案件7件，挽回经济损失281万余元。

集体企业全面推广“智慧能源管家”服务，加大代维市场开拓力度，累计代维户数861户。深入开展集体企业规范管理年活动，进一步强化集体企业责任落实，不断提升发展能力。完成京电设计朝阳分部的组建工作，开展设计项目15项。

【安全生产】将安全作为一切工作的基础，提高思想认识，严抓责任落实，严抓现场安全，严抓措施落地，安全生产局面稳定。进一步提高政治站位、提升工作标准，将党的十九大保电作为践行“四个意识”的重大政治任务。投入3006人精心筹备近一年，昼夜奋战1个月，按照“五个最”要求，圆满实现了“四个零”（设备零故障、客户零闪动、工作零差错、服务零投诉）“五个杜绝”（杜绝大面积停电事故、杜绝重大设备事故、杜绝人身伤亡事故、杜绝重大舆情事故、杜绝影响社会稳定的群体性事件）保电目标，向党和人民交出了满意答卷。全年圆满完成全国两会、“一带一路”国际高峰论坛等重大政治保电任务 49 项，保电天数 247 天，任务数量、工作难度、保障时长、服务标准、投入力量都突破历史峰值，实现了政治保电万无一失。

■ 5 月 8 日，朝阳公司在国家会议中心确定发电车接入方案做好“一带一路”供电保障工作。 （翟磊　摄）

开展安全生产问题清单梳理专项工作，梳理问题 12 项，其中 8 项已立行立改，4 项已制订整改计划。成立了涵盖各专业的七支专业监督组，建立“1+11+1”安全巡检体系（综合巡检组+各专业巡检组+集体企业巡检组）。全年累计巡检现场 2747 次，查处现场违章 516 项，发放违章通知 37 张。成立安全监控中心，实现对作业现场的视频监控。开展安全生产大检查，发现隐患 846 项，全部完成治理。开展消防安全隐患大排查大清理大整治专项行动，排查各类场所 275 处，组织消防演习 30 次。安全事件同比降低 63%，安全形势平稳有序。成功创建公司首家市级“安全生产宣教示范点”，获评“2017 年北京市安全文化建设示范企业”。

■ 10 月 22 日，朝阳公司在十九大期间对辖区内输电线路阳西线开展巡线值守工作。 （翟磊　摄）

【营销与优质服务】圆满完成全年朝阳区 18 个乡 58 个村 20 个街道近百个社区共约 6.21 万户“煤改电”改造任务，新出、切改线路 22 条，分换装变压器 681 台。特别是 10 月份临危受命，完成咸宁侯村等 3000 余户临时改造任务，力保全区实现无煤化。城乡电采暖用户每个采暖季贡献售电量 1.5 亿 kWh，拉动地区电量增长 0.88%，减少燃煤 22.1 万 t。建成公共充电桩 270 台，个人充电桩 3546 台。完成公交充电站外电源建设 24 项。分布式光伏项目并网 94 项，全年发电量 652.5 万 kWh。

全面深化业扩“五新”工程，落实业扩全流程管控要求，加强“互联网+电力营销服务”推广，累计接电 173.71 万 kVA，较 2016 年同期上升 26.85%，超额完成年度接电指标，达到历史最好水平。掌上电力线上报装率 100%。完成 76 个“三供一业”工程项目协议签订和方案编制，20 个老旧小区项目取得发改委立项核准，并纳入政府投资计划。

■ 7 月 8 日，朝阳公司在朝阳公园进行海沙节宣传。 （翟磊　摄）

推进计量全采集工作，采集覆盖率 98.28%，较年初提升 6.74%。全年开展应急购电服务 29 336 次。全方位做好“煤改电”度冬保障工作，加强对“煤改电”116 条线路、863 个台区的巡视检查工作，切实降低停电风险。提升应急响应速度，开展“驻村驻点”抢修、发电车全天候服务。挂牌建立 60 个党员服务站，开展“线上+线下”购电服务，让居民缴费更便捷。加强服务质量监督，完善投诉管控机制，实现全年客户投诉下降 43.14%。

【科技与信息化】成立创新工作领导小组和工作小组，全方位明确职责分工，建立考核体系，完善激励机制，明确工作流程和管理要求，形成稳定的管理模式，确保科技创新工作高效运转。紧贴生产实际，深度挖掘一线潜能，积极做好创新项目的储备和孵化工作。以公司科技项目成果奖和群众性创新成果奖为依托，有效推进项目负责人和任务承担部门更好地完成任务，全面调动生产一线员工投入科技工作的积极性和主动性，充分发挥各业务部门和基层一线单位创新能力。高度重视科技创新成果转化落地，充分发挥奖励机制效果，全面激发广大干部职工成果转化的干事热情，取得良好效果。积极推进管理创新，公司3项管理创新成果获得公司二、三等奖；“‘配网数据革命’——地市配电运营指挥中心的构建与实践”获得公司科技进步三等奖，实现朝阳公司科技成果奖“零”的突破；“专变采集终端无线GPRS信号中继器转发应用研究”获得公司群众性创新成果二等奖；“电压检测仪数据远采功能的开发应用”等17项成果获得专利授权。

■ 9月7日，朝阳公司对嘉铭苑开闭站进行隐患治理。（翟磊　摄）

加强信息安全防护建设，召开多维度信息安全培训大会，规范员工信息化行为，确保信息通信系统运行稳定可靠，信息安全保障全年无事故。圆满完成十九大、全国“两会”等重要信息安全保障工作。有序推进新大楼通信系统建设工程，完成工程设计、施工、监理招标和物资采购，项目稳步开展。

【党的建设与精神文明建设】按照党的十九大提出的新要求，开展全员大学习、系统大宣讲、全面大落实，着力在学懂弄通做实上下功夫。及时组织全体干部职工观看大会盛况，聆听习近平总书记重要讲话。由领导班子牵头成立十九大学习工作小组，全面部署学习宣贯工作，带头开展“无手机”党课宣讲537人次，实现层层落实、全面覆盖。各党总支组织参观“砥砺奋进的五年”展览。朝阳公司领导及广大干部员工坚决结合实际，带着问题，认认真真、原原本本地学习十九大文件。以习近平新时代中国特色社会主义思想为指导，将人民美好生活对电力日益增长的需求作为目标和导向，梳理自身工作中存在的不平衡、不充分因素，作为未来几年工作中需要解决的重点问题。切实把“以人民为中心”的发展理念，全面落实到各项工作实践当中。

■ 9月30日，朝阳公司举行十九大誓师大会。（翟磊　摄）

常态化开展“两学一做”主题教育活动，中心组学习18期。严格执行“三重一大”决策制度，召开党委会43次，审议议题179个。优化设置二级党总支7个、三级党支部30个。针对十九大保障等重点任务，跨专业成立临时党支部33个，开创“148”工作模式。开展廉洁风险排查及防控，梳理风险99项，制定防控措施149项。开展内部专项协同监督检查28次，下达整改意见书13份。

强化党员先锋队伍建设，成立服务队、突击队、保障队24支。开展两个“双百”创建，打造了调度监控党支部等5个百佳支部堡垒、奥运村营业所等5个百佳班组，推选出吉正等5名百佳党员先锋、毛亚非等5名百佳工匠，形成良好示范效应。成立23个人才培养小组，构建了覆盖15个一线专业核心岗位的人才培养路径。东区供电所获得“国家电网公司工人先锋号”称号，任立新获公司“安监之星”称号，陈己宸代表公司夺得国网“十佳服务之星”，陈森等14人获劳动竞赛之星。青年团员成功创建“北京市青年文明号”。

举办“传承三十载·朝阳再前行”系列纪念活动。与北京广播电台等单位创新开展党务共建。“朝阳好图”发图3万余张，14台党建一线通投入运行。推出《旗帜领航》党建特刊11期，发布信息145条。改善10处基层办公环境，举办“寻香朝阳”送餐到一线活动，职工幸福感得到提升。职工书屋被评为首批示范点和“职工心灵驿站”。

（欧阳昕倩）

海淀供电公司

【概况】 国网北京海淀供电公司（简称海淀公司）成立于1987年，是国网北京市电力公司的直属供电企业，负责海淀地区430.77km^{2}范围内的电网规划建设、运行管理、电力销售和80.56万客户的供电服务工作。

截至年底，共设置11个职能部门、3个业务机构和26个班组。负责10kV架空线路240条，总长度1785km，10kV电缆线路1123条，总长度4577km。

全年完成售电量138.67亿kWh，同比增长4.56%；累计线损率5.67%，优于年度指标0.60个百分点；实现内部利润7.43亿元，超额完成全年预算指标15.42个百分点，城网供电可靠性99.9924%，农网供电可靠性99.9656%，历史最大负荷345万kW，同比增长9.4%。

在公司业绩考核和同业对标评比中，海淀公司连续6年取得直属供电公司业绩考核第一名，综合对标连续5年保持标杆第一，连续10年获得标杆，业绩、管理对标连续6年获得标杆。在全部11项专业标杆评比中，人力管理、财力管理、物力管理、规划管理、建设管理、运行管理、营销管理、集体企业管理和配套保障管理共9个专业获得专业标杆。获得“全国文明单位”“2015～2017年首都文明单位标兵”“第六届国家电网公司文明单位”等荣誉称号，在保障党的十九大政治供电工作中被评为“国家电网公司先进集体”和公司“突出贡献单位”。

地址：北京市海淀区常青路6号院
邮编：100195
电话：010-63232623

【人力资源】 截至年底，海淀公司共有全口径用工1008人。其中，长期职工414人，集体职工21人，产业公司直签员工375人，产业公司派遣人员31人，华商电灯公司员工167人。其中研究生及以上学历91人，本科学历347人，专科学历194人；高级职称66人，中级职称83人；技师及以上职业资格322人，高级工198人，中级工149人。

圆满完成“三集五大”体系建设业务集约融合验收评价工作。以打造“四个供电服务中心”为依托，有序稳妥推进营配深度融合。构建“一体两翼”员工培养机制，通过师带徒、跨专业培养等方式，促进人员由单一型向全能型转变。坚持落实“三管两控一协同”竞赛调考管理机制，实现竞赛调考全过程管控，竞赛调考成绩创历史纪录，在各属地公司中排名第一。获得青年培训师教学技能竞赛个人二、三等奖以及团体第一名，“互联网+”电子渠道运营知识与功能技能竞赛个人二、三等奖以及团体第二名，后勤管理人员知识竞赛个人二等奖以及团体第三名，安规知识竞赛个人一、三等奖以及团体第三名，招标投标法律法规知识竞赛个人二等奖。

【电网规划与建设】 与海淀区政府签署《关于建设国际一流配电网合作框架协议》，构建全方位合作关系，实现政策扶持和资金支持的新突破，电力配套资金从2.5亿元提升至4亿元，累计到账22.644亿元。全年开展110kV及以上电网项目规划前期任务16项，推动落实东埠头等5个变电站站址，推进配套2022年冬奥会首体110kV输变电工程选址工作。取得规划意见书、立项核准及环评批复15项，批复建设用地9868m^2，电力隧道6557m。在北京市“十三五”轨道交通配套电力设施“一体化”共建变电站中，北安河110kV输变电工程第一个取得站址规划意见书及线路规划条件。

顺利竣工投产航天城扩建配套切改工程，完成四家庄220kV送电等4项工程前期建场任务，按期开工金沟河、后屯、西山—闵庄、翠湖东路等4项工程，新开工110kV变电容量326MVA、线路32.02km。总结提炼三星庄变电站创优示范建设经验，编制变电站工程质量工艺控制、安全文明施工口袋书，在公司范围内推广应用。依法合规推进工程手续办理，肖家河变电站取得土地不动产权证书，实现海淀公司在施工程土地手续“零”突破。

坚持工程双周调度及物资专业季度协调例会机制，有序推进配电网建设改造工程进度，计划执行率达100%，提前完成农城网工程建设任务。创新工程退款、协议库存物资转储等流程，大批续建工程顺利收尾。全年共完成竣工207项、结决算201项，新增柱上断路器325台，自动化线路291条，实现全区自动化覆盖率达到100%的工作目标。

【经营管理】 着力打造基础管理、电网建设、卓越海电、和谐企业“四项工程”，整体实力显著提升。坚持问题导向，通过贯穿督导、层层落实、建立常态机制等措施，深入推进问题清单全覆盖梳理及整改工作，通过“四上四下”工作流程共梳理出29项制约发展的突出问题，已整改完毕15项。有序推进同期线损系统建设，完善线损管理组织体系，形成公司精益化管控体系指导下的基层应用实践样本。利用“互联网+法治”平台扩宽普法宣教形式，建立案前分析与法律风险提示机制，完善岗位制度指引推动制度落地执行，依法治企不断推向深入。深化审计检查和协同监督作用，持续开展“煤改电”跟踪审计等工作，确保工程管理重点环节和重要风险可控在控。

建立业财协同月度例会制，资金管控能力不断提升，工程竣工决算完成率达100%。推进增供扩销、增收节支等措施落地，提质增效成效显著。从严从紧控制各类支出，坚决压降“人耗”“物耗”，精益管理水平不断提升。

集体企业市场开拓能力不断增强，全年共签订各类项目合同897项，合同总金额同比增长25.2%。与京电设计公司联合成立海淀项目部，扎实推进“设计施工联合运作”，累计合作承接设计工程92项。成立能源服务中心，成功开发中国人寿变配电设备智能代维护项目，设备接入数占公司“智慧能源管家”总量的35.4%，排名第一。

【安全生产】 提高政治站位，坚持党建引领，创新形成运维、安保、客户服务等多专业融合的保障团队值守模式，创造了保电时间最长、保电任务最重、保障力量投入最多等多项“历史之最”，严格落实“五最”要求，实现党的十九大供电保障“四个零”“五个杜绝”保电目标。保障期间，首次使用大容量飞轮发电车参与保电工作，确保中关村展示中心“零闪动”供电。全年共完成全国两会、“一带一路”高峰论坛等保电任务104项，保电303天，累计保电607天次。截至2017年底，累计实现安全生产4190天。

严抓现场安全管理，构建一张网、一个中心、二级巡检的全天候监督新模式；建立“无计划、不工作”“无探头、不工作”的作业理念。全年检查各类作业现场913个，发现问题77项，发放违章通知单37张，施工安全风险得到有效控制。注重抓隐患排查责任落实，共排查各类隐患52项。以集体企业规范年活动为载体，按照“四上四下”要求，全面开展问题梳理和整改工作，排查解决安全管理问题27项。搭建主业、产业联动的外包单位安全质量监督评价体系，实现外包单位的同质化管理。积极应对各类异常天气和突发事件，累计启动应急32次。

■ 10月21日，海淀公司与吉林保障团队召开十九大保电现场宣誓。（王洋 摄）

持续提升配网设备和输电通道精益化运维水平，全年发生10kV配电网故障29次，同比减少104次，降幅达78%，年化故障率在公司排名第二。加速台区表安装应用，公用变压器营配对应一致率达到100%，在公司排名第一，公用变压器计量覆盖率和公用配电变压器采集率分别达到99.94%、99.36%，有效助力台区监视和线损治理。加强运营指挥中心建设，实现10kV故障、异常台区多户报修等业务全过程管控，大力推广配电网运检APP，处置效率进一步提升，累计执行各类工单2954张。

【营销与优质服务】 积极推进充电设施“进学院、进部委”，主动对接政府，完成7项公交充电桩外电源工程送电；累计改造居民小区充电设施配套电源726个，新建充电站22座、充电桩270台，与北京市公联公司就五棵松地下停车场达成充电桩建设合作意向，拟建成北京市规模最大的充电桩项目。大力开拓电力市场，实现电能替代3.2亿kWh，指标完成率100%。

深化“互联网+电力营销服务”，应用“末端融合”APP全年移动处理工单2.31万张，实现计量抢修线上业务全覆盖。业扩报装线上报装率达到96%以上，累计完成接电103.47万kVA，提前超额完成全年计划。开展差异化服务，完成万寿路甲15号表计换装工作，为客户提供更为便捷、高效的服务，加强服务质量管控，加大投诉考核力度，受理客户投诉154件，同比下降42.11%，申诉后投诉9件，同比下降91.18%，实现年初投诉量同比下降1/3、力争下降40%的管控目标值。

加快智能表换装收尾工作，换装智能表2.76万具，采集覆盖率提升至99.86%。顺利完成“三供一业”供电设施移交改造用户的框架协议签订及方案制定等工作，累计签订移交框架协议 63 份，涉及 5.27 万户。建立了跨专业协同的横向机制和“市-区-所-人”的纵向机制，台区线损合格率从年初的 15.63% 提升到年末的 59.03%，提升了 43.4 个百分点，实现了跨越式提升。常态化、多维度开展电价稽查，修改问题数据 458 条，有效提升营销基础数据质量。落实“一户一策”电费催收工作机制，电费回收管控水平大幅提升，收回陈欠电费 99.22 万元，年底应收电费余额 47 万元，实现历史新低，全年电费回收率达 100%。

【农电工作】优质高效完成全口径“煤改电”工程，新增变压器 163 台容量 63 000kVA，10kV 线路 40km，涉及 34 个村 22 659 户居民。在各供电所推广应用“配网运检”APP，实现核心运检业务移动作业化。全面开展“煤改电”线路、台区隐患梳理排查，有力支撑迎峰度冬工作，确保居民温暖度冬。

■ 11 月 15 日，海淀公司开展“煤改电”清洁供暖服务日专项活动。（张昊　摄）

【科技与信息化】上报专利获得授权 13 项，新申请专利 13 项，其中发明专利 6 项。“基于大数据分析的高效配电网抢修体系构建”获得公司年度管理创新成果二等奖；“基于配电自动化的智能配电网运营管理创新与实践”获得三等奖；“地市配电运营指挥中心的构建与实践”获得第三十二届北京市管理创新二等奖。“一种辅助导线线轴转动的装置”获得公司年度群众性创新成果一等奖；“低压架空线路近电作业绝缘防护装置”获得群众性创新成果二等奖；“新型电杆防撞墩”“多功能电工用螺丝刀”获得群众性创新成果三等奖。“海淀公司应急安保防恐管理水平提升”“借鉴对标管理模式　全面提升劳动竞赛成效”共 2 项典型经验入围公司典型经验库。

【党的建设与精神文明建设】深入学习宣传贯彻党的十九大精神，迅速召开党委中心组学习扩大会，全面部署学习宣传贯彻工作。把学习宣传贯彻党的十九大精神作为首要政治任务，着力在学懂、弄通、做实上下功夫。组织各层级宣讲 53 次，迅速将全体干部员工的思想和行动统一到十九大精神上来。积极构建“大党建”工作格局，严格精准落实“旗帜领航·三年登高”计划，规范化、标准化、科学化建设基层党组织，设立 2 个党总支、6 个二级党支部、10 个三级党支部，确保党的工作全面融入企业生产经营全过程。结合年度重点任务、专业特点，创建 6 支共产党员保障队、突击队、服务队，推动基层党建工作与业务工作“全面嵌入、无缝衔接”。结合党的十九大保电，把党组织建在工作最前线，建立 11 个临时党支部和 23 个共产党员先锋队伍，战斗堡垒作用充分显现。编制《公司党群档案存档要求》，在属地公司创造性开展党建档案归档工作，进一步促进党建工作的健全和规范。

■ 8 月 22 日，中央直属机关事务管理局到海淀公司调研。（于浩海　摄）

推进“卓越海电　亮丽海淀”主题活动。以海淀公司成立 30 周年为契机，开展 30 年历史回顾系列文化活动，传递正能量，弘扬主旋律，营造良好文化氛围。稳步推进企业文化示范点建设，使企业文化阵地成为展示海淀公司最新工作动态的窗口。完成海淀公司荣誉室陈列，展示历代海电人的华彩篇章。加强精神文明建设，开展北下关好人、北京榜样的选树推荐，双榆树供电所所长杨洋荣获年度“北下关好人”文明人物。策划 21 项主题传播和 50 余项专题宣传方案，累计在公司及以上媒体上稿 1031 篇，在各级媒体上播放视频新闻总时长达 118min。加强舆情监测，开展新闻应急处置 23 次。

依托“双百”创建工作选树宣传先锋事迹，引导全体干部职工提高履职能力，营造弘扬正气的良好氛围。成功举办“海创先锋”职工创新、创效、创造大赛分享会，2项成果分别获得北京质量协会成果发布三等奖和北京第11届发明创新大赛铜奖。关心关爱职工，持续开展“送温暖、送关爱、送文艺、送健康”主题月系列活动，为海淀公司及十九大外省支援团队开展心理关爱活动，惠及职工400余人次。

（李丹丹）

丰台供电公司

【概况】国网北京丰台供电公司（简称丰台公司）成立于1987年，是国网北京市电力公司直属供电企业，负责丰台地区305.87万km^2范围内的电网规划建设、运行管理、电力销售和84.59万客户的供电服务工作，肩负着为丰台地区党政军重要机关、重大政治活动和城市运行安全供电的光荣使命。

截至年底，共设置11个职能部门、3个业务支撑与实施机构，下设42个班组、6个供电营业所、3个农村供电所。

共负责110kV变电站32座，主变压器76台，容量3750MVA；35kV变电站1座，主变压器2台，容量40MVA；110kV线路79条，长度272.16km；35kV线路2条，长度17.9km；10kV架空线路211条，长度1731.579km；10kV 电缆线路 647 条，长度3135.41km。实现全年安全生产无事故目标，累计安全生产长周期4116天。

全年完成售电量82.78亿kWh，同比增长4.22%；完成线损率6.56%；完成业扩报装接电容量92.12万kVA；电费回收率100%。供电可靠率达到99.9592%，电压合格率为99.999%。最大负荷193.1万kW。

荣获“全国文明单位”“首都单位文明标兵”“国家电网公司文明单位”“国网北京市电力公司十九大供电保障突出贡献单位”等荣誉称号。

地址：北京市丰台区丰北路117号
邮编：100073
电话：010-63663600

【人力资源】截至年底，丰台公司共有全民职工378人，其他职工673人（含农电工和集体企业用工）。其中研究生及以上学历88人，本科学历215人，专科学历257人，中等教育及以下学历491人；高级职称38人，中级职称92人；技师及以上职业资格247人；高级工156人，中级工45人。

修订完善全员绩效管理方案，按照部门与专业分工细化考核内容，形成公司与专业各有侧重的“1+13”考核体系及月、季、年全覆盖的考核模式。加大培训教育工作力度，为新入企的13名员工量身定制系统性实习培养计划，组织实施三次阶段实习成果评审。实行竞赛调考月度简报制度，在全年参加的8项竞赛调考中，成绩优秀。高度重视专家人才培养，在2017年度省地两级专家17人履职考核工作，成绩为优秀及良好的占比高达88.24%。大力参与并拓展培训资源开发，组织专家承担《电力营销技术共用能力及其他》题库开发，4门微课项目被选送参加国家电网公司“三优”网络大学项目评选。

【电网规划与建设】高效推动电网发展。全面落实“十三五”电网建设战略合作协议，借助重点项目建设良好契机，大力推进规划站址落地。丽泽220kV变电站和调控指挥中心项目用地规划调整方案通过市规土委规划调整项目联审会审议通过。全年累计落地220、110kV层面变电站站址17座，完成“十三五”规划站址落地总任务的65.4%。

重点工程有序推进。“煤改电”配套“2+6”座变电站。其中岳各庄站取得不动产权证书等全部前期手续，北宫站完成全部前期工作，长辛店等3座变电站顺利投产，其余3座变电站将陆续竣工投产，全年电网建设规模达历史之最，有效改善河西地区电网薄弱现状。完成配电自动化站室改造186座，线路改造156条，实现全域配电自动化100%全覆盖。

■ 11月10日，“煤改电”工作现场，工作人员在紧张有序开展变压器安装工作。（张瀞文 摄）

工程管控注重实效。制定《2017年输变电工程建设管理策划》，实现开工前工程关键节点、建设难点、管理重点的全面掌控。落实电力建设施工安全年活动，累计现场巡检133次，应用“智慧工地”监控系统，实现6个变电站工程现场全天候、全方位、全专业实时管控。

【经营管理】夯实稳固基础管理。制定“攻坚创优”专项奖励方案，不断优化薪酬分配结构，激发职工创先创优内在潜能。扎实推进工程决算转资，年度完成工程竣工决算158项，转资金额6.78亿元。建立物资申报管控机制，实现工程物资利库2000余万元。开展仓库标准化建设，有效提升库容库貌和仓库水平。成立同期线损专项工作组，全面提升同期线损管理水平，10kV分线、分台区线损合格率同比提升68.5%、48.9%，综合线损率同比下降1.26%，降幅排名公司第一。

依法治企全面深化。深入推进问题清单梳理全覆盖工作，梳理整改14项制约发展的突出问题，有效提高风险内控管理水平。将廉洁文化教育纳入中心组学习计划，组织领导班子学廉18次，讲廉8次。迎接公司巡察工作，本质提升风险防控效能。强化“主动起诉、积极应诉”依法维权理念，应用调解、判决等合法手段避免和挽回经济损失逾597万元。

后勤保障坚强有力。探索“智慧食堂”建设，综合季节时令和口味偏好，动态更替菜品种类，职工就餐满意度大幅提升。统筹房屋资源管控，签订房屋租赁合同15份，实现非生产性用房集约管理。

集体企业有力支撑。大力拓展集体企业市场核心竞争力，完成工程前期跟踪66项。完成“煤改电”、充电设施建设等重点工程，为生产、营销、后勤等工作提供有力保障。

深化“三集五大”体系建设，完成丽泽金融商务区、丰台科技园2座供电服务中心和云岗供电所1座全能型乡镇所的方案编制并获批。超额完成公司“智慧能源管家”试点项目，完成12户高压用户现场施工改造等工作，实现客户线上服务功能。

【安全生产】安全管理基础再上新高度。认真开展安全生产大检查、集体企业安全管理规范年等11个专项活动，发现问题41项并全部整改，切实加强责任落实。健全“严格准入”和“动态淘汰”相结合的工作机制，开展33家外包单位583名关键岗位人员安全准入考试，日益规范底线违章零容忍。创新打造“安全天网”，实现所有工程现场安全监督“全覆盖”，累计巡检作业现场1334个，下发各类违章通知单23张，违章发现率同比下降25.4%。

电网稳定运行迈上新台阶。加强停电计划精益管理，前置施工方案审核至调度计划阶段，安全作业风险有效降低。编制迎峰度夏应急保障预案83份，组织开展应急演练13次，平稳应对193.1万kW的历史最大负荷考验。健全完善防汛责任体系，完成治理防汛“一点一案”27项。创新“大值长”模式，压缩配电网故障信息传递、处理环节6个，工作效率显著提升。

设备运维水平实现新跨越。以提升本质安全水平为核心，不断优化设备精益运维水平，全年配电网故障率同比降低45.97%。固化政企联动工作机制，联合政府开展隐患治理会12次，协同执法8次，清理易漂浮物257处，拆除彩钢板隐患9万余m^2，区域用电秩序和输电通道环境显著改善。

建立政治供电新标准，严格落实“五个最”保电要求，制定31类89项重点任务。12个保障团队和10个工作巡查组共1477人24h全天候运转，全面实现“四个零”“五个杜绝”保电目标，向党和人民交出一份满意答卷。全年完成“一带一路”高峰论坛等重要政治保电任务49项，保障天数230天。

■ 10月6日，北京南站十九大保电现场，供电保障人员现场宣誓。（张瀞文　摄）

全年未发生有管理责任的5级及以上安全事件，实现3个100天安全生产长周期，累计安全生产长周期4116天。

【营销与优质服务】截至年底，丰台公司共管理营业客户845 984户。其中抄表收费客户28 517户，卡表客户1177户，本地费控表客户816 290户；110kV客户8户，35kV客户7户，10kV客户8941户，低压客户837 023户。全区共有重要客户123户，其中一级客户43户，二级客户80户。

营销服务基础持续精益提升。搭建全方位计量采集管理监控体系，实现采集运维“日管控、周通报、月考核”闭环管理机制，全采集覆盖率达 99.92%。建立电价内部稽查体系，常态开展电价稽查工作，电价执行正确率 100%。

优质服务手段创新突破。积极推广“互联网+电力营销”服务应用，应用“掌上电力”APP 报装功能实现线上受理 3294 户。深化业扩契约服务，签订服务契约项目 9 项并全部按期送电，全年累计完成接电容量 92.12 万 kVA，实现业扩报装时限规范率 100%。实行月度“零投诉”激励，强化现场作业记录仪应用，全口径投诉率同比降低 57.68%。

责任央企形象日益彰显。成立“三供一业”分离移交专项工作小组，完成全部 81 户“三供一业”客户走访任务。开通企业报装绿色通道，实现框架协议签订率、方案编制率“双百分百”。主动服务区域大型客户，完成国家审计署设备资料二维码和微信报修公众号的建设工作，完成天坛医院前期验收和督促整改工作。

■ 2月13日，“煤改电”现场，工作人员为街道社区工作人员讲解“煤改电”用户信息采录 APP 使用方法。 （张瀞文 摄）

电能替代全面推进落实。围绕首都发展大局，落实蓝天行动计划，在圆满完成 18 个街乡镇 1.4 万户“煤改电”任务的基础上，主动作为协助区政府完成新增 1255 户改造，同时有序推进 1640 户“清煤降氮”工作，近 2 年累计完成4 万余户“煤改电”，基本实现全区“无煤化”。建成丰台体育中心站等 10 项 31 条公交线路外电源工程，完成 270 台充电桩及居民小区充电设施建设任务，将“绿色出行”理念贯穿落地。全年实现替代电量 2.5 亿 kWh，有力促进能源转型和雾霾治理。

【科技与信息化】 科技创新硕果累累。累计获得专利授权 17 项，远超指标年度授权量要求。制定《国网北京丰台供电公司创新工作“孵化中心”建设实施方案》，梳理并入库在施项目 23 项，盘活创新项目孵化梯队。课题“提高台区线损合格率”和“低压故障抢修系统的开发”分获全国 QC 小组成果发表赛二、三等奖。4 项职工创新及 QC 成果纳入公司成果转化承接计划。“电力滴滴——可视化低压抢修新平台”荣获“航天科工杯”中央企业青年创新奖优秀奖。管理创新项目“基层供电企业‘煤改电’项目精益管理创新与实践”获得第三十二届北京市企业管理现代化创新成果一等奖。

【党的建设与精神文明建设】 深入学习贯彻党的十九大精神。按照上级党委要求，丰台公司党委第一时间成立领导小组研究并制定了深入贯彻学习十九大精神实施方案，把学习贯彻党的十九大精神作为首要政治任务。以企业文化长廊、“红色丰供”、“掌上丰供”多平台为载体，分 5 个层次自上而下开展地毯式学习。领导班子率先成立十九大精神宣讲团，7 名成员已全部完成党课宣讲；党总支、支部书记利用周例会持续开展“十九大精神系列说”活动；党员骨干以支部为单位，“亮身份做承诺”，开展十九大精神学习 13 次；团员青年以“青春喜迎十九大·不忘初心跟党走”开展主题团日活动 8 次；全体职工以“谈谈十九大 说说心里话”为题，利用“掌上丰供”平台展开热烈讨论。

深化格局，党建引领全面加强。深入贯彻“旗帜领航 三年登高”计划，以党建三年规划，基础建设年为契机，推进构建“大党建”工作格局。充分发挥党委政治核心和领导核心作用，开展“三会一课”39 次，举办“微党课”评比活动 2 次，将思想建党要求落到基层一线。举办“卓越党建”专题论坛 6 次，全面拓宽党建交流学习平台。优化调整党组织结构，设立 4 个党总支、13 个党支部，确保党支部与业务机构精准匹配。成立十九大保电前线临时党总支，下设 3 个临时党支部，充分发挥支部战斗堡垒、党员先锋模范作用，实现了党建专业化管理的目标。

深优制度建设，使党的思想建设抓在平常、严在经常，梳理并归类整理出党委日常工作 51 项，党总支工作 17 项，党支部工作 34 项，共建立工作规范文件盒 102 项。严格参照国家电网公司党委工作制度汇编要求，结合丰台公司党委工作特点，逐项修订了制度规范。继续坚持大政工工作格局六项制度，支部书记约谈机制、月度政工处室例会制度、月度党支部书记例会制度、季度党支部工作考核通报制度、党群工作人员学习交流制度、党支部工作积分量化考核制度。实现了协调沟通、资源整合，合力推动大政工工作的协调发展。国家电网公司党组副书记、副总经理辛保安在来丰台公司调研中，对基础党建工作给予了高度肯定。

深建队伍素质，力争先进。大力开展劳动竞赛活动，累计获得劳动竞赛红旗14面，荣获劳动竞赛之星17名。累计创建“百佳支部堡垒”7个，“百佳党员先锋”13名，“百佳班组”7个，“百佳工匠”6名，形成全丰台公司上下典型引领、全面争先的良好氛围。建立“一位职业导师、两轮鉴定考评、三项重点任务、四次成果发布”的培养模式，搭建青年员工成长平台。配电运维一班荣获“全国质量信得过班组”称号。

深抓精神文明，彰显文化自信。丰台公司党委大力推进社会主义精神文明建设和企业文化建设，围绕党和国家重点工作、重大活动履行社会职责。在十九大保电工作期间，第一时间成立了1支临时前线党总支和3支临时党支部，深入保电一线。全体干部党员始终坚持“五个最”的保电要求和“四个零”的工作目标，最终圆满完成了十九大保电工作。利用公共区域完成丰台公司企业文化长廊的实体化建设，营造奋发向上的企业文化氛围。针对不同阶段重点工作，全年共开展系列宣传7次。着力推进道德讲堂的实体化建设，持续深化社会公德、职业道德、家庭美德和个人品德建设，引领并提升了广大员工的思想道德素质和公司精神文明建设。累计开展道德讲堂5期，参与人员600余人次，向员工宣传普及文化知识，大大增加企业的向心力和凝聚力。搭建新闻传播良好媒介，在《丰台信息》等政府内部刊物上刊登信息52篇，新华社等20余家社会及行业媒体刊发转载75篇，有效提升丰台公司社会价值，传播“首都电力”品牌理念。荣获了第五届“全国文明单位”和“首都文明单位”荣誉称号，充分彰显了党建的价值创造能力。

（李 放）

石景山供电公司

【概况】国网北京石景山供电公司（简称石景山公司）成立于1988年，是国网北京市电力公司直属供电企业，负责石景山地区84.38km^{2}范围内的电网规划建设、运行管理、电力销售和20.29万客户的供电服务工作，肩负着为辖区内重大政治活动和城市运行安全供电的光荣使命。共设置8个职能部门、3个业务支撑与实施机构，下设17个班组、4个供电营业所。

共负责10kV开闭站45座，配电室221座；10kV架混线路36条，长度254.1km；10kV电缆线路130条，长度604.3km；配电网容量738MVA。实现全年安全生产无事故目标，累积安全生产长周期4619天。

全年完成售电量18.49亿kWh，比上年增长1.34%；110kV及以下线损率4.43%；完成接电容量14.80万kVA；当年电费回收率为100%；城市供电可靠率99.9881%；供电电压合格率100%。最大负荷35.8万kW，为历史最大负荷。

获得年度“首都文明单位标兵”“北京市职工文化体育示范单位”“北京市交通安全先进单位”“北京公司先进单位”“经营管理功勋单位”“电网建设劳动竞赛红旗单位”等荣誉称号。

地址：北京市石景山区鲁谷路59号
邮编：100043
电话：010-63664123

【人力资源】全民职工174人，其中：硕士及以上学历45人，本科学历61人，专科学历39人；副高级职称29人，中级职称33人；技师及以上职业资格50人，高级工60人，中级工16人。

石景山公司组织召开人才建设大会，明确人才强企的战略目标。制定《石景山公司人才队伍建设总体方案》，明确人才建设工作组织体系。畅通青年职工成长通道，明确培养目标、重点任务和实施途径，建立培养、跟踪、评价、考核机制，加强培养效果考核评价。开展专家讲堂、技术沙龙、实战实训、课题研究、成果汇报等，为青年职工搭建平台。开展本部职工能力建设，引导职工立足岗位勤学多思，组织开展公文写作实战演练活动，加强基础公文写作培训，着力提升本部职工专业素质和管理能力，提升职能管理人员在写作水平、制度工作流程制定、与内外部单位沟通协调等方面的能力。

【电网规划与建设】10月31日，公司与首钢集团在首钢陶楼完成《新首钢高端产业综合服务区智能电网规划建设合作协议补充协议》签订，实现历史突破，成功构建“主动服务、合作共赢”的首钢合作新模式，彻底解决了石景山地区“两张电网”共存的历史遗留问题，明确首钢电网2019年6月全面退运。促成石景山区政府成立电力工作领导小组，分别与区投资促进局、区住建委、区土地储备中心签订了战略合作协议，建立良好沟通机制，营造了良好的电网规划建设环境。推进新首钢园区配套变电站项目前期，成功纳入“一会三函”并取得前期工作函。编制重点输变电工程里程碑计划表，推进工程前期，7项重点工程已取得关键前期手续52项。对接区政府及相关委办局，密切关注地区发展动向和电能需求，统筹随路管沟建设方案，适时启动配套输变电工程项目前期，有效促成规划落地。以北辛安、衙门口棚改区为切入点，启动5项重点区域和重大项目配套电网规划研究。深入调研东北部区域保险产业园、首钢现状负荷、苹果园交通枢纽等密集接入需求，修编杏石口地区“网格化”配电网规划。组织实施10kV冬奥、冬训开闭站建设，服务首钢园区冬奥组委用电需求。9月16日，10kV冬奥开闭站4号母线正式发电，标志着公网正式进入首钢园区，为冬奥组委办公区全面供电。刘娘府110kV输变电工程、鲁谷110kV变电站第三电源工程提前里程碑计划开工。石莲110kV变电站、南山110kV变电站配套10kV切改工程前期工作取得突破。

【经营管理】3月，启动基于同期线损的基础管理提升工作劳动竞赛，以治理为目标，以奖励为主导，分专业分解指标，组建专家组，深入分析难点问题，严把数据质量关，整体推进线损治理。开展系统应用、数据分析、现场操作各类培训20余次，召开专业研讨、工作调度会40余次。7月，组织实施同期线损治理百日突破行动，分线、分台区合格率分别较年初提升65个百分点和42个百分点，切实夯实基础管理，夺得公司9月降损增效劳动竞赛流动红旗。强化依法维权和法律风险防控，避免遭受经济损失。全面加强重要岗位、核心资源和关键环节的监督管理。严把合同审核关，强化协同监督，促进项目、合同、财务的深度融合。开展问题清单梳理全覆盖工作，对梳理出制约发展的突出问题，采取措施加以整改。创新督办工作管理，设置蓝色、黄色、红色工作任务提示单，保证公司决策部署落到实处、规章制度规范执行。全面落实《全面规范集体企业管理20条》、集体企业安全管理规范年工作要求，开展经营管理问题自查自纠并制定整改措施。强化集体企业安全责任落实，积极打造银光品牌，培养专业人才，提升市场竞争力，主动抢占市场。新签续签代维用户55户，完成年初制定目标。集体企业改革平稳有序，为电网和公司发展提供有力支撑。

【安全生产】认真践行“四个意识”，严格落实“五个最”保电要求，认真落实生产移动作业终端和配电网政治供电APP的应用要求，全年圆满完成“一带一路”国际合作高峰论坛、党的十九大等重大政治保电任务23项，保电天数107天。着力提升本质安全水平，安全责任层层落实。制定安全工作奖惩实施方案，加大“三种人”（工作票签发人、工作许可人、工作负责人）工作奖惩力度。有效开展安全规程、有限空间作业培训16次，共400余人次。认真开展安全生产大检查等活动，加大作业现场违章查处力度，实现各类作业现场全天候、全方位视频监控，违章率同比降低32%。落实各级消防责任制，结合“电气火灾综合治理”等专项行动，排查消防隐患32项，治理完成30项。实施外协施工单位安全评价，建立发包工程安全管理档案，完成47家施工企业准入审核。完成度夏、度冬运行方式分析，及时发布各类电网风险预警，有效保障电网安全运行，成功应对7月13日历史最大负荷35.8万kW和极端天气对地区电网的冲击。认真开展“一体双核”配电自动化主站系统接入，完成512台配电自动化终端接入，覆盖率达100%。加大配电设备综合整治力度，配电故障率同比下降42%。加强输电线路反外力管控，确保输电线路平稳运行。

■ 10月19日，十九大保电期间值守人员开展巡视工作。

（马炎 摄）

【营销与优质服务】截至年底，全区共有重要客户33户，其中1户特级重要用户，9户一级重要用户，20户二级重要用户，3户临时重要用户。

按照“清煤降氮”工作要求积极配合政府加快大气治理工作，开展自管公房“煤改清洁能源”工作，

■ 11月15日，石景山公司党员服务队深夜开展“煤改电”宣传工作。（孙超 摄）

涉及自管单位32个，居民用户1853户，供暖季前顺利完成改造任务。完成公交车充电站外电源建设项目7项，老山大1路公交车充电站提前送电完成。全年共完成170个公共充电桩建设，地区公共充电网络更加完善。配合区政府开展“疏解整治促提升”工作，针对北辛安、衙门口等重点区域，逐一制定配合方案和防控措施，全年配合拆违面积达390万 m^2。配合区政府处理突发事件，积极履行社会责任，帮助政府解决燃眉之急，确保人民可靠用电，得到政府肯定和百姓赞誉，区政府特向石景山公司送来《感谢信》。主动为区政府、各委办局、重要客户提供“前至规划设计、后至运行维护”的全过程服务，编制“能源服务书”，促使磁悬浮S1线、保险产业园、启迪冰雪等重点项目顺利送电。协助首钢集团开展园区内新装及旧网外电源负荷报装工作，完成接电7户，容量2.21万kVA。全年累计签订内、外部契约66份。严格责任投诉考核，全年全口径投诉数共46件，较2016年同期下降36.11个百分点，顺利完成年初投诉下降20%的工作目标，先后获得公司4月和11月优质服务劳动竞赛流动红旗。

【科技与信息化】获得国家电网公司科技进步二等奖1项；公司群创成果奖二等奖1项，运检业务职工创新实践活动三等奖1项。“基于客户需求的全过程服务管理创新实践”等管理创新成果获得公司年度管理创新成果二等奖1项，三等奖1项，为提升公司基础管理水平发挥了重要作用。成功研发宽载微功率中继模块，石景山地区730户零散客户采集问题得到解决，试点成果得到广泛认可并在北京地区全面推广。全年取得专利授权11项，含发明专利3项。加强信息化制度建设，强化学习培训，提升职工信息化应用水平。加强弱口令、违规外联的检查力度，全年未发生信息安全类事件。

【党的建设与精神文明建设】扎实推进“两学一做”主题教育常态化制度化，引导广大党员牢固树立“四个意识”。落实“全面从严治党”要求，开展党支部书记抓党建述职工作，抓牢、做实支部基础工作。严格执行“三重一大”决策制度，全年组织召开党委会20次。将党建工作与重点任务深度融合，设立发展建设部党支部、驻首钢冬奥供电保障临时党支部，开展“服务新首钢、迎冬奥有我”活动，为新首钢电网建设党员突击队等6支队伍授旗，党组织的战斗堡垒和党员先锋模范作用得以凸显。开展“双百”创建工作，发展建设部党支部被评为“百佳支部”，张琳、余伟被评为“百佳党员先锋”。推动“两个责任”落实制度化、规范化，纪委履责约谈47人次。针对工程管理、供电服务、集体企业分包管理等重点领域深入开展预警防控工作，提升风险防控能力。创新廉洁宣教，结合“首善清风”APP上线，录制展播“顾非讲典”。

梳理历年审计发现问题，全面督促整改，形成长效机制。开设《石景山播报》栏目，以特色企业文化长廊等为载体，全面报道重点工作开展情况，积极传递正能量，鼓舞职工士气。完成“二次创业”、首钢冬奥等重要活动宣传，完成《京西记忆》编制工作，展现石景山公司在新时代的新气象与新作为。全年有效处置舆情风险事件12件，舆情风险得到有效防控。持续办好读书协会、“阳光书院”，成功承办“图书漂流”、读书分享会系列活动，提升职工文化修养，营造书香企业氛围。配电站室运维室、客户经理室被评为“百佳班组”，王琳、杨景被评为“百佳工匠”。积

■ 9月16日，石景山公司党员服务队在首钢园区冬奥开闭站开展宣誓活动。（马炎 摄）

极参加公司劳动竞赛，累计夺旗5面，荣获竞赛之星15人次。开展“二次创业”典型选树，评选出“二次创业”之星12人次，杰出团队11支，起到良好示范效果。成立多种文体协会，培养职工业余兴趣爱好。设立一层临展区，举办儿童书画展、十九大保电专题摄影展等，提高整体凝聚力。提升职工体育运动素养，在公司羽毛球比赛中获得超越组第3名。完成六合园办公区改造，于11月13日正式投入使用，鲁谷供电所迁址办公，职工工作环境得到改善。持续完善“健康食堂”，完成古城供电营业所全电食堂改造，职工用餐更加科学健康。开展职工关爱行动，组织电力医院专家开展职工健康咨询。开设职工子女托管班，解除职工后顾之忧。

（赵　飞）

亦庄供电公司

【概况】国网北京亦庄供电公司（简称亦庄公司）成立于1993年，是国网北京市电力公司直属供电企业，负责北京经济技术开发区59.47km^{2}范围内的电网规划建设、运行管理、电力销售和10.65万客户的供电服务工作，肩负着为地区经济发展、政治供电和人民生活安全供电的光荣使命。

截至年底，共设置10个职能部门、2个业务支撑与实施机构，下设14个班组。负责10kV电缆馈线274条，长度1332.80km；10kV架空馈线10条，长度89.59km。

全年实现连续安全生产4903天；完成售电量55.19亿kWh，同比增长13.03%，较公司整体增速高4.97个百分点；固定资产原值18.33亿元，同比增长9.64%；内部利润总额9.18亿元，同比增长30.72%，在公司系统排名第2；城市供电可靠率99.9963%，在公司系统排名第1；地区线损率1.35%，在公司系统排名第1。

荣获首都文明单位标兵、国家电网公司党的十九大保电工作先进集体、北京经济技术开发区年度消防安全工作先进单位、公司降损增效劳动竞赛红旗单位、公司优质服务劳动竞赛红旗单位、公司信息通信运行安全技能竞赛优秀单位、公司4月降损增效竞赛红旗、公司5月智能配网竞赛红旗、公司10月本质安全竞赛红旗、公司10月优质服务竞赛红旗等荣誉称号。

地址：北京经济技术开发区地盛北街2号院2号楼
邮编：100176
电话：010-63120058

【人力资源】截至年底，共有全民职工112人。其中：研究生及以上学历42人，本科学历55人，专科学历12人；高级职称21人，中级职称39人；技师及以上职业资格26人，高级工38人，中级工14人。

亦庄公司深化改革模式初步建立：新设立路南新区供电服务中心和开发区中心供电所，主动对接开发区政府、重点招商企业和重要客户，提升区内低压及居民客户服务水平；设立配电运营指挥中心，实现集调控运行、生产指挥、运营监测、安全监控、运维管控业务的深度融合；设立数据运营管理中心，进一步加强数据管理，实现把数据维护好、管理好、使用好，提升营配调贯通水平和数据监测分析水平，为运营决策提供支撑；设立重点工程电力建设指挥部，实现对重点工程的统筹协调和统一推进，满足地区电网超常规发展建设和保障地区重点工程顺利推进的要求；对配电运维一体化室管理模式进行调整，理顺配电网运行维护工作流程，缩短管理链条，提升工作效率，实现配电运维工作提质增效。

【电网规划与建设】主动对接地区发展需求，滚动修编“十三五”电网规划。针对集成电路产业园区项目急增的用电需求，新增规划1座220kV变电站和3座110kV变电站，并提前启动科创街110kV变电站扩建项目。将两条跨京沪高速电力隧道纳入开发区政府年投资计划，解决核心区和路东区互联通道不足问题。将区内终期规划变电站以及开闭站用地纳入地区控规，为后期输变电站工程建设打下良好基础。

超常规推进泰河、科创街、文化园三座110kV变电站扩建工程，以确保在2018年度夏前建设投运，突破新增客户报装瓶颈。优质高效实施“康宁—庆羊—科创街—堰上”110kV联络线工程，实现科创街、庆羊站链式接线。高效完成亦庄有轨电车T1线沿线配迁工程现场勘查，梳理迁改电力管线87处，完成配迁可研编制。主动服务开发区“疏解整治促提升”要求，实现核心区北部架空线路入地。完成调控中心D5000系统建设，提升地区电网智能化水平。

企地共建成效显著。电力隐患整治不断深化，促请政府在输电通道和用户电缆隐患治理方面提供政策及资金支持，为有效解决历史遗留问题提供坚强保障。与政府签订亦庄西南 220kV 输变电工程、瑞新 110kV 输变电工程、8 项老旧小区改造投资划分协议，总计收到垫资资金 14 257.25 万元，节约土地开发成本 6475 万元。促请政府对架空线入地、路灯电源改造提供政策及资金支持，有力推进重点项目建设。

率先落实电缆接头管理新规范，成功试用电缆接头双准入系统和移动作业 APP，全年完成 165 套电缆接头全过程质量管控，为公司全面推广提供了有力支撑。同期线损管理成效显著，完善增量数据管控、异常数据处理和线损考核奖励机制。全年，35kV 及以上线路线损合格率提升至 100%；10kV 分线线损合格率由不足 20% 提高至 88.26%；台区线损合格率由 42.63% 提升至 87.47%；同期线损管理系统建设评价指标一直位列公司前茅。

【经营管理】 深入开展问题清单梳理，积极整改 12 项问题，解决公司发展难题。同时，充分借鉴和运用“问题清单梳理”工作方法，开展“问题清单梳理全覆盖”，共梳理 34 个专业问题 65 项，完成整改 33 项，为全面争先奠定扎实基础。依法治企不断强化。深化合同全流程管控，加强法律风险源头防范。积极运用诉讼法律途径维护企业权益。强化风险管控，加强内部审计监督，完成经理离任审计和工程跟踪审计。作为公司第一家接受内部巡察的单位，对反馈意见认真研究、及时落实，建立长效机制，确保整改到位，提升管理水平。

做深、做细、做实物资管控。全年物资清仓利库金额 292.2 万元，利库率 46.4%，超额完成年初 30% 的目标；全年废旧物资处置收入金额 212.42 万元，年度完成率 335.63%，位列公司第一。

加强集体企业规范管理。认真开展“三查三提升”专项活动，做好本质安全落地。大力开拓代维业务，全年走访用户 280 户，有意向用户 38 户。加强经营规范审计和安全规范管理，积极推进集体企业改革改制工作。

电缆通道资产接收取得新进展，为应对电力体制改革奠定基础。年初，与亦庄开发区管委会完成 87km 电缆通道的接收，资产价值 5.2 亿元。8 月，积极与经开总公司启动 40.5km 电缆通道的接收工作，目前，正在办理移交手续，预估资产价值约 2.6 亿元。

在公司劳动竞赛中斩获“本质安全”“降损增效”“优质服务”“智能电网”共计 4 面流动红旗，11 个竞赛之星；荣获公司年度“降损增效”“优质服务”劳动竞赛红旗单位。全年业绩对标保持公司第 1。

【安全生产】 贯彻本质安全要求，主动将安全标准提高一个等级，严格履行到岗到位风险审核把关，扎实开展安全生产大检查、消防隐患大排查等活动，保持安全平稳局面。组建安全监控中心，开展 24 小时无死角视频监控，实现作业现场监督全覆盖。构建外包企业和人员安全质量信用评价体系，形成“严格准入”和“动态淘汰”相结合的管控模式。印发《加强用户侧地线安全管理办法》，完善有限空间作业、近电作业管理办法，实实在在解决配电网工作中的三大安全风险。

■ 营销专业人员协助用户检查内部设备隐患。（孙特 摄）

加大网络信息安全专项检查和隐患治理力度，全年排查整治主机与网络设备终端高风险等级漏洞 133 个，清理“僵尸”账号 54 个。运维管控能力不断加强。科学安排运行方式，强化风险预警管控和应急处置，成功应对度夏期间 4 座变电站过载问题和 99.51 万 kW 历史最大负荷考验。实现 291 条配电自动化线路 100% 接入“一体双核”配电自动化主站系统。以实施隐患治理和外力防控为重点，强化运维责任落实，配电网故障率同比降低 54.5%，未发生因输电通道原因的线路掉闸情况，超额实现年初制定目标。

【营销与优质服务】 全年圆满完成党的十九大、“一带一路”高峰论坛、世界机器人大会等重大保电任务。国家电网公司寇伟总经理对亦庄公司十九大保电筹备工作给予了高度评价，重点保障用户新华印刷厂给国家电网公司和公司送来感谢信。

深化“五新”服务，全年完成接电 44.27 万 kVA，指标完成率达 192.5%。全年累计签订契约项目 18 项，受理新增容量 78.92 万 kVA。主动服务开发区经济发展，对集成电路产业园区、高端汽车、生物制药等高

■ 十九大保电期间，亦庄公司夜巡重点保障线路。（孙特 摄）

端企业提供快和优的供电服务，获赠锦旗 13 面。加大投诉处理力度，年受理投诉 7 件，同比下降 53.33%。积极落实电价调整，有效释放改革红利 7972.32 万元。

优化采集网络、全面提升计量设备运行管理水平。率先在公司范围内实现全采集覆盖率 100%，购电费下发平均时长缩短 27%。深化“互联网+电力营销服务”体系建设，拓展“掌上电力”APP 企业版线上报装服务，受理线上报装 569 户；低压抢修全部实现 APP 接单，共计受理 2290 件，提供应急送电服务 374 次。

电能替代有效落实。仅用 2 个月率先完成亦庄地区 5 处公交充电站外电源工程送电，为地区 50 余辆公交车提供动力保障，实现地区公共交通绿色出行零的突破。顺利完成 170 台公共充电桩建设任务，累计完成 515 台，实现地区 1km 充电半径的目标。

大客户深度融合体系有效建立。创新“走出去”工作模式，依托“1+10”共建平台，主动对地区重要客户和具有国际影响力的客户提供用电咨询、专家会诊等服务，有效提升客户感知度，合作共赢的局面初步建立。

【科技与信息化】科技创新 3 项科技成果、3 项群创成果获奖，其中：一等奖 2 项、二等奖 1 项、三等奖 3 项，荣获公司年运检创新优秀组织单位。7 项 QC 成果获奖，其中：国家电网公司级 2 项、北京市级 2 项、公司级 3 项。主动承担国家电网公司重点科技项目和试点工程。克服技术难题和跨区域施工难点，保质保量完成国家“863”课题主动配电网示范工程建设，课题于 11 月顺利通过国家科技部验收。代表公司作为国家电网公司 8 家试点单位之一，承担国家电网公司智能电表深化应用试点工作，12 月底已安装完成智能台区终端 32 个和派接智能监控装置 36 个，升级改造智能表计模块 10 268 块。

【党的建设与精神文明建设】落实“旗帜领航 · 三年登高”计划，推进“两学一做”学习教育常态化制度化，组织开展“三型三队”创建活动，完成基层党支部调整。高度重视十九大精神宣贯，制定专项方案，细化任务分解，领导班子、党支部书记到所管部门、所在支部宣讲 16 场次，政治水平明显提升。结合大客户服务，与中芯国际等公司开展共建，组织专题学习活动。在十九大保电中，成立 5 个临时党支部、3 个党员突击队，有力保障各项急难险重工作高效完成。

强化先进选树，以创建“百佳支部”“百佳党员”“百佳班组”“百佳工匠”为重点，带动广大员工建功立业，凝心聚力，营造干事创业的工作氛围。制定青年员工“导师制”和“亦电麒麟”人才培养方案，提升员工职业素养，推动企业可持续发展。

■ 拜师会上导师们赠予徒弟们专业学习书籍。（孙特 摄）

强化激励引导，出台鼓励职工成长成才的制度，鼓励员工加强学习，提升自身素质，全年共有 33 人次获得成长成才奖励，累计奖励 7.4 万元。亦庄公司职工参加上级组织的专业竞赛调考成绩取得突破，逯畅、李婷等获得个人优异成绩，企业获得“信息通信运行安全技能竞赛优秀单位”称号。

依托职工之家实体，兴趣小组活动精彩纷呈，“首都电力印吧”建设处于国网系统领先水平，“亦味深尝”俱乐部在公司独具特色，全力打造企业文化品牌。加大员工关心关爱力度，设立“能量加油站”，为办公场所配备血压计等设备，启动北环东路 11 号办公楼维修工程，改造职工办公住宿条件。关爱离退休老职工，坚持开展节日慰问。

（孙　特）

通州供电公司

【概况】国网北京通州供电公司（简称通州公司）成立于1958年，2016年1月升格为国网北京市电力公司直属大型重点供电企业，负责通州地区906km^{2}范围内的电网规划建设、运行管理、电力销售和64.05万客户的供电服务工作，肩负着为北京城市副中心电网建设、重大政治保电、城市运行、重要用户和居民生活安全供电的光荣使命。设有9个职能部门、3个业务支撑机构、1个供电服务中心及10个乡镇供电所。4月通州公司办公大楼全面竣工，企业上下以全新面貌扬帆起航。

■ 4月，通州公司办公大楼竣工。（姜姗　摄）

截至年底，通州公司辖有220kV变电站6座，容量288万kVA；110kV变电站27座，容量290.2万kVA；35kV变电站8座，容量20.52万kVA；110kV输电线路45条，共计320.6km；35kV输电线路23条，共计134.5km。年内最大瞬时负荷在7月13日21时01分，为137.71kW。实现全年安全生产无事故目标，累计安全生产周期2634天。

全年完成售电量60.62亿kWh，同比增长6.28%；营业收入38.35亿元，同比增长3.4%；利润总额1797.5万元，超额完成年度计划；固定资产投资18.23亿元，年度计划完成率100%；线损率6.31%；城网供电可靠率99.9669%，农网供电可靠率99.9126%，城市综合电压合格率99.999%，农网综合电压合格率99.989%；当年电费回收率100%。

2017年通州公司荣获首都文明单位标兵、国网公司文明单位和十九大保电先进集体；荣获北京公司先进单位和电网建设、优质服务、党的建设功勋单位，以18面红旗的成绩位列劳动竞赛总榜第一名；综合对标第二名、业绩考核第三名。

地址：北京市通州区滨河中路甲10号
邮编：101101
电话：010-63666277

【人力资源】截至年底，共有全口径用工1188人，全民职工336人，其中博士生1人，研究生学历72人，本科学历136人，专科学历116人；高级职称35人，中级职称57人；高级技师167人，技师54人，高级工32人，中级工25人。

加强干部队伍建设。注重在基层一线和重点任务中培养选拔干部，干部队伍逐步向年轻化、知识化、专业化方向迈进。搭建职员常态化聘任机制，选拔聘任四级、五级职员9名，推动职工成长通道更加复合多元。建立后备干部梯队，在电网建设、高端智能配电网建设、“煤改电”工程等艰苦环境、重大任务中搭舞台、促成长。利用例会、专题会、党委会等平台，组织干部深度剖析发展症结，开展副中心规划、团队建设、十九大精神等干部专题培训12次，组织干部与系统内外优秀单位调研交流30余次，形成企业上下协同攻坚难题、系统规范管理的思想共识和行动自觉。

加强人才培养。聚焦工作短板、新型业务、末端融合，开展营业厅服务礼仪、配电自动化等定制式培训。在电网建设、高端智能配电网建设、“煤改电”工程实战中培养专家人才，分专业明确培养对象和目标，倾斜培训资源，新增电力行业高级技师9名，增长300%，新增基建骨干专家人才1人，为企业长远发展积淀人才。加强青年员工培养，安排17名支援人员实岗运转，承担重点任务项目，在助力公司发展中实现个人成长。将2016年、2017年入职的52名新入企员工全部配置到一线班组，全面充实基层力量。组织新入职员工深入参加“煤改电”工程、高端智能配电网建设现场跟班实训，有效利用重大工程积累青年员工实战经验。

加强劳动竞赛过程管控。制订月度夺旗计划，加强供电所内部劳动竞赛管理，组织供电所竞赛之星评选，及时开展竞赛专项激励，形成争先夺旗氛围。竞赛调考成绩取得公司第3名，其中1人取得后勤专业国网第8名，1人作为教练协助公司取得兼职培训师历史好成绩，1人获北京优质服务之星并参加国网竞赛，1人参加无人机国网竞赛，班组微课堂获公司第一并参加国网竞赛，完成农网配电营业工技能大赛，3人进入北京前10名。

加强薪酬绩效管理。统一潞电直签员工薪酬体系，完成潞电直签员工薪酬套改工作。试点探索与定员定编匹配的差异绩效管理方式，有效激发员工工作积极性和主动性。

【电网规划与建设】规划前期高效开展。把握副中心发展大势，促成公司与区政府签署“十三五”战略合作协议，110kV及以上电网建设全部纳入“零前期”，节约建设费用22亿元。紧密对接城市副中心新总规，统筹考虑站室廊道、抢修网点布局，在全市率先将电力设施规划纳入地区控制性详规。坚持规划设计标准一以贯之，明确城市副中心配电网架实施方案，推动双环网网格化接线原则延伸落地。全年，共取得立项核准批复8项，核准变电容量30万kVA；取得规划意见批复8项，批复建设用地1.54万m^2，建筑面积0.67万m^2，电缆隧道0.895km，架空线路7.63km；取得工程环评批复8项，用地预审函批复3项共2.82万m^2。

■ 4月，通州区政府与国网北京市电力公司签订了《北京城市副中心“十三五”电力建设战略合作协议》。（曹成章 摄）

重点工程提质提速。建设任务创历史新高，年度5项核准、7项开工、8项投产全部按计划完成，关键节点匹配率实现100%，年输变电工程优质工程率达到100%。主动服务政府需求，行政办公区配套110kV市府西、政协西站均超前里程碑计划投运，老胡各庄站与原潞城供电所顺利完成拆除，8座开关站、23座用户配电室全部投运，满足市级机关搬迁入驻需求，配套电力工程始终走在各类市政建设前列。在行政办公区集中应用光纤纵差等7类先进技术，建成国内领先的配电网综合可视化系统，建成国内首家“一体双核”配电自动化主站通州核心节点，国际一流高端智能配电网示范区初步建成。

■ 8月31日，110kV市府西变电站投产送电。（李博 摄）

【经营管理】管理水平全面提升。强化顶层设计，滚动修编重点工作任务书，加强过程催办与现场督察，各项任务按计划有序推进。坚持目标导向，制定对标提升措施8项，常态化开展指标预警分析，对总资产周转率、经济增加值率等劣势指标集中攻坚，对标成绩站稳公司第一梯队。深化全员劳动竞赛，精准制定夺旗措施，加强正向激励引导，以竞赛促进重点工作高效推进。经营基础不断夯实。聚力攻坚同期线损，以关口覆盖、基础完善、模型配置和数据治理为重点，分线、分台区线损合格率较年初分别提升54.5%、30.1%。规范物资管理，开展现有库存调用126次，节约物资3411万元。开展资金安全专项检查，建立分级授权体系，有效管控资金风险。深化行政值班体系高效运转，与区应急办等部门建立协同联动机制，突发事件处置能力不断提升。依法治企持续深化。针对设备异动、资金分级等事项修订10项管理规定，岗位制度考试实现全员覆盖，“办事先问规矩”意识不断提升。健全法律风险提示机制，妥善处理法律纠纷案件7起，避免和挽回经济损失82万元。梳理“职低权实”重点岗位57个，组织签订《廉洁共建告知书》2368份，持续提升纪律规矩意识。开展重点工程跟踪审计，发现1988项问题，做到立查立改，确保工程规范实施。以问题清单梳理促进管理提升，梳理整改问题34项，工作成效得到国务院监事会高度肯定。集体企业规范运营。深入开展集体企业安全规范管理年活动，根据承载力分析结果科学承揽工程，有效管控安全风险。完成9大方面专项审计，修订47项自建制度，压降预收账款8.84亿元，经营管理更加规范。

【安全生产】安全管控措施有力。深化评价结果应用，综合考虑承载力、安全监督和施工队伍能力，科学安排工作计划，源头保障各项工程平稳实施。运用同进同出、驻所蹲守、飞行检查等管理手段，结合4G单兵、安全管控APP、智慧工地等技术手段，全年违章行为大幅下降34.9%。加强对班组必备资料、基础台账及例行会议的监督指导，实施集体企业安全同质化管理，安全基础不断夯实。运维管控有效提升。深化开展配电网提升，农村户均容量大幅提升39.6%，达到3.14kVA，10kV三分段三联络实现100%，配电网本质安全水平显著提升。优化通道运维队伍，加强巡视过程稽查考核，开展重点区域“网格化”看护，输电外力故障同比减少71.43%。层层分解压降指标，规范故障处置和抢修流程，开展专家会诊巡视47次，配电网故障同比减少61.4%。滚动治理异常台区，密切跟踪热点区域，度夏度冬期间专人24h值守督导，多户报修同比减少11.2%。建成国内首套“一体双核”主站系统，全部218条架空线路实现故障区域判断，漷县地区12条线路开展故障全自愈示范应用，配电自动化实现从无到有、从有到优的跨越发展。政治供电坚强可靠。按照“五个最”标准开展十九大供电保障，全体干部职工放弃休假，构建全员保障格局，圆满完成252名支援人员后勤保障，实现“四个零”“五个杜绝”最高目标。推进政治供电常态化，将区委区政府、两个会议中心等重要场所纳入常态化保障范围，主动实施重要场所电源改造，圆满完成习近平总书记调研、全国两会等84项保电任务。

【营销与优质服务】电能替代全面推进。提前近40天完成年度106个村、3个街道、157路外电源建设任务，历时三年的“煤改电”工程圆满收官，全区电采暖用户达13.8万，用户数量居各区之首。积极服务绿色出行，投运充电桩1895台，占公司建设总量的41.7%。完成20项电动公交场站报装接电及9项公交充电站外电源建设，为850台电动公交提供电源支撑。

■ 9月20日，通州公司“煤改电”任务圆满收官。（洪雷　摄）

增供扩销成效显著。对外坚持客户导向，对内强化履责协作，行政办公区57项施工临电、市郊铁路增容等工程实现按需送电。应用“互联网+”平台实时管控流程节点，每日督导低压报装进度，平均接电时长缩短8天，全年累计接电161.1万kVA，完成年度计划的138.9%。高效推进“三供一业”分离移交，完成4家单位、1768户居民接收协议签订。优质服务不断深化。成立通州公司层面优质服务工作组，全程跟踪潜在工单，量化管控服务态度等24项投诉风险。狠抓责任落实，对有责投诉严肃追究责任，管理要求同步延伸至外协队伍，全年投诉数量同比降低25%。发挥运营指挥中心监督作用，深入挖掘数据内涵，强化工单处置过程管控，平均处理时长降低16%。营销基础更加牢固。深化大数据分析应用，精准锁定抄表质量问题及违约用电客户，全年追补电量1842万kWh。升级改造表计3683具，实现地区采集覆盖率100%。推进国家电网“多表合一”示范区建设，完成1.1万具水表采集抄通，全市占比55.3%。试点开展全能型供电所创建，推行“台区经理”“综合柜员”业务模式，打造全新网格式服务体系。西集供电所被评为全国文明单位、国家电网公司五星级乡镇供电所、首都文明单位标兵。

【科技与信息化】开展科技进步奖和群众性创新成果奖项目征集工作，共征集群众性创新成果4项。发明专利申请1项，实用新型专利申请2项。开拓员工创新思路，开展一批结合北京城市副中心规划建设和“煤改电”等重点工作的管理创新项目。管理创新在北京市获奖2项。促进创新工作室升级，将国际一流智能配电网作为技术创新的重点课题，“徐向东创新工作室”申报北京市级职工创新工作室；强化QC工作日常及过程管理，组织推进会、培训、评比，加大激励力度，2人参加国家级诊断师培训，6人参加市级诊断师培训，2项成果荣获全国QC发布赛一等奖，1项获得国家级优秀奖，2项获市级优秀奖，获公司一等奖、二等奖、三等奖各1项。

【党的建设与精神文明建设】党建工作深入推进。将学习宣贯党的十九大精神作为首要政治任务，领导班子深入基层宣讲27场次，广大职工立足岗位学通、弄懂、做实，推动十九大精神在通州公司指导实践、落地生根。对接上级部署，制定“旗帜领航·三年登高”党建发展规划，为企业发展提供坚强政治与组织保障。优化基层党组织设置，调整组建4个党总支、18个党支部，围绕重点工作成立4个临时党支部、9

支党员先锋队伍，以党建护航重点工作。夯实党建工作基础，完善党建管理标准，完善工作制度，协助4个党总支、18个党支部完成支部委员会建设工作，建立政工工作例会、党支部书记例会制度，编制党建工作月报，指导支部基础工作开展。开展授旗仪式及特色主题党日，以“奉献星期天　党员展风采”为载体，有效发挥党员模范作用。

企业文化建设不断深化。建成以“润物耕心　电靓通州”为主题的企业展厅，系统梳理通州电力百年变迁、企业发展脉络，为通州公司文化传承提供重要载体。围绕中心工作开展主题传播9次，在中央权威媒体及行业媒体发布报道108篇，有力提升公司品牌形象。规范舆情防控流程，加强内外联防联控，定期发布舆情周报，有效化解舆情风险。大力开展两个“双百”创建，深入一线挖掘典型，广泛激发职工建功立业热情，通州公司副总经理尚博荣获国家电网公司劳动模范。加强新闻策划，提升内、外宣频次及质量。形成《北京城市副中心电网建设工程重点选题策划方案》，提前谋划副中心宣传重点，全年策划制作7个宣传视频片。拓展外宣沟通渠道，多次召开新闻发布会、组织新闻采访活动，在中央电视台等中央重点媒体及《国家电网报》等行业媒体上报道通州公司重点工作80余次。企业氛围更加和谐。深入推进“三带头、三强化”作风建设，领导班子开展“一线工作日”220余次，与基层职工共同破解发展难题。以新办公大楼投入使用为契机，完善职工超市、读书角、健身房、理发室等功能配置，生产生活条件焕然一新。打造大数据“健康食堂”，推行星级物业服务，开展健康讲座、上门义诊等活动，职工幸福指数不断提升，企业精神风貌更加和谐奋进。

（苏韵涵）

昌平供电公司

【概况】国网北京昌平供电公司（简称昌平公司）成立于1958年，是国网北京市电力公司直属供电企业，负责昌平地区1343km^{2}范围内的电网规划建设、运行管理、电力销售和59.08万客户的供电服务工作，肩负着为辖区内党政军机关、重大政治活动和城市运行安全供电的光荣使命。

截至年底，共设置9个职能部门、3个业务支撑与实施机构，下设26个班组、14个农村供电所。共有110kV变电站29座，主变压器63台，容量3007.5MVA；35kV变电站7座，主变压器14台，容量232.6MVA；110kV线路40条，长度192km；35kV线路29条，长度144.388km；10kV架空线路190条，长度2058km；10kV电缆线路4298条，长度1740km。

全年完成售电量69.88亿kWh，同比增长7.32%；完成线损率6.17%；完成业扩报装接电容量92.83万kVA；电费回收率100%。供电可靠率达到99.942%，电压合格率为99.998%。最大负荷166.4万kW。

荣获全国文明单位、首都文明单位标兵、国家电网公司党的十九大保电工作先进单位、北京市交通安全先进单位、北京市“电能替代”工程劳动竞赛优胜单位等荣誉。

地址：北京市昌平区永安路33号
邮编：102200
电话：010-69742681

【人力资源】截至年底，共有长期职工352人。其中研究生及以上学历69人，本科学历166人，专科学历77人；高级职称29人，中级职称87人；技师及以上职业资格103人，高级工84人，中级工21人。

全面加强队伍建设，创新教育培训手段，以全员培训大讲堂、周一早例会、青年员工培训沙龙等为平台，针对全体员工、中层人员、青年员工，开展形势任务、创新创效成果、重点工作等内容宣讲、培训50余次，营造了创新创效浓厚氛围。加强青年员工培养，开展领导导师助成长、政策研究平台、管理技术创新等为内容的青年员工成长计划，充分结合基建、运检、营销等核心工作，统筹安排青年员工开展理论学习与现场实练，快速有效促进青年员工成长成材。完善绩效考核体系，将绩效分配与业绩考核、同业对标挂钩，引入专项辅助绩效，将政治保电、三集五大建设等重点工作融入其中，协同构建新竞赛、业绩创效竞赛、供电所创效竞赛三大竞赛机制，使绩效考评内容更加丰富，引导员工形成“我挣钱”“我创绩效”的浓厚氛围。深化先进人物选树，激发全员争先创优活力，员工王月鹏荣获“北京大工匠提名奖”，王朴荣获“首都劳动奖章”并被评为“国家电网公司特等劳动模范”，杨华荣获“国家电网公司优秀共产党员”，常波被评为年度十大“安监之星·北京榜样”。

【电网规划与建设】对接北京市新总规，启动地区2035年负荷预测与变电站空间布局。落实北京天通苑、回龙观调研指示精神，制定配套电力设施提升“三年行动计划”。取得220kV邓庄、沙河北、四家庄变电站配套110kV送出工程及阿苏卫电厂接入工程立项核准。全年开工输变电工程10项，续建1项，竣工3项，任务量达到过去6年的总和。110kV山峡、生命园扩建、阳坊北增容工程如期投产。220kV昌平—八家、沙河北、信息港输电工程完成全部前期拆迁任务，“煤改电”配套主网工程1.3km隧道、105基铁塔进场率达85%。110kV霍营至东小口、白坊送电工程和马池口变电站升压工程获“国家电网优质工程”称号。全年实施配电网提升工程70项，新装10kV变压器1756台，容量增加45.29万kVA，新架10kV线路333.7km，局部重过载现象得到缓解。

■ 5月10日，昌平公司220kV邓庄变电站工程施工现场。（闵政君　摄）

【经营管理】积极参与公司“劳动竞赛”，累计获得劳动竞赛月度红旗13面，位列红旗榜第5位。优化对标管理与考核机制，强化对标指标专业管控，保持指标提升态势，年度公司业绩考核排名第5位。对标综合排名第7位，其中：业绩对标排名第6位，获得进步标杆；管理对标排名第7位，获得财力、物力、运行、检修管理4项专业标杆；3项典型经验入选公司对标典型经验库。深化体制机制建设，推进配电运营指挥中心建设，优化营、配、抢业务工作界面，依托供电服务指挥系统与移动作业APP，实现指挥与运维信息实时交互，故障抢修效率明显提升。完成全能型供电所业务流程梳理，启动试点建设。深入开展问题清单梳理全覆盖工作，全面梳理出10个方面、35项制约发展问题，圆满完成监事会巡检现场汇报，受到上级领导充分肯定。深入推进问题清单梳理整改，完成问题集中整改24项。扎实推进同期线损治理，制定专项治理方案，母线平衡、分线线损、台区线损合格率分别提升79%、55%、61%。加大保险理赔宣传与引导，全年节约成本466.08万元，同比增长7.44倍。深化依法从严治企，强化法律保障，推动普法与法律咨询融入核心工作。加强行风纠建，完成供电所业务巡查6次，处理行风投诉举报6件。推进工程项目过程审计标准化、流程化，通过审计发现问题24项，整改完成16项，制订整改计划或完善长效机制8项。固化资产管理管控措施，全年完成转资7.76亿元，转资率100%。梳理设备资产报废工作重点环节，严把资产报废价值审核关口。开展资产报废专项培训，明确固定资产报废关键环节注意事项，规范资产报废工作流程，全面提高资产报废处置效率。创新增值税发票管理模式，制作增值税管理作业指导书。明确增值税电子普通发票取得和使用要求，提高增值税抵扣率，做到应抵尽抵，有效降低成本，实现利益最大化。深化法治宣传宣教，两部法治动漫作品在国家电网公司评比中获奖。集体企业经营创效能力稳步提高，全年完成产值7.07亿元、利润5600万元，同比增长53.6%、23.9%，为公司和电网发展做出了强有力的支撑保障。主动聘请第三方机构开展企业经营管理分析评价，进一步规范企业行为。创新开展“智慧能源管家”建设，进一步拓展代维业务，代维产值同比增长16%。

【安全生产】圆满完成“十九大”等供电保障任务，以“五个最”的标准，“四个确保”“五个杜绝”的决心和勇气，实现了十九大保障“四个零”的庄严承诺，荣获国家电网公司“保电工作先进集体”和公司“供电保障突出贡献单位”荣誉称号。全年圆满完成各类保电任务72项，保障天数214天。通过内部挖潜与外部支援，补强巡检力量，实现安全巡检全覆盖，全年累计检查作业现场1634次，下发违章通知单26张。以配电运营指挥中心为依托，整合“智慧工地”、运维抢修作业等视频资源，开展作业现场实时远程监控，现场违章行为同比下降15%，习惯性违章行为得到有效遏制。深化安全大检查，严抓设备运维质量和隐患排查治理，促请昌平区政府与公司签署反外力专项行动备忘录，全年拆除电力设施周边隐患建筑80万m^2，累计整治消除各类安全隐患448处。对故障高发线路逐条分析，制定差异化管控措施，累计加装柱上断路器416台，主、配电网故障率同比降低33%、60%。科学安排运行方式，强化风险预警预控，全年执行方式调整措施40项，保障了施工及度夏、度冬期间主配网稳定。完善“煤改电”地区“一路一案”“一村一案”，通过演练提升实战能力，落实发电车全天候保障措施，有力保障了全区5.2万户“煤改电”用户温暖度冬。

■ 9月26日，昌平公司党的十九大政治供电动员誓师大会集体宣誓。（李强　摄）

【营销与优质服务】截至年底，昌平公司共管理营业客户59.08万户。其中，220kV客户1户，110kV客户5户，35kV客户20户，10kV客户5185户。全区共有重要客户29户，其中一级客户20户，二级客户9户。

持续深化业扩“五新”服务，发挥内部协同契约机制，主动服务大型及重点项目，促进接电效率提升，全年接电容量92.83万kVA，提前并超额完成年度目标。大力推进“互联网+营销服务”手段，微信电力、掌上电力绑定用户突破24万户，居民线上缴费率、线上业扩报装率、客户报修电子接单率分别达到73.2%、100%、98%。启动采集提升大会战，全年换装智能电表3.1万具，采集覆盖率实现跨越提升，由年初94.85%提升至99.91%。强化电费基础管理，深化违约用电专项检查，全年查收违约使用电费218.36万元，完成指标107.04%。精心编制《典型投诉案例》手册，深化服务风险分析和防范，强化培训和引导，客户投诉同比下降52.1%。加大电费稽查力度，累计查收违约电费218.36万元。加快充电网络布局，29项充电站建设工程、7项公交外电源工程全部完工。积极落实惠民政策，在公司范围内率先完成“煤改电”居民电费补贴工作。积极对接区环保局，促成全区“清煤降氮”重点用户完成煤改电报装申请，合计报装容量4235kVA。

【农电工作】超前谋划、提早动手，实施完成“煤改电”工程87个村3.9万户，新装10kV变压器624台，新架10kV线路283.6km，实现全区“煤改电”用户突破5.2万户。加强农电体系建设，持续推进供电所管理提升，结合“三集五大”体系优化、末端融合、移动作业等业务新模式、新手段，推进乡镇星级供电所建设，全部供电所达到三星级建设标准，十三陵供电所被评为“国家电网公司五星级乡镇供电所”。以十三陵供电所为试点，开展“全能型供电所”创建，试行“线路管家制”和“台区经理制”业务新模式，探索“智能化、互动化、差异化”管理服务新模式，全面满足农村地区用电服务需求。提升农电队伍建设水平，按照全能服务要求，加快全科型人才队伍培养，组织开展农电员工专业理论、专业技能、专业系统应用、专业APP应用等培训，完成乡镇供电所31名员工专业技术资格职称申报以及人员岗位调整。

■ 5月5日，昌平公司“掌上电力”推广活动现场。（张亮　摄）

【科技与信息化】深入开展“创新、创效”劳动竞赛，年度申报科技及群创项目5项，申请专利10项，荣获公司管理创新成果二等奖1项、三等奖2项，“全面‘营改增’政策下电力企业增值税管理的创新与实践”项目获市级管理创新成果一等奖。“有限空间多功能巡视机器人”与“智慧能源管家”项目获公司“青创赛”银奖。王朴创新工作室被评为“国家电网公司劳模创新工作室示范点”。全面参与统计信息化“两个100%”建设，深入开展统计数据分析，挖掘基础数据应用价值，形成季度生产经营分析、“一库三中心”应用分析及“十二五”电网发展成果回顾等多项统计分析成果。推进配电自动化系统建设应用，完成主、备调D5000系统升级，推进“一体双核”配电自动化主站系统提前投运，接入自动化终端2227台，实现城市区域自动化覆盖率达到100%，全区域自动化覆盖率达到90%，电网调控业务开展更加便捷高效。推动智能化供电服务指挥系统正式运行，通过系统平台与运检APP手机终端，实现指挥人员与现场人员实时信息交互，配电网故障平均到达时间缩短34min，故障平均处置时间缩短46min，故障抢修处置效率明显提升。

【党的建设与精神文明建设】 深入贯彻学习十九大会议精神，昌平公司领导班子、各支部书记组织开展宣讲31场次。组织十九大征文、知识问答活动，推动十九大精神“进基层、进班组、进现场”。优化党组织机构调整，党组织数量由6个增加到22个，实现党组织建设与业务延伸同步。成立十九大供电保障临时党委，与保障支援单位联合开展“4+1”党建活动，实现党建与政治任务“同频共振”。开展党员先锋行动主题实践活动，促进凝聚力、创造力和工作业绩提升。打造先锋群体，推动“双百”创建和“最美昌电人”评选，以党员先锋团队为核心，在“三大攻坚战”中强化示范引领。创新开展廉洁宣教，依托“首善清风”APP与视频宣传平台，贴近职工生活拍摄员工服务“十个不准”情景短片，组织开展“家庭助廉日”等活动，推进廉洁理念“入脑、入心”。深化品牌文化塑造，制作各类宣传片35部，发布“国网故事汇”11篇，在行业及市级以上媒体发稿99篇，彰显了责任担当的企业形象。企业文化“三级联建”初具成效，昌平公司本部、十三陵、马池口等办公场所文化长廊展现了员工风采，有效凝聚了职工力量。突出后勤服务保障，丰富职工文化生活。后勤专业全力支撑十九大供电保障，得到国家电网公司及兄弟网省公司高度赞誉。深化“健康食堂”创建，全面完成各级食堂改造，实现“健康食堂”挂牌率100%。践行“服务职工”理念，开展庭院绿化、安技防系统等办公环境提升工程。完善职工之家和职工小家建设，扩建商品部，开设洗衣房、理发室，使员工免去后顾之忧，全身心地投入工作。持续开展“元宵佳节游艺会”“岁月时光景，一生电网情”“最美女人节”等系列主题活动，组织职工参加文化、体育等各项竞赛，荣获多项优异成绩。

（党　剑）

门头沟供电公司

【概况】 国网北京门头沟供电公司（简称门头沟公司）是国网北京市电力公司直属供电企业，负责门头沟地区1455km^{2}范围内的电网规划建设、运行管理、电力销售和16.578万客户的供电服务工作，肩负着为门头沟地区经济社会发展和地区生产、生活安全供电的光荣使命。

截至年底，门头沟地区拥有110kV变电站7座，变压器14台，变电容量643MVA。其中，门头沟公司所属变电站6座，变压器12台，变电容量563MVA；用户变电站1座，变压器2台，变电容量80MVA。拥有35kV变电站18座，变压器36台，变电容量224.3MVA，其中，门头沟公司所属变电站5座，变压器10台，变电容量132.6MVA；用户变电站13座，变压器26台，变电容量91.7MVA。35kV及以上架空输电线路共有29条，总长度190.18km，其中，门头沟公司负责运维的110kV架空输电线路5条，共计30.94km；负责运维35kV架空输电线24条，159.25km；负责运维10kV架空线路长度722.877km，10kV电缆线路长度522km。

全年完成售电量10.6994亿kWh；完成线损率6.57%；完成业扩报装接电容量13.4076万kVA；电费回收率100%。城市综合电压合格率99.999%，农网综合电压合格率99.981%。最大负荷24.581万kW。

荣获全国文明单位，首都文明单位标兵等荣誉称号。

地址：北京市门头沟区滨河路66号
邮编：102300
电话：010-69844354

【人力资源】 截至年底，门头沟公司共有全民职工159人，其中研究生及以上学历24人，本科学历91人，专科学历40人；高级职称19人，中级职称30人；技师及以上职业资格84人，高级工27人，中级工10人。共有集体职工10人，业务外包（北京华商电灯有限公司）111人，集体企业直签社会化用工176人，集体企业劳务派遣人员1人，集体企业其他从业人员2人。

完成年度岗位绩效工资制下薪酬绩效体系优化工作。组织完成绩效积分台账的统计、个人薪档晋升及晋升后的薪资补发工作。结合年度重点工作深化专项绩效考核体系，优化并实施专项绩效考核方案4个，涵盖全员。全能型供电所绩效管理模式的研究获得公司管理创新三等奖。加大宣贯力度，通过公众号、视频等形式推广保险保障政策。组织开展网络大学“四优”课件项目并积极参与评审工作。承担人力资源专业国家电网公司通用制度题库的开发。组织开展优秀青年员工专业委培工作，加速专家人才培养。新增地市专家及后备2人，中级及以上专业技术职称9人。

【电网规划与建设】密切跟踪地区发展热点，开展网格化配电网规划修编工作，与门头沟区政府签订战略合作框架协议，共同推进门头沟地区主配网规划和建设水平，将地区“十三五”电网规划与地方发展规划深度融合，及时调整电网规划项目建设时序。深化山区“煤改电”专项规划，为开展农村“煤改电”工作提供指导。

与区发改委联合办公，负责工程立项核准、前期征地、开工等前期手续的办理工作，与政府共同开展电网建设项目前期工作，加快推进项目前期工作。提前完成蔚县—门头沟500kV送出工程前期保障工作，取得上岸110kV变电站土地证，完成王平110kV变电站土规调整，潭柘寺110kV输变电工程完成规划意见办理，完成王平110kV变电站10kV切改等30项工程的立项核准手续办理，核准率达到100%。

11月份获得公司“电网建设”劳动竞赛红旗。

【经营管理】10kV线路合格率由1.87%提升至79.53%，台区线损合格率由24.08%提升至76.52%。获得公司9月、11月两面“降损增效”劳动竞赛红旗。

加强审计与监察协同工作效力，结合“煤改电”工程和技改工程实施，开展过程跟踪审计和廉洁风险防控联合监督。出具过程性审计报告5份，发现问题30项，下发整改意见书17份，督促整改落实15项。参与完成对房山公司2016年竣工决算项目的审计任务，同时完成本公司2016年竣工决算工程的审计工作，落实整改问题6个，增收节支资金7.99万元，采纳建议4条。落实审计信息应用要求，积累ERP审计系统、管控业务审计系统、审计综合管理系统应用经验，员工张博撰写了题为《以完善信息化建设为契机，着力提升内部审计价值》的内部审计论文，并推荐至国家电网公司参评，全面提高了审计人员自身的综合素质，促进审计各业务系统实用化水平提升。

【安全生产】截至年末，门头沟公司累计实现安全生产长周期4609天。配电网全年共发生安全事件15起，10kV及以上八级事件共发生3起，其中配电2起、输电1起。巡检组共检查工作现场563个，建立二级安全视频监控中心，作业现场实现安全标准化APP巡检全覆盖，下发违章通知单27张。全年累计执行各类工作票2703张。城网供电可靠率完成99.971%，农网供电可靠率完成99.943 8%。全年累计发现各类安全隐患400项，消除335项，治理完成率83.75%。开展安全规范管理年活动，提高集体企业安全管理水平。开展消防安全隐患大排查大清理大整治专项行动，发现并整改消防隐患24项。

■ 12月1日，门头沟公司对S1线轨道交通重要客户设备进行联合检查。 （张文静 摄）

牵头建立数据管控体系，线路线损治理助力降损增效夺取2面红旗；排查完成线路127条，发现问题237处，通过调整线变关系、修改系统电流互感器变比、现场整改表计接线或采集调通，线路合格条数由2条增加为102条，合格率由年初的1.87%增加至80.31%。

排查台区考核表共计1879块，发现问题973处，针对台区表计TA变比不符的进行现场更换或系统修改，采集未覆盖和未采集的表计进行现场调试（对于无信号的台区安装载波），表计计量问题进行现场核查以及系统整改；台区采集率由年初的84%提升至99.37%。

完成PMS高压、低压拓扑连通性异常数据治理1863条，拓扑连通性达100%。针对PMS系统数据完整性，共治理设备台账7348条，台账完整率达99.95%。完成127条大馈线数据治理及单线图错误排查。针对图形质量管控工具检查到的错误，共完成139条线路、11座变电站房的错误检查及整改工作。完成151项工程项目实施，总投资约3亿元。扩展性改造完成项目结算决算18项，大修、技改等项目均已完工，当年资金完成率97.8%。运检部共计储备2018年项目160项，其中大修项目84项、技改项目48项、扩展性改造项目28项。

■ 10月16日，门头沟公司运检人员对重要变电站进行巡视检查。
（付燕明 摄）

【营销与优质服务】完成14村2828户农村“煤改电”任务，电费直补工作全部到位；120个公共充电桩工程稳步推进；积极与区环保局、产权单位对接，6个燃煤锅炉“煤改电”改造工程全部完工。全口径受理投诉25件，同比2016年减少35件，全口径压降完成率排名公司第一。强化线上服务推广应用，加大网络渠道缴费推广力度，实现居民线上交费率达到70%；拓展线上报装业务，受理报装1877件，线上业扩报装率达到98.79%；“掌上电力”企业版注册绑定用户1098户，绑定率100%。

全面加速采集全覆盖工作，采集覆盖率达到99.998%。建立购电下发每日监控机制，应急送电1h下发成功率由年初96.98%提升至98.27%。大力推进多表合一工作，多次与自来水公司、开发商进行沟通，目前已完成与自来水公司沟通，完成2095户远传水表合同签订，以及2106余户的意见征求工作。

开展业扩契约式服务115项，如期完成S1号线石门营站、门头沟第二再生水厂、京煤集团总医院等重点工程送电任务。落实公司“三供一业”工作部署，完成4家改造企业的框架协议签署，涉及居民户数15 791户。落实业扩全流程管理，开展业扩全流程线上管控，全面推行线上办电业务。加强电费回收管控，坚持回收约谈机制，实现月度电费回收及电费在途双结零。积极配合北京市发改委开展电价结构调整工作，完成销售电价和燃煤发电标杆上网电价调整164 793户，完成后付费用户电费政策性退补8513户。开展打击窃电专项行动，追补电费及违约使用电费42.11万元。

【农电工作】加大农电人员培训力度，组织农电人员开展安全规程、优质服务等各项培训活动6次，有效提高了员工的人员素质。积极与北京华商电灯有限公司争取政策，后勤保障各项工作正常稳定运转。完成斋堂供电所办公楼维修，开展龙泉供电所防水和外墙粉刷工程，改善办公条件。推进全能型供电服务机构建设，通过前期调研、业务研讨，基本完成前期准备工作，为下一步全面推进全能型供电服务机构建设奠定了基础。

【科技与信息化】完成10项专利申请，其中发明专利6项；4项群创成果通过初步审查；“全能型乡镇供电所绩效管理体系构建与实践创新”与“农村电网线损精益化管理的实践”获得年管理创新成果三等奖。极光QC小组荣获全国2017年“海洋王”杯QC小组成果发表赛三等奖和北京质量协会QC成果发表赛优秀奖；“基于VR技术的变电站模拟操作培训系统”获公司青年创新创意大赛三等奖。

在国家电网公司组织的2017年基建信息化应用交叉互查活动中，王平变电站工程代表公司参加现场迎检，门头沟公司获得了国家电网公司年度基建信息化应用先进单位的光荣称号。

【党的建设与精神文明建设】成立党建工作领导小组，全面落实党建主体责任。完成公司党委、支部两级换届选举。调整基层党支部设置，新建2个党支部、1个党总支。

聚焦“三大攻坚战”，着力打造首都电力先锋群体，成立十九大保电、降损增效、电网建设和“煤改电”4个临时党支部，推动各项急难险重任务高效完成。

■ 10月16日，门头沟公司在开展“喜迎十九大·凝心聚力保供电”主题党日活动，对十九大供电保障进行再动员再部署。
（石腾 摄）

坚持“基础在学”，编制学习教育方案，党委中心组累计组织专题集中学习23次，各党支部开展专题学习106次。强调“关键在做”，在党员干部中组织开展“‘三个一’加强党员干部作风建设”活动，解决基层生产生活实际问题，共开展活动115次，其中领导干部开展活动39次，中层干部开展活动76次，发现解决问题42项，基层班组缺少工作手机等实际困难得到圆满解决。

编制门头沟公司党支部目标管理考核办法，实现了支部管理的可控在控。坚持党员服务队竞赛活动，围绕“棚户区、山区、老区”等特色持续开展志愿帮扶，其中，“卫蓝暖心”煤改电专项行动、“电力爱心”小课堂、峪园社区共建等活动成为门头沟公司品牌项目，得到地区和居民的广泛好评，8支服务队开展各类服务167次，惠及群众超过4700人次。

启用“门供红色驿站”微信公众号，促进各级互动交流。优化内网资源，突出基层报道和重点工作的全方位解读。紧抓地区关注点，围绕变电站建设、防汛应急、迎峰度夏、十九大政治供电保障等重点工作开展对外传播20次，员工风采在BTV《新闻》、《国家电网报》得到展示，门头沟公司良好形象得到广泛展示。

围绕门头沟区自然特色，制定两个“三二一”文化阵地创建计划，建设覆盖全员、全营业场所的文化布局。建立党委、党支部两级道德讲堂活动机制，持续弘扬好人好事，传播正能量，年活动参与人数超过300人次。再次成功申报“首都文明单位标兵”，连续21年保持“首都文明单位标兵”荣誉称号，连续9年蝉联全国文明单位。

（谭久俞）

房山供电公司

【概况】 国网北京房山供电公司（简称房山公司）成立于1962年，是北京市电力公司直属供电企业，负责房山地区2019km^{2}范围内的电网规划建设、运行管理、电力销售和51.04万客户的供电服务工作，肩负着为国家党政军机关、重大整治活动和城市运行安全供电的光荣使命。

截至年底，共设置11个职能部门、3个业务支撑与实施机构，下设22个班组，14个供电所，共17个营业网点。

共负责110kV变电站25座，主变压器53台，容量2593MVA；35kV变电站11座，主变压器20台，总容量252.8MVA；10kV变电站1座，主变压器2台，容量4MVA；110kV线路36条，总长184.82km；35kV输电线路46条，288.41km；10kV配电线路共347条，其中电缆线路109条，架空或混网线路238条，总长3485.67km；10kV开闭站28座，配电室348座，箱式变电站312座，柱上变压器5527台。实现了3个百日安全记录，安全生产长周期达到2780天。

完成220kV及以下售电量64.08亿kWh，营业收入30.77亿元，完成固定资产投资15.8亿元，110kV及以下线损率8.76%，连续35年电费回收率100%。荣获首都文明单位标兵、市级交通安全先进单位、十九大供电保障功勋单位和“煤改电”卓越贡献单位称号。

地址：北京市房山区拱辰街道办事处广阳西路11号

邮编：102401

电话：010-63669123

【人力资源】 截至年底，共有职工848人，其中，全民员工292人，集体企业员工184人（集体工9人，集体企业直签工158人，劳务派遣17人），农电用工372人。全民员工中，博士生1人，研究生41人，大学本科175人，大学专科66人；高级职称31人，中级职称54人，初级职称160人；高级技师137人，技师70人，高级工26人，中级工18人。

加大人才队伍培养力度，“生产岗位师带徒”结成19对，87人次取得了学历、职称、技能等级的提升。努力破解一线核心岗位严重缺员难题，优化调整调控、运检、营销专业一线核心人员43名，有效盘活内部潜力。加大专业技能培训强度，结合工作实际推行差异化、定制式培训，全年开展模块化培训15期。以创建“百佳支部”“百佳党员”和“百佳班组”“百佳工匠”为重点，打造党员先锋队伍和电力产业工人队伍，调控党支部、电费室等7个集体和李立新、李靖等6名同志分别荣获“四百佳”称号。提高选人用人质量，年内5名后备干部被提拔到中层岗位。

【电网规划与建设】 促成区政府与公司签署了《“十三五”大气治理、电能替代战略合作协议》。签订洪寺等五项110kV输变电工程投资划分协议，年内外部资金到位近6亿元。加快长安、洪寺、石化等一揽子重点工程规划前期工作，完成项目储备15亿元，全部纳入2018年投资计划及争开计划。高效打通两大外受电通道，500kV房山—南蔡输电工程前期工作进展超前，220kV涿州电厂并网送出工程超前完成前期任务，并实现7月投产并网。有序推进“煤改电”配套主网工程建设，全年新建变电站4座，扩建变电站2座，新增变电容量42万kVA，新建电力隧道（管井）17.7km，新建架空线路10.5km，敷设电缆145km。

■ 4月2日，窦店镇务兹村官道110kV输变电工程建设现场。（李铮　摄）

【经营管理】全面启动“三供一业”供电分离移交改造工作，完成燕山石化等10家央企单位框架协议签订、方案制定和可研编制，涉及居民约5.7万户，其中2家完成实施协议签订，1家完成改造。供电所劳动竞赛共计发放红旗107面，奖励金额达64.2万元。同期线损管理建设成效显著，10kV分线线损合格率由19.19%提升至82%，台区线损合格率由48.64%提升至81%，率先超额完成指标任务。固定投资完成情况再创历史新高，全年完成投资15.8亿元，计划完成率达91.2%，突破公司历史纪录。全面加速废旧物资处置，累计完成403万元，处置规模位列公司首位。制定问题清单梳理全覆盖实施方案，梳理、整改18项制约发展的突出问题。深化工程决算转资管控，全年215项工程项目全部按期完成决算转资。集体企业全年实现产值6.46亿元、利润2314万元，同比增长15%、25%，有效支撑保障主业发展。建立依法治企常态监督机制，狠抓风险防控，持续开展“煤改电”、配电网改造等重点工作专项跟踪审计，全年发现整改问题42项，工程审计资金量涉及11.9亿元。强化依法维权和法律风险防控，应诉案件数量同比下降44%，主动起诉案件同比增长21%，避免和挽回经济损失14.5万元。建立房产信息库，完成近500余处房屋资产梳理工作，对70处房产进行内部实测和综合评估，有效盘活闲置资源。长阳全能供电所基本建成，石楼供电所小型基建项目全面竣工，青年公寓具备入住条件，员工办公和生活环境明显改善。巩固创建公司和供电所两级健康食堂，达标率100%。创新开发后勤管理APP，服务员工生活渠道更加畅通。交通安全稳中向好，年度违章率低于指标7个百分点，连续10年荣获市级交通安全先进单位。

【安全生产】严格落实“五个最”保电要求，圆满实现“四个零”保电目标，全年累计完成政治保电任务101项，保电天数200余天。电网运维能力持续增强。以防范外力和降低用户内部故障为重点，强化输电线路护线稽查，组织专业队伍开展配电网故障高发线路会诊巡视，开展专项行动和推动政企联合攻坚治理隐患，输、配电故障率同比降低80%和74%。推进配电自动化建设，完成1971台自动化终端安装，接入283条线路，覆盖率达到87%。加强电网设备电源关系数据梳理，准确率由50%提高至95%，大大提升运行维护、应急指挥和工程实施效率。安全质量管控成效显著。创新开展停电计划管控，按照“年管控、月统筹、周确定、日执行”的原则，统筹安排工程投产、季节检修、缺陷处理等工作，在工作量增加3.4倍基础上停电次数同比减少59%，多供电量98万kWh。突出安全监督体系建设，加大内外部巡检资源整合力度，应用4G单兵、执法仪等监控设备实现作业现场督察全过程、全覆盖，配置专、兼职安全督查人员64名，全年累计安排3200余人次、督查现场3140个，安全事件同比下降55%。严格分包单位考核，建立涵盖安全、质量、服务、信访等多维度综合评价管理体系，全年清退5家施工分包单位。落实信息系统安全防护措施，全年未发生违规外联、弱口令等安全责任事件。

■ 10月17日，十九大供电保障人员正在巡视检查长阳镇220kV吕芦线路通道。（李铮　摄）

【营销与优质服务】以电代煤，率先完成全年10个乡镇100个村7.5万户居民“煤改电”任务，投资金额达10.87亿元，采暖季前实现平原地区“无煤化”目标，全区“电采暖”居民客户达10.8万户，完成8家企事业单位、12项电锅炉改造任务。以电代油，率先完成10座充电站100个充电桩以及公交646路外电源建设。服务质量持续提升。严细客户投诉分析管控，通过建立优质服务应急机制、优化内部管控体系、升级“暗访”监督模式等方式，提升优质服务水平，客户投诉受理量同比下降26.99%。全方位做好“煤改电”客户采暖季供暖服务保障，建立应急抢修体系，为“电采暖”客户平稳度冬奠定坚实基础。深化业扩“五新”服务，签订契约服务86户，全部如期送电，累计完成接电107万kVA，贡献电量增长2.93个百分点。深化“互联网+电力营销服务”，积极推广“掌上电力”APP、电力微信等线上便利服务渠道，注册居民客户分别达17.41万户、9.86万户，注册率分别达37.65%、21.32%，“掌上电力”APP企业版高压客户注册率实现100%，线上业扩报装率、客户报修电子接单率分别达到99.89%、98.81%。

■ 6月15日，韩村河镇武侯路“煤改电”工程现场。

（任以杰　摄）

【农电工作】加强供电所基础工作管理，修订供电所对标体系，开展供电所劳动竞赛，全年发放竞赛红旗107面。长阳全能供电所基本建成，石楼供电所小型基建项目全面竣工，员工办公和生活环境明显改善。

【科技与信息化】众筹众创成效显著，13人获得QC诊断师称号，年度创新成果分获国家、北京市及公司级荣誉，连续6年荣获全国优秀质量管理小组称号。落实信息系统安全防护措施，全年未发生违规外联、弱口令等安全责任事件。

【党的建设与精神文明建设】党的建设全面深化。落实“旗帜领航·三年登高”计划，健全党建工作体系，以政企联合为思路，建立电采暖服务保障指挥中心（联合党总支），全面开展“温暖房山·今冬有我”主题党建活动。优化党组织机构设置，党总支、党支部数量由7个增加至22个。促进党建融入中心工作，组建“煤改电”、电网建设等7支党员保障队、突击队、攻坚队，为各项急难险重任务提供坚实保障。深化服务队建设，开展“清洁供暖服务日”专项活动，实现村村有“管家”，镇镇有“网点”。党风廉政建设持续深化。实施党风廉政建设分级履责预警工作机制，全年发放“红黄蓝”通知单15份。严格执行约谈制度，全年共约谈提职人员、中层干部和重点岗位73人次。加强廉洁宣教力度，组织各类廉洁教育活动8场次。深化协同监督机制，协调推进退役物资处置、房屋土地普查等13项重点任务。加强精神文明、企业文化和品牌建设。开展“三讲三比”主题实践活动，印发《文明行为引导规范》，员工社会公德、职业道德意识不断提升。稳步推进全能型班组建设，完成7个试点班组创建任务。真心诚意为职工办实事，9项职代会提案均落实到位，建成启用健身中心和理发室，组织开展“迎峰度夏送清凉”“保电一线送关怀”“年关岁尾送温暖”系列活动。深化品牌建设，通过传统媒体和新媒体，围绕重点工作和先进人物开展广泛传播，展现员工拼搏奉献、服务大局良好形象的报道首次在中央电视台《经济半小时》栏目播出。

■ 11月15日，电采暖服务保障在窦店镇田家园村进行宣传。

（李铮　摄）

（邓　洁）

大兴供电公司

【概况】国网北京大兴供电公司（简称大兴公司）成立于1956年，是国网北京市电力公司直属供电企业，负责大兴地区1024km²范围内的电网规划建设、运行管理、电力销售和50.9万客户的供电服务工作，肩负着为地方政府机关、重大政治活动、城乡居民安全供电的光荣使命。

截至年底，共设置11个职能部门、3个业务支撑与实施机构，下设22个班组、1个供电营业所、14个农村供电所。

共负责110kV变电站30座，主变压器61台，容量2882MVA；35kV变电站3座，主变压器6台，容量56.3MVA；110kV线路52条，长度311.437km；35kV线路8条，长度60.948km；10kV架空线路252条，长度3015.24km；10kV电缆线路626条，长度1502.84km。实现全年安全生产无事故目标，累计安全生产长周期3433天。

全年完成售电量58.07亿kWh，同比增长5.2%；完成线损率6.29%；完成业扩报装接电容量89.6万kVA；电费回收率100%。供电可靠率达到99.9152%，电压合格率为99.98%。最大负荷124.3万kW。

继续保持全国文明单位、首都文明单位标兵、国家电网公司文明单位荣誉称号，荣获国家电网公司党的十九大保电工作先进集体、东西人才帮扶工作先进集体、公司"煤改电"工程突出贡献单位和电网建设功勋单位等多项荣誉。

地址：北京市大兴区兴政街1号
邮编：102600
电话：010-63670190

【人力资源】截至年底，共有长期职工308人，劳务派遣职工0人，农电业务外包325人，集体企业331人，其他职工0人。其中研究生及以上学历73人，本科学历311人，专科学历387人；高级职称19人，中级职称73人；技师及以上职业资格170人，高级工436人，中级工179人。

大兴公司以深化"三集五大"体系建设为主线，以末端业务融合暨"五位一体"深化应用为重点，持续深化配电运营指挥中心建设，全面优化供电服务机构设置，加大内外部调研力度，完善建设方案，全力打造供电服务新模式。以"十三五"电网重点项目为载体，以"理论实践相结合"的培训思路开展培训工作，实施"4+1"人才培养举措、青年人才培养计划、众筹众创行动学习及青年员工现场培训，快速有效充实提升员工一线实战经验水平，深度参与各项工作实践，切实提升员工综合能力培养成效。推荐刘兵参加大兴区第二批"新创工程"领军人才的评选，推荐张影参加北京市首席技师工作室的申报。稳步开展西藏当雄县供电公司的对口帮扶工作，与西藏当雄公司保持紧密联系，继续选派2名优秀员工赴藏帮扶，接待西藏同胞来京调研学习，形成一人帮扶，千人后援支撑，各专业人员从不同方面给予援藏工作有力支撑的局面。经过不懈的努力，荣获"2017年国家电网公司东西人才帮扶工作先进集体"称号。

■ 2月28日，领导班子民主生活会报告讨论会。（赵迪　摄）

【电网规划与建设】规划前期成效显著。促成公司与大兴区政府签署电网建设战略合作协议，政府政策和资金支持力度在北京各区县名列前茅。充分利用政府绿色通道、"一会三函"等有利政策，突破性取得新机场东、西变电站及供电保障中心工程立项核准，实现电网首次深入机场红线内部，改变了民航机场"自行建设管理、区域内转供电"的传统模式。全年取得输变电工程规划意见书4项，取得各电压等级电网项目立项核准和备案27项，核准容量45万kVA，核准金额12.63亿元，政府配套电力专项资金8058万元顺利到位。

电网建设高效推进。新机场配套电网建设顺利推进，新航城500kV输变电工程取得各镇回函；张家务、杨各庄220kV线路工程完成前期赔偿招标；张华站作为首批钢结构变电站提前1个月竣工投运，新机场东、西变电站提前实现开工建设。重点工程有序实施，天堂河、会战村、新媒体迁改等8项工程按期投产，观音寺、寿宝庄等6项工程全面开工。全年开工110kV线路19.73km、变电容量80万kVA，建设规模、速度均创历史最高。

工程管控持续强化。开展电力建设工程施工安全年活动，全面应用“智慧工地”对施工现场实时监控，发现并整改现场问题226项。通过项目部三级检查、巡检组巡查、外聘专家抽查等多层面检查狠抓现场安全，全年未发生安全事件。全面应用工程创优“事前策划、技术先行、样板引路、一次成优”的成熟做法，强化质量“痕迹”管理，天堂河110kV变电站工程获得公司创优示范工程建设过程评价第一名。紧盯招标采购、合同履约和调配预警等关键环节，物资供应保障及时高效。

【经营管理】管理基础持续完善。严格执行“营改增”政策，切实提高税务管理水平和效率，进项税抵扣率达到公司要求。从外部协调到内部控制，实现多维度、多层面统筹融合，提升工程项目管理水平，完成工程转资156项，金额4.1亿元，转资率100%。优化提升“三集五大”体系，完成供电所末端业务融合，调整机构设置和岗位职责，实现供电所层面的“营配合一”。探索创新“后勤保障体系联动”等4项工作经验，出色完成十九大保电后勤保障。持续优化办公环境，完成13项非生产技改修理工程。开展“健康食堂”建设，实现全部22个食堂达标挂牌，完成物业、食堂移交，职工健康管理水平不断提升。

依法治企不断加强。有序推进问题清单梳理全覆盖工作，建立全业务、全级次覆盖的问题清单，围绕贯彻落实党中央、国务院重大决策和国资委工作部署、企业经营管理、党建工作等三大方面全面梳理出21项问题，制定并落实整改措施，形成2项整改决议，1项专项报告。完成“营销服务领域法律风险防范体系落地”试点工作，编制《电网企业营销服务涉法问题解答》，并在公司正式发布。强化经法工作管控，处理诉讼案件11起，避免经济损失493万元。深入开展“煤改电”跟踪审计，持续优化“一村一卡”审计方式和内容，注重差异化管理，确保工程管理重点环节和重要风险可控在控。扎实推进110户职工家属区“两供一业”分离，协议签订率100%。

集体企业管理规范高效。加快推进项目部管理模式，优化原有4个项目部，新组建2个项目部，全年承接主业工程33项，社会工程46项，有效提升施工承载力和管理效率。加大用户市场开发力度，用户工程合同额同比增长91%。多措并举开拓代维市场，统筹设备验收试验，优化代维服务套餐，完成2户智慧能源管家试点，实现代维业务的回升。推进资金集中运作，归集资金3亿元，实现收益709万元。降低往来账目挂账率，实现预收压降3.8亿元。加强人才队伍建设，参加公司集体企业工作负责人竞赛并荣获第一名。持续加强经营管理，全年累计实现营业收入7.7亿元，利润3820万元，完成卓越经营指标的117%和101%。

因地制宜，优化供电服务机构设置。主动适应电力体制改革新形势，提升以市场为导向，以客户为中心的服务能力。建立营配合一的供电服务机构，编制优化供电服务机构方案，在城市化区域成立新城供电服务中心，以采育和榆垡供电所为试点推进全能型乡镇供电所建设，拟在重点工业园区成立园区供电服务站。

【安全生产】供电保障再创佳绩。以高度的政治使命感全力做好党的十九大供电保障工作，组织342名重点线路看护人员和390名城市运行保障人员24h不间断对供电线路进行看护巡视，126名管理人员分16组对所有输电线路进行现场督查，最终以“五个最”“四个零”“五个杜绝”的标准完成保电任务。大兴公司获得国家电网公司党的十九大保电工作先进集体称号，13名同志获得公司及以上级别先进个人。全年圆满完成重要政治保电任务53项，保电天数200天，成功应对130.5万kW历史最大负荷和124.3万kW冬季最大负荷考验。

安全管控水平提升。严格落实各级安全责任，紧密结合“煤改电”工程、新机场配套电网建设、党的十九大供电保障等重点工作深入开展安全大检查及隐患排查，全年治理安全大检查问题23项，治理隐患216项。依托安全标准化作业APP，开展全部作业现场安全巡检，共计发现违章问题50项，下发违章通知单26张，将3家施工单位列入负面清单。开展集体企业安全规范年活动，建立外包企业和人员安全质量信用评价体系，发现整改问题29项，有效夯实集体企业安全管理基础。

设备运维更加精益。强化输电反外力管控，积极对接区政府及委办局，确立“八个立即”工作原则，累计消除各类外力隐患516项，外力故障同比下降33.4%。提升配电网故障管控能力，履行“说清楚”制度，严控运维责任故障；发挥技术监督作用，把住设备验收关，严抓入网设备质量；开展用户内部隐患排查，加装用户断路器，严防用户内部故障，全年配电网故障同比下降65.6%。加强配电网异常台区和多户报修治理，实现同比减少48.38%和16.61%。有序推进配电网自动化终端接入工作，累计完成终端接入2582台，实现城市区域覆盖率100%。

【营销与优质服务】电能替代全面推进。精细管控工程安全、质量、进度和后期服务，顺利完成80个村2.63万户煤改电，累计完成298个村9.4万户“煤改电”任务，基本实现地区“居民取暖无煤化”目标。稳步开展充电设施建设，完成8项公交充电站外电源工程和1个居民小区充电设施建设改造示范项目，投运公共充电桩130台。建立项目督导、客户走访、政企联动机制，完成中央军委办公厅农副业基地和中国联通公司“清煤降氮”集中式电采暖改造。

优质服务持续深化。巩固与新机场合作成果，与南航签订战略合作协议，将供电服务范围延伸至用电客户内部，实现10kV配电市场的新突破。深化业扩“五新”服务，全年完成接电容量71.84万kVA，拉动电量增长4.13个百分点。累计签订业扩契约项目22项，容量1.63万kVA。加大“三供一业”供电分离改造推进力度，完成12个项目、8个小区、5471户的框架协议签订和方案编制。全方位做好“煤改电”度冬保障，逐村、逐线制定差异化管控方案，确保百姓度冬无忧。利用投诉分析会和风险预警单等管控机制，加强服务质量监督，全年受理客户投诉186件，同比降低44.3%。

营销基础不断夯实。主动争取政策支持，积极推进新航城“多表合一”采集示范区建设工作，顺利取得区发改委批复意见。全面提速“互联网+营销服务”体系建设，全年业扩线上报装率达到99%，“掌上电力”企业版注册绑定用户累计达到6955户，在实现客户办理业务更便捷的同时减轻了营业窗口的业务强度。坚持“日管控、周调度、周通报”机制，组织降损增效专项行动，台区月线损合格率由年初的21.68%提升至63.26%。落实电费回收大户“一户一策”、小户“一类一策”措施，实现全年电费及时足额回收。加大智能表更换力度，全年更换居民智能表2033具，智能表覆盖率达到99.92%。

■ 7月13日，夏季“煤改电”工程为村民安装计量装置。
（姚华 摄）

【农电工作】持续开展供电所双向绩效考核，推进双向绩效考核措施，形成绩效考核闭环管理，监督供电所认真组织开展受托业务，较好完成了各项经营指标任务；持续开展五星级供电所创建工作，组织以新航程建设为契机，落实榆垡供电所五星级建设，力争顺利通过公司验收。主动投身“安全稳定、电网建设、优质服务”三大攻坚战。在“卫蓝暖心”煤改电专项行动中，主动承担“煤改电”服务站和服务点的创建工作，充分落实了三项服务举措。农电队伍始终站在发展最前沿，保持“安全生产不乱、优质服务不断、人员思想不散”的状态，展现了农电队伍“奉献、担当、进取”的精神。

【科技与信息化】不断推动员工创新创效。鼓励部门、员工积极参与各类劳动竞赛，提升专业、技能水平。运维检修部“基点”QC小组获北京市第70、71次质量管理小组成果优秀奖；“输电线路运维管理模式的创新与实践”、“‘煤改电’工程中的社会责任管理体系的建设”分别获第三十二届北京市企业管理现代化创新成果一等奖、二等奖；“供电企业社会责任管理体系的创新与实践”获公司管理创新成果三等奖。“大数据技术驱动的‘煤改电’用户负荷分析及供电策略研究”及“青年人才培养APP的开发与应用”获公司第三届青年创新创意大赛铜奖。青创QC小组3项成果、360QC小组1项成果获公司年度QC成果三等奖。

【党的建设与精神文明建设】党的建设持续深化。把深入学习、宣传、贯彻党的十九大作为首要的政治任务进行部署和落实，与地方委办局、新机场建设指挥部和兄弟单位结对共建，共学十九大精神、共谋地区电力发展。优化调整党支部设置，由6个党支部扩充为5个党总支、24个党支部，切实增强支部活力。围绕新机场建设、党的十九大保电，成立4个临时党支部，实现业务发展在哪、党支部就建在哪、党建工作就跟进到哪里。持续深化“六进三送”活动、“卫蓝暖心”煤改电专项服务，党组织战斗堡垒和党员先锋模范作用进一步彰显。全面落实“两个责任”，持续开展廉洁自律专题宣教，增强全员拒腐防变能力，筑牢思想道德防线。关注“职低权实”风险，动态梳理廉政风险及重点岗位，全年调整轮岗59人。

队伍建设有效加强。开展“唱响红色主旋律 兴电先锋做表率”“攻坚500天”誓师大会等主题活动，围绕“三大攻坚战”成立共产党员突击队、保障队和服务队，号召党员争当攻坚先锋，争当敬业楷模，争当服务标兵。深入开展两个“双百”创建活动，按照全员创建、重点选树原则，由点到面营造创先争优的浓厚氛围。以“三带头、三强化”作风建设为引领，丰富扩展活动载体，组织领导班子、中层干部开展“一线工作日”6次，不断提升服务基层的意识和能力。采用公开竞聘方式，择优录用供电所所长、副所长，完善供电所干部梯队建设，逐步提升供电所干部队伍水平。实施“4+1”、众筹众创等人才培养举措，促进岗位成长成才。选派3名业务骨干先后前往西藏当雄供电公司开展对口帮扶，彰显干部员工良好的业务素质和精神风貌。

企业文化示范引领。积极开展“道德讲堂”活动，通过“援藏故事分享会”“部门风采展示”等形式，传递正能量，营造和谐氛围。结合公司年度重点任务开展品牌传播，召开新闻发布会、记者采风会7次，在《人民日报》等行业内外权威媒体发稿72篇，获得国网故事汇月度优秀作品。开展劳动竞赛主题活动，全年获得电网建设、降损增效等项目竞赛红旗共9面，17人获得竞赛之星。发布社会责任沟通手册，全面展现大兴公司电力延伸服务、服务地区清洁能源发展等方面的社会责任管理成果。羽毛球、篮球、足球等文体活动取得优异成绩。“靓青春”系列团建活动成效显著，“兴青年那电事儿”微信公众号成为广受员工喜爱的交流平台。

■ 3月2日，共产党员服务队到敬老院为老人安装遥控小夜灯。（姚华 摄）

（曹 靓）

平谷供电公司

【概况】 国网北京平谷供电公司（以下简称平谷公司）成立于1963年（原为平谷供电局，2004年建制调整后为平谷供电公司），是国网北京市电力公司直属供电企业，负责平谷地区950.13km^{2}范围内的电网规划建设、运行管理、电力销售和19.28万客户的供电服务工作，肩负着为地区党政军机关、重大节日活动和城市运行安全供电的光荣使命。

截至年底，共设置10个职能部门，2个业务支撑与实施机构，下设15个班组、10个供电所、1个产业公司。

共负责110kV变电站11座，主变压器22台，容量858MVA；35kV变电站4座，主变压器8台，容量110MVA；110kV线路18条，长度147.591km；35kV线路11条，长度68.692km；10kV架空线路67条，长度1310.12km；10kV电缆线路103条，长度186.41km。实现全年安全生产无事故目标，截至年底累计安全生产长周期2397天。

完成售电量15.5亿kWh，同比增加4.84%；完成业扩报装接电容量35.87万kVA；电费回收率100%；最大负荷35.5万kW。

荣获“一流供电企业”、北京市“首都文明单位”标兵、国家电网公司文明单位、平谷区公共服务行业“五好单位”、“全国五一劳动奖状”、“首都劳动奖状”、“全国文明单位”、“首都绿化美化式花园单位”等荣誉称号。

地址：北京市平谷区新平南路239号
邮编：101200
电话：010-63671123

【人力资源】 截至年底，共有全民工223人，集体工17人，华商人员199人，产业直签人员107人；全民工中，研究生及以上学历22人，本科学历135人，专科学历40人；高级职称19人，中级职称56人，初级职称101人；高级技师85人，技师60人，高级工21人，中级工11人，初级工2人。

人才梯队建设彰显新成效，坚持专业培养和综合

■ 5月16日，平谷公司组织开展供电所定向大学生培训。

（张强　摄）

培养同步进行的人才培养政策，培养专家型技术人才和全科型管理人才。着重青年员工的培养，鼓励员工参加各类调考、技能比武、专利创新、学术研究、职称评定等工作。合理挖掘、开发后备人才队伍，快速建立人才梯队。职称评定突破历史存量总和，取得副高级职称13人，技术技能水平显著提高。职工实训基地建设稳步推进，成为公司首批正式挂牌运营实训基地，已成功承办培训12次，培训人员200余人。5人入选公司专家库，27位内部专家参与课件开发成效显著，5个课件代表公司参评国家电网公司网络大学四优课件评选。

【电网规划与建设】 电网建设开创新局面。电网建设工程快速有序推进，深化诊断分析和负荷预测，滚动修编“十三五”电网发展规划。东高村110kV变电站顺利竣工投产；鱼子山220kV输变电工程完成设备安装调试，具备发电条件；陆港110kV输变电工程顺利开工建设。

■ 12月20日，平谷公司工作人员检查新投运设备运行情况。

（张强　摄）

积极推动地区配电网升级改造，大力推动清洁能源“以电代煤”“以电代油”，建设完成充电桩100个，累计取得煤改电配套切改、地区配电网改造、老旧小区改造等工程立项核准21项，助推地区电力基础设施建设稳步前进。荣获电网建设劳动竞赛红旗单位、“煤改电”工程突出贡献单位荣誉称号。

■ 9月19日，平谷公司组织开展煤改电入村宣传活动。

（张强　摄）

【经营管理】 经营业绩收获新成果。严格综合计划执行和资金预算管控，实现主要经营指标可控在控。大力推进增供扩销，受理高低压报装申请3.37万户，报装容量42.58万kVA，大力压降结存容量，全面提升接电速度。进一步规范转资工作，强化过程结算管控，圆满完成决算项目75项，决算金额3.76亿元；积极开展“走进法庭”“讲案例防风险”等法治宣传教育活动，成功举办“依法治企”知识竞赛，全员法律知识水平得到有效提升。全年累计成功应诉案件5起，挽回经济损失189万元。扎实推进台区线损专项治理工作，集中开展煤改电台区专项治理攻坚活动，梳理低压电源关系，规范用电秩序，强力打击窃电及违约用电，追补违约电费41万元。荣获经营管理功勋单位称号和两面降损增效劳动竞赛红旗。

【安全生产】 全年平谷公司未发生人身重伤、死亡事故，未发生五级及以上电网、设备事件，未发生火灾事故，未发生六级信息系统事件，未发生本企业负主要及同等责任的重大交通事故，未发生突发事件、安全事件迟报、漏报、瞒报情况。

协同开展安保、交通、消防等方面监督，筑牢大安全防线。积极开展“履职尽责”专项行动、春季安全大检查、防汛隐患专项排查、集体企业安全管理规范年、配电网设备“两排查一整治”等各类安全活动，营造了浓厚的安全氛围。积极应对35.5万kW历史最大负荷和特大暴雨考验，确保电网运行平稳。多措并举，强化配电网故障管控，故障率同比降低26%。

■ 10月16日，平谷公司运维人员对重点线路进行测温。

（张强　摄）

圆满完成“一带一路”高峰论坛、党的十九大、桃花音乐节等33项供电保障任务，保电时间达110天。共计安排568人参与十九大城市运行供电保障工作，实现保障重点站线“零故障”目标，确保十九大期间平谷地区电力安全可靠稳定供应。先后荣获“一带一路”高峰论坛保电工作贡献单位、十九大供电保障贡献单位、本质安全劳动竞赛红旗单位等荣誉称号。

【营销与优质服务】“五新”服务成效显著，落实客户经理责任制，建立业扩报装协同一体化机制，实现全流程预警、提醒、督促和考核管控体系。全年，累计受理投诉69件，同比下降42.5%，优质服务水平得到有效提升；主动走访“三供一业”供电改造用户，了解实际需求，提出合理化建议，率先完成上级交办的任务清单；地区累计完成分布式电源并网发电用户569户，容量8519.53kVA；梳理完善有序用电、重载调控方案，涉及用户62户，可控负荷15万kW。开展用能客户节能诊断、改造活动，实现节约电量445万kWh，节约电力1.1万kW。扎实推进全采集、全智能业务，实现山区等弱信号地区的采集覆盖，全表计采集覆盖率达到99.95%，智能表采集覆盖率达到99.99%，台区线损合格率达到77%。

【科技与信息化】严格落实“中发9号”及配套文件要求，积极参与配电网改革试点，全力配合公司成立马坊供电服务中心，在北京范围内率先以绝对控股方式与相关方达成平谷马坊工业园区增量配电项目合作协议。全年成功申请专利8项，取得专利授权2项，荣获年度群众性创新成果二等奖。QC小组活动荣获公司QC小组活动优秀成果二等奖。卓越绩效自评价报告编写质量取得公司第一名，卓越案例“合理提升地调设备缺陷及异常处理速度”入选北京公司优秀管理案例。“平谷供电公司配网建设改造全过程技术监督管理实践”“属地公司物资采购合同管理模式的优化改进策略”入选公司年度内部对标典型经验。

【党的建设与精神文明建设】制定《推进“两学一做”学习教育常态化制度化实施方案》，制订学习教育计划，将“两学一做”学习教育常态化、制度化，推向深入。在全体党员中开展两个“双百”创建，组建了11个共产党员保障队，16个党员服务站和23个先锋岗。在打赢“三大攻坚战”工作中，党员干部总是冲在最前面，党建引领发挥巨大作用。青年员工奋勇争先，成立十九大保电临时团支部，开展“重点工作我参与”系列活动，助力重点任务攻坚。1名青年员工荣获国家电网公司“青年岗位能手”，2名青年员工荣获公司“十佳服务之星”，金海湖供电所荣获“北京市青年安全生产示范岗”第一名，并被等额推荐参加2018年“全国青年安全生产示范岗”评选。

（张　强）

怀柔供电公司

【概况】国网北京怀柔供电公司（简称怀柔公司）是北京市电力公司的直属供电企业，负责怀柔地区电网规划与建设、电力调度控制与运行监测、电网维护及抢修，承担着为怀柔地区经济、社会发展和城乡广大电力客户提供安全可靠电力供应的重要职责，供电区域为2128.7km^2。

怀柔公司共管辖220kV变电站2座，110kV变电站14座，35kV变电站8座；10kV开闭站15座；35kV及以上线路共14条，合计236.987km；10kV配电线路318条，合计2177km。地区共有用电客户16.77万户。全年怀柔地区售电量累计完成19.01亿kWh，同比增长8.6%；营业收入12.74亿元，同比增长6.94%，完成线损率6.81%，怀柔地区最大负荷达到39.87万kW。

加强电网运行和监控分析，成功应对夏季39.87万kW、冬季42.68万kW大负荷及“7·6”恶劣天气等考验；周各庄、渤海两项输变电工程、桥梓变电站增容工程提前投产，全年变电容量增加227.4MVA，新投入输电线路31.9km；实施35kV辛英、汤河口、黄坎变电站增容改造，全年新投配电线路15条、改造55条；打通电网外部联络，完成10kV电网与昌平、密云、丰宁电网联络工程，实施渤海—九渡河10kV电网联络工程，西北部山区供电可靠性持续提升；高效推动“电能替代”，全年超额完成45个村14464户居民“煤改电”改造任务，地区电采暖用户达到2.84万户，新建投产16个充电站点，100台充电桩，推进公交充电站配套外电源建设，全区充换电桩达到781台，累计提供充电服务19.5万次，充电量877万kWh。全年完成党的十九大等政治保电任务45项，保电天数231天。

荣获首都文明单位标兵、北京市安全文化建设示范企业、北京市交通安全先进单位等多项荣誉称号。

地址：北京市怀柔区湖光小区36号
邮编：101400
电话：010-69653415

【人力资源】截至年底，怀柔公司共有职工575人，其中，全民员工226人，主业劳务派遣4人，集体企业员工129人（集体工29人，集体企业直签工88人，劳务派遣12人），农电用工216人。全民员工中博士生1人，研究生31人，大学本科129人，大学专科39人；高级职称21人，中级职称53人，初级职称104人；高级技师44人，技师92人，高级工54人，中级工9人。

推动“五位一体”精益化管理，编制完成并上报2个“五位一体”管理创新课题，参与1项公司“五位一体”管理创新课题研究；开展网络大学“四优”课件开发，已完成3个微课、2个标课、1个案例、2个培训项目的课件开发工作并参与公司评选，共有3个项目入围国网评选名单；持续做好竞赛调考组织工作，2项QC项目分获全国“海洋王”杯QC成果发表赛一等奖和国家电网公司三等奖；完成全能型员工培养工作室筹建，通过现场培训、网络大学、微课堂和移动作业终端APP等方式，推进“全科型”人才培养。

【电网规划与建设】滚动修编“十三五”电网规划，促成区政府签订《战略合作协议》，巩固“零前期”开工建设模式；完成怀柔科学城核心区“1+3”电力规划；协调推进电力接入系统方案编制事宜，全年共配合完成方案编制6项，完成审核5项，取得批复3项；周各庄、渤海12月8日，怀柔渤海输变电工程提前投产。

■ 4月15日，青年员工在全能型员工培养工作室进行现场培训。（钟玉娟 摄）

两项输变电工程提前投产并实现“当年投产、同步切改”，桥梓变电站增容工程顺利投产，为“煤改电”负荷顺利接入提供有力支撑；全年变电容量增加227.4MVA，新投入输电线路31.9km；加大山区电网治理力度，实施35kV辛营、汤河口、黄坎变电站增容改造工程，变电容量增加1倍；通过配电网改造、“煤改电”工程，全年新投配电路15条、改造55条；打通外部联络，完成10kV电网与昌平、密云、丰宁电网联络工程，实施渤海—九渡河10kV电网联络工程，西北部山区供电可靠性持续提升。

■ 12月8日，怀柔渤海输变电工程提前投产。（钟玉娟 摄）

【经营管理】开展“三带头、三强化”作风建设活动，领导干部及管理人员下基层146次，各专业开展廉洁风险防控专题会12次，完成了重点岗位以上人员76人次约谈工作，部门负责人、支部书记、供电所长覆盖面达到100%，；强化工程决算转资管控，全年72项工程转资率100%；推进废旧物资处置，建立三级预警工作机制，全年处置废旧物资115.63t，利旧变压器等主要设备48台；强化同期线损管理，台区线损完成63.38%，分线线损达到42%；开展“煤改电”工程转资“回头”、撤旧物资等专项监督，召开专题会议6次，形成月报、周报12份，开展跟踪审计和廉洁风险防控联合监督行动，提出监督议题6项，整改问题4项；坚持警示教育为主，组织党员干部和重点岗位人员80余人到怀柔区预防职务犯罪教育基地参观；创建廉洁园地，按月刊出纪检监察月报11期；开展各类廉洁宣教23场次，受教人数达1300余人次；加强公车使用管理，完成全部车辆加装GPS，连续11年获得北京市交通安全先进单位；积极开拓市场，建立技术服务部，施工市场占有率提高13.7%，效益同比增长448.88%。

■ 6月1日，巡检人员加强现场施工监管，查看安全带合格情况。（钟玉娟 摄）

【安全生产】 加强现场监督和管理监督，检查作业现场1083个，累计发现违章行为131项，下发通知单26张，其中黄色违章通知单9张，蓝色违章通知单17张，安全建议61次；持续规范安全标准化管控平台APP应用，移动管理APP和移动作业APP使用规范性明显提升；开展集体企业安全管理年活动，累计发现并整改问题40项；开展配电网设备“两排查一整治”活动，累计发现并整改问题43项；开展施工现场反违章专项行动，累计发现并整改问题30项；开展安全大检查活动，累计发现并整改问题14项；持续开展安全大检查暨履职尽责专项行动，发现并整改问题95项；承办公司与北京市和怀柔区两级政府参与的“2017年电力设施保护宣传日”活动，现场发放电力安全宣传材料及宣传品1200余份；深化“1+3”应急抢修体系应用，成功应对夏季39.87万kW、冬季42.68万kW大负荷及“7·6”恶劣天气等考验；开展电网运行分析，提出解决电网度夏度冬问题42项，完成率达到93%，有效缓解了重过载及低电压等问题。截至年底，实现安全调度12 721天。

【营销与优质服务】 完成年度电能替代推进任务，超额完成45个村、14 464户居民“煤改电”改造任务，高度重视“煤改电”配套服务保障，及时分换装重过载变压器89台，怀柔地区“煤改电”用户累计达2.84余万户，基本实现平原地区无煤化改造；新建投产16个充电站点共计80台直流充电桩、20台交流充电桩建设，进一步完善了怀柔地区充换电服务网络；推进90项电动公交车充电站建设，满足5000辆纯电动公交车的充电需求，全区充换电桩达到781台，累计提供充电服务19.5万次，充电量877万kWh；通过第六维度风险管控、严肃考核问责机制、积极主动进行风险报备等方式压降投诉，累计受理投诉44件，申诉成功35件，投诉数量排名第六，投诉压降率排名第三；持续开展业扩工程“五新”服务专项行动，全年完成接电容量37.14万kVA，超额完成12.67%，平均办理时限缩短18%；积极服务重点项目，共完成“一带一路”、万达广场等重点工程送电55户，接电总容量38 340kVA，“三供一业”“清煤降氮”工作按期完成年度任务；加强台区线损管理，创新方法，提升采集覆盖率，通过开展信号延长设备安装，基本解决北部山区采集无信号问题，台区线损合格率已提升到60.45%；“掌上电力”APP企业版用户注册率达到100%，线上报装率达到98.96%，抢修作业电子接单率达到85.46%；健全完善“实体+网络”购电服务渠道，积极推广“掌上电力”APP、微信支付、支付宝、农商电话银行等线上代售网络购电渠道，实现农村“煤改电”用户日常购电不出村；开展“清洁供暖服务日”等专项行动，落实“四项服务举措”，发放“煤改电”便民服务卡2.68万张。

【农电工作】 建立所务会以及月度例会制度，搭建管理干部对接供电所平台，不断完善日常规范化管理水平；加强针对供电所的后勤管理，合理优化供电所车辆配备、房屋修理等资金和资源，最大限度满足供电所的日常工作需求；售电量完成16.8亿kWh，同比增长8.6%；同业对标并列第一；夺得公司优质服务劳动竞赛流动红旗1面以及降损增效红旗2面。

■ 2月29日，营销人员对“煤改电”改造用户进行走访。 （钟玉娟 摄）

【科技与信息化】 全年共组织网络与信息安全培训6次，组织各部门签订网络安全责任书25份，组织全员签订网络信息安全承诺书602份数；协助科信部开展信息运维和信息化项目后评互查工作，检查出信通公司信息化项目65项问题，信息运维项目18项问题，自身整改问题18项；开展同期线损治理工作，对变电站内各电压等级母线不平衡问题进行梳理整改，同步完成电量采集主站、厂站系统改造工作；自动化专业竣工验收15项技改大修项目完成全部转资决算工作，2018年自动化专业储备项目12项；积极探索管理创新培训机制，利用内外部培训平台打造管理创新人才队伍，提升青年员工参与度；完善例会调度制度，组织各管理创新项目定期开展专题汇报，确保项目实施过程可控；全年完成管理创新成果报告7项，2项获公司二等奖、3项获公司三等奖。

【党的建设与精神文明建设】 深入学习贯彻党的十九大精神，组织中心组开展专题学习和研讨6次，成立8个宣讲组广泛开展宣讲；推进“两学一做”学习教育常态化制度化，深化“三亮三比三争当”主题活动，组织成立“高峰论坛”供电保障、十九大保电电网运维、“煤改电”工程、电网建设等6支共产党员突击队、保障队和服务队，设立4个临时党支部；开辟24个“党员示范岗”和“党员责任区”，制定细则，发挥党员示范带动作用，开展“聚力攻坚、党员争先”主题活动，选树党员先锋15名；优化基层党支部设置，由原来的6个党支部调整为总支、支部共20个，支部党员平均由27人降为10人；制订中心组学习计划，组织中心组扩大学习37次，领导班子成员带头讲党课16次，完成年度领导班子民主生活会、党支部组织生活会和民主评议党员工作；深化“电靓怀柔 奉献有我”主题教育活动，推进“安全有我”“宣传有我”“服务有我”“保障有我”“攻坚有我”五个专项行动；通过现场培训、网络大学、微课堂和移动作业APP等方式，推进“全科型”人才培养；开展“三抓一树”主题活动，获得劳动竞赛流动红旗10面，竞赛之星16名，宣传稿件数量排名第3；紧密围绕“一带一路”峰会供电保障和年度重点工作，在《人民日报》《北京日报》北京电视台等媒体进行重点宣传报道；拓展“职工之家”建设，完成6个全能型班组创建；围绕典型人物宣传、重大活动供电保障，策划制作《国网故事汇》4篇，在公司排名前列；组织选树“百佳工匠”和“百佳班组”，完成雁栖湖供电服务中心，雁栖、城区、汤河口等6个全能型班组创建，推荐4个班组参与公司“百佳班组”评选，2个班组推荐为国网“先进班组”。

■ 11月27日，输变电党支部开展“不忘初心 牢记使命 落实责任保安全”主题党日活动。 （钟玉娟 摄）

荣获年度首都文明单位标兵、北京市安全文化建设示范企业、北京市交通安全先进单位、国家电网公司工人先锋号、国家电网公司先进班组、怀柔区“文明单位”、怀柔区内保系统先进单位、怀柔区反恐怖工作先进集体、国网北京公司先进集体、国网北京公司年度“一带一路”国际合作高峰论坛供电保障卓越贡献单位、国网北京公司年度十九大供电保障贡献单位、国网北京公司安全稳定攻坚战功勋单位、国网北京公司党建工作先进单位、国网北京公司安全管理专业标杆单位、国网北京公司配套保障管理标杆单位、国网北京公司管理进步标杆单位、国网北京公司大运行优化提升工作先进单位、国网北京公司应急管理专业工作先进单位、国网北京市电力公司青年培训师教学技能竞赛优秀单位、国网北京公司百佳支部堡垒、国网北京公司百佳班组、国网北京公司先进班组；第十六届“海洋王”杯全国 QC 小组成果一等奖、国网公司 QC 小组成果评审发布会三等奖。

（钟玉娟）

密云供电公司

【概况】国网北京密云供电公司（简称密云公司）是国网北京市电力公司直属供电企业，负责密云地区 2229.45km² 范围内的电网规划建设、运行管理、电力销售和 26.23 万客户的供电服务工作，肩负着为密云地区党政机关、重大政治活动和城市运行安全供电的光荣使命。

截至年底，共设置 10 个职能部门、2 个业务支撑与实施机构，下设 16 个班组、1 个开发区电力服务中心、1 个供电营业所、17 个农村供电所、1 个集体企业。

共负责 110kV 变电站 12 座，主变压器 24 台，容量 906.5MVA；35kV 变电站 13 座，主变压器 25 台，容量 266.7MVA；110kV 线路 10 条，长度 121km；35kV 线路 29 条，长度 257km；10kV 架空线路 112 条，长度 1880km；10kV 电缆线路 69 条，长度 440km。

全年完成售电量 18.97 亿 kWh，同比增长 112.98%。新增接电容量 28 万 kVA，完成年度指标的 117.4%。完成线损率 7.26%；电费回收率 100%。供电可靠率达到 99.934%，电压合格率为 99.999%。最大负荷 39.3 万 kW（7 月 13 日）。

成功延续全国文明单位称号，荣获公司度夏防汛先进单位、“煤改电”贡献单位荣誉称号，获 5 面公司劳动竞赛流动红旗。其中“降损增效”2 面，“以电代煤”2 面，“本质安全”1 面。

地址：北京市密云区新中街 3 号
邮编：101500
电话：010-69042580

【人力资源】截至年底，密云公司共有全民职工 223 人。其中研究生及以上学历 22 人，本科学历 100 人，专科学历 73 人；高级职称 26 人，中级职称 34 人；技师及以上职业资格 108 人，高级工 73 人，中级工 8 人。

开展员工教育培训。从员工实际需求及综合素质出发，积极开展各项培训工作。利用网络大学培训平台，组织各部门开展线上培训课程 8 项。加强竞赛调考管理。强化培训、交流、奖励，全面提高调考水平。有序开展培训项目实施，完成“三集五大”之依法治企、党风廉政培训等 28 班次线下培训，积极推荐各部门优秀人才开展岗位技能授课。以营销部为试点，全面推进人才积分制建设，形成“双翼人才积分制”典型经验。“‘双翼人才积分制’创新管理实践”项目荣获管理创新成果二等奖。进一步规范职工薪酬管理，完成职工薪档积分调整工作。

【电网规划与建设】积极促成与密云区政府签署《密云地区电网规划建设战略合作协议》，紧密结合怀柔科学城发展及“煤改电”工作情况，完成密云电网 2018～2020 年规划报告，进一步调整电网项目建设时序，完善电网结构。加快工程项目前期手续办理速度，取得 35kV 及以上新建及改造等工程可研批复 6 项，“煤改电”、充电桩、配电网改造等工程可研批复 12 项，项目核准及备案 16 项，为密云公司 30 项工程的顺利开工提供了保障。

■ 12 月 30 日，密云区第一座全钢结构变电站 110kV 商务区北站发电。（林一轩 摄）

科学编制工程建设进度计划，提高全过程管控能力，推进输变电工程规划选址、可研编制和前期手续办理工作，完成巨各庄 110kV 变电站主变压器增容工程、大石岭 110kV 变电站主变压器增容工程、铸钢 35kV 变电站主变压器增容工程、穆家峪 35kV 变电站主变压器增容等工程立项核准，云西 110kV 输变电工程可研编制，塘峪 220kV 输变电工程选址选线等工作。完成商务区北 110kV 输变电工程，于 2017 年 12 月 31

日投产，新增 110kV 变电容量 6.3 万 kVA。加强工程建设管理，妥善解决工程前期受阻难题，克服施工阶段汛期恶劣天气、异常方式不利影响，确保工程如期竣工投产。该站的投产运行，直接满足商务区的用电需求，为密云区商务区开发所需的电力供应打下基础。

【经营管理】持续优化"三集五大"体系。加强配电运营指挥中心建设，切实发挥指挥平台作用，开展运营数据分析。深化"大营销"体系建设，推进经济开发区供电服务中心建设筹备。强化同业对标过程管理，以对标工作促管理提升，落实指标管控责任，加大考核力度，8 篇典型经验入选公司典型经验库。

以工程转资为抓手，提升财务工程管理水平，全年完成转资工程 65 项，转资金额 3.55 亿元，完成率 100%。加强财务凭证把关，提高财务工作自动化水平，全面提升财务准确性、可靠性。

开展仓储标准化建设和规范化管理，完成主多物资混放清理工作。有效开展废旧物资处置，对历史遗留废旧物资进行全面清查处置，完成效果较好。

积极开拓市场，提升经营能力。规范企业管理，推进集体企业改革改制工作，取得阶段性成果。

深入开展后勤系统"精益化管理年"活动，为各项工作提供坚强后勤保障。落实车辆管理要求，确保车辆实时在控。高质量完成 9 项非生产性技改、大修项目。完成 28 处非生产性用房房产确权资料的梳理核对，推进闲置资源集约创效。深化供电所"健康食堂"标准化建设，各级食堂实现 100% 达标。推进"人文后勤"建设，开展精益化物业管理，持续改善生产办公条件。

坚持依法从严治企。按照法治企业建设要求，加大法制宣传力度。深化合同全流程管控，加强法律风险源头防范。积极运用诉讼法律途径维护企业权益。强化法律风险管控，应诉案件同比下降 33.3%，避免经济损失 7.9 万元。实施电网建设、"煤改电"等重点工程跟踪审计，完成各项监督检查工作 20 次。

【安全生产】完成 6356 天安全生产长周期，全年未发生误操作事件，未发生输、变电事故，全年未发生人身伤亡安全事件，未发生七级及以上电网、设备安全事件。发生输、变电八级安全事件 2 次，同比降低 50%，发生配电网八级安全事件 13 次，同比降低 31%。

坚持严抓严管，全面实施安全标准化管控，深化电网风险与预警管理工作机制，加强设备运维质量及故障管控。

安全管理方面，重点抓基础管理，编制《密云供电公司安全管理工作评价表》，对基层单位的日常安全管理工作进行指导评价，提高班组日常安全管理水平。修订完善安全管理考核办法，强化安全过程管控，发挥导向激励作用。坚持安全知识月度考试制度，提高员工安全意识和能力。强化现场安全管控。修订细化现场巡检考核办法，细化检查，对问题抓早抓小，重奖重罚。关口前移，安质部提前介入，在施工准备阶段即进行指导和监督。在加强工作计划管理的基础上，实现了对现场的巡检全覆盖。聘请第三方进行巡检抽查，对现场工作和整体巡检情况进行再监督。强化领导和管理人员现场监督把关。安全监控中心充分发挥作用，对作业现场进行不间断管控。开展集体企业安全规范管理年专项行动。强化外协施工单位的安全管理，定期组织培训学习、驻地检查和综合评价。

切实开展隐患排查工作，与日常运行巡视有机结合，加大治理力度，保障电网设备稳定运行。强化质量管理，持续开展数据治理完善。组织修订 25 项应急预案，完成应急能力评估。开展"安全隐患大排查大清理大整治""冬春季火灾防控""电气火灾综合治理"等专项行动，消除消防隐患，提升消防安全管理水平。不断规范安保工作，加大日常监督检查力度，安保防恐能力持续提升。

电网故障管控实现历史突破，变电设备连续 5 年未发生故障，输电线路全年仅发生 1 次故障，同比下降 67%，配电网故障率同比下降 47%。圆满完成"一带一路"、十九大、全国两会、高考等政治保电 20 余次，涉及高压用户 180 户。消除历史遗留树线矛盾 18 处，去树约 5000 棵。圆满完成度夏防汛保障工作，经受住了 39.35 万 kW 高峰负荷的冲击，有效应对"7·7"强降雨天气应急抢修工作。组织开展 103 个"煤改电"村、53 条 10kV 线路和 774 台变压器台区的度冬保障工作，有效开展冬季大负荷和恶劣天气保障工作。

【营销与优质服务】深化业扩"契约服务"，以业扩报装新模式为抓手，新增接电容量 27 万 kVA，完成年度指标的 117.4%。

完成 57 个村 1.9 万户的农村居民"煤改电"改造工程，密切联系政府，加大公共充电设施站点布局，新建电动汽车充电桩 100 台，合计投运桩位达 345 个，满足地区新能源发展需求。同时组织开展"电能替代进万家　线上购电享便利"活动和"清洁供暖服务日"活动，全面推动电能替代工作走向深入。

规范地区用电秩序，共检查高压用户 230 户，开

■ 8月18日，密云区河南寨镇中庄村“煤改电”工程现场。（王丽　摄）

■ 7月20日，农电人员正在参加北京市职业技能竞赛农网配电营业工初赛理论考试。（孙佩佳　摄）

具140份用电检查结果通知书。完成暂停、启封、过户、销户等变更用电流程210单。全年查处违约用电及窃电20起，追回电量173 383kWh，收取追补电费及违约使用电费60.2万元。

完成密云地区57个村19 444户“煤改电”外电源建设工程，架设10kV高压线路196km，低压线路248km，新装变压器251台，总容量9.43万kVA。

加大电费回收力度，聚焦台区降损，结合实际深入调研，建立了涵盖“组织体系保障、技术力量支持、专业人才培养、难题专项突破、长效机制固化”五方面支撑的“台区同期线损管理模型”，推广应用成效显著。

强化投诉管控力度，逐条分析投诉深层原因，加大诉前管控，全口径投诉率同比降低29%，全年申诉率98.9%，申诉成功率100%。

提前布局，服务上前。采暖季前，组织供电所对全区105个村3.4万户农村“煤改电”居民电表逐户进行现场核查，确保电价下发无误、电费补贴政策有效落实。

【农电工作】狠抓供电所班组建设，规范供电所业务管理，提高团队凝聚力。推进星级供电所建设工作，将星级供电所建设与专业管理工作结合，解决供电所管理难点和薄弱环节。太师屯供电所获评“2016年度中国金牌最美供电所”荣誉称号。规范农电用工管理，完成特种作业人员、安全员业务知识培训，积极参加“华商电灯杯”农网配电营业工技能比赛，提升基层供电所人员业务素质。配合开展内部人力资源市场及集中部署ERP系统信息维护工作。强化供电所安保管理，完成全部供电所房屋泡沫彩钢板建筑整治。持续做好供电所车辆、消防安全管控工作。

【科技与信息化】提交专利申请9项，包括发明专利申请5项，实用新型专利申请4项；获得国家知识产权局专利授权7项，包括实用新型专利授权4项，发明专利授权3项；申报公司科技进步成果2项，群众性创新成果7项。“金石”QC小组成果“变电站室外二次电缆新型护套的研制”荣获北京市第71次质量管理小组成果发表会二等奖。“新型母排接地线操作棒的研制”等5项QC成果荣获公司QC评比3个二等奖和2个三等奖。

有序实施十里堡开关厂、河南寨库房等6处办公场所信息网络规划及基础设施建设工作。加强各类信息应用系统的监控及分析功能管理，做好通信信息技术保障与支撑服务，全年未发生信息通信系统停运事件及信息安全考核事件。深入开展设备日常巡视维护和隐患排查，全年对45处信息场所开展全覆盖巡检排查，消缺光缆故障4起，消除设备隐患16起。圆满完成全国两会、“一带一路”、十九大等供电保障通信系统运行保障工作。有效落实信息资产梳理及废旧物资处置，不断完善提升台账准确率。

【党的建设与精神文明建设】持续深化党支部关键指标考核，不断夯实党建基础，规范支部工作。“党支部关键指标考核实践创新管理实践”项目荣获管理创新成果三等奖。开展党支部书记抓党建工作述职评议，加强支部书记管理考核，实现党务工作人员与同一层级经营管理人员同考核、同待遇、同奖惩、同发展。以“走出去”形式，组织支部书记、委员到兄弟单位进行党务工作交流学习。强化内嵌融入。围绕政治保电任务，成立十九大保障临时党支部，开展“保高峰论坛，我是党员我争先”主题实践活动。创新丰富中心组学习形式内容，围绕热点问题，开展中心组成员和处长及先进典型讲座。明确开展领导班子成员周调研活动，深入了解基层一线的意见和建议。明确“三重一大”决策内容，规范党委会和经理办公会议事原则、程序。加强党员管理，创造性开展共产党员卓越履责清单活动，从2个象限、6个维度进行编制，每名党员结合岗位工作认领1至2条履责任务，党支部强化监督落实。突出典型引领，加强“双百”创建工作，培育选树先进典型。在办公楼内打造宣传阵地，展示职工群体日常工作“最美”瞬间。广泛宣传“托举侠”郑瑞成的感人事迹，宣传正能量。郑瑞成获得2017年第四届“国企楷模　北京榜样”荣誉称号。

高度重视协同监督工作，狠抓党风廉政建设责任制考核实施方案落实，延续开展“业务风险我来讲”活动。全面深化企业民主管理，召开三届二次职工代表大会，审议并通过4项报告，征集提案8项。征集“我为企业献一计”合理化建议23条，上报5条，获得优秀奖1项。扎实推进厂务公开，公开内容90项。深入开展劳动竞赛，获得5面流动红旗，11人获得月度之星；2人获得第五届供电“优秀服务之星”称号。畅通人才成长“绿色通道”，组织开展北京市职业技能竞赛农网配电营业工比赛，共有32人参加比赛，10人晋级复赛，2人进入决赛。篮球队获得公司2017年职工篮球联赛超越组亚军。密云公司获得北京市总工会“职工心灵驿站”称号。

团委积极开展“学习总书记讲话　做合格共青团员”教育实践活动，坚持“服务中心工作”，组织成立专项问题攻坚小组；积极参与“一带一路”高峰论坛以及十九大供电保障任务；全面升级技能讲堂活动；广泛开展创新活动，获得第三届青创赛公司级铜奖。

■ 12月3日，密云公司篮球队首次获得公司职工篮球联赛超越组亚军。（程伟　摄）

（孙佩佳　杜静伊）

顺义供电公司

【概况】国网北京顺义供电公司（简称顺义公司）成立于1957年，是北京市电力公司直属供电企业，负责顺义地区1020km² 范围内的电网规划建设、运行管理、电力销售和供电服务工作，肩负着为顺义区域内党政军机关、高科技园区及首都机场和全区90余万常住人口安全供电的光荣使命。

截至年底，设置11个职能部门、3个业务机构，下设22个班组、19个乡镇供电所。共负责110kV变电站30座，主变压器63台，容量281.25万kVA；35kV变电站10座，主变压器21台，容量23.89万kVA；110kV线路63条，长度448.242km；35kV线路26条，长度194.501km；10kV架空线路259条，长度2852.62km；10kV电缆线路1808条，长度1701km。实现全年安全生产无事故目标，累计安全生产长周期7657天。

共完成售电量66.04亿kWh，同比增长0.41%；营业收入43.5亿元，同比增长0.37%；实现内部利润1.61亿元，全年完成转资14.08亿元，资产总额达36.36亿元。同业对标保持第一集团位置，综合和管理对标荣获标杆单位荣誉称号，其中检修管理专业首次获得标杆称号。劳动竞赛获得11面流动红旗。

地址：北京市顺义区顺达路6号
邮编：101300
电话：010-81483347

【人力资源】优化用工配置，完成选聘47人，竞聘32人。开展尼木地区对口帮扶工作，实施尼木帮扶工作计划，全年选派3名干部员工赴尼木公司开展帮扶工作。建立专项奖励新机制，制定专项奖励分配方案，发挥薪酬激励的引导性和时效性。优化干部梯队结构，4名中层干部进行了岗位调整，2名同志被选派到重点工作岗位进行挂职锻炼，2名同志经过公开竞聘和重点考察，提拔为中层干部。

推进教育培训与人才开发，做到“三个结合”，结合“17003供电保障”“三大攻坚战”等重点任务开展专项培训600余人次；结合新技术、新要求，开展专题培训17期；结合员工个人职称、技能鉴定等成长需求，开展6期辅导培训，62人实现电力行业特有工种等级提升，40人实现专业技术资格等级提升。修订青年员工培养方案，明晰入企15年的培养规划。搭建“电匠茶座”交流平台、建立现场实练培训机制，先后开展6期培养活动，受训200余人次，青年员工覆盖率100%。突出竞赛调考工作，1人获得后勤管理人员调考国家电网公司团体第4名、个人第63名；1人获得安规调考国家电网公司团体第7名、个人第23名、公司个人第1名；1人获得“互联网+”电子渠道运营知识与功能技能竞赛国家电网公司团体第9名；1人获得变电运检五项通用制度专业调考公司第1名。

截至年底，共有全口径用工915人。其中，长期职工308人，集体职工16人，华商电灯公司农电用工297人，集体企业直签员工287人，劳务派遣员工7人。长期职工中研究生及以上学历56人，本科学历157人，专科学历66人，中专学历29人；高级职称34人，中级职称67人，初级职称114人；技师及以上职业资格190人，高级工58人，中级工36人。

■ 6月28日，东府220kV输变电工程现场开展第一期青年现场实练培训。（侯占泉 摄）

【电网规划与建设】促成顺义区政府与公司签署《顺义地区“清洁空气计划—电能替代”合作协议》，赢得区政府在政策和资金上的最大力度支持，实现电网建设“零前期”工作模式。利用政府绿色通道和“一会三函”政策，提前取得张镇等5个项目立项核准，平均每项工程节省开工时间约4个月。开展顺丰110kV输变电工程可研、综保区配电网规划编制，完成北务、长林增容、南法信扩建工程可研等前期工作。与三电科能公司合作编制完成《顺义地区10kV配网接线模型研究》《顺义地区10kV配电网地理接线图》。与经研院合作，编制《顺义龙湾屯地区供暖方式经济对比分析报告》《顺义龙湾屯地区分布式光伏发电项目方案报告》。

全年建设任务23项，任务量是前9年总和，年度投资额是以往的3.5倍。以“1+4”煤改电配套变电站建设为重点，依托政府、多方协调，顺利完成5座“煤改电”配套变电站投产任务，经受住电网负荷同期增长40%的严峻考验。全年共完成7座新建变电站投产任务，新增变电容量89.34万kVA，新增35kV及以上线路153.149km，电网建设规模和速度均创历史最好水平。

■ 9月28日，顺义区首座“煤改电”配套变电站110kV东营站正式投入运行。（侯占泉 摄）

【经营管理】深化“五位一体”应用，编写岗位手册10类，明确工作职责30项，梳理规章制度90项，工作标准68项，考核指标40个，风险因素113个。选取仁和供电所为全能型示范乡镇供电所建设试点，打造“服务全能、素质全能、手段全能、装备全能”的全能型供电所。深化配电运营指挥中心建设，实现电网实时监控、分析、研判，充分发挥“一个大脑”的指挥作用。开展工程转资，全年完成转资项目154个、转资金额14.08亿元，转资体量创历年之最。创新同期线损管理模式及流程，11月份“降损增效”劳动竞赛排名从末位提升至前3名，夺得“红旗单位”称号。完成问题清单梳理工作，梳理整改5项制约发展的突出问题。

强化依法维权和法律风险防控，主动维权起诉追缴电费案件3件，挽回经济损失406.88万元。开展通用制度落地执行检查，发现并整改问题13项。重点开展“煤改电”过程跟踪审计、集体企业工程管理专项审计，全年共整改完成15项延期审计问题，整改完成率达到98%。开展专业监督检查12次，“八项规定”执行情况检查8次，抽查车辆使用情况510辆次、大额资金使用情况42笔，下发整改意见书10份。集体企业发展能力提高，全年实现收入7.5亿元，同比增长34%。扩大集体企业业务范围，顺利通过城市及道路照明工程专业承包和输变电工程专业承包资质审核。成功推出职工分时租赁用车模式，为业务开展和职工私人出行创造方便条件。

【安全生产】开展“两排查一整改”、集体企业安全规范管理年等各类安全专项活动，对电网和设备隐患进行地毯式排查治理，累计整改问题298项。将智慧工地监控平台与现场巡视结合，累计检查各类工作现场2318个，查纠问题938项。开展电网运行分析，发布度夏风险预警42项、度冬风险预警82项。滚动跟踪地区天气、电网负荷和设备负载变化，按照既定方式实施调整措施86项。针对电网薄弱环节和风险预警，制定应急处置预案326项，组织两级调控及设备运维单位开展联合反事故演练45次。充分发挥配电运营指挥中心“信息监视、指挥研判、综合管控”的综合功能和“煤改电”供电保障指挥部核心作用，部署负荷预测、应急工程实施、设备故障处置、线路解重载等应急工作，成功应对163.6万kW历史最大负荷，较2016年同期增长了约40%，电网保持安全平稳运行。

综合运用人防、技防、物防措施，全面应用生产移动作业终端，加大异常台区和低压台区管理力度，治理配电异常台区455台，低压线路切改、改造30余km，台区采集覆盖率和采集率超过98%，基本实现配电台区全采集。完成1513台配电自动化终端接入和249条线路建设，配电自动化城市区域覆盖率达到91%。配电设备故障率同比下降54.7%。

把十九大供电保障任务作为首要政治责任，严格落实“五个最”保电要求，依托十九大供电保障二级指挥部，利用“智慧工地”系统、4G单兵等可视化手段，实现供电保障智能化管控。创新采用“1+*N*”延伸服务模式，首次与首都机场动力能源公司联合成立供电保障临时党支部，开展前线联合保障工作，圆满实现“四个零”“五个杜绝”保障目标。全年完成全国两会“一带一路”国际高峰论坛等重大保电任务46项、保电天数189天，任务数量和累计天数创历史新高。荣获十九大贡献单位和“一带一路”贡献单位荣誉称号。

【营销与优质服务】有序建设充电汽车服务网络，全年新建充电站13个，充电桩130个。推进175个老旧小区改造工程，积极出具方案，让百姓尽快享受到直接服务。深化业扩“五新”服务理念，全年完成接电容量116.64万kVA，完成指标值的166.63%，拉动电

■ 10月18日，十九大保障线路巡视。（侯占泉　摄）

量增长2.19个百分点。深化推进营销业务融合，建立售前服务、售后服务、技术支持三个中心，实现从专业管理向以客户需求为导向的转变。

做好“煤改电”度冬保障，制定差异化管控方案，落实发电车服务等保障措施，确保百姓度冬无忧。借助“一线工作日”平台，将优质服务工作要求传达到一线员工。着重服务质量与服务过程管控，推广应用现场服务记录仪，规范工作人员服务行为。搭建“煤改电”服务创优平台，实现客户诉求处理过程信息化、自动化。持续推广电力管家提前驻村举措，现场解答百姓问题。深化“互联网+电力营销”服务，线上报装率和高压客户掌上电力（企业版）注册率达到100%。借助互联网相关技术手段，推进自助型营业厅建设，在提升客户体验的同时降低服务风险。

【农电工作】积极对接政府“清洁空气行动计划”，承担258个村9.9万户“煤改电”改造任务，工作体量居北京市首位。突破传统工作模式，创新工程管理理念，组建集安全、进度、质量、服务、宣传、管理功能于一身的“煤改电”会战指挥部。以“智慧工地”系统和“4G单兵”系统为依托，深化现场安全全过程管控。组建“煤改电”工程共产党员突击队，成立“煤改电”临时党支部，党建协同助力“煤改电”攻坚，安全、优质、高效完成9.9万户“煤改电”改造任务，新增容量65.97万kVA，户均6.5kW，实现农村电力基础设施水平的跨越式提升。

【科技与信息化】全年建设信息通信项目2项，分别为信息机房两台30kVA UPS更换项目及14个供电所通信光缆改造项目。开展信息通信系统隐患排查与治理工作，全年共对1154台桌面终端、110台网络、62台安全设备的运行状况、现场环境状况进行排查。全年共完成设备一级缺陷处理1项，三级缺陷处理6项，

■ 5月18日，顺义公司“煤改电”指挥部召开启动仪式。（侯占泉 摄）

信息通信设备未发生重大停役和安全事件，信息通信同业对标4项指标均完成100%。

开展群创项目，共完成群创项目2项。开展专利申报工作，共递交专利申请材料12份，获得实用新型专利授权4项，发明授权4项。组织2018年科技项目储备工作，共征集上报科研需求5项。开展2014～2016年群创项目验收材料归档整理工作，共完成项目归档5项。

【党的建设与精神文明建设】 学习宣贯十九大精神，顺义公司党委迅速制订学习计划，组织党委（扩大）会议、理论学习中心组（扩大）会议等专题会议共计27次。领导班子带头进班组宣讲11场次，做到以上率下，层层传导。将十九大宣传延伸到广大服务客户，结合“煤改电”供暖服务进村宣传3万余户，发放宣传材料近4万份。

构建“大党建”格局，制定落实党的建设“旗帜领航·三年登高”计划，推动全面从严治党落实落地。细化党委议事规则，“三重一大”事项全部纳入党委会集体决策，全年共召开45次党委会。聚焦“三大攻坚战”，成立党员保障队、突击队、服务队共计9支，累计设立党员服务站16个。优化党组织设置，将原有的6个党支部增加至4个党总支和23个党支部。深入推进廉洁从业教育，通过“每季鉴廉”、领导讲廉课、中层干部说风险、发布纪检监察专刊《鉴读》等多项活动，引导广大干部员工明红线、守底线。深化“两个责任”，建立履责约谈和报告机制，对部门负责人、党支部书记约谈并报告25人次。深化“双百”创建，营造由点到面、全员争先的浓厚氛围。

开展精神文明创建活动，顺利通过“全国文明单位”复查，连续18年被授予“首都文明单位标兵”称号。结合“煤改电”“迎峰度冬”等重点任务推出“最美劳动者”系列故事。积极参与劳动竞赛，共获得11面红旗，14人次获竞赛之星。开展“饮水思源一甲子·电靓潮白六十年”系列活动，建成司史展厅和“流金岁月”企业文化园，户外企业文化园被纳入国家电网公司企业文化储备项目。弘扬劳模精神、工匠精神，带电匠人李孟东视频被《人民日报》海外频道翻译成英语、俄语等多种语言面向全球播出。启动新一轮的健康食堂创建工作，切实改善就餐环境与就餐质量。

■ 10月11日，顺义公司供电保障服务队将服务延伸到重要保障客户10kV开关室。（侯占泉 摄）

（蔡溪源）

延庆供电公司

【概况】 国网北京延庆供电公司（简称延庆公司）成立于1962年，是国网北京市电力公司直属供电企业，负责延庆地区1993.75km^{2}范围内的电网规划建设、运行管理、电力销售和供电服务工作，肩负着为延庆地区经济发展、政治供电和人民生活提供安全供电的重要责任。共设置8个职能部门、2个业务支撑与实施机构，下设12个班组、7个农村供电所。

营业区域内现有220kV八达岭变电站1座（容量540MVA）、110kV变电站7座（其中含1座用户站，容量602MVA）、35kV变电站9座（容量158.4MVA）。

110kV线路16条，长度146km；35kV线路14条，长度203km；10kV线路124条，长度1783km，其中10kV架空（混）线路90条，总长度1524km（含架混线路中的电缆长度）；10kV电缆线路34条，长度259km。配电变压器2430台（容量620.8MVA）。低压线路总长度1369km，山区线路占线路总长度的23.5%。

完成售电量9.96亿kWh，同比增长19.09%。完成售电收入7.20亿元，同比增长17.26%。线损率完成7.32%，优于年度指标1.57个百分点，同比下降0.07%。累计完成接电容量17.5万kVA，完成年度接电任务的175.59%，在公司年度指标完成率中排名第二。完成可控成本8624.77万元，利润优于年度指标1756.28万元，工程竣工转资率100%。城网供电可靠性完成99.937 7%，优于考核指标0.002个百分点，农村供电可靠性完成99.701 4%，优于考核指标0.01个百分点。截至年底，累计安全生产长周期达到6193天，持续保持了安全生产、队伍稳定、形象优良的健康发展态势。

延庆公司蝉联“全国文明单位”荣誉称号，连续11年摘得“首都文明单位标兵”称号。荣获公司年“煤改电”工程突出贡献单位、公司年十九大供电保障贡献单位、延庆区交通安全先进单位称号，取得“海洋王”杯QC成果发布赛多个奖项。

地址：北京市延庆区庆园街53号
邮编：102100
电话：010-69101219

【人力资源】 截至年底，延庆公司共有全民职工177人，集体职工6人，华商职工189人，集体企业职工218人。全民职工中，研究生及以上学历21人，本科学历85人，专科学历67人；高级职称18人，中级职称22人；技师及以上职业资格34人，高级工90人，中级工17人。

主动开展“业务交流大讲堂”“业务公开课”活动，促进员工业务交流和业务技能的提升。组织开展“练本领、强素质、迎战世园与冬奥”系列培训3期，有效提升员工队伍技术技能和职业素养。组织开展“虚位以待，只等你来”电网建设精英培育计划招募活动，为员工提供技能锻炼平台，同时着力缓解电网建设人才短缺的现状。全面推进内部人才队伍建设，最大限度提高人才培养效率和质量。开展中层干部年度测评，公平、公正选拔、任用干部，按照组织程序，对3名中层正科级干部岗位进行了调整，提拔中层干部1名，推荐正科级后备干部3名、副科级后备干部5名。

■ 8月3日，电网建设精英培育项目启动大会。（张旭　摄）

【电网规划与建设】 2017年，延庆公司依托《延庆地区电力建设战略合作协议》和《世园会110kV输变电工程及世园会、冬奥会电力运行保障中心投资划分协议》的有利条件，全面推进电网与地方经济的协同发展。突出世园冬奥，完善电网规划。持续深化世园会配套电网规划，重点开展冬奥会延庆赛区配套电力项目研究。为满足地区“十三五”期间的煤改电用电需求，助力清洁空气行动计划，开展了地区煤改电配套主网规划。同时统筹全区用电需求，修编地区“十三五”配套电网规划，提前谋划，完善电网布局，结合地区电网现状和预测负荷结果，完成地区2035年变电站的空间布局规划。完善组织架构，排定工程计划。成立了重大工程项目建设指挥部和主网基建工程专项指挥部两级指挥体系，根据“电网建设攻坚战行动方案”逐项工程排定里程碑进度节点计划，并通过日汇报、周调度的管控方式，高效推进电网建设工作。精心组织协调，推进电网建设。全力推进500kV柔直换流站“四通一平”工程，完成圈地283亩，保证了国家电网公司重点工程顺利进场施工。多方协调，取得区政府和机场方支持220kV西白庙输变电工程全架空方式进线意见，促成项目选址选线方案落地。紧密沟通区政府，结合冬奥会配套海坨变电站工程，积极争取到供电抢修中心建设；区政府出资，支持世园会变电站供电保障中心建设等一系列优惠政策。顺利完成冬奥会（世园会）配套3座110kV输变电工程选址选线、可研评审任务。全力推进永东、耿家营站“煤改电”配套工程前期工作，永东正处于立项核准、文评推进中；耿家营变电站已完成可研评审任务。5月，夺得电网建设流动红旗。顺利完成110kV康松一二线、35kV康西线京张高铁迁改工程，推进兴延高速、延崇高速、世园会高压迁改工程前期工作。提升配电网互倒互带及隔离故障能力。配电网建设改造工程取得进展，共立杆9149基，导线架设472.73km，变压器紧凑型改造完成554台。安装柱上断路器120台，完成100%。圆满完成度夏、度冬解重载工程。

【经营管理】强化同业对标过程管控。开展同业对标提升年专项活动，深化“领导—中层—专工”对标指标三级管控体系，完善同业对标管控机制，狠抓同业对标管控措施的执行力，制订“精英计划、推手计划、培育计划”，对不同专业进行差异化目标管理。顺利完成年度问题清单梳理工作。高质量完成监事会问题清单梳理检查任务，问题清单梳理工作得到监事会、国家电网公司及公司领导的充分肯定。超额完成问题整改工作，积极组织开展问题整改，制定31项问题整改方案和2项问题整改决议，6项重点问题纳入督办体系，每月追踪各问题整改进度和佐证材料。问题清单梳理“四上四下”亮点纷呈，作为公司的模范标杆，工作成果被各兄弟单位参考，多次得到了国家电网公司和公司的肯定。财务管理水平不断提升。加强电费收入管理，督促陈欠电费回收，全力降低电费在途资金，确保资金及时回笼，确保电费收入全部结零。建立资金分级授权审批体系，细化授权审批流程，加强资金风险管理。强化后勤服务保障职能，顺利取得冬奥会应急指挥分中心建设审批手续。参与撰写《“互联网+”与电力后勤的融合与发展》。继续提升健康食堂建设水平，组织“砥砺前行，共度中秋”等特色主题活动。深化集体企业管控，开展集体企业安全规范管理年活动，继续夯实安全基础管理。开展集体企业岗位竞聘工作，重新调整人员队伍，科学规划人员结构，确保集体企业人才队伍建设水平稳步提升。完善集体企业内部“三重一大”决策程序，充分发挥集体资产监督管理委员会监督作用，为集体企业健康发展奠定基础。

【安全生产】认真组织开展安全稳定攻坚战。全面落实安全生产问题清单梳理任务，累计发现并治理各类安全隐患142件，治理完成率100%。狠抓安全责任和规章制度落实，安排领导及管理人员下现场242人次，发现并完成整改122件。以“两控两查两提升”为总要求，结合24节气表，分时段分专业制定27大项46小项安全监督工作重点和具体措施，以季节性安全检查、安全生产月、安全日活动等为抓手推动各项重点工作落实，确保安全稳定攻坚战有序开展。扎实开展各类专项隐患排查治理，有效保证了电网设备安全。持续强化反违章管理。电网建设、主配网改造、“煤改电”等各项工程全面铺开，各级工程管理和组织部门深入开展“施工作业现场反违章专项行动”“电力建设工程施工安全年”等活动。细致排查梳理设备运行、专业管理风险隐患，加强隐患整改监督，认真落实电网安全全过程管控，全面加强跟踪督办和核查，管控取得了显著成效。运维检修管理全面提升。以精益化管理为手段，提高输变电专业运行管理水平；以配网故障管控为重点，强化配电网专业运行管理水平；以规范项目实施流程为抓手，不断提升各项工程管理水平；以提高PMS2.0实用化率为目标，全面加强电网设备基础和运行信息管控力度；以同业对标为抓手，不断提升物资专业和实物资产管理深度。政治供电保障工作水平不断提升。累计完成党的十九大、全国两会、“一带一路”、高考、中考等各类供电保障任务35项，其中特级保电任务3项，累计保电130天，同比增涨41.5%。党的十九大保电期间，累计投入现场保障人员12447人次，保障车辆1836车次，累计巡视变电站405站次，红外测温84站次，超声波检测28站次，巡视输配电线路3.4万km，实现了十九大供电保障期间“四个零”的工作目标，荣获“一带一路”国际合作高峰论坛供电保障贡献单位荣誉称号。积极开展应急管理体系梳理工作。组织开展各类应急演练，使各级人员熟悉应急响应流程，提高运行人员事故判断和应急处置能力。圆满完成各类供电保障应急值守工作，积极应对雨雪冰冻、大风、强降雨等恶劣天气；共启动应急响应22次。积极联系政府应急管理部门，预判可能出现的冰冻、暴雨、火灾等自然灾害，及时开展涉电突发事件应急处置，确保不发生因处置不当造成的较大社会影响事件。

■ 9月15日，延庆公司举行党的十九大供电保障宣誓仪式。

（忻煜　摄）

【营销与优质服务】年度“煤改电”工作在营销部牵头、各部门的共同努力下如期完成。全年改造48个村

17 731 户，改造户数同比增加 198%，占地区历史改造总工程量的 65. 84%。2017 年，18 个村 6576 户已全部竣工发电。30 个村 1. 1 万户农村电网提升工作仍在按计划有序开展。充电设施布点建设基本完成，充电网络服务初见成效。提前完成延庆 919 路公交场站充电桩以及永宁、下营公交站充电桩送电工作，万志军总经理亲赴延庆，参与第一批 100 辆电动公交巴士投入运行仪式。内部打通充电站建设的全过程绿色通道，各部门协同配合，确保全年 13 个站点，200 根充电桩按期投运。创新客户服务新模式，实现服务客户新高度。持续贯彻落实市“五新”专项行动计划。建立世园会、冬奥会两件绿色大事重点项目报装绿色通道，确保世园会、冬奥会重点项目顺利用电。“三供一业”和“清煤降氮”工作有序开展。提前开展“煤改电”冬季供电保障演练，以及供暖客户测负荷工作，承担好相应社会责任，确保顺利完成冬季供暖任务。压降客户投诉，实现闭环管理。以满足客户需求为导向，加强过程管控、强化监督考核，遏制投诉上升势头；年累计发生投诉 57 件，同比下降 30. 49%，投诉处理质量完成 100%。实现年度投诉总量和五类投诉均同比下降的目标。建立服务风险管控台账，依靠闭环管理模式，全过程管控每一起服务事件。惩防并举，加大对投诉责任人的考核力度，进一步规范服务人员行为。全面提升申诉工作管理水平，年度申诉工作在公司系统名列前茅。

【农电工作】全面加强供电所建设，着力打造“全能型”供电所，旧县供电所获评“最美供电所”荣誉称号。积极建设供电所专业人才队伍，健全培养机制，开展供电所班组长岗位竞聘，为供电管理人才队伍注入了新的能量。开展了全员绩效管理评定，营造了“比学赶超”的优良工作氛围，促进年度各项工作任务的全面落实。

【科技与信息化】提升管理创新和科技水平。激发员工创新创效热情，获得 2 项发明专利授权，8 项实用新型授权，2 项外观设计授权，获得公司管理创新二等奖 1 项，顺利完成群众性创新项目专家验收。开展信息安全网员培训，建立健全信息安全工作机制，组织信息安全 17003 安全应急演练等一系列活动，做好政治供电保障时期的信息设备安全巡视和系统加固工作。针对全面爆发的比特币勒索病毒开展广泛的宣传教育活动，通过加强网络监控，采取有力措施对各个终端进行病毒防护，确保信息网络安全稳定运行。

【党的建设与精神文明建设】党的建设再创新亮点，以“三带头、三强化”作风建设为引领，领导班子主动落实党的十九大学习宣贯。围绕十九大供电保障和重点工作，成立“煤改电”临时党支部、冬奥会（世园会）电网建设临时党支部、柔直四通一平临时党支部、电网运行保障临时党支部、综合服务保障临时党支部 5 个临时党支部。通过“双百”创建活动号召党员当先锋、做表率，引导全体干部员工进一步增强使命感、紧迫感、荣誉感，聚力攻坚，推动延庆公司和电网发展全面争先。品牌建设再创新成效，围绕冬奥会（世园会）等重点工作，在行业媒体、社会媒体开展内外宣传共发布信息 220 篇次，延庆公司微信、微博发布重要选题 25 篇次，制作专题宣传片 3 组，与延庆区政府官方新媒体联动营造良好的传播态势。加强精神文明“五个一”建设，完成企业文化长廊建设任务，开展道德讲堂活动 26 次，“深化道德讲堂的创新实践”成果入选国家电网公司企业文化储备项目，蝉联“全国文明单位”荣誉称号。

（*颜　渊*）

业务支撑机构及其他单位

北京电力经济技术研究院

【概况】北京电力经济技术研究院有限公司（子公司模式）成立于1955年，目前与国网北京市电力公司经济技术研究院（分公司模式，以下简称经研院）“一套人马，两块牌子”，合署办公。经研院主要从事1100kV及以下电压等级的规划设计和咨询、项目评审、建设管理、质量监督、结算监督、定额管理、工程监理等业务，支撑国家电网公司PMS 2.0系统主数据运维和北京公司资产全寿命周期管理体系建设。已具备国家送变电工程设计甲级、工程勘察甲级、火电类咨询甲级、通信信息咨询甲级、工程监理甲级等资质。通过了质量、环境和职业健康安全管理体系认证，是国家高新技术企业、中国电力规划设计协会常务理事单位、中国水利电力质量管理协会电力分会理事单位；荣获首都文明单位标兵、全国电力行业用户满意企业、全国电力行业实施卓越绩效模式先进企业、全国电力勘测设计行业企业信用评价AAA级企业、全国电力行业质量奖等荣誉。

经研院共设办公室（党委办公室）、党建工作部（监察部）、党委组织部（人力资源部）、财务资产部、计划经营部5个职能管理部门，规划评审中心、设计中心（中心设计院）、技术经济中心（定额站办公室、质监中心站办公室）、建设管理中心、数据中心5个专业机构，代管北京金电联供用电咨询有限公司1个集体企业。

地址：北京市西城区广安门车站西街15号
邮编：100055
电话：010-63678988

【人力资源】截至年底，共有全民职工221人。其中，高级职称83人，中级职称89人，中级以上职称占比77.8%；博士21人，硕士114人（含硕士学位），本科72人，硕士及以上占比61%；注册执业人员96人次；人才当量密度1.2209。

围绕公司“煤改电”工程、城市副中心建设、“三集五大”、“一带一路”、“十九大”保电、劳动竞赛、月度之星、注册师奖励等，年内制定了“攻坚创优”专项奖励实施方案。分公司已全面建立绩效工资与岗级、个人绩效、所在组织绩效充分联动的分配制度，加大了绩效工资与考核目标完成情况挂钩力度。依据年度培训计划，坚持每月举办一期培训班，并进行考试检验培训效果，以考促培，力求帮助员工实现个人发展；以公司“四优”课程（优秀课件、优秀项目、优秀案例、优秀题库）评选工作为契机，组织高学历人才以及各级各类专家人才开展课件开发和知识共享，共开发微课数量3个、标课数量2个、系列课程数量1个、培训项目1项。全年共新增高级工程师29人、高级经济师4人、高级会计师1人，工程师19人、经济师4人，助理工程师9人；新增地市公司级专家5人，基建骨干人才3人，电力行业供配电设计专家2人，公司基建专业专家骨干人才红黄蓝队员2人，注册咨询师7人。成功引进第一位博士后研究人员进站。建立技术委员会、研究体系，提高经研院在能源经济政策、电网发展规划、企业发展规划等领域的研究水平和支撑能力。

【电网规划与建设】规划前期方面，完成《国网北京市电力公司“十三五”发展规划》《基于新总规的2035年空间布局规划》等规划任务63项，《“十三五”期间北京220kV电网分区研究》等专题研究56项。取得220kV及以上输变电工程规划意见书22项、500kV线路工程规划许可证1本。工程设计方面，完成“煤改电”、城市副中心、新机场、冬奥会等配套输变电工程可研、初设、施工图及竣工图1173项，同比增长27.22%；完成架空线入地、充电站、新能源发电并网和其他各类配电网工程可研、初设、施工图及竣工图1337项，同比增长59.7%。项目评审方面，完成评审任务5571项，其中发展项目1202项，建设项目541项，运检项目3084项，后勤项目225项，科信项目71项，营销项目448项；建立国网北京市电力公司项目评审专家库，完成《评审专家库管理细则》编制工作，组织遴选优秀人才纳入评审专家库。技术经济方面，完成3项220kV、22项110kV单项工程结算复核工作；开展5项220kV、18项110kV输变电工程结算监督工作；开展8项220kV、20项110kV输变电工程质量监督检查；开展工程技经巡检6项，完成单项工程施工图招标管理检查94项，完成设计质量管理及城区架空线入地工程技经管理专项检查115项。建设管理方面，负责管理的220kV输变电工程12项，变电总容量360万kVA，线路总长度254.7km，电缆总长度

49.4km，其中竣工投产2项。开展工程监理274项，已投产150项。深化应用北京电网建设智能管控平台，截至2017年12月，平台共接入变电专业工程57项，送电工程46项，实现对工程建设关键节点的精细化管理，提升了电网建设安全、质量、进度管控水平。建成并使用项目一体化管理平台，按照“流程规范、标准统一、源端唯一、全局共享”的建设原则，导入北京电网“十三五”规划2017年滚动修编的最新成果，开展多维度规划库指标分析工作，接入各类重点工程69项，实现对项目设计、评审、施工、投产、结算、转资全过程的标准化管控。

年内，“促进源、网、荷协调发展的配电系统规划运行一体化关键技术及示范工程”获得2016年度全国优秀工程咨询成果三等奖。“菜市口220kV变电站”获得全国勘察设计行业优秀奖二等奖；“三营门220kV变电站”获得国家电网公司设计竞赛优胜奖，“七家庄220kV变电站”获得国家电网公司优秀设计二等奖；“动漫城110kV变电站”获得电力行业优秀工程设计一等奖，“温泉至西北旺220kV送电”获得电力行业优秀工程设计二等奖；“马坡220kV变电站”和“辛营110kV送电”获得供配电工程数字化设计（EIM）大赛第三名；“菜市口220kV变电站及生产附属设施岩土工程勘察”获得北京市优秀工程勘察设计奖二等奖；“草桥至沙窝110kV电缆线路”和“未来城电厂220kV送出”获得北京市优秀工程勘察设计奖三等奖；“三营门220kV送电”、“于庄110kV变电站”、“沙河北220kV变电站110kV配套送出”获得北京公司设计竞赛优胜奖，“张郭庄110kV变电站”获得北京公司设计竞赛一等奖。“团结湖220kV变电站”“朝阳变至团结湖变Ⅱ回220kV输电线路（电缆）”等工程被命名为北京公司达标投产工程。

【安全生产】常态化开展国家电网公司PMS 2.0标准数据运维工作，受理26家公司提报的设备型号和生产厂家数据变更申请791份，审核设备型号数据990条，新增330条；审核生产厂家数据962条，新增552条。截至12月31日，经研院负责运维的PMS 2.0标准数据库中，设备型号数据已达3.13万条，生产厂家数据已达3.12万条。全力支撑北京公司“领先型”资产全寿命周期管理体系常态化运行及深化应用工作，开展《配网资产管理综合绩效评价体系》重点课题研究，强化资产管理体系与业务深度融合，持续提升资产管理水平。

创建“远程+现场”双重巡检模式。通过输变电智能安防系统，利用生物探测、智能识别、视频跟踪、人工智能等尖端安防技术，全面提高北京地区变电站、输电线路安全防范水平。截至12月，输变电智能安防系统接入18座220kV变电站、16座110kV变电站、1座10kV开闭站和769基杆塔，为2017年“一带一路”峰会和“十九大”供电保障提供了坚强的技术支撑；成立远程安全巡检组，按照《工程安全检查作业卡》要求和现场施工工序，充分利用北京电网建设智能管控平台，全天候对施工现场进行安全巡查。对于发现的问题，业主项目经理通过管控平台将现场问题图像、整改通知单推送至现场施工项目经理，要求施工项目部及时完成整改工作，并将现场整改情况回传至管控平台，做到所有问题的闭环整改。现场巡检方面，采用“两级巡检”模式，业主项目经理每周开展现场检查，建设管理中心安质室对问题的闭环整改情况进行监督。

■ 11月13日，召开十九大精神宣贯暨11月份月度工作会议。
（杨磊　摄）

有序推进安全责任量化考核工作。经研院成立基建安全责任量化考核检查组，编制《北京电力经济技术研究院基建工程安全责任量化考核及奖惩实施细则（试行）》，进一步规范基建工程各级管理人员履职尽责行为，落实各级安全管理责任，构建约束有力、管理有效的安全管理体系。搭建“经研院—建设管理中心—项目部”三级检查体系，经研院所有管理工程均成立业主、施工、监理安全责任量化考核自查工作小组，建设管理中心量化考核检查组对管辖工程开展全覆盖复查，经研院量化考核检查组开展全面检查。针对量化考核中的各工程安全、质量问题，特别是各专业突出的安全文明施工、临边、临电类问题进行检查，结合月度安全质量例会进行通报、考核。

深化开展安全风险管控。编制《建设管理履职尽责工作方案》和《工程施工风险控制清单》，按照风险级别进行管控。其中，重大三级风险和四级以上风险，经研院分管领导按照“四不两直”（不发通知、不打招呼、不听汇报、不用陪同接待，直奔基层、直插现场）要求到场监督，建设管理中心主要负责人到岗到位全过程监督。每月组织统计下月在施工程的三级风险和四级风险，在风险作业开始前一周向施工、监理项目部发布《安全风险预警通知单》和《四级风险跟踪表》，施工项目经理及总监根据工程实际情况回复《风险预警反馈单》，并按要求编制风险控制方案和现场监督检查计划。

【经营管理】 业绩指标。子公司累计实现利润总额8863.89万元，完成考核指标（6500万元）的136%；累计发生可控管理费用182.78万元，完成考核指标的100%；经济增加值（EVA）4187.52万元，完成考核指标（3200万元）的130.86%；流动资产周转率0.7次，完成考核指标（0.7次）的100%。分公司累计发生可控成本费用3039.75万元，完成考核指标的100%。集体企业累计签订合同666份，合同金额2.2亿元。累计实现营业收入17 000.18万元，完成考核指标（14 500万元）的117.24%，完成卓越指标（17 000万元）的100%；累计实现利润总额2594.69万元，完成考核指标（2100万元）的123.56%，完成卓越指标（2500万元）的103.79%。截至2017年12月底，经研院集体企业资产总额达到19 571.01万元，其中，货币资金13 567.54万元，净资产达14 140.28万元。

市场拓展。率先拓展市场范围、抢占市场先机，成功中标雄安新区“220kV、110kV电网项目可研框架采购”及“10kV及以下设计配网框架采购”，迈出了服务雄安新区电网规划建设的重要一步；从企业核心竞争力、自身专业优势、市场经营等多方面同时开展工作，优化设计方案，提炼设计亮点，编写专题报告，成功中标通州北500kV输变电工程和北京新航城500kV输变电工程勘察设计工作；倡议组织召开2017年京津冀电网规划协同工作交流会，联合天津、河北、冀北经研院，共同建立京津冀协同工作机制，签订合作框架协议，全力助推京津冀电网协同发展；通过优化业务流程、强化质量关键点控制等手段，大幅提高企业产品质量，提升客户满意度，在国家电网公司2017年度输变电工程设计承包商资信评价中取得了第三名的历史最好成绩。

企业管理。经研院以问题为导向，扎实开展问题清单梳理全覆盖工作，共梳理出7个方面14项问题。根据公司统一部署，有序推进子公司公司制改制各项任务，9月7日完成工商登记变更工作。加强全面预算管控，提升财务数据质量；积极落实高新技术企业所得税优惠政策，节税680万元。开展经济性与财务合规性可研评审工作3353项，审核金额319亿元。成立后勤监督管理委员会，建立后勤工作评价机制；有序推进立水桥办公楼改造工作；深化巩固“健康食堂”建设工作，食品外卖实行超市化服务模式。有序推进集体企业瘦身健体工作，华联京电监理公司停止经营，已完成人员转签工作。

■ 12月14日，2017年京津冀电网规划协同工作交流会现场。（杨磊　摄）

【科技进步】 政策研究。完成“基于大数据分析的公司售电量变化趋势研究”等政研课题5项、“能源结构调整形势下北京电网主网架优化提升及分区优化策略研究”等规划战略类课题15项。配合北京公司完成的“基于首都功能定位的电网建设管理实践”获得国家级企业管理现代化创新成果二等奖，牵头完成的“输变电工程合同管理滚动监督机制建设”获得北京公司管理创新成果三等奖。

科技创新。参与承担国家级科技项目3项，其中，国家“863”课题计划“主动配电网关键技术研究及示范”项目已顺利通过国家科技部验收；国家“863”课题计划“交直流混合配电网关键技术”项目将稳步推进交直流混联物理试验平台和示范工程可研报告的建设工作，国家重大专项“基于电力电子变压器的交直流混合可再生能源技术研究”已召开课题启动会，确定了技术方案和任务分工。

牵头完成的“户内变电站设计技术研究及应用”获得电力工程科学技术进步一等奖；配合完成的“电网发展及规划量化评估关键技术研究及应用”“光纤复合架空地线（OPGW）安全运维关键技术开发及工程应用”项目获得北京市科技进步奖三等奖；与中国电科院合作完成的“OPGW安全运维关键技术及工程应用”项目获得国家电网公司科技进步三等奖。牵头完成的“北京城市副中心行政办公核心区智能配电网规划”“能量路由器在城市配电网中的应用技术研究”分别获得国网经研体系科学技术进步奖一等奖、二等奖。牵头完成的“基于‘互联网+’的电网建设工程智能管控技术研究与实践”“配电网规划辅助平台统一数据模型研究”等5项成果获得北京公司科技进步二等奖。“基于‘光端子’的智能变电站模块化设计方案”“面向间隔的智能控制柜模块化设计技术”分别获得北京公司群众性创新成果奖二等奖、三等奖。

标准化建设。全年共承担国家、行业、国家电网公司等各级标准编制任务28项，其中，参编的企业标准《输变电工程初步设计内容深度规定　第3部分：电力电缆线路》《输变电工程初步设计内容深度规定　第7部分：330kV～1100kV交直流架空输电线路》《输变电工程施工图设计内容深度规定　第2部分：电力电缆线路》发布实施。主编的团体标准《电动汽车充换电设施网络规划导则》《配电网“网格法”规划设计技术规程》和参编的企业标准《配电网发展规划评价技术规范》《配电网规划标准化图纸绘制规范》《配电网规划内容深度规定》《35～500kV电缆工程通用造价》完成报批稿。

知识产权储备。获得专利授权13项，包括“GIS备用间隔的检测系统及方法”“一种基于光伏发电与负荷高维关联性的规划方法”等发明类授权6项，“充电站的电力系统”“模块化快速充电站专用箱变”等实用新型类授权5项。职工撰写论文40篇，被SCI、EI和核心期刊收录25篇。

【优质服务】配合公司全面实施电能替代战略，在电动汽车充电设施建设、新能源业务开展方面提供技术支撑。

电动汽车充换电设计方面，完成城市副中心充电设施、公交车充电站外电源、城市公共充电站及小区充电设施改造等工程可研编制167项、初步设计153项、施工图设计449项、竣工图编制277项。

拓展配网可视化监控项目。结合经研院智能安全可视化系统，金电联公司提供配网可视化监控技术服务，实现施工作业面安全质量情况实时监督，保证了施工安全质量。年内，共发放移动布控球304台、单兵和执法记录仪314台，并提供相关技术服务，涉及金额1345万元。

【党的建设与精神文明建设】党的建设。推进“两学一做”学习教育常态化、制度化，全方位、多层次开展十九大精神的学习宣贯，成立院宣讲团，领导班子率先开展宣讲活动，党支部书记积极讲微党课，组建施工现场宣讲小分队，举办“送学入工地”活动，把党中央的最新精神部署及时、全面、准确地传达给全体党员和干部职工。围绕企业中心工作，深化“煤改电”、城市副中心、新机场、冬奥会（世园会）、新首钢等7支共产党员突击队建设，成立智能安防保障队，持续深化党员服务队建设，配套组建3个临时党支部，切实将党支部建在生产服务的第一线，把党的工作融入企业生产经营工作过程中。优化党支部结构，经研院党支部由4个党支部优化调整为1个党总支、9个二级党支部、4个三级党支部。组织积极分子、党支部书记、委员专题培训。开展党支部书记抓党建述职评议工作。创新党组织生活，组织党员观看话剧《样式雷》，组织开展“品味中华文化，提升人生境界”“淬炼工作坊”“博创工作坊”等特色活动，有效提升党组织生活的活力和吸引力。积极开展创先争优评选、“百佳支部堡垒”、“百佳党员先锋”创建评选工作，将广大党员创先争优活动的热情转化为岗位建功的动力。

精神文明建设。大力开展首都文明单位标兵创建工作，不断增强企业核心竞争力和凝聚力。赴孔庙国子监博物馆开展“道德讲堂”活动，弘扬中华优秀传统文化。广泛开展志愿服务活动，挂牌成立北京市十四中“电力爱心教室”，分发自制《用电知识科普读本》，持续帮扶“渐冻人”王甲，联合广外街道开展双提升统一日，开展“春风送暖”爱心捐款活动，全院职工募集爱心资金共计16 690元；完成共产党员服务队暨志愿者之家升级工作。持续举办“我身边的感动——最美国网人”主题演讲，实时更新企业文化长廊的展示内容，突出展现经研院阶段性重点工作和重大项目，积极宣传在院生产经营工作中涌现出的优秀共产党员。紧密围绕公司和经研院中心工作，广泛开展新闻宣传及品牌传播，配合CCTV-4《走遍中国》专题纪录片《地下电宫》的采访拍摄任务，并于10月11日播出。编制完成2016年度《主动作为　通益共赢》企业社会责任沟通手册。秉承“身边的志愿服务身边的职工”的理念，组建经研院首都职工志愿服务队，年内，《践行身边的志愿　志愿助力托管》获评首都职工志愿服务特色项目、《我的妈妈会魔法》成果获中国电力规划设计协会微信新媒体企业文化作品特等奖，《电磁辐射大揭秘》获视频新媒体企业文化作品二等奖，《党建和业务工作融合发展的实践与思考》获企业文化课题研究论文二等奖，挂牌成为首都职工志愿服务驿站。

（耿　洋）

电力科学研究院

【概况】国网北京市电力公司电力科学研究院（简称电科院）是国网北京市电力公司的直属单位，针对公司主要业务领域的关键技术问题，开展技术监督，提供试验分析、仿真计算、情报咨询等技术服务；开展输变配设备评价、安全评价、事故调查和反措制定工作；承担公司技术专家业务管理，组织课题攻关、知识传授，组织开展技术研发和技术推广，锻炼培养专业领军人物；开展计量器具检定配送等省级集中业务执行。

截至年底，电科院共设置7个职能部门，分别为办公室（党委办公室）、党委组织部（人力资源部）、财务资产部、科技部（技术服务中心）、发展安监部、党建工作部（工会、团会）、监察部（纪委办公室）。设置5个专业机构，分别为电网技术中心（信息通信技术中心）、设备状态评价中心（物资质量检测中心）、电源技术中心（照明技术研究中心）、计量中心、节能服务公司。

先后获得公司“三个建设功勋单位”“‘一带一路’国际合作高峰论坛供电保障突出贡献单位”“中国共产党第十九次全国代表大会供电保障贡献单位”“2017年度行政办公工作先进单位”等荣誉奖项。

地址：北京市丰台区南三环中路30号
邮编：100075
电话：010-63677101

【人力资源】截至年底，电科院共有全民职工256人，具有初始博士学历22人、硕士学历131人；教授级高级工程师5人、高级工程师71人、工程师101人。

根据“三集五大”体系要求，对机构设置及人员编制进行比对分析，优化提升组织机构的适应性。进一步推动定员精益化管理，对各部门岗位编制数进行分解，梳理职能部门及业务支撑机构岗位名录及其职责。开展多期技经专题系列培训，有效提升全院项目管理能力，弥补技经方面不足。组织电科院“点亮智慧”博士论坛活动，邀请2012～2016年入企博士生分享学习及工作成果，打造电科院高端人才交流平台。积极投入公司各项竞赛调考，参加国家电网公司金属技术监督检测技能竞赛、“互联网+”电子渠道运营知识与功能技能竞赛等5项竞赛调考及首届全国电力行业青年培训师教学技能竞赛，均取得了优异成绩。年内，4人被评选为教授级高级工程师，16人通过2016年度副高级专业技术资格评定，人才专家培养取得实效。建立电科院优秀人才储备库，在册54人，有效推进专家梯队建设。开展嵌入式交流培养，选拔2名优秀青年人才赴检修分公司进行为期4个月的跨单位嵌入式交流培养，并结合工作需要派送部分员工去属地公司学习，组织8名青年员工在各中心及职能部门开展内部交流，建立横纵联合人才推送培养机制。

【安全生产】落实安全生产“六抓”要求，细化安全奖惩体系。全年开展安全巡检810次，发现并督促整改问题351项，开展集体企业安全规范管理年活动和消防安全隐患大排查大清理大整治专项行动，持续保持安全生产稳定形势。严密组织，应急指挥中心连续5个月24小时迎峰度夏及防汛保障值守。组织完成物资质量检测21 000余件，发现不合格物资835件，全面完成检测任务。组织实施生产、营销专业项目160余项，涉及资金5.6亿元，健全项目全过程管理制度体系。

■ 9月27日，圆满完成人民大会堂重要用户UPS电源测试工作。（陈旭 摄）

支撑公司安全生产工作方面，年内检测安全工器具16 100件，有限空间防护用品216件。协助公司组织13 000余人次参加安全准入考试，完成2000余处现场安全稽查及监控覆盖作业现场，发布违章通知单23张，完成公司配网“两排查一整治”专项质量督查、集体企业安全性评价、信通安全评价等工作，提升安全管理水平。

【经营管理】 创新财务管理理念，以资金链为轴，分专业搭建内控管理体系，逐级落实风险防控责任。匠心锤炼《电科院内部控制管理规范》，开创省级电科院内控管理规范先例。以整改促发展，全员参与，统筹协调整体工作，形成整改决议、专项报告、重点问题督导清单等10余项，高效完成问题清单梳理工作。提质增效，业财协同，工程转资完成率实现100%年度目标。公司财务集约化排名持续名列前茅。两篇管理论文分获北京公司管理创新成果三等奖。

依法从严治企工作不断深入，完成“2016年审计整改专项行动”遗留问题2项，组织完成“2016年公司组织经济责任审计”整改问题2项。配合公司审计部完成对电科院2016年竣工决算项目审计和充换电设施建设运营项目审计。年度发现问题21个，整改19个，提出整改建议10条，促进增收节支6.84万元。

加强合同承办培训及审核管理，组织相关培训4期。开展“学案例，防风险”“法治五进”等系列法治宣传教育活动，强化员工法治意识，推进依法治企工作。完成基础设施规划建设，统筹规划“煤改电”实验室与院区基础设施。

【科技进步】 全年在研科技项目77项，26项国家电网公司及自安排科技项目通过验收，科技研发任务完成率100%。开展高等级科技成果培育，获得省部级科技成果奖8项；国家专利奖优秀奖1项；中国电力创新奖一等奖1项、二等奖1项，信息化类奖项2项；全国电力职工技术成果奖一等奖1项、二等奖1项、三等奖2项。加强专利挖掘与布局，全年申请发明专利123项、实用新型专利22项，获得发明专利授权35项，实用新型专利授权23项；获得软件著作权7项；获批技术标准修订7项，其中国家标准3项，国家电网公司标准3项，团体标准1项。

【技术支撑】 圆满完成全国两会、“一带一路”国际合作高峰论坛和党的十九大等供电保障任务。物资检测、“煤改电”等支撑工作获得公司领导高度评价。全年完成重点支撑任务1662项，不断提升对公司各专业支撑能力和服务水平，同时持续提升电科院试验检测等软硬件支撑能力。

电网技术支撑。开展重大活动期间北京电网安全分析、全网电厂励磁参数和PSS电力系统稳定器参数核对、京津冀安全稳定联合计算等10余项方式分析工作。开展电能质量在线监测系统110个监测点的接入工作。开展国网谐波监测模块75个监测点的台账与数据治理工作。完成人民大会堂重要用户UPS、SSTS组合供电方案测试工作和十九大保电重点物资电池-UPS型电源车和飞轮-UPS型电源车到厂验收。完成500余次二次专业及35座智能变电站投产前监督检查，实现68座智能变电站SCD管控；开展第三代智能变电站重要负荷智能倒供方案编写工作；深度支持公司“一体双核”配电主站建设工作，完成就地型馈线自动化策略编制及测试；完成配电终端检测633台，编写《配电终端自动测试作业指导书》1份。分析异常台区3580台次、煤改电台区12 864台，台区运维报告400余份。完成公司“空调调高一度，从我做起”效果分析和宣传活动，推广节能举措，彰显社会责任。

设备评价支撑。开展各类设备隐患排查、重点变电站状态检测、电缆超低频介质损耗检测、消防隐患排查等专项任务9项。赴2178个施工现场开展现场施工工艺监督检查，发布告警单46张，认定家族性缺陷1项；全力支撑国家电网公司开展全过程技术监督信息系统建设、大数据分析等技术监督工作，获得“国家电网公司2017年度运检专业技术管理专业先进集体”称号。持续开展施工作业现场安全稽查，开展“两排查一整治”等7项专项监督检查。开展65项主配网设备故障解体分析工作。完成10kV电缆接头工培训、考试与注册工作，建设接头工管理平台。开展92条故障高发线路专家会诊巡视工作。完成输电线路覆冰、山火监测预警等3个系统建设工作。提高镀银层厚度等10项金属检测能力，拓展红外测漏仪等4类仪器校验能力。积极参与国家电网公司金属监督技能竞赛，获团体第八名和优秀组织奖。

营销服务支撑。计量中心新址投运，实现国内首个“六线二库”计量全业务功能格局，运行水平持续提升，集约化效果逐步体现，人均工作效率提升187%，提质增效工作成效显著。创新开展业务监控，购电下发成功率从年初99.82%提升至99.89%，周购电下发时长从12.87min压缩至7.9min。在国家电网公司系统内率先开展直配体系建设及深化应用，实行计量中心向各供电所“一级仓储、一级配送”模式，订单配送平均完成时间3.3天，及时率100%，库存周转率达到60%。严格落实质量管控要求，平稳开展计量设备供应，运行电能表抽检完成率100%，故障智能表集中检测完成率97%。技术应用取得新突破，在石景山地区应用微功率无线/宽带载波双模通信技术解决地下室无线信号无法穿透问题，通信成功率从83%提升至100%；在大兴地区应用宽带载波台区识别试点，120min内自动识别准确率达到100%，台区线损在20天内因供售关系不对应的原因从57.7%降低至2.18%，取得了明显的效果。

■ 6月5日，“四线一库”正式投运。（陈旭 摄）

电能替代支撑。根据电科院统一规划，完成电能替代实验室整体规划设计、工程招标，正式开工建设，同时完成国家电网公司第五批实验室申报，并成功入围。崔家楼“煤改电”实景示范展示区，迎接政府、国家电网公司领导及媒体参观84余批次，累计接待超2600人。完成北京市“煤改电”智能服务平台建设，于11月15日投入试运行，完成44户典型采暖用户家庭取暖状况和用电状况实时监控，监测采暖设备46台，覆盖北京市海淀、丰台、通州等9个区的16个村庄。《“煤改电”智能服务平台建设》项目蝉联国家电网公司第三届青年创新创意大赛金奖。完成《基于不同类别、不同地区用户的电采暖技术路线和推广策略研究》政研课题专项研究，开展《山区“煤改电”试点技术方案》《关于保障居民“煤改电”客户停电不停暖技术措施》等“煤改电”专题分析7项、《电能替代十三五规划》等专题规划报告2项，开展电采暖设备及台区现场测试16次，完成10余种不同类型电采暖设备实测及运行数据分析，参与“煤改电”标准撰写5项。完成2017年新建充电桩到货检测173台，完成在运充电设施例行检测1081台，完成充电设施新国标改造验收测试6552台。完成《北京地区电动汽车充电市场分析与经营策略研究》政研课题专项研究，完成《充电设施运营效率提升及规划建设》专题分析研究，支撑公司营销部完成电动汽车专题分析，牵头编写电动汽车标准1项。

信息通信。全力支撑公司科信、调控、营销专业的网络与信息安全技术支撑工作，多口径对公司网络与信息安全开展现场督查及远程渗透工作，涵盖公司本部及38家二级单位、500余座变电站、25个涉网电厂、172个营销供电所，共计发现问题3289余项，下发整改通知单130张，完成技术报告574份。2017年国家电网公司认定首发漏洞73项。完成33座智能变电站投运前现场检查、25个电厂系统安全防护方案审核、5个电厂机组并网发电前现场检查、公司25个系统等级保护测评等系列工作。完成通信设备自动化检测平台以及信息安全攻防演练平台建设，提升信息通信安全技术支撑能力。协助中国电科院完成公司8个厂家32台通信设备的抽检工作。

网源协调技术支撑。完成北京统调机组频率与电压保护配合情况调研分析、功率-负荷不平衡保护、发电机组转调相运行可行性分析、燃气机组与燃气锅炉的能源利用效率对比分析等4项专题研究，审核新并网机组7台、新能源电站2座，开展涉网试验11次，开展专项保电技术监督15次，全年压减燃气超40亿m^3。

【科技攻关】 开展“煤改电”专题技术研究，搭建电采暖设备现场能效检测平台，完成北京山区、南部平原地区农村典型住宅采暖热负荷指标仿真计算，提出电采暖设备容量配置原则、电采暖热源设备选型方案；研制智能供储一体化电采暖设备及低损耗调容变压器；编写《北京公司山区“煤改电”建设改造技术细则》《分布式电采暖接入配电网建设改造技术原则》及《大规模电采暖接入配电网规划运行技术标准》等系列技术标准初稿，指导北京地区煤改电工作。研制10kV油浸式内置高压保护的全密封变压器，降低变压器台故障率，提高供电可靠率。研发可穿戴局部放电检测系统、带电检测移动作业平台及带电检测手持式终端，显著提升变电设备带电运维的实用化和自动化水平，提高现场测试人员的工作效率和异常缺陷检出能力。开展基于用电信息采集大数据的数据驱动式智能电能表运行状态智能监控、异常诊断和行为分析等研究，提高用电信息采集系统运行管理水平，推进采集系统在线监控的全面应用。

【党的建设与精神文明建设】 电科院党委贯彻落实全面从严治党，坚持开展党建“三个融合”，不断优化组织设置、加强队伍建设，保障圆满完成全年工作。全体党员认真学习贯彻党的十九大精神，经过学习考试入脑入心，通过交流研讨落到实处。落成党员之家，筹建职工阵地，关爱离退休职工。高树萍同志代表国家电网公司在全运会比赛中获群众组乒乓球比赛50岁组女子单打冠军。搭建市级青年创新工作站，研发成果获国家电网公司第三届青年创新创意大赛金奖，亮相央企创新成就展，得到国家电网公司领导交口称赞。创新宣传管理模式，稿件质量数量爆发增长，策划专题在社会形成广泛影响，持续促进企业品牌形象。

■ 7月29日，电科院高树萍获中华人民共和国第十三届运动会群众比赛女子50岁组单打冠军。（陈旭 摄）

（张祎果）

北京电力工程有限公司

【概况】北京电力工程有限公司（简称工程公司）成立于1953年，是国网北京市电力公司全资子公司，下设9个职能处室，以及输电（管理型）、输电（作业型）、变电、电缆、土建、调试、机具7个专业分公司，设应急抢修、综合服务2个中心和1家集体企业。主要从事电网建设、电网运维检修和应急抢修相关业务。

工程公司注册资金8800万元，具有国家电力工程施工总承包一级资质、市政公用工程施工总承包二级资质、建筑工程施工总承包三级资质；具有施工劳务不分等级资质；具备承装、承修、承试电力设施许可一级资质，智能变电站调试资格A级；具备电网工程类调试乙级资格。可以承揽各电压等级送变电工程、变电站建筑施工任务和市政工程施工任务。工程公司具备年施工220kV及以上电压等级线路工程500km、年敷设110kV及以上电压等级电缆200km的施工能力，包括架设200km城市复杂环境架空输电线路和年安装、调试28座110kV及以上电压等级变电站的施工能力。

工程公司具有丰富的施工经验，在城市电网建设及电网改造、多回同塔并架线路架设、长距离张力放线、户内型变电站组合电器安装、高压电力电缆垂直敷设、大截面高压电力电缆施工技术方面处于国内领先水平。

地址：北京市丰台区南四环西路188号8区14号楼
邮编：100070
电话：010-63678123

【人力资源】截至12月，工程公司共有全民职工309人，其中高级职称36人，中级职称45人。取得职业技能高级工及以上专业人员219人，其中高级技师19人、技师32人、高级工168人。现有注册一级建造师30人，注册二级建造师18人，注册安全工程师7人，注册造价工程师1人，1人获得省公司级后备专家称号，4人获得地市级专家称号，2人获得地市级后备专家称号，34人获得国网北京市电力公司评标专家资格。加强岗位技能培训，明确培训目标，定期跟踪培训效果，加强考核力度，截至12月底完成各项培训班75项，培训3350人次，全员培训率达100%。

组织深化中层干部测评工作，建立季度测评机制和半年述职制度，共组织235人次的测评和19人次的述职工作。

通过修订建造师奖励与津贴管理办法、建立驻京外项目部人员家属探亲管理办法、外借人员管理办法来完善施工项目部激励政策。在薪酬体系中设立工程项目专项奖、阶段性工程奖、总经理基金等多项施工奖励，建立工程项目专项奖励政策。制定工程公司创先争优专项奖励方案，对有突出贡献的人员实行特殊激励。建立向施工项目部一线人员、向关键岗位人员倾斜的薪酬制度体系。

结合转型升级及建设部相关要求，组织确定23名重点培养人员作为省公司级以上级别专家人才储备库，对照评审条件，量身定制晋升路线图，督促其定时定量完成阶段性任务。

参与组织国家电网公司输变电工程质量工艺竞赛导地线压接和高压电缆头制作的封闭培训工作。建立人力资源微信公众号，对人力资源队伍的建设等信息进行全面综合展示。

【安全生产】围绕“安全管理提升年”主题，开展“隐患排查”“春季、冬季安全大检查”“安全生产月、安全生产万里行”“安全技能等级评价”“临时电源箱专项整治”“电力建设施工安全年”“电网安全保障攻坚65天【保安全、无事故】专项行动”“消防安全隐患大排查、大治理、大整治”“施工作业安全管控”等安全活动，加强安全文化建设，开展“安全主题演讲比赛”“消防安全培训”，营造良好安全氛围。圆满完成“一带一路”和“十九大”供电保障的安保工作。完成3个安全100天，安全纪录累计4018天，未发生上级考核的安全事件。工程公司成功创建为“全国安全文化建设示范企业”。

树立“大安全”管理理念，宣贯新《安全生产法》和《四本安规》，执行安全双准入工作要求。成立监控指挥中心，整合公司生产值班等相关业务，利用视频监控手段加强对施工现场的管控力度，确保生产作业现场和风险等级较大的作业现场视频监控全覆盖。巡检组巡检生产作业现场428次，巡检覆盖率100%；开展安全日常工作监督，执行到岗到位管理规定，安排和监督风险作业现场领导干部到岗到位，确保风险作业现场安全措施落实有效；控制安全工器具、消防器材采购流程，采用集中询价方式，组织框架招标，控制采购成本，保证安全工器具质量；每月针对安全工作重点，开展分公司负责人带队的安全管理交叉互查活动，专业间互相学习，取长补短、共同进步。2017年共开展交叉互查103次，发现问题255项，全面闭环整改。全年共接到隐患排查工作任务单60张，及时将施工隐患整改治理完毕，与发改委、地方政府沟通，落实管控治理方案，确保隐患可控在控。

【经营管理】全年中标262项，中标金额20.41亿元，创工程公司历年之最；全年完成施工产值18.47亿元，同样打破工程公司历史纪录。首次承揽远郊区县110kV线路运维检修业务，至此工程公司运维检修业务实现500kV及以下电压等级线路全覆盖。

首创技经巡检制度，安排技经人员、工程管理人员深入施工一线开展巡检，对施工中发生的成本费用进行监督和管控，切实解决一线疑难问题。引进造价

■ 6月，安定500kV变电站增容工程施工现场。 （李燕楠 摄）

咨询单位，加强工程项目经营审计，降本增效，规避经营和法律风险。全年完成工程结算96项，完成单项工程成本核算108项。全年清理遗留工程39项，回收遗留资金7193万元。加大成本和费用管控力度，工程成本降低1375万元。

【工程建设】1月，施工管理部成立配网管理中心，规范开展配网施工管理工作。以核心区架空入地工程和“煤改电”工程为抓手，积极打造配网综合项目部，通过应用手机APP加强现场安全质量和进度管理，工程现场巡检频度和深度均明显加强，配网工程管理逐步走入正轨。全年配网竣工项目15项，完成配网产值2.5亿元。

2月，工程公司集中施工资源和管理资源，跨专业组建了三个区域项目管理团队，打造多专业综合项目部，统一协调管理区域内电网施工任务。施工管理部随即调整了管理模式，由原来的分专业管理转变为区域内的全专业管理。在安定500kV变电站增容工程中，成立了以变电为主的跨专业综合项目部，各专业之间沟通衔接更加流畅，共同促进了工程项目的稳步推进。

年内竣工投运项目共51项。完成胜利、潍坊、泰州特高压工程3项，石家庄、峄城兰陵500kV线路工程2项，涿州电厂送出、昌八、北宫220kV输变电工程5项，政协西、市府西、方家村110kV输变电工程34项，南尚乐、汤河口、灵山35kV输变电工程6项。共计完成投产架空线路764.42km，敷设电缆155.44km，主变压器安装容量691.6万kVA。

【工程创优】工程公司严格落实标准工艺应用，坚持三级质量检验，在输电、变电、电缆、土建工程中开展隐蔽工程质量追溯卡和影像资料拍摄现场应用，推

广应用质量控制标准化作业卡，开展关键环节、隐蔽点全过程质量监督和工程质量绩效评价。开展创优示范工程建设，26 项输变电工程获得国网优质工程称号。

“蔚县—门头沟 500kV 架空线路工程”“天堂河 110kV 变电工程”分别获得北京公司输电线路专业和变电专业样板工程称号。

完成《电力隧道盾构典型施工方法》和《500kV 电缆安装典型施工方法》编制，完成国网《500kV 交联聚乙烯电缆线路施工及验收规范》编制。

■ 十九大保电期间，共产党员服务队巡视运维线路。
（李燕楠　摄）

【科技进步】发挥创新工作室技术优势，提高施工质量，保障施工安全，对岩石地形基础施工采用二氧化碳液体致裂技术开展无火药爆破，利用超声波、X 光技术对设备开展质量检测，研制 220kV 通用型试验套管解决组合电器电缆加压难题，开发“同进同出”管理系统在线视频对工程现场开展远程安全质量监控，研制“应急充电方舱”装备为十九大供电保障户外工作小组提供施工、通信、保障电器等设备应急电源。

“室内变电站 GIS 间隔对接小环境控制系统研制”“架空线路工程全过程机械化施工技术研究与应用”获公司科技进步三等奖，“基于超声波探测的线路耐张金具检测”获公司群众性创新一等奖，“隧道内放缆机运输装置”“便携式温度变送器辅助校验台”“电缆线芯夹紧器”获公司群众性创新三等奖；“便携式温度变送器辅助校验台的研制”“降低钢结构变电站主变间外墙拆装时间”“缩短近电构筑物拆除工程工期”获公司 QC 小组活动成果三等奖。

【技术装备】投入 2500 万元专项资金新购置施工和试验装备设备，8 个专业设备共 183 台（件）；购置同步分布式电缆局部放电状态检测设备，对电缆、组合电器、开关柜等设备在耐压试验同步开展局部放电检测；建立封闭无干扰试验室，配置相应试验设备，开展温升试验、声级测定、雷电全波冲击试验等设备入网检测项目。

送电专业拥有进口 24 台套、国产 38 台套大型张力机、牵引机，拥有轻型落地回转式双平臂钢抱杆 1 套、动力伞放线设备 1 套、八旋翼无人机放线设备 2 套；变电专业拥有 6 套真空滤油机、6 台真空机组和 10 台大型 SF_6 回收装置等变电安装装备，能够满足各种室内变电站的安装需要；电缆专业拥有专业电缆运输车 6 辆、电缆输送机 365 台，可满足各种电压等级大截面电缆的放缆施工任务；试验专业拥有德国海沃变频谐振升压设备、交联电缆变频谐振试验系统及油务试验系统等装备，能独立完成 500kV 及以下电压等级电力系统常规电气试验；应急抢修专业拥有水陆两栖车、空气动力船、雪地摩托、履带车等装备，并且针对北京城市地形复杂的特点，积极开展应急装备的配备和研发，实现应急抢险救援装备的现代化、信息化。

■ 研制“应急充电方舱”装备，为十九大供电保障户外工作小组提供施工、通信、保障电器等设备应急电源。（李燕楠　摄）

【应急运维】完善组织机构，加强专业融合。综合救援在现有应急响应的基础上，整合应急队伍，充实专业力量，组织应急培训，加强备战备勤。开展国网应急技能培训、特种设备操作取证培训（八旋翼无人机）、医疗培训、特种车辆驾驶、卫星通信、野外生存、电力专业等 18 项培训；参加度冬、度夏、两会、华北七省市应急联动、“一带一路”国际合作高峰论坛、党的十九大政治供电保障专项应急演习等 9 项演练。全年启动四级及以上应急 15 次，完成“6・18”门头沟斋堂地区山洪抢险、“8・3”北京四中房山校区防汛抢险等任务，获得北京市市级专业应急队伍认证。加强运维管控，开展 500kV 通朝、安朝及 220kV

三北一、二线路巡视工作；拓展顺义、昌平、大兴三个地区的线路检修工作；组织反外力专项活动，加强线路巡视，实施风险隐患24h监守，确保线路平稳运行；全年消除树线矛盾2万余棵，消除线路缺陷300余项，消缺率100%；完成春节、全国两会、“一带一路”峰会和党的十九大政治供电保障任务，得到国家电网公司和公司的肯定。

【党的建设与精神文明建设】 落实全面从严治党要求，扎实开展“两学一做”学习教育常态化、制度化，组建党的十九大精神宣讲团，深入一线学习宣贯。实施党的建设“旗帜领航　三年登高”计划，优化基层支部设置，有效嵌入中心工作，将党支部设置由原来的10个调整为14个。围绕电网建设攻坚战、十九大政治供电保证等重点任务，成立8个临时党支部，先后召开三次誓师大会，授旗成立8支党员突击队、3支党员保障队和12支青年突击队。

深化首都文明单位创建，制定创建举措，抓好文明共建，确保蝉联首都文明单位。依托职工之家和文体协会，建立文体活动常态化管理机制，定期开展文体活动，丰富职工业余文化生活。加强文化阵地建设，建成公司总部基地、草桥、芦城办公基地企业文化长廊。多次策划重点工程及应急专业设备新闻发布会，邀请中央、行业媒体记者走进施工现场，开展重点工程建设的宣传报道，全年在《北京电视台》《人民日报》等媒体报道40余次，在公司媒介平台发稿268篇。

（秀景琪）

检修分公司

【概况】 国网北京市电力公司检修分公司（简称检修公司）成立于2012年5月24日，由原变电公司、输电公司、电缆公司和带电作业中心4个单位整合而成，业务范围广、人员数量多，所辖设备覆盖首都全部16个区县，是国网北京市电力公司规模最大的二级单位。检修公司下设7个职能部室、12个专业生产中心、2家集体企业。共管辖变电站293座，架空输电线路618条5472km、电缆线路816条2156km。固定资产总额772亿元。2017年，检修公司首次荣获首都文明单位标兵和国家电网公司文明单位，荣获国家电网公司党的十九大保电工作先进集体、北京公司先进单位、安全稳定攻坚战功勋单位、党的建设功勋单位等荣誉称号。

地址：丰台区万泉寺（菜户营南路）石门甲1号
邮编：100069
电话：010-63120400

【人力资源】 截至年底，检修公司共有职工2522人。其中，全民职工1232人，主业劳务派遣职工107人，集体工122人，集体企业社会化用工1061人。全民职工中，本科及以上学历669人，高级职称124人，中级职称204人；技师及以上职业资格825人，高级工202人。

加强专家队伍建设，新增34名地市公司及以上专家人才，201人新取得中高级职称或技师和高级技师资格。开设“专家讲堂”，发挥输电、变电、电缆等各类专家人才作用。注重在实践中锻炼干部，结合十九大保障战区管理，任命60名中层干部和管理人员担任参谋长、连长（指导员）职位，有力提升干部综合素质。注重青年员工培养，连续三年开展年终测评，助力员工成长成才。加强厂企联合培训，组织23批次驻厂培训。人才当量密度达到1.17，位于指标A段。有251人获得十九大保障先进个人，400余名职工获得其他各类先进称号。注重正向引导，开展现场无违章、本质安全、移动终端应用、资产精益化、电网建设等6项劳动竞赛，每月“亮成绩、评红旗、推明星”，评选出大检修金牌工匠43名、竞赛之星86名、红旗单位19个，使“撸起袖子加油干”蔚然成风。检修公司安规竞赛调考成绩囊括北京公司线路专业前三名。电网建设劳动竞赛荣获一面竞赛红旗、两颗月度之星，企业核心竞争力不断增强。

【政治保电】 将党的十九大保电作为践行首都供电政治责任的第一要务，经过一年多的保电筹备和近一个月的保电攻坚，投入保障人员8951人，出动车辆1.3万台次，创检修公司保电历史之最，取得了供电保障的全面胜利，充分彰显了检修公司主网守护者的重要职责。创新实施“战时准军事化管理”组织模式，领导班子分领“十大战区”，以“营”为单位开展保障工作。加强了横向贯通和区域集中，共设立45个专业连、193个专业排、623个班，形成了“军事管理带队伍、专业管理保业务”的立体化供电保障格局。深化与属地公司合作，建立了外协、安保队伍考评机制，树立了保电新理念。发动一切可以发动的力量，党政工团同发力，管理人员和一线人员互帮扶，先进技术手段齐上阵，实现了十九大保障设备可靠、人员可靠、服务可靠。圆满完成“一带一路”高峰论坛等重大保电任务193项，保电天数达322天，再创历史新高。

■ 5月15日，检修公司应急发电车在“一带一路”保电雁栖湖畔严阵以待。（张向东 摄）

【安全管理】检修公司全年未发生人身伤亡事故、信息系统事件，未发生五级及以上电网、设备、火灾事故，未发生有管理责任的五级安全（质量）事件，未发生恶性误操作事件，未发生本企业有责任的特大交通事故，实现了3个百日安全长周期。

压紧压实安全生产责任，层层落实各级部门和基层单位的主体责任和监督责任。加强安全风险管控，深化施工方案、安全措施及运行保障措施等各环节分析和预控，完成停电检修作业4408项。深入开展集体企业安全管理年、安全生产大检查和电力施工安全年等活动，共计查处并整改问题381项。组建安全监控中心，健全工作规范，实现施工现场24h视频监督全覆盖。实施典型安全事件汇编“每月一学”系列活动，提高员工安全意识。深入开展作业现场反违章专项行动，加强作业现场巡检，严格落实领导干部到岗到位，公司两级巡检组开展现场安全检查2946次，领导及管理人员现场把关3773人次，安全生产违章率同比降低25.67%。全年发生安全事件46起，同比降低27%。

【专业管理】深化运检指挥体系建设，不断提升业务信息流转效率和指挥水平，日均监视信息量提升至2.7万条，信息流转及时率达100%。全年完成各类抢修任务1721项，故障处置效率提升21%。依托智能管控平台，统筹优化生产计划管理和缺陷管理，有效执行停电计划3769项，处理缺陷8883项，影响设备运行缺陷消缺率达100%。深化风险管控，将风险管控嵌入月计划编制，审核一级及以上风险现场424项，确保管控关口前移。提高响应速度，启动应急响应43次，有效应对2254万kW历史最大负荷、冬季负荷屡创新高的考验。完成97座变电站运维资料整理，对全部变电站进行分级分类，并依照类别制定差异化巡检周期。创新实施输电通道联合巡检，领导班子成员与属地公司建立对接机制，共保主网安全。完成36座电缆终端站视频监控装置加装、114套长安街核心隧道视频监控装置升级改造、全部管辖隧道5万余块标识标牌加装等工作。推进带电作业集约管理，西南分中心建设如期完工。扩大带电作业队伍，成功引进7台国内最先进小底盘直伸臂斗臂车，全年完成带电作业任务2464次，发电车完成政治供电、应急抢险任务258项，带电作业力量不断加强。

■ 8月4日，迎峰度夏期间输电云台线巡视。（尹星 摄）

【生产建设】全年总体设备故障率下降37.8%，超额完成30%的工作目标。全面掌控设备状况，完成全部290座变电站、5460km输电线路、2173km重要电缆设备评估工作。推进设备精益化建设，开展55座变电站综合治理，完成全部201座110kV变电站规程修编审核，变电站精益化覆盖率达100%。成立反外力监控中心，尝试反外力战区分片管理机制，新增智能安防监控设备971套，输电外力故障降低40%。大力开展设备隐患排查治理，有效提升设备健康水平。输电、变电、电缆设备故障率同比分别下降33.9%、66.7%和55.6%。主动对接“优质服务攻坚战”，配合10kV线路新发和切改112路、检修210次，断面审批和有限空间许可1118项；配合实施带电作业和发电应急抢险任务634项，有力确保了煤改电、架空入地、业扩报装等工作顺利推进。全力支撑“电网建设攻坚战”，

“检修”破分区，“运维”调班组，统筹主业产业全部资源，高质量推进通州扩建、韩房迁改、京秦高速等工程项目；创新设备验收模式，优化验收管理举措，缩短验收周期，确保城市副中心、新机场、冬奥会等重点工程全部按期投产，为国家重大项目提供可靠供电保障。团结湖220kV送电电缆工程获得国家电网公司“输变电优质示范工程”。全年新增变电站13座，新增架空输电线路261km、电缆和隧道244km。

【科技创新】深度开发智能管控平台和移动作业终端，新增政治供电模块，新配发终端1272部，全年完成APP任务1.3万件，确保了人员和设备的实时透明管控。加强新技术新装备的应用，引进激光除异物、3D扫描、巡检机器人、UPS飞轮移动电源车等先进装备，提升设备消隐、检测和应急水平。自主研发图像智能识别技术，安装应用声光报警设备，实现大型机械自主识别和主动报警，监控效率较纯人工提高24倍，环境隐患发现及时率提升31%。在北京地区首次应用隧道移动巡检机器人，提高设备运检效率。超额完成专利数量，科技成果完成数量是2016年的5倍，20项成果获奖，“500kV交联电缆竣工试验关键技术及应用”荣获国家电网公司科学技术进步二等奖；管理创新取得北京市一等奖1项、二等奖2项，公司一等奖1项、二三等奖4项；QC成果数量居公司之首，荣获公司一等奖2项、二三等奖10项；青创赛荣获国家电网公司创新创意大赛银奖；7篇优秀论文荣获公司工程建设奖。创新成果数量和质量均显著提升。

【经营管理】深入开展“一线工作日暨周调研”活动，领导班子累计调研23次，收集各类问题、建议89个，所有问题上班子会商讨答复。坚持工作协同，建立领导层及战区的微信交流群，信息渠道更加畅通。精益资产管理，累计核实资产数据6521条，办理设备退运和报废审批100项，有效提高账卡物一致性。圆满完成年度转资项目96项，涉及资金4亿元，工程决算转资完成率达100%。成本控制更加精准，全年完成可控资本7.2亿元，完成率99.87%。有效处理法律案件5件，并首次主动起诉，获得胜诉，共挽回经济损失214.4万元。集体企业突出“服务主网支撑主业”，探索建立集体企业新型经营管控模式，实施分公司经营业绩考核责任制，有力提升经营水平。全年京电集团承揽工程684项，完成产值9.1亿元，同比增长50%，创下历史最好业绩。管道公司实现营业收入1.93亿元，完成预定目标。

■ 9月28日，王府井巾帼站开展工作。（尹星 摄）

【党的建设与精神文明建设】构建“大党建”格局，结合迎峰度夏、电网建设、政治保电等重要工作，建设50个临时党支部，组建15个党员保障队、突击队和服务队，明确112个党员责任区，确保了党建与生产工作同部署同推进。优化党支部设置，正式党组织数量由20个增加至60个。规范设置党委办公室、党委组织部、党建工作部，增加党建部门总编制数。有效开展“双百佳”创建活动，变电检修西区荣获国家电网公司“先锋党支部”，状态监测三班荣获国家电网公司“工人先锋号”，5个班组荣获国家电网公司“先进班组”，14个支部、11名党员分别荣获公司“百佳支部”“百佳党员”，10个班组、7名职工分别荣获公司“百佳班组”“百佳工匠”。创新开展“每周一查”，全面推广应用首善清风APP，成功组织“干事干净、首善先行”廉洁文化宣教汇报演出，党风廉政建设进一步加强。开展工程项目审计，促进招投标、合同、物资等7类64项问题的整改。深入开展问题清单梳理，整改问题16项。迎接国家电网公司等上级单位和各行业调研43次，承办中国能源化学地质工会、中央企业团工委等现场会并获好评。关心关爱员工生活，举办健身操、钓鱼、健康长走等活动，承办公司篮球赛并获季军。精心安排职工饭菜、劳保需求，定期开展“送温暖”，有效提升职工生活品质。

（刘 丛）

信息通信分公司

【概况】国网北京市电力公司信息通信分公司（简称信通公司）是国网北京市电力公司信息和通信业务的专业支撑机构，负责公司信息与通信系统的建设、运行、维护工作。设置党委办公室、党建工作部（监察部）、财务资产部、党委组织部、安全监察质量部、技术发展部6个职能部门，信息通信调度监控中心、信息通信运检中心、信息通信工程中心3个专业机构。

地址：北京市大兴区地盛北街2号院
邮编：100176
电话：010-63123865

【人力资源】信通公司有全民职工208人，平均年龄39.6岁。其中，研究生及以上学历71人（其中博士4人），占比34.1%；本科学历81人，占比38.9%；大专学历23人，占比11.1%；大专以下33人，占比15.9%。高级职称40人，占比19.2%；中级职称46人，占比22.1%；初级及以下职称122人，占比58.7%。高级技师48人，占比23.1%；技师44人，占比21.1%；高级工33人，占比15.9%；中级工及以下83人，占比39.9%。

推进专家人才队伍建设，强化专业技术人才培养，人才当量密度达1.176。累计遴选国家电网公司级专家人才2人；省公司级专家人才1人、后备2人；市公司级专家人才10人、后备2人，初步建成分类分级优秀专家人才梯队。完成培训6354人次，人均学时928.23小时，员工培训率达100%。组织员工参加专业技术资格评定以及相关行业的技能培训、鉴定工作，其中，2人评定为中级专业技术资格，5人评定为高级专业技术资格；29名员工参加了北京市通信行业职业培训，全部通过考试并取得相应证书，其中高级技师6人、技师23人。

【经营管理】按照公司价值、创新、管控、精益、法治“五个基本理念”的总体要求，完成深化预算管理、依法规范核算、加强资金管理、深化工程财务管控、加强资产管理、问题清单梳理全覆盖等共八项财务年度重点工作。完成可控费用执行率和年度转资率两项业绩考核指标。严格把控工程转资、资产调拨、交接处置等各环节时间节点和管理要求，强化资产设备的常态化管控。开展资金安全专项检查工作，完成对主业资金、工会经费和集体企业资金安全管理情况的全面自查自纠。开展关联交易内控评价工作，完成对工程建设、资产使用、资金往来等方面20项风险点的专题评价自查。完成公司审计部开展的对领导离任经济责任审计、工程专项审计和巡察自查工作。完成公司工会开展的对基层工会财务收支与预算执行情况的审计。开展问题清单梳理全覆盖工作，制定深化集体企业改革和“两供一业”分离移交2项整改决议，编撰重点问题整改方案4份。积极推进管理创新工作，加强往来款项管理和资金安全管理，形成的《降低往来款项挂账金额》荣获中国质量协会颁布的2017第十七届全国QC小组成果发表赛三等奖，《集中支付环境下资金安全管理实践》荣获公司2017年度优秀管理创新成果三等奖。

【安全生产】全年完成3个百日安全长周期。未发生电力生产人身轻伤及以上事故，未发生统计和考核的一类障碍及以上事故，未发生信息安全事件，累计安全生产2109天。荣获公司安全稳定攻坚战功勋单位荣誉称号。

完成“一带一路”国际合作高峰论坛、党的十九大等重大政治活动信息通信保障工作178项，投入信息通信保障人员3万余人次，保障各类会议1106次，修编各类筹备方案、专项预案、应急预案62项，组织培训演练67次，保电任务数量及人员投入数量创历史新高。荣获国家电网公司党的十九大保障工作先进集体、公司突出贡献单位等荣誉称号。

■ 9月15日，信通公司召开确保十九大安全供电誓师大会。
（刘颖 摄）

落实国家电网公司强化本质安全30条要求，监督各级安全责任落实，深入开展本质安全提升年、集体企业安全规范管理年等活动。组建安全监控中心，强化“6+14”两级安全巡检体系，严格闭环问责，全年检查现场483个，各级管理人员飞行检查和现场把关354人次，巡检覆盖率同比提高64%，查纠违章29项，实现作业现场安全监督全覆盖。创新应用量子通信技术保障核心地区配电数据传输，安全加密能力达到国内最高级别。

全年开展专项安全培训17次，内外部员工近4000人次参加准入考试。实施电源检修等重点运维岗位考试持证上岗，提高关键岗位人员安全技能水平。结合专业特点策划安全活动，举办公司网络安全知识竞赛，组织网络安全法、新调规、安规全员普考，开展具有专业特色的2017年安全月“安全万里行”活动，获北京市安监局“2017年安全生产月最佳实践活动奖”。

【科技进步】 加强原创性成果培育，优化科技创新体系，全面提升创新谋划能力和创新应用能力，加大成果转化和推广力度。全年完成专利申请18项，其中发明专利15项，实用新型专利3项；获得发明授权专利1项，实用新型授权专利5项。“信息系统一体化调运检支撑平台关键技术及推广应用”获国家电网公司科学技术进步二等奖；“‘e管理’领导决策支持移动应用”“北京电网气象平台深化应用关键技术研究”“基于PON技术的配电通信网组网及关键技术研究”均获得公司科技进步二等奖，“应急指挥中心可视化控制系统深化及应用”获得公司科技进步三等奖；“基于大数据与可视技术的信息安全智能预警技术与应用”获得公司群创一等奖，“北京煤改电补贴功能模块软件”获得公司群创二等奖，“一体化智能机柜”获得公司群创三等奖。

全年支撑国网省公司内部对标配套保障信息通信专业一级指标5项，细项指标300余项，完成既定目标。参与25家国网省信通公司机构对标评比获得第5名，荣获标杆单位称号。

【优质服务】 严格落实“五个最”（最高的标准，最有效的组织保障，最可靠的技术措施，最饱满的精神状态，最严明的工作纪律）保电要求，512名保电人员连续奋战26个昼夜，圆满完成党的十九大政治保电任务。全年圆满完成“一带一路”国际合作高峰论坛等重大政治保电任务178项，实现了信通保障“五个零”（工作零违规、业务零中断、数据零泄露、安全零事件、服务零投诉）的最高目标。

■ 10月21日，信通公司在十九大保电期间加强线路巡视工作。

（柳阳 摄）

营销类系统全面支撑北京公司810万用户用电业务，日均售电9.7万笔2.15亿元，居民网络渠道交费占比70%。全年完成57万笔1.28亿元。“煤改电”用户电费补贴下发，实现下发零差错。当日错收电销账与日间核账业务连续8年无差错。掌上电力最大日累计访问量9.1万次，日购电7000次，微信平台日均访问量2万次，日均点击次数10万次，各项数据均创历史新高。21186全年接听客户来电8万余次，处理工单4万余份。受理继电保护等各类通信业务通道申请446项，开通通道1321条。圆满完成一级会议保障278次，保障次数再创历史新高。

【党的建设与精神文明建设】 深入学习贯彻十九大精神，全年围绕宗旨意识、党章党规等重点开展中心组学习和讨论29次。落实党委、支部、党员党建职责，设立党总支1个，党支部7个，构建“大党建”格局。为促进工作任务完成，围绕十九大保障，成立8个临时党支部，组建14支党员突击队、保障队、服务队，充分发挥党组织战斗堡垒作用。支撑公司开发党建平台，录制微党课7期。深化两个“双百”创建，选树百佳支部堡垒1个，百佳班组3个，百佳党员先锋、百佳工匠6人。开展共产党员服务队宣传网络安全知识和爱心助学活动7次。积极参与企业文化示范点创建和文明单位联盟活动，与武警十四支队开展军民共建。开展“月满中秋情满信通”十九大保电职工家属交流活动。开发职工之家APP，拓展服务领域。围绕全年重点工作开展主题宣传，深入一线现场，策划报道了《雨中的守护》《手机日记》等宣传作品。国家电网故事汇作品荣获国家电网公司月度最佳作品。

（王 辉）

培 训 中 心

【概况】国网北京市电力公司培训中心（简称培训中心）是国网北京市电力公司职工教育、人才培养的基地，担负着公司党政领导干部、管理人员和技术技能人员培训、职业技能鉴定工作，承担各类会议的服务保障工作。培训中心现分为模式口、亦庄 2 个校区，总部设在石景山模式口校区。共设置 8 个部门，职工总数 133 人。

年内荣获首都文明单位、北京市交通安全先进单位、公司党的建设功勋单位、公司信息通信运行安全技能竞赛优秀单位，公司“信通杯”网络安全知识竞赛团体第二名。两项 QC 成果分获公司一、二等奖，两项管理创新成果分获公司二、三等奖。获得公司集体企业工作负责人技能竞赛优秀组织奖。中国企业教育先进单位百强、中国企业培训创新成果金奖。

地址：北京市石景山区模式口三号院
邮编：100041
电话：010-63679500

【培训工作】完成公司领导干部、入党积极分子、十九大供电保障培训、“煤改电”专项培训、党的十九大精神学习等重点培训任务。完成 11 项竞赛调考集训班的实施工作。搭建公司近 10 年调度专业培训体系。全年完成各类培训、会议、考试、鉴定、竞赛等共 530 期，培训量达到 67 230 人次，培训任务完成率达到 100%。落实技能鉴定评价任务，完成 30 个工种 2750 人次职业技能鉴定考试工作，其中高级技师、技师鉴定理论与答辩 509 人次，高级工及以下的理论与实操考试 1971 人次。完成年度 1106 人职称认定和 521 人职称评定工作。组织开展电力营销技能 7 个岗位小类的课件开发和题库开发工作，共完成 140 门微课资源，逐步搭建营销课程体系。申报题为“深化‘五位一体’应用，加强基建人才队伍建设”的典型案例。完成《信息安全教育》等 2 个微课发布，《供电员工外在形象规范》等 38 门课程参加公司“四优”课件评选。推动实训基地软硬件建设。完善亦庄基础设施，解决电源增容和网络搭建问题，加强后勤保障专业化管理。建立基建兼职教师库，完成基建教研室搭建方案（草案），完成电力调度实训室建设。开展农电工评价体系建设，初步完成顶层设计、方案确定、标准编制等工作。在运维服务、综合营业 2 个专业中，形成通用能力、共用能力、专用能力 3 大项共计 51 个模块的考评标准。

■ 3 月 13 日，电缆接头工实操考试现场。　（马建飞　摄）

【经营管理】梳理业务流程，优化组织结构，理顺培训业务职责分工，为核心业务发展构建通道。梳理各岗位工作内容，明确岗位职责和工作标准，强化工作履责与评价激励有机结合。按照《国家电网公司绩效管理办法》相关要求，推进中心绩效管理工作，对培训中心副科级及以上员工、管理类及技术类员工开展季度考核，对技能类及服务类员工开展月度考核，加大绩效奖励与个人绩效表现挂钩力度，拉开收入差距。对培训中心原有集体企业的业务、人员情况进行深入分析和梳理，扎实推进业务梳理、转移。清算关闭进网作业培训中心和供电培训学校。围绕公司核心业务发展，成立 7 个专业教研室，推动培训工作从以培训组织实施为主向培训策划、教学与课题研究三位一体模式的转变。通过加强与公司各部门的沟通联系，及时关注和响应培训需求，鼓励青年教师上讲台，自主开发课题。按照公司问题清单梳理工作部署，遵循“问题定性要准、数据定量要真、典型事例要实”总体要求，组织问题梳理、整改。全方位压降全口径成本，从严从紧安排人工类成本费用支出。实现年度压降人工成本目标。

【服务保障】提升食堂服务品质，发挥食堂服务质量监督功能，科学搭配膳食供应，保障食品卫生安全。规范公寓管理，建立问题隐患日报、入住率周报、消耗品领用月报等工作机制。开展“小贴士”活动，悬挂温馨提示工作牌，于细微处提升入住体验。开展集中排查工作，认真查找各类隐患，及时报修，确保设备设施正常运行。落实公司“安全生产月”工作要求，加强安全生产宣传教育，策划开展系列活动。组织触电急救、交通安全和消防安全教育培训，严把安全意识关。实行隐患排查治理“周汇报”机制，对存在安全隐患的区域做到早预防、早准备、早发现、早处理。举办“一把手”讲安全课活动，强化宣教力度，营造中心上下“懂安全、保安全”的安全氛围。

定期组织召开安全生产委员会月度例会，落实安全生产责任制。认真做好电梯、空调、供暖设备运行维护工作，加强门卫安保管理，安装门禁系统，有效管控校园进出车辆。按照“全面、全员、全过程、全方位”要求，开展安全大检查工作，突出查责任、查基础、查违章、查隐患，构建安全长效机制。

【党的建设与精神文明建设】 深入推进“两学一做”学习教育常态化制度化，组织召开民主生活会和专题组织生活会，建立“主题党日”活动机制。落实“旗帜领航·三年登高”计划，深化“双百”创建，开展“深化党员承诺　推进卓越履责实践”活动。开展党支部书记述职评议，优化党支部设置，完成支部换届工作。深化共产党员服务队建设，开展“红马甲”在行动、电力爱心教室等活动。组织干部员工参观市委党校党性教育基地、“砥砺奋进的五年”大型成就展。承担公司政研课题和课件开发工作。围绕学习贯彻十九大精神，优选课程和培训师资源，并向公司各单位进行推送。自主研发“三会一课”等党校基础课程，稳步推进党校实体化建设。落实中纪委七次全会精神，压实“两个责任”，细化“两项清单”，将党风廉政建设责任制融入经营管理。开展履责约谈，廉政约谈覆盖面达到100%。开展自查自纠，深化问题整改，强化风险防控。全面落实民主管理，实施厂务公开，进一步拓宽职工参与渠道。举办羽毛球赛、篮球赛。组织开展爱心捐衣、“正能量提升团队氛围”、区域团建、调研交流、读书分享等主题活动。参与公司第三届青创赛，并获得创意类项目一等奖。慰问离退休老职工，组织“聚重阳·合家欢”活动。

■ 9月28日，党委组织党员干部参观“砥砺奋进的五年”大型成就展。（马建飞　摄）

（卢　焰　娄　强）

物资供应分公司

【概况】 国网北京市电力公司物资分公司（简称物资公司）作为国网北京市电力公司直属二级单位，经历了60多年的发展历程，有着优良的传统和企业文化，承担着公司大宗物资招标、采购和仓储配送以及非电力物资供应重任，主要负责公司各单位物资供应和物资仓库管理，物资计划收集、汇总和结算审核，招标和非招标物资采购、合同签订和结算，履约协调，产品质量，供应商关系管理，仓储配送，废旧物资处置及应急物资管理等工作，是公司物资保障机构。

物资公司领导班子成员6人（含正处级调研员1人），下设综合管理部、党建工作部（监察部）、财务部3个职能部门和招标工作部、物资采购部、物资计划部、合同管理部、质量监督部、物资供应部（含物资调配中心）和仓储配送部7个业务部门，拥有北京华德工程有限公司1个经营实体。

地址：北京市西城区樱桃二条七号
邮编：100054
电话：010-63679119

【人力资源】 截至年底，共有全民职工142人。其中研究生及以上学历30人，本科学历77人，专科学历18人；高级职称8人，中级职称32人；技师及以上执业资格57人，高级工18人。开展新入企员工岗前培训工作，到燕郊仓库观摩学习，了解物资的仓储配送工作及物资公司的业务工作流程，强化库房的“统一入库，集中检测，按需领用”总体规划12字纲领。开展竞赛调考赛前动员，举办专业技术资格申报专题培训，组织“青年创新创意大赛”工作培训，组织青年员工赴设备生产现场参观学习、赴金海湖供电所进行优质服务培训，全面落实公司关于人才工作的战略部署，促进企业和员工共同成长。开展业务专题培训活动，分别就计划管理、协议库存、合同签订及结算管理、供应履约、质量检测与监造和仓储配送等环节的业务流程和常见问题进行了讲解，并开展了“北京城市副中心220kV变电站新技术”专题培训。

【安全生产】全年没有发生人身轻伤以上上报事故，没有发生设备、防火防盗事故，截止到12月31日，实现了安全生产10 535天，防火13 476天，交通安全13 677天。牢固树立“大安全”意识，物资公司领导带队，对仓库、集体企业施工现场等重点场所开展安全大检查和隐患大排查。开展安全大检查暨履职尽责专项行动联合检查，举行安规考试，开展防汛隐患排查工作，开展主题安全日教育活动、“安全生产月”主题活动，强化办公区域在施工程安全管控活动，到白浮仓库进行安全检查活动，开展“消防安全检查”主题“一线工作日”活动。国家电网公司安质部专家到物资公司作“安全生产月”专题培训，组织开展消防知识培训，“现场救治并紧急送医”演练及消防安全知识培训。

全力做好防汛工作，梳理防汛应急物资台账，编制应急响应工作卡，制定应急预案，做好应急值班人员上岗、应急物资储备等，完成各项应急工作任务。为确保十九大供电保障，开展仓库安全大检查，紧抓物资管理工作，定期检查，确保了物资的安全、高效供应。

【科技进步】注重科技创新对业务工作的推动作用，鼓励员工开展自主创新。承担的“煤改电电力物资多目标配送规划系统”和“应急电力物资精细化管理与优化调配研究”两项公司级科技项目完成评审验收。QC小组课题“缩短电力物资计划审核时间”取得北京市第七十一次QC成果发表会三等奖。1篇技术论文入选首届《IEEE能源互联网与能源系统集成会议论文集》，并被EI检索。

【经营管理】确保重点工程物资供应，服务好“煤改电”“新机场”“通州行政副中心建设”“架空入地”“度夏工程”等多项重点工程。把好物资入网第一关，通过专项抽检工作扩大检测范围、拓展检测项目。制定《国网北京物资公司“两排查一整治”专项行动方案》。开展问题设备专项排查及典型问题重点排查，对近3年来发生过偷工减料、以旧翻新、以次充好质量事件的严重信誉不良供应商进行梳理。组织合同集中签订与合同结算会，逐一核对合同信息，就合同金额、技术协议、技术参数、交货时间、交货地点等逐一进行确认，不断加强与建设单位、供应商之间各方面的沟通和联系，圆满完成合同签订工作。召开合同结算工作沟通交流会，就重点难点工作提出具体建议和解决方案。全面开展集中招标活动。圆满完成物资竞争性谈判、单一来源采购评审工作，在纪检监察部门监督下完成采购工作。完成废旧物资处置网上竞价活动。全面推进物资仓储建设。全力推进智能仓储物流管理信息系统建设，利用条码、手持终端、仓位灯等仓储物联网技术提高物资仓储精益化、智能化管理水平，优化物资出入库现有流程。

【优质服务】提早谋划十九大供电物资保障工作。面对各类供电保障任务和重大灾害等风险，不断完善应急物资组织网络，建立应急物资常态化管理运行机制，预先与周边省公司开展应急物资调配联动，统一应急物资工作流程，优化应急储备布局，细化应急物资标准及储备定额，推行应急物资储备标准化和单元化，组织赴城区公司进行架空下地现场服务。助力新机场配套电源建设，通过到货确认会协调各建设单位、供应商等相关部门工作，确保物资按时到货。为保障通州行政副中心工程物资的及时供应，开通了合同签订绿色通道。为首都副中心电网应急抢修分中心通信系统建设工程（通州）、北京行政副中心（通州）地区配电自动化系统建设等保驾护航，支持公司开展2017年主网工程和46项“煤改电”工程建设。

■ 8月31日，物资公司组织赴城区公司进行架空入地现场服务。（李珍　摄）

公司供应商服务中心为供应商提供“便捷、高效、规范、诚恳”的一站式优质服务。整合原有《供应商服务中心业务流程手册》《供应商服务中心服务指南》及《关于项目物资资金支付注意事项手册》，统一编制《供应商服务中心手册》。

【党的建设与精神文明建设】深入学习宣传贯彻党的十九大精神。物资公司党委理论学习小组学习公司党委《关于在党的十九大供电保障中成立临时党组织机构的通知》《开展“百佳支部堡垒”“百佳党员先锋”创建工作的指导意见》以及《国家电网公司（党委）理论学习中心组学习实施细则》《国网北京市电力公司党的建设“旗帜领航三年登高”计划》。组织观看十九大开幕盛会、新一届中共中央政治局常委同中外记者见面会，召开理论学习中心组学习会议，向各党支部支书、支委发放《党的十九大报告》及辅导读本和辅导百问、《十九大党章学习讲座》《十九大代表风采录》等书籍。传达国家电网公司2017年党建工作会会议精神，组织参观庆祝建军90周年主题展，召开2017年党建暨反腐倡廉建设工作会、年中工作会，深入贯彻公司各项决策部署，以全面打赢“三大攻坚战”为重点，优质高效完成全年工作任务。向全体员工发布了“爱心募捐衣物活动倡议书”，组织捐助云南省凤庆县的三岔河中学。

（邢晓溪）

综合服务中心

【概况】综合服务中心成立于2012年4月，是国网北京市电力公司的直属二级单位。负责人事（不含干部）、科技、基建、会计、文书、声像等档案管理工作；负责公司续志、年鉴资料搜集和编撰工作；负责公司内外网站新闻宣传及影像新闻制作；负责公司层面临时机构专职人员、外借人员、本部司机等员工的人事关系管理。

地址：北京市西城区前门西大街41号
邮编：100031
电话：010-63127197

【人力资源】扎实推进常规工作，根据人资部的相关要求，完成中心在册员工全年工资、奖金发放工作；做好93人次年度薪档调整及薪点积分台账的记录工作；按标准规范完成8大项16小项福利费的支付工作。有条不紊开展新生工作，完成332名新入企员工的基础数据录入及初期工资发放工作，并按要求完成该部分人员的接收与调出。规范完善基础数据，以一级部署人力资源管理信息系统实用化评价为契机，根据个人数据提供与档案信息查询相结合的方式，初步核验完善80余人的最高学历、最高职称、最高技能等级、员工照片、独生子女信息等基础信息，为人力资源基础数据的真实有效提供坚实的保障。全年完成98人次变更定点医院、111人慢性病报销、64人公积金相关业务，完成五险一金的代扣代缴工作，以及各类报表编制上报工作。

【财务管理】加强预算管理，优化资源配置，完成预算编制、上报、审定、下达工作；加强预算管控，严格执行预算方案，严控“三公”经费，加强预算执行审核，监控预算执行进度。完成会计核算工作，每月开展线上稽核，查找财务风险防控的薄弱环节；准确编报月度财务报表，实现从业务到财务、从预算到决算的闭环管理。加强资金安全管理，开展资金安全专项自查及公司其他成本单位间的互查工作，提高资金安全风险的防控意识。完成领导干部离任审计检查。代管交易中心财务管理工作。

【档案管理】稳步推进档案工作标准化、规范化。文书档案共计接收、审核公司收发文件5702件、授权委托经济合同687件、组卷498卷；人事档案提供利用3127卷，归档材料15 819份材料，档案立卷389卷，转递人事档案55卷；工程档案完成整理立卷3187卷、上机上架1987卷，使用国网档案管理系统客户离线端归档的项目107项；会计档案接收1549册；声像档案照片入册1868张。

加速推进档案信息化建设，开展馆藏档案、增量档案全文数字化工作。参与公司文档工作协作组工作，牵头组织开展“电网建设项目档案全过程管理实践”管理创新课题的研究，初步形成研究成果。采取多种形式传播档案价值和档案工作价值，在“国际档案日”系列宣传活动期间组织发放挂图、报纸、杂志等宣传资料330余份；组织45名基层单位专兼职档案管理人员赴国网档案馆参加主题为“共享档案·分享历

■ 为进一步推进档案工作标准化、规范化，工作人员正在认真核实档案资料。（吴国健 摄）

史”的系列活动。

工程项目档案管理与经研院项目管理中心建立互联动态协作机制。试点开展项目档案集中归档工作，1000kV 锡盟特高压工程组织了档案移交。开展档案服务下基层活动，走进河北张南—北京昌平 500kV 送出第三回工程（北京段）项目部进行工程项目档案知识培训。开展库存实物档案和系统电子档案的核对工作。

【志鉴管理】 缩短《国网北京市电力公司年鉴（2017）》编纂出版周期，突出“精细、精心、精益”，认真落实编辑各环节工作，年鉴编辑工作从 2 月启动，7 月初正式出版发行，提前半年完成全年工作任务。高质量完成《国家电网公司年鉴（2017）》的撰稿工作，及时组织编辑部专家组对稿件进行汇总、提炼、编辑，形成北京公司内容，在规定时间上报国家电网公司年鉴编辑部，并完成对文稿的修改完善任务。同时在规定时间完成《北京工业年鉴》《北京市西城区年鉴》撰稿工作，并完成北京市第二轮《工业志》电力篇内容的补充和反馈。

【党的建设与精神文明建设】 贯彻落实公司党委要求，推进“两学一做”学习教育落地，开展“三学三亮三比三争当”共产党员教育实践活动；学习贯彻党的十九大会议精神，组织专题党课进行学习研讨；加强党建工作，落实国家电网公司和公司党的建设“旗帜领航·三年登高”计划；严格执行“三会一课”、民主评议党员等党内生活制度；加强党风廉政、精神文明宣传教育，开展干部述职述廉和民主测评工作；开展“创先争优”和“双百”评选，提升员工队伍素质；组织读书、集体学习、参观、长走等多种形式的文化活动，营造良好的工作氛围。

■ 10 月 25 日，组织员工及时收听收看党的十九大召开实况转播。（吴国健 摄）

【学协会管理】 11 月 23 日，中国电机工程学会农村电气化专业委员会在广西南宁举办了农村电网技术研讨会，就新时期农村配网技术的发展进行了研讨交流，来自电网企业、科研机构、设备企业、高等院校、省市学会等单位的 100 余人参加了会议。同年 3 月和 12 月，在北京举办了小规模的配网技术交流活动，设备厂家与电网运检技术人员，就配网运检新技术新设备进行了经验交流，受到电网企业与设备企业的认可。

（居 然）

客户服务中心

【概况】 国网北京市电力公司客户服务中心（简称中心）是国网北京市电力公司直属二级单位，作为公司“大营销”体系业务支撑和实施机构，承担着重要客户服务、集团客户定向服务、业扩报装集约办理、95598 服务、电费账务和交费渠道管理、营销稽查监控等专业管理职责，代管北京电力展示厅；受托管理北京京电电力工程设计有限公司惟明力通分公司。

截至年底，共设置 4 个职能部门，分别为办公室（党委办公室）、党建工作部（监察部）、党委组织部（人力资源部）、财务资产部；设置 6 个业务机构，分别为重要客户服务部、大客户服务部、95598 客户服务部（95598 远程工作站）、95598 运营管理部、电费管理部、营销技术支持部。

中心获得北京公司“一带一路”峰会供电保障先进单位、十九大供电保障贡献单位、“煤改电”工程贡献单位、首都核心区架空线入地工程贡献单位、优质服务劳动竞赛红旗单位等专项荣誉，获得优质服务攻坚战功勋单位、先进单位等综合荣誉，业绩考核排名公司专业单位第一。

地址：北京市东城区东打磨厂街 1 号
邮编：100062
电话：010-63122088

【人力资源】 截至年底，中心共有全民职工 136 人，集体企业用工 238 人。中心在职全民职工具有博士学历 1 人，研究生学历 49 人，本科学历 80 人，专科学历 6 人；具有高级职称 29 人、中级职称 61 人、初级职称 39 人；技师及以上职业资格 21 人，高级工 53 人，中级工 10 人；现有国网公司级专业领军人才 2 人、地市级优秀专家人才 2 人、国网公司级优秀专家人才后备 1 人，省公司级专家人才后备 4 人、地市公司级优秀专家人才后备 1 人。

深化两级绩效考核，加强过程、结果两个维度管控，构建以业绩指标、督办任务、职能评价为主体，专项奖励、减分指标为补充的“3+2”指标体系。构建全岗位“一岗一册”体系，明确每个岗位的职责、执行制度、业务标准、绩效指标、岗位风险管控措施以及业务流程，“五位一体”协同机制在中心扎实落地。时隔 5 年再次接收应届大学生，员工队伍结构得到优化。关心青年员工成长，开展“双师领航师带徒活动”，建立定岗实习培养机制。中心荣获公司“互联网+”电子渠道运营知识与功能技能竞赛、招标投标法律法规知识竞赛、集体企业现场工作负责人竞赛优秀组织单位荣誉称号，分获一、二、三等奖各 1 人次，2 人被北京公司评为供电服务之星。

【经营管理】 组织签订重大保障任务专项安全、保密责任书、承诺书，强化作业现场两级安全巡检。促请北京公司明确两级客服中心作为业扩报装业务办理单位的安全职责定位，建立中心内部两级安全备案核查机制，开展施工单位资质审核，固化现场作业流程职责，全年未发生业扩安全事故。发挥 95598 远程工作站信息枢纽作用，助力公司成功应对夏季、冬季历史最大负荷。开展《网络安全法》全员宣贯。深入排查消防隐患，完成东打磨厂街 1 号办公楼修缮。贯彻集体企业安全管理同质化要求，严格执行安全“双准入”标准，圆满完成集体企业安全规范管理年活动。坚持依法从严治企，开展国网通用制度评估和落地执行情况检查，完成业务与制度末端融合试点工作，广泛开展普法宣传。编制《客服中心营销项目管理手册》，理顺废旧物资集中处置流程。发挥审计监督效能，对主营业务开展审计监督。强化月度滚动预算管控，全年可控费用预算执行率达到 99.97%。贯彻公司集体企业深化重组整合瘦身健体要求，完成北京京电电力工程设计有限公司惟明力通分公司设立。集体企业承揽工程迈入亿元大关。依托“钟宏伟创新工作室”打造“双创”特色平台，举办“创响客服金点子”活动，全年累计培育各类创新成果 32 项，其中管理创新成果获得市级二等奖 1 项、公司级二等奖 1 项，获得公司级群众性创新成果一等奖 1 项，QC 成果获得市级优秀奖 1 项、公司级二等奖 1 项、三等奖 2 项，完成专利申请 8 项、获得授权 3 项。

【重要客户服务】 打造首都集团要客定向服务模式，设置集团客户服务班，推出安全用电、综合协调、能源管理、合作交流 4 大类 20 项菜单式服务举措。促成公司与中央军委机关事务管理总局签订战略合作协议，与中直管理局、国管局、北京市医管局达成战略合作意向。推动中央军委社会化保障落地，军纪委大楼工程、4 个营区“清煤降氮”工程等 7 个项目顺利完工。践行供电保障“五个最”要求，联合城管委举办 4 期供电保障客户电气技术人员培训，完成 8 个“两会”、51 个“峰会”、63 个十九大客户“一户一册”、“一户一案（供电保障客户一户一个保障手册，一户一个保障工作方案）”编制，开展“1+N”客户保障团队现场稽查。全年开展重要客户应急服务 37 次、技术支持 599 次、需求调研 49 次、风险管控 56 次、工程协调 74 次；完成供电保障 3752 小时，其中驻会保障 1344 小时。

【业扩报装】 深化业扩“五新”服务，与北京公司营销部建立业扩文件异义处置机制和差异化条款报审机制，与属地公司建立分区域重点项目调度机制，将原有 11 个线下流程纳入线上协同办理，优化供电方案审核模式，协助北京公司完成业扩全流程梳理。成立专项业扩报装服务组，积极服务国家重大项目，副中心办公区 A、B 区三座开关站、C2 区物业大楼过渡方案、首钢冬奥会开闭站顺利接电。推广“掌上电力”APP（企业版），线上办电率达到 100%。研发业扩报

■ 9月15日，客服中心召开党的十九大政治供电保障动员誓师大会。

装APP，实施客户资料电子化管理，提升内部管理效率。向26万客户宣传“多表合一”政策，完成节能服务推广120万元，为公司培育新的效益增长点。融入政府工作大局，对排水集团、“三供一业”“清煤降氮”等236项公司重点工程加强协调督办，西郊线、S1线等107个项目如期接电。全年签订契约项目56项，累计接电288.74万千伏安，排名北京公司第一，获得北京公司“五新服务”劳动竞赛流动红旗3面。

■ 10月7日，客服中心业扩“五新”共产党员服务队在北京城市副中心办公区业扩项目施工现场开展服务。

【95598服务】加强投诉全过程管控，建立三级知识库体系和“重要服务事项报备”闭环管理机制，全面开展工单质量核查和全口径隐性投诉业务筛查，加强投诉异动预警监测，协助各单位成功申诉2077件，北京公司全年投诉同比压降42.06%，降幅位居国网公司第一。建立三级客服中心视频会商机制，实现重要节日、重大活动期间“客户服务零投诉”。度冬期间加强“煤改电”客户诉求分析，确保百姓温暖度冬。构建基于95598业务专报、业管提示单的属地公司分析支撑体系，开展现场业务指导17次。编制《电力客户优质服务手册》，为属地公司提升服务水平提供依据。全年累计受理国网客服中心转派工单71.6万件，12345等公共服务平台转派工单3.8万件，95598工单派发及回单及时率100%；自处理工单14万件，其中居民应急送电10.8万件，自处理业务按时完成率100%、满意率99.98%、退单率0%；组织整改服务隐患398件、重要服务事项报备588件，督办敏感工单438件，95598业务支撑、信息支撑合格率均为100%。

【电费管理】开展“煤改电”客户售电服务提升工作，配合公司开发电采暖补贴代发系统，建设“线上+线下”售电网络，在“煤改电”村增设售电实体网点853个，推出1000元面值充值卡，与北京邮政建立充值卡代销机制，实现村民日常购电不出村。开通建设银行、民生银行、腾讯微信、电信翼支付电子化售电业务，累计15家代收机构开通电子化售电业务。联合属地公司、支付宝、电e宝开展线上缴费推广活动，助力居民客户线上缴费率达到71.26%。与公交集团电车公司、京港地铁签订集团户缴费协议，集团户缴费服务覆盖4大行业7家企事业单位，全年收费资金突破25亿元。创新集团户缴费服务手段，试点推出个性化电费账单服务。开通光大银行本行托收，建立解款行服务评价体系，电费在途时长降至2.14天。实现4家解款银行进账单扫码功能落地，对账成功率超过99.7%。

【营销稽查】建立营销稽查管控工作例会机制，促成稽查结果与营销同业对标指标挂钩，加强稽查结果和问题趋势分析，实现稽查工作闭环管理。首次将重要客户服务纳入稽查范围，实现中心各专业稽查工作全覆盖。制定分布式电源和充电设施报装业务稽查标准，组建联合专家组完成16家属地公司现场检查。紧跟公司重点工作，动态优化稽查主题15项，累计整改问题8506个，其中台区线损合格率较年初提升24.81%，收费超期笔数较年初下降72.68%、超期金额下降43.98%，收费冲正笔数较年初下降99.17%。

【党的建设和精神文明建设】落实党建主体责任，全年召开党委会35次，专题研究党建工作议题28项。开展党支部书记抓党建工作述职评议，加大党支部书记交流轮岗和交叉任职培养力度；优化基层党组织设置，增设电费党支部。深入学习贯彻党的十九大会议精神，逐级宣讲23次，实现全员覆盖并延伸至客户，做到延伸服务、对外宣传、送学入户“三合一”。推进“两学一做”学习教育常态化制度化。规范党支部“三会一课”，按期完成党支部换届选举。打造“场景化”党建虚拟阵地，完成企业文化实体阵地改造升级，中心蝉联首都文明单位和国家电网公司文明单位。落实“两个责任”，建立执纪监督“四融入”机制。严格落实履责约谈制度，实现100%覆盖。持续开展廉洁风险防控体系建设，制定防控措施17条，完成90个岗位廉洁风险匹配。加强重点领域协同监督，检查主业及集体企业车辆轨迹636辆次、账务3424笔。全员安装“首善清风”APP。强化纪检监察队伍建设，举办4期“三学三促”（学业务、学流程、学规范，促进执纪监督工作专业化、规范化、标准化）专题培训。选树先进典型，中心重要客户保障服务队、95598工单调度班分别入选北京公司“百佳支部堡垒”和“百佳班组”，2人入选公司“百佳党员先锋”，3人入选公司“百佳工匠”。举办“小小讲解员”培训营、“快捷缴费乐生活”等系列活动，“电力爱心教室”在文汇小学挂牌，走进集团客户开展主题传播，展示厅加盟北京市中小学生社会大课堂资源单位。研发“煤改电体验营”，引入AR、智能机器人等技术提升展示厅软硬件水平，开展流动展厅“校园行”“社区行”“科技行”“公益行”主题活动。组织各类兴趣小组活动，慰问生病职工，开展重阳节活动，丰富职工之家硬件设施。

■ 8月2日，客服中心举办“小小讲解员”培训营活动。

（胡晨同）

国网（北京）新能源汽车服务有限公司

【概况】 国网北京电动汽车服务有限公司为国网北京市电力公司全资子公司，原名北京华商电动车动力科技有限公司，2010年4月筹备组建，2011年2月14日完成工商注册正式成立，注册资金1.5亿元。2013年7月，变更为国网北京电动汽车服务有限公司。2017年6月，按照国网公司要求，合资成立国网（北京）新能源汽车服务有限公司（简称新能源汽车公司），注册资金3000万元，国网电动汽车服务有限公司占股51%，国网北京市电力公司占股49%。主要负责北京地区电动汽车充换电网络运营、电动汽车充换电设施运行维护和电动汽车租售等相关业务。

新能源汽车公司下设4个职能部门和2个业务机构，运营937个充电站点的10 250台充电桩，服务电动汽车13.62万辆。2017年，提供充换电服务562.65万次，充电量7433.25万kWh，服务里程2.79亿km，实现CO_2终端减排8.18万t。

地址：北京市大兴区亦庄经济技术开发区地盛北街2号院13号楼

邮编：100176

电话：010-63230828

【人力资源】 新能源汽车公司共有全民职工22人，其中：硕士研究生及以上12人，本科9人，专科1人；中级及以上专业技术资格14人；通过职业技能鉴定人员6人；省部行业级专家人才1人。

强化队伍结构管理，梳理定员编制情况，完成组织定员线上申报。明确工作流程，细化员工职责，完成典型岗位与实际岗位匹配。推进员工队伍建设，开展电动汽车安全规程等培训，完成职工专业技术及资格认证申报工作，开展国家电网公司级网络大学培训资源开发电动汽车服务课件及电动汽车技术题库开发工作并完成申报。规范薪酬管理，推进员工岗位薪档调整，编制专项奖励发放方案。深化福利管控，认真组织社会保险信息宣贯，开展员工补充医保报销、慢性病补助、退休人员档案审核及信息申报。

【安全生产】 加强设备运维质量及故障管控，深化风险与预警管理工作机制，严格落实岗位责任制，常态开展治安消防检查和隐患大排查，加大现场巡视检查力度，强化运行数据监测，完成180站2221台充电桩的验收。圆满完成全国“两会”“一带一路”和十九大等重要政治活动的充电服务保障任务。

■ 专业技术人员正在开展充电桩测试工作。 （瞿传贺 摄）

完成公共领域82个站点的383台直流充电桩迁改和出租车专用领域5个站点的44台直流充电桩迁改。完成车联网新平台7776台充电桩割接工作。37.5kW直流桩“双发”改“单发”程序升级371台，占比68.8%。推进TCU程序升级改造，完成充电桩TCU2.4及以上程序版本升级7542个，占比95.07%。开展新国标改造，完成1960台交流桩改造和6848台直流桩改造。完成西集、马驹桥充电站4545台充电桩的集中调试、接入工作，其中包括通州副中心1615台、公共建设项目2930台。通过集中联调，收集资产信息，为2018年集中调试项目提供支撑。开启自营充电设施建设，成立“充电设施建设指挥部”，主动承接北京地区充电设施建设项目，完成大兴新机场、湖南电力驻京办、香河园、北京电视台旧址、亦庄办公区等22处共126台充电桩的建设、验收、运营任务，完成2018年充电设施建设储备项目可研编制。

【经营管理】 强化资金过程管控，把控支付风险，提高资金使用效率，坚持问题风险导向，开展问题清单梳理工作，共梳理6个方面9个问题，完成36篇专题文字材料，就“三降一去”重点问题认真研究制定整改措施，顺利完成年度各项经营考核指标，促进新能源汽车公司进一步提质增效。

【科技进步】 积极推动科技创新。申报群众性创新成果2项，分别是“电动汽车直流充电桩运维培训实验平台”和“电动汽车直流充电桩线缆绝缘防护板”，均参加公司群创成果评审会，并荣获三等奖；申报9项专利和2项QC成果，其中，创新先锋QC小组“电动汽车直流充电桩运维培训实验平台的研发”创新成果参加公司QC成果发布会，获得三等奖。积极推进新能源汽车公司高新技术企业认证、新老公司专利转让等各项科技创新相关工作，推动创新工作加快发展。

【优质服务】 建立和完善客户服务管理模式和服务机制，分析研讨各类投诉事件，降低投诉及舆情风险。完善工单管理考核制度，严格落实“首问负责制”，共处理属地公司转派的95598工单670件，均未发生客户投诉事件。针对客服中心及运维班组实际工作情况，开展车联网平台工单系统优化及国网巡检APP中客户服务功能的研发及推广。为车联网集团客户受理开卡充值业务，已为集团客户开卡530张。

【党的建设与精神文明建设】 全面落实国家电网公司党的建设“旗帜领航·三年登高”计划，着力建设“领导有力、权责明晰、协同联动、运转高效”的党建工作体系。打造党建阵地，为广大党员提供参观学习交流的平台；持续推进“两学一做”学习教育常态化、制度化，加强党员教育管理，丰富学习内容，创新学习形式；深入开展“双百”创建和“三亮三比”活动，深化“共产党员示范岗”和“共产党员示范争创岗”建设，制定党员卓越履责清单17份，并把每名党员的承诺以展板形式进行公示，接受监督，扎实推进承诺、亮诺、践诺工作；深入学习宣贯党的十九大精神，制定并印发《国网（北京）新能源汽车服务有限公司学习宣贯党的十九大精神方案》，领导班子成员带头讲党课，将十九大精神嵌入新能源汽车公司中心工作。

■ 党员示范岗培训。 （瞿传贺 摄）

搭建职工发展绿色通道，实现个人价值和理想，组织开展各类文娱活动，包括知识竞赛、春秋季长走、亚健康义诊、羽毛球和篮球比赛等，倡导健康生活理念，展示朝气蓬勃的员工风貌。

（姚　莉）

北京市供用电建设承发包有限公司

【概况】 北京市供用电建设承发包有限公司（简称承发包公司）成立于1985年11月，是国网北京市电力公司全资子公司，2017年通过改制正式更名为北京市供用电建设承发包有限公司。承发包公司紧紧围绕配电网建设这一中心任务，不断夯实项目管理基础，提高客户服务水平，加强企业自身建设，在“契约式”项目、重点工程建设、重要客户服务等方面取得了新成绩。承发包公司下设9个部门，分别是办公室、财务资产部、监察审计部、投资经营部、客户服务部、安全质量部、工程管理部、合同预算部、规划设计部，北京京供民科技开发有限公司为承发包公司下属集体企业。

地址：北京市东城区祈年大街8号
邮编：100062
电话：010-63123330

【人力资源】 承发包公司共有职工191人，其中全民职工67人，集体职工5人，直签职工119人。具有大学本科学历以上人员共154人，占公司总人数的81%。公司共有共产党员79人，占公司总人数的41%。

结合发展定位与管理实际，以项目管理信息平台建设为抓手，不断理顺职责划分，优化管理模式，持续提升组织运营效率。在公司部署与指导下，完成岗位薪点积分的动态调整，实现了分配机制的优化转型，进一步激发了员工的工作热情与劳动效益。承发包公司以支撑业务发展为前提，开展专项取证考试培训，结合资质需求，成立建造师、经济师、造价师等4个专业学习小组，通过集中调研、网络授课、学习资料分享等形式，解决学习困难，调动学习热情，不断激发学习动力。组织80人参与16个专业学习考试，专项提升员工队伍瓶颈与资质发展缺口。

【安全生产】 安全巡检组检查作业现场2461次，累计发现问题371项，下发违章通知单70张，对特别严重违章单位进行约谈11次，现场安全监督检查力度持续加大。安全监控中心管控作业现场1438个，远程视频检查现场2750次，发现并纠正问题隐患126项，进一步规范现场作业人员行为，有效防范作业现场人身风险。制定“新建”及“客户产权”管道的有限空间作业补充管理规定，覆盖安全管控盲区。成功组织举办“承发包杯”有限空间作业大比武活动，规范有限空间作业行为，提升有限空间作业技能水平。组织电缆接头工取证培训，重点加强设备强检和电缆接头施工工艺管控，要求电缆接头照片实时上传APP，强化隐蔽施工验收环节，接头工艺水平大幅提高，工程建设质量进一步提升。开展有限空间作业及安全双准入教育培训，涉及100余家施工单位和50余家设计单位及承发包公司内部人员共1600余人，强化安全意识，提高安全技能。规范安全巡检工作流程和标准，补充巡检力量，将安全巡检组扩充至7个，实现在施工程现场的100%全覆盖巡检。

承发包公司安全监控中心通过监控设备检查施工现场安全情况。

（金建　摄）

【经营管理】 优化控制资金支付进度，合理安排资金结构，全年投资收益完成年度预算的100%。控制预收款项，合理进行税收筹划，月均缴纳增值税同比下降37.9%，降本增效成果明显。开发业务平台，目前已实现平台56项业务模块功能开发，满足各部门的业务需求，完成与三个关联业务系统对接，同时对平台进行衍生开发，搭建了“档案管理系统”，已于11月初上线试运行。

按照“找问题、促整改、求实效、促发展”的监管理念，结合承发包公司实际，制定问题清单梳理实施方案，有序推进问题清单梳理工作。严格按照公司巡察标准和要求，认真开展自查自纠和监督防控工作，领导带领相关部门积极配合巡察组现场检查。针对巡察发现问题，逐项落实整改要求，立查立改，坚决不走过场。

对截至2014年底、在财务建账3年以上的已完工项目进行系统梳理，形成长期挂账项目清理报告，对项目总体规模、情况分类、清理方法及面临的法律风险和防控措施进行系统分析，为下一步推进实施具体清理工作奠定基础。

【优质服务】 按照承发包公司“五新”服务专项活动部署，深化业扩“五新”服务，各部门协同合作，有序衔接，服务质量持续提升，全年未发生影响公司服务形象的舆情事件及客户投诉事件。建立以大客户经理为主线、各专业协同配合的服务机制，坚持一口对外、首问负责，对客户履行一次性告知义务。大客户经理全程负责协调推进签约项目管理工作，对内督办合同履约，对外与客户沟通对接，确保工程高效有序推进。进一步深入开展“契约式”服务，共签订《业扩报装服务契约书》55项，涉及容量112.2万kVA。

■ 安全生产巡检组对轨道交通施工现场进行安全生产检查。

（金建　摄）

首都行政副中心等各类国计民生项目用电工程进入建设高峰期，为了配合工程建设，投资经营部主动上门服务，超前开展工作，确保按照客户需求第一时间推进项目；换位思考，主动为客户出谋划策，解决工程现场疑难问题推动重点项目有序开展；开展物资前置采购，缩短工程物资供货周期，进一步压缩整体工期；建立重点工程跨单位协同配合机制，共同推进图纸审核和断面办理快速推进；优化付款流程，简化付款资料，用线上流程全面替代纸质申请单，大幅提高付款效率。在各部门的共同努力下，全年共收到客户送来的锦旗17面，优质服务工作得到客户的充分肯定。

推行招标文件、招标控制价电子审核方式，实现信息准确高效传递；正式上线运行客户外电源工程设备框架自助选择系统，有效减少客户资料提交数量，缩短客户操作时间。

【科技进步】“安全e管控”项目荣获国家电网公司第三届青年创新创意大赛铜奖和公司第三届青年创新创意大赛金奖，并将作为国家电网公司优秀青年创新成果，参加“双创”成果交易展活动。内控审计专题研讨论文获得北京市内部审计协会二等奖。

【党的建设与精神文明建设】 开展领导班子“一线工作日”活动。优化党支部组织设置，按规定开展支部换届改选，落实党建工作责任制，开展党支部书记抓党建工作述职评议考核。深入推进“两学一做”学习教育常态化、制度化，以党委中心组学习和党支部“三会一课”学习为“学”的载体，确保常学、深学、固定学。以临时支部建设和“双百”创建为“做”的实践平台，成立清煤降氮临时党支部和城市副中心联合临时党支部，充分发挥党支部的战斗堡垒作用和党员的先锋表率作用。修订公司党风廉政建设责任制实施细则，组织领导干部及员工180人次签订两级党风廉政责任书，督促两个责任落实。组织开展“话清风、挺纪律、控风险”主题廉洁宣教活动，党政纪领导及分管领导分别约谈部门负责人、重点岗位人员37人次，约谈新提职干部3人次，体现严管厚爱，防范廉政风险。推广应用公司纪委首善清风APP，拍摄廉政宣传教育片3个，举办职务犯罪普法宣传专题讲座，营造浓厚廉洁文化氛围。

■ 承发包公司职工在广华新城送电现场监督送电工作。

（金建　摄）

开展两次“电力爱心教室进校园”公益活动，“电力爱心教室”铭牌先后在北长街小学和北大医学院附属小学挂牌，国家电网公司社会责任企业形象得到充分体现。积极承担“共绘北京蓝”儿童画比赛等多项工作的组织宣传工作，得到上级部门的肯定和好评。紧密围绕四大宣传主题，共完成新闻宣传稿件331篇，宣传片及视频新闻15则。在上级刊物及网站刊登稿件147篇，对内营造了积极的工作氛围，对外展现了良好的承发包公司形象。

（金　建）

物业管理公司

【概况】 国网北京市电力公司物业管理公司（简称物业公司）是国网北京市电力公司直属二级单位，承担着公司办公楼、公寓、职工住宅小区的物业服务、餐饮服务、供暖服务、医疗保障及后勤保障基地运营等重任，是公司的后勤保障机构。

截至年底，物业公司共设置8个职能部门、2个支撑机构、4个分公司，与北京谷新投资发展有限公司按一套人马两块牌子并列运行。北京谷新投资管理有限公司成立于2006年，现为国网北京市电力公司层面集体企业，公司注册资金4610万元。

地址：北京市海淀区阜成路97号
邮编：100037
电话：010-63233080

【人力资源】 截至年底，物业公司共有职工725人，其中，全民工35人，集体工21人，直签工71人，派遣职工335人，其他263人；高级职称6人，中级职称6人，初级职称25人。技师2人，高级工30人，中级工20人，初级工13人。管理离退休职工509人。

配合集体企业“瘦身健体”“三供一业”移交、办公物业专项外委等重点任务，在较短的时间内完成了人员情况摸排、机构整合、岗位设置、定员定编、人员调转等工作，保证了各项业务、各类人员的平稳过渡。

全年完成大型接待、两会保电、季节性转岗、新接项目、十九大保电等人员调配400余人次；补充完善职工个人基本信息1084条；交流、提拔中层干部2人次；通过各种途径招聘120余人；协调解决劳动纠纷2人，处理工伤相关事宜4人；跨单位调转直签员工4人，办理退休7人、离职78人，劳动合同续签77人；开展“师带徒”培训模式，培训效果显著。

持续打造物业管家新名片。强化培训、实战演练、以赛促学等形式，打造物业版块领军攻坚人才。物业公司有限空间作业团队积极参加外部比赛，以第一名的成绩代表北京市参加京津冀有限空间作业比武，获得团体第二名。

■ 11月9日，物业公司代表队荣获京津冀有限空间作业比武团体第二名。（李雪　摄）

【安全生产】 牢固树立安全管控万无一失、一失万无理念，严格落实公司安全生产问题清单梳理要求，强化安全主体责任落实，建立健全三级安全监督网络，持续完善各项安全管理制度。

深入开展安全生产“大排查、大清理、大整治”“三查三提升”、防汛安全检查及节前安全巡检等专项工作，建立风险地毯式排查机制，在全物业公司范围内排查并整改安全隐患问题307项，严肃查处各类违章行为，逐一整改发现问题。其中，“大排查、大清理、大整治”专项行动获得各级政府的感谢和表扬。

推进两级安全生产“每周一讲”培训常态化，开展新员工三级安全教育、消防应急、心肺复苏急救技能等培训705人次，深刻吸取系统内外安全事故教训，采取集中学习、专题研讨、座谈交流等方式层层宣贯，形成“责任层层落实、压力逐级传递”的安全管理模式。

【经营管理】 年内重组整合多家单位，瘦身健体成效显著，全面超额完成了各项卓越经营指标及预算。全年创造产值34 446.69万元，完成年度营业收入卓越指标及预算（29 142 万元）的 118%，同比增长 112%，较 2016 年度翻一番；全口径实现利润总额 449.62 万元，完成年度利润总额卓越值指标及预算（370 万元）的 122%，同比增长 102%，较 2016 年度翻一番。

【优质服务】积极开展物业服务标准化创建工作，明确服务标准，制定《会议礼仪服务技术标准》等制度办法 40 余项，切实提升服务意识和水平，全年各机关物业实施设备维修 5600 余次，提供会议服务 6600 场次，高标准迎接北京市各级政府、国家电网公司等重大公务活动 260 余次，全年共收到业主表扬信 15 封，锦旗 14 面，以规范化、亲情化的贴心管理，赢得客户认可和赞誉。

■ 12 月 12 日，通州供电公司、朝阳供电公司赠送锦旗。（崔扬　摄）

后勤保障基地形成规模化生产。本年度累计果蔬产量达 200 余万斤，明星产品草莓连续三届荣获草莓博览会金质奖章，成为北京市第一家畜牧养殖站企合作示范单位。平谷基地率先完成农业生态园项目验收考核挂牌，成为优级农业标准化生产基地、食品安全质量示范基地、生态农业示范基地、全程绿色防控示范基地，通州基地成为全程质量安全标准化基地，销售半径辐射公司系统 33 家单位，依托微信公众平台和谷新实体生活超市，持续为职工食堂和职工家庭提供安全、健康、优质、实惠的农副食产品。

【重点工作】圆满完成各项服务保障。高质量完成党的十九大、“一带一路”后勤服务保障，逐个单位、逐个现场、逐一制定差异化保障方案，全方位、多角度提供物资集采配送、物业保障值守、外省支援人员洗衣等服务。荣获党的十九大供电保障贡献单位、公司集体企业先进单位、首都核心区架空线入地工程贡献单位等荣誉称号。

深化“健康食堂”创建。承担公司健康食堂流动红旗评比工作，举物业公司整体合力，调配人力 100 余人次，60 余车次，实现公司“健康食堂”创建 100% 达标。试点打造智慧健康食堂，在国庆期间全面启动机关食堂改造工作，破解公司机关多年固有的高峰座位紧缺难题，同时上线“智盘系统”，探索智慧健康食堂运营新模式。

■ 10 月 6 日，机关食堂创建“智慧健康食堂”，智盘系统上线。（梅立云　摄）

扎实推进“两供一业”分离移交。成立分离移交常态工作机构，梳理人员、房屋现况，摸清底数，做好政策解释沟通，分成南北两个小组，以划片形式对接房地集团调研组，在规定时限内完成所辖小区百余处物业点的实地调研工作，确保分离移交稳妥推进。

积极推进公司非生产性房屋受托管理。按照政策要求，不断规范和集约公司系统资产租赁、使用及维护行为，整合企业房产资源，促进规范管理和规模运作；统筹做好青年公寓管理。整合公司八里庄、安苑、翠林青年公寓资源，以职工需求为导向，细化服务标准，推进服务手段创新，进一步提高公寓管理水平，更好服务职工生活，切实增加人才吸引力。

【党的建设与精神文明建设】党建工作水平持续提升。深化“两学一做”教育常态化、制度化，落实党委中心组学习，完成两级党组织书记述职评议，党建主体责任得到有效落实。突出内嵌融合，聚焦精益管理、应急抢修、优质服务等中心业务，组建党员保障队、党员突击队、党员服务队，累计挂牌服务站 7 个，党员示范岗 14 个，共建开展“夏送清凉、助力功坚”等系列活动。

党风廉政建设作用更加突出。创新开展廉政警示故事微视频、廉政书画作品等宣教活动，自创 2 项微视频、2 幅书画作品被公司廉洁文化宣教 APP 平台录用，受众群达 1.7 万人次。突出责任担当，以重组整合为契机，专项约谈重点岗位人员76人次。突出机关作风建设，制定两级联系点制度，全年开展领导干部“一线工作日”30余次。坚持民主集中制，全年研究决策“三重一大”议题89项。

企业氛围更加和谐。成立足球、羽毛球、篮球俱乐部，开展秋季职工健康长走、才艺展示等文体活动，其中1项摄影作品、1篇文学作品获得北京市职工文化艺术节摄影一等奖，文学创作优秀奖，3项文艺作品分别荣获公司首都电力综艺大赛美声组一等奖，曲艺组三等奖。突出党建带团建，开展喜迎十九大“创新育才见成效，青春建功促发展”创新创效活动，引导青年职工通过工作方法创新，推动工作模式革新，为企业发展不断注入新活力。

（董　风）

北京市城市照明管理中心

【概况】北京市城市照明管理中心（简称照明中心）由国网北京市电力公司举办，同时隶属于北京市城市管理委员会（简称市城管委）管理，是财政全额拨款的事业单位。照明中心作为公司长期派驻在北京市基础设施运维一线的服务队伍，负责北京市城六区市政道路照明设施的运行维护管理工作，为郊区县道路照明提供技术指导和业务支持，参加本市道路照明规划、工程设计和施工，参加市属景观照明项目的组织、运行维护以及重点地区景观照明设施运行监督管理工作。

截至年底，照明中心管辖路灯光源30.12万盏、灯杆22.18万基、工井22.30万个、变压器2963台、配电室68座、供电线路8698km；负责4处市属景观（雍和宫桥、农展桥、鼓楼、射击场路）照明设施的运行维护工作；负责市属景观照明设施运行情况的监测管理；负责97户市属桥区和155家业主单位夜景照明电费管理工作。全年照明中心缴纳路灯和景观电费共计1.6445亿元。

照明中心在公司和市城管委的领导下，落实相关决策部署，落实年初职代会精神，完成了年初既定的各项指标，各项工作取得新成绩。

照明中心荣获中华全国总工会授予的“全国五一劳动奖状”；获得国家电网公司党的十九大保电工作先进集体；国网北京市电力公司先进单位；荣获“首都环境建设样板单位”荣誉称号；连续12年荣获首都文明单位标兵称号。

地址：北京市丰台区方庄路2号
邮编：100078
电话：010-67618030

【人力资源】照明中心共有全民职工129人，其中，研究生学历26人，大学本科学历57人，大学专科学历18人；高级职称16人，中级职称20人；高级技师3人，技师18人，人才当量密度1.028。按照干部选拔任用程序，中层干部提任8人次、干部岗位调整7人次。组织完成党建相关机构设置调整及职责编制工作，完成党委优化基层党组织设置方案。加强业绩考核管理，细化分解76项业绩考核指标，组织考核部门学习分析指标评价标准。加大培训力度，制定并落实青年员工现场实练培训方案，取得良好成效。深化网大推广应用，完成网大“四优”课件开发7项，其中《智能用电之智慧灯杆技术》标课入围国家电网公司网络大学“四优”评选。编制保险知识宣传月活动实施方案，组织开展“点对面”和“点对点”宣传，提升服务质量。

【安全生产】以“安全管控”为抓手，严把安全生产过程关，深入开展现场检查和飞行检查，两级安全巡检组共计下现场检查3216人次。严把安全生产制度关，制定《照明中心安全生产奖惩实施方案》《照明中心安全巡检工作规范及实施细则》等制度。组织应急演练11场，427人次参与，启动预警和突发事件应急响应15次。

【工程管理】圆满完成核心区路灯架空线入地任务共计64项，道路总里程58.81km，共计拆除老旧灯具1351套、架空线48.6km；新建箱式变电站36台、灯杆1621基、灯具2805套、电缆188.6km。全年编制工程方案83项，组织工程验收176项。完成445条道路的照明设计任务，累计605km。编写制定了《北京市架空入地照明技术标准》。

【经营管理】依法治企持续加强，开展2016年技改大修专项审计，提出并整改审计问题14条。召开协同监督会议3次，发现隐患问题30条，提前解决并整改问

■ 9月19日，史家胡同架空线入地。（郑绩 摄）

■ 9月30日，工作人员正在天安门广场检查十九大电力保障设施。（魏晓彬 摄）

题18条，制定整改方案和计划12项。开展集体企业重组整合瘦身健体工作，优化产权结构，完成人员清退和业务划转工作。集体企业开拓景观照明、重大活动环境布置工程等新市场、新业务，不断提高企业市场化水平，巩固现有路灯工程市场占有率，超额完成经营任务，累计实现产值2.8亿元，同比增长18.6%。

【设备管理】 完成全年设备运维巡视任务，巡视电源7360台区，线缆2650km，发现并处理缺陷3414处。创新性开展灯杆搭挂物清理、灯杆孔洞绝缘提升等运维专项，清扫检修变压器2492台，清扫华灯253具。推行设施差异化管控，开展天安门地区混合沟道内电子标识牌系统安装，共为2490台变压器埋设电子标识器，同时利用手机APP，实时掌握变压器检修信息，动态记录变压器全寿命周期数据。开展435台箱式变压器门禁系统安装工作，实现对变压器操作的远程调度。

完成重大政治活动城市照明保障任务27项，累计保障天数123天。全年平均亮灯率98.85%、设备完好率96.53%。

【科技进步】 全年举办各类科技讲座5次，开展窄带通信物联网路灯、钠灯单灯单控以及太阳能物联网路灯等各类新型科技试点实验共计9项。获得专利授权8项，申请各类科技成果奖励14项，其中“基于照明设施的智慧城市运行平台及终端设备的研发与示范应用”项目获全国能源化学地质系统职工技术创新成果一等奖及公司科学技术进步奖一等奖，“一种多功能复合型路灯杆的研制及应用”项目获全国电力职工技术成果奖二等奖，“基于普通路灯升降车研发的便捷型应急照明车”项目获公司科学技术进步奖三等奖，“基于智能电子锁的路灯变压器、配电箱出入管理系统”项目获公司群众性创新成果奖三等奖。

【优质服务】 积极服务城市副中心重大项目，主动对接副中心建设办公室，发挥专业优势，全力保障配套照明工程建设与优质服务工作高效推进。服务政府惠民工程，完成东城区市政微循环道路改造工程、朝阳区无灯道路工程、海淀区无灯道路工程等现场勘查和前期配合工作。强化工单全过程管控，梳理制定《客户服务管理办法》。全年受理95598工单988件，超时和退单均为零，实现了全年“零投诉”。全年处理市级平台工单112个，区级微循环工单586个，有效提高与市级网格平台和各区监督指挥中心的对接效率。发挥信息系统智能化应用，主动发现并及时处理四级以上集中亮灭灯故障264起。依托城市照明“感知”节点，全年提供人性化路灯启闭服务278次，累计延长路灯运行时间3254分钟。共产党员服务队发挥表率作用，积极履行社会责任，共计处理回复人民来信98封，为老旧社区（胡同）安装路灯41盏，切实为广大市民排忧解难。

【党的建设与精神文明建设】 加强顶层设计，制定党建“旗帜领航 三年登高”方案。结合党的十九大保电，成立6个临时党支部，高质量完成保障任务。围绕全年重点工程任务，组建党员突击队、保障队和服务队共9支，党组织战斗堡垒作用和党员先锋模范作用得到充分发挥。开展重大保障活动政审工作，审查参与供电保障人员681人次，经背景筛查、组织考察、思想行为鉴定，确保参与保障人员100%无问题。开展主题党日5次、组织辅导报告会3次、领导干部宣讲2场次。组织华灯班与天安门国旗班共建交流，开展“国旗在我心中　华灯在我手中”党员结对子活动。

■ 8月1日，华灯班与天安门国旗班在国旗班驻地举行共建交流宣誓活动。（王东　摄）

组织完成党支部机构优化调整工作。继续蝉联2015～2017年度首都文明单位标兵称号。全年共发布新闻653篇，其中中心级发布458篇，公司级发布136篇，社会及行业媒体59篇，制作视频33部，其中22部在公司级以上媒体发布。CCTV－12《热话》栏目以《华灯为什么这样美》为题，《工人日报》头版以《长安街上掌灯人》为题，《中国工人》以《长安街上，华灯初上》《胡同里的掌灯人》为题分别报道华灯班事迹，引起社会极大反响。《人民日报》、新华社、央视新闻频道、《北京日报》、北京交通广播等20余家媒体对路灯架空线入地工程进行采访报道。《中国青年报》、中青在线、中工网报道中心复合型路灯杆参展2017创博会。制作国网故事汇作品《这两个“班”不一般……》，获得票数12.6万张，获得国网故事汇月度优秀作品。华灯班荣获国家电网公司工人先锋号称号。系统运行班荣获国家电网公司先进班组称号。孟庆水荣获国家电网公司优秀班组长和首都最美劳动者称号。《关于在副中心、“煤改电”、架空线入地三大攻坚战中推进智慧路灯建设实现智慧城市落地的建议》获得公司合理化建议一等奖，并入选2017年国家电网公司优秀合理化建议。代表公司参加CCTV五一国际劳动节演出录制工作。小品《安全你我他》获得北京市安全生产监督管理局2017年“安全是永恒的旋律”职工巡演二等奖。

（贾忱然）

产 业 管 理

【综述】全年认真贯彻执行国家电网公司部署和公司党委决策，在平台华商伟业公司和各受托单位的带领下，开拓创新，锐意进取，优质高效地完成了年度经营管理目标任务，实现产值150亿元、利润总额8亿元，经营成效创历史新高。规范管理活动成效显著，完成集体企业体制“瘦身健体”年度既定任务，改革发展平稳有序，对公司和电网发展支撑有力，得到了公司领导和上级单位高度认可，获得了国家电网公司2017年度集体企业先进单位称号。

■ 2017年度国家电网公司集体企业管理工作先进单位奖牌。

当年，公司集体企业共53户，其中公司层面集体企业16户，地市层面集体企业37户。全口径资产总额240亿元，权益总额66亿元，集体企业用工人员总量16 552人。公司集体企业在实现自身健康发展的基础上，充分发挥资金优势，有效降低公司融资成本。主动服务支撑电网建设，优化受托业务管理流程，开展不停电作业中心等重点工程投资建设。充分发挥传统优势，紧抓“煤改电”、架空陷入地、城市副中心等重点工程，充分发挥集体企业合力，深入开展业务委托项目。积极拓展市场资源，试点开展“智慧能源管家”，努力打造新能源汽车配套全产业链，推进“以电代气”工作，市场占有率显著提升，受到北京市政府大力支持。大力参与十九大供电保障，全面提升保障能力。

（谷媛媛　辛　颖　胡渝旋）

【深化重组整合】落实“突出核心领域、优化业务布局、压降法人数量”的改革思路，聚焦服务支撑的战略定位，按照“保留、整合、关闭”的顺序，最大限度减少改革影响。经过党委会多次研究和反复论证，形成了符合集体企业改革方向，符合公司发展实际的“瘦身健体”改革方案，全面完成“一企一策”。研究总分公司运营方式，华商远大与华商能源、京电设计与惟明力通、金电联与华德公司，分别完成了跨单位分公司设立，建立“受托管理、授权经营”的运作模式，有效解决了业务支撑难题。研究物业市场化改革方案，按照“两降两提”的目标，推进物业公司转型升级。坚持“小步稳走、精准调控”，完成潞电设计、潞电电气等4户股权整合，完成华商绘都、华商鹏达2户处置，照明中心、信通公司、客服中心等单位推进力度大、进度快，12户登报公告进入关闭程序，完成249部车辆过户。培训中心、密云公司高效完成4户无资本纽带企业清理。通州、门头沟公司全面完成17户供电所办企业处置。实开公司遗留问题得到妥善解决，京电房划转至全球能源互联网公司。

■ 10月12日，公司召开集体企业重组整合瘦身健体方案审核会。（孙钢荣　摄）

（梁汝明　刘兆阳）

【安全生产管理】贯彻国务院安全生产领域改革指导意见和京电安〔2017〕1号文件精神，健全安全生产监管体系，明晰公司和受托单位管理界面，明确集体企业安全管理职责，建立权责对等的监管模式。进一步落实法定代表人和实际控制人的主体责任，各级企业完善组织体系，成立安委会，配齐管理机构，配足管理人员。开展“三查三提升”活动。以4个季度8项重点工作为抓手，审查安全生产责任制、规章制度体系、安全预算投入情况。规范两级巡检工作，在责任落实、分包管理和作业现场等方面，查改问题314项，有效提升工程管理和监督水平，健全安全管控措施。贯彻国家电网公司加强施工企业管理的指导意见，严格分包程序，规范现场作业，实现同质化管理。推进视频监督全覆盖，下发违章通知单22张，纳入对标和业绩考核。开展消防安全专项行动，细化标准70条，查改问题47项。

（杨　洋　张玉生）

【企业风险防范】完善公司履责管理机制。将22项履责要点进一步细化分解，嵌套党风廉政考核细则30项内容，制定党风廉政建设48项履责清单。坚持重点领域常态监督。组织公务车辆使用情况自查176辆次，自查“三公消费”448笔，大额资金26笔，下发“廉洁风险提示单”10份；加强深化重组整合廉政风险防范，组织逐级签订“廉政安全承诺书”241份，监督服务保障集体企业重点领域和中心工作。深化廉洁宣教。积极参与“首善清风”廉洁宣教APP建设，举办“牢记党纪　远离红线”直属产业廉洁文化展，印制下发《党风廉政红线教育手册》；建设“一刊一栏一平台”廉洁宣教体系，开展“每逢佳节倍思廉”特色节日宣教。完成国家电网公司专项审计整改和后续审计迎审，资金管理专项审计成果荣获国家电网公司优秀审计项目；完成20户企业资产清查审计，为债权债务清理和企业处置提供了重要依据。开展规范管理自查自纠，历时3个月，派驻40人，针对重大决策、人力资源、工程管理等6大重点领域，加大问题排查整改，建立风险防控机制，确保公司决策落实落地。

（程　莉　周克泉　张　曦）

【企业运营管理】市场拓展工作取得突破。充分发挥专业优势，大力抢占内外市场，积极拓展业务领域，全年实现产值150.07亿元、利润8.16亿元，同比增长31%和18%，经营成效创历史新高。京电集团、华商三优收入超9亿元，丰台、门头沟集体企业收入同比增幅超50%。通州潞电、京电设计利润贡献排前两位。创新创效取得佳绩。开展设计施工联合运作，组建项目部16个，派驻设计人员109名，直接参与项目1010项，市场占有率翻两番。主动对接综合能源服务，创新商业模式，试点智慧能源管家，昌平、海淀等5家单位积极参与，实现64户、15万kVA上线运行。保障支撑取得实效。8000余人参与业务委托，实现了人员、专业的深度融合。推进不停电作业中心、输电通道监控项目，全年累计投资23项、5.45亿元。全面支撑煤改电、城市副中心、架空入地等重大项目，华商远大承接206个村，占公司全年煤改电任务总量的25%。

（杨　洋　呼万东）

【人力资源管理】进一步优化用工管控模式，编制三年行动计划，印发专项通知，严把人员入口关，实现全口径用工总量“负增长”，53家企业全年累计减员389人，自有用工减员率为3.8%。完善薪酬绩效管理机制，印发工作方案，梳理53家企业上年度各类用工

■ 10月12日，华商伟业公司召开第三届董事会、监事会第一次会议。（孙钢荣　摄）

人均工资总额和12家公司层面集体企业负责人年薪，开展工资总额预算“双控”管理，完成26家受托管理单位，6项部门专业指标考核评价。开展创新创效活动，确定并落实3级奖励标准和奖励资金计划。强化教育培训管理，开展培训需求调研并整理工作建议339条，印发年度培训计划并做好项目实施。组织完成20家单位3期330人的集体企业现场工作负责人培训，并完成6家单位决赛组织实施工作。组织开展后续学历认证及职称认定工作，完成1293名直签工材料的集中会审。牵头组织10家网省公司开展集体企业典型业务定员研究，梳理和优化4大行业44类定员项目，新建2大行业定员标准，编制完成典型业务定员标准、工作报告和测算分析报告。

（李　伟　刘敬微　李　壮　王好萌）

【财务资产管理】公司集体企业完成全口径营业收入150.07亿元，利润总额8.16亿元，资产负债率72.47%，全面完成公司职代会确定的年度卓越值目标和国家电网公司下达的其他各项指标。圆满完成资金集中统一管理。年内，公司集体企业实现对主业委托贷款18.6亿元。归集资金100亿元，归集率94.87%，超额完成国家电网公司指标；银行账户监控率100%；运作资金78.35亿元，运作率67.92%，年度资金运作收益2.4亿元，较2016年增长1亿元。完成税务政策研究筹划。持续跟踪“营改增”对各板块集体企业税赋、收入、成本、利润等财务指标的变化，分行业编制、印发营改增业务实操手册，组织开展专题培训2期，下达税务风险提示2次，积极应对营改增政策变化，促进依法纳税、合法筹税。华商三优、京电设计、金电联、吉北咨询等单位通过努力积极保留或新增高新技术企业认证，全年享受所得税10%的税收返还1500万元。

（马志红　焦　捷　田卫涛
冯　雪　孙丹丹　谢江琳）

【后勤资源管理】全面加强集体企业车辆管控。准确盘点3369车辆，安装GPS车辆300台。为解决北京市车辆限行政策对公司集体企业的影响，为公司集体企业更新国Ⅰ、国Ⅱ排放标准车辆630辆，保留了瘦身健体吸收合并企业的249个珍贵的小客车指标。制定了《国网北京市电力公司关于印发集体企业公务用车制度改革实施细则》（集体办〔2017〕3号），取消公务用车，全面约束集体企业用车行为。开展NC平台建设推广工作，配合业务部门开展信息系统数据质量提升工作。按照国家电网公司统一部署，6月份完成NC平台二期正式运行上线，补齐财务专业资金管理、预算管理功能；作为首批5家试点网省单位，选择物资管理、工程管理及业财一体化作为功能需求，推动华商远大公司、丰台公司集体企业试点运行NC平台三期功能，探索基于NC平台三期功能实现施工安装及设计监理行业合同统计分析及管理需求。

（高艳武　周　冰　杨　扬）

【党群组织建设】完善各级党组织机构设置，完成公司层面集体企业换届选举。坚持党建引领，成立服务队、突击队、先锋队12支，组建临时党支部6个。推进“两学一做”，开展十九大精神学习20次，宣讲57场，组织特色党日活动22项。深化创先争优，6名优秀党员、5名党务工作者、3个先进党组织受到公司表彰。队伍建设务实有效。组织20家单位、330名现场负责人培训竞赛。引导员工建言献策，多项合理化建议被采纳，2项分别获得公司一、二等奖。建立集体企业职工创新工作室，发布创新成果39项，形成专利2项、软件著作权4项。完成团组织优化调整，积极开展团青活动，获市级以上荣誉3项。文化建设不断创新。构建“两端两网”宣传格局，搭建集体企业网站，编辑《北京电力》集体企业专刊，创办“华商一家人”微信公众号，展示企业和员工风采。开展先进典型选树，370名个人、124个集体、18个单位受到公司表彰。创建职工之家9个，开展特色活动60余场。

（周　丹　张培然　张　茜）

【十九大电力保障】根据公司集体企业十九大供电保障工作安排及后勤保障需求，集体企业全面参与十九大供电保障工作，全力为党的十九大献礼。制定保障预案，健全组织保障、应急处置、隐患排查机制，加强内部值守及应急抢险队建设，确保在保障期间的人员、装备、车辆配置充足，全力支撑十九大供电保障工作。各集体企业在后勤保障、装备之城、重点区域、应急服务等保障工作中，整体参与保障人数达7046人，直接参与保障人数3946人，投入装备支撑车辆848部。中电联汽车公司党员服务分队开展保电车辆检测活动，为城区、朝阳、海淀公司等多家供电公司检测车辆。华商电灯公司开展乡镇供电业务部灭火器配置现场技术排查、安防技防系统巡视巡检工作。谷新公司做好十九大后勤服务配送保障，编制三套餐包方案，落实物资配置，确保保障到位。

■ 9月15日，华商伟业公司召开党的十九大政治供电动员宣誓大会。（孙钢荣　摄）

（谷媛媛　辛　颖　胡渝旋）

公司荣誉

2017年国网北京市电力公司荣获国家、国网、市级先进荣誉称号

全国安康杯竞赛优胜单位
全国安康杯竞赛安全文化宣传活动优秀组织单位
2017年全国实施卓越绩效模式先进企业
2017年全国安全文化建设示范企业
全国第五届“书香三八”读书活动优秀组织奖
中央企业五四红旗团委
中国内审协会理论研究三等奖

北京市交通安全先进单位
北京市交通安全优秀系统
北京市五四红旗团委
北京市第四届职业技能大赛及2016年北京市“职工技协杯”职业技能竞赛组织单位
“2017安监之星·北京榜样”主题活动优秀组织单位
“2017安监之星·北京榜样”主题活动年度安监之星
第三十二届北京市企业管理现代化创新成果优秀组织单位
2017年北京市“安全生产月”活动优秀组织奖、最佳实践活动奖、优秀新闻报道个人奖
首都文明单位标兵
首都全民义务植树先进单位
“2017年北京市安全文艺基层巡演”活动二等奖
第三十二届北京市企业管理现代化创新成果一等奖、二等奖
北京市总工会“和谐杯”乒乓球比赛团体第四名
北京市第八届职工羽毛球比赛甲组第二名、领导干部组女双第二名、领导干部组男双第四名
北京市2017“工体杯”首都职工足球比赛亚军
2017“工体杯”首都职工五人制足球比赛第五名
北京市西城区诚信统计单位

国家电网公司综合标杆单位
国家电网公司管理标杆单位
国家电网公司安全管理标杆单位
国家电网公司财力管理标杆单位
国家电网公司规划管理标杆单位
国家电网公司建设管理标杆单位
国家电网公司检修管理标杆单位
国家电网公司营销管理标杆单位
国家电网公司科学技术进步三等奖
国家电网公司党的十九大保电工作突出贡献单位
国家电网营销工作先进单位
国家电网公司后勤管理先进单位
国家电网公司经济法律工作先进单位
2017年度国家电网公司后勤专业调考优秀单位、团体第四名
国家电网公司系统2017年度电力工程造价管理优秀论文、成果组织奖、论文一等奖
国家电网公司典型经验第四名
国家电网公司后勤专业优秀典型经验
国家电网公司离退休老同志欢庆十九大文化成果展示优秀组织奖
工程造价管理工作先进集体
定额工作先进集体

2017年国网北京市电力公司先进单位、先进集体和先进个人

国家电网公司特等劳动模范（1名）

昌平供电公司　王　朴

国家电网公司劳动模范（4名）

公司本部　刘润生
城区供电公司　李　彬
通州供电公司　尚　博
顺义供电公司　潘新征

国家电网公司工人先锋号（6个）

延庆供电公司张山营供电所
检修分公司状态监测三班
怀柔供电公司雁栖湖供电服务中心
朝阳供电公司东区供电所
北京市城市照明管理中心华灯班
经济技术研究院智慧工地建设运行中心

国家电网公司优秀班组长（6名）

延庆供电公司　赵惠民
检修分公司　陈东巍
怀柔供电公司　张杰超

朝阳供电公司　任立新
照明中心　孟庆水
经济技术研究院　李　豪

国家电网公司先进班组（60个）

城区供电公司
　　电缆检修班
　　架空线入地现场指挥部项目组
　　人民大会堂客户保障团队
　　配电运营指挥室
通州供电公司
　　行政办公区供电服务中心
　　配电站室运维班
　　配电运营指挥班
　　西集供电所
朝阳供电公司
　　奥运村供电营业所
　　安质部安全巡检组
　　配电运营指挥室
海淀供电公司
　　西北旺供电所
　　安质部安全巡检组
　　配电站室运维室
　　双榆树供电营业所
丰台供电公司
　　科技园供电所
　　客户服务中心营业厅
　　配电线缆运维一室
石景山供电公司
　　大客户经理班
　　配电站室运维室
亦庄供电公司
　　电费业务室
　　自动化信息通信运维室
昌平供电公司
　　十三陵供电所
　　市场室
　　变电北区运维室
门头沟供电公司
　　清水供电所
　　二次检修室
房山供电公司
　　输电运维班
　　安质部安全巡检组
　　长阳供电所
大兴供电公司
　　变电运维二班
　　大客户经理二室
　　配电运营指挥室
平谷供电公司
　　峪口供电所
　　变配电一次检修室
怀柔供电公司
　　变电站运维室
　　城区供电所
密云供电公司
　　客户服务室
　　太师屯供电所
顺义供电公司
　　配电运营指挥室
　　仁和供电所
　　变电运维室
延庆供电公司
　　配电运营指挥室
　　张山营供电所
电力科学研究院
　　设备评价中心（物资质量检测中心）
　　状态检测室
经济技术研究院
　　“智慧工地”建设运行中心
工程公司
　　电缆施工分公司青年班
检修分公司
　　输电工程公司运检八班
　　电缆工程公司工程班
　　变电检修中心西区二次运检一班
　　不停电作业公司发电一班
　　变电检修分公司检修三班
信息通信分公司
　　信息通信调度监控班
物资分公司
　　燕郊仓储班
客户服务中心
　　“95598”工单调度班
物业管理公司
　　海淀物业部
供用电建设承发包有限公司
　　安全监控中心（班）
电动车公司
　　监控运维班
北京市城市照明管理中心
　　系统运行班

公司先进单位（9家）

城区供电公司　通州供电公司
海淀供电公司　石景山供电公司
顺义供电公司　经济技术研究院
检修分公司　客户服务中心
北京市城市照明管理中心

公司安全稳定攻坚战功勋单位（5家）

城区供电公司　朝阳供电公司
怀柔供电公司　检修分公司
信息通信分公司

公司电网建设攻坚战功勋单位（5家）

城区供电公司　通州供电公司
大兴供电公司　顺义供电公司
工程公司

公司优质服务攻坚战功勋单位（5家）

通州供电公司　海淀供电公司
昌平供电公司　顺义供电公司
客户服务中心

公司经营管理功勋单位（5家）

朝阳供电公司　海淀供电公司
石景山供电公司　平谷供电公司
华商三优公司

公司党的建设功勋单位（5家）

城区供电公司　通州供电公司
丰台供电公司　检修分公司
培训中心

公司依法治企功勋单位（5家）

海淀供电公司　昌平供电公司
密云供电公司　电力科学研究院
华商伟业公司

公司本质安全劳动竞赛红旗单位（3家）

朝阳供电公司　昌平供电公司
顺义供电公司

公司降损增效劳动竞赛红旗单位（3家）

亦庄供电公司　门头沟供电公司
房山供电公司

公司电网建设劳动竞赛红旗单位（3家）

海淀供电公司　石景山供电公司
延庆供电公司

公司电能替代劳动竞赛红旗单位（3家）

通州供电公司　朝阳供电公司
顺义供电公司

公司优质服务劳动竞赛红旗单位（3家）

亦庄供电公司　朝阳供电公司
客户服务中心

公司智能配网劳动竞赛红旗单位（3家）

海淀供电公司　朝阳供电公司
丰台供电公司

公司先进集体（58个）

公司本部
　办公室（党委办公室）总值班室
　党委组织部（人事董事部）机关人事处
　运维检修部（政治供电办公室）政治供电处
　建设部建设管理处
　营销部（农电工作部）农电处
　后勤工作部本部事务处
城区供电公司
　运维检修部（检修分公司）
　建设部（项目管理中心）
通州供电公司
　建设部（项目管理中心）
　运维检修部（检修分公司）
朝阳供电公司
　安全监察质量部（保卫部）
　营销部（客户服务中心）
海淀供电公司
　运维检修部（检修分公司）
　营销部（客户服务中心）
丰台供电公司
　建设部（项目管理中心）
　营销部（客户服务中心）
石景山供电公司
　运维检修部（检修分公司）
　营销部（客户服务中心）
亦庄供电公司
　电力调度控制中心（配网运营指挥中心）
　发展建设部（项目管理中心）
昌平供电公司
　电力调度控制中心（配网运营指挥中心）
　综合服务中心
门头沟供电公司
　发展建设部（项目管理中心）
　营销部（客户服务中心）
房山供电公司
　电力调度控制中心（配电运营指挥中心）
　建设部（项目管理中心）
大兴供电公司
　运维检修部（检修分公司）
　发展策划部
平谷供电公司

安全监察质量部（保卫部）
营销部（客户服务中心）
怀柔供电公司
发展建设部（项目管理中心）
运维检修部（检修分公司）
密云供电公司
发展建设部（项目管理中心）
营销部（客户服务中心）
顺义供电公司
建设部（项目管理中心）
营销部（客户服务中心）
延庆供电公司
发展建设部（项目管理中心）
办公室
经济技术研究院
办公室（党委办公室）
设计中心
电力科学研究院
电网技术中心（信息通信技术中心）
科技部
工程公司
输电施工分公司（作业型）综合服务中心
检修分公司
运维检修部
变电检修中心西区
党建工作部（工会、团委）
输电运检南区中心
信息通信分公司
信息通信调控中心
党建工作部（监察部）
培训中心
技能鉴定部
物资分公司
物资计划部
综合服务中心
媒体业务部（报社）
客户服务中心
重要客户服务部
电动汽车服务有限公司
运行管理中心
供用电建设承发包有限公司
投资经营部
物业管理公司
安全质量监察部
城市照明管理中心
运维检修部
发展建设部

公司工人先锋号（30个）

城区供电公司
天安门政治供电服务中心运维服务二室
通州供电公司
营销部（客户服务中心）客户经理班
朝阳供电公司
建设部（项目管理中心）项目组
海淀供电公司
营销部（客户服务中心）客户经理室
电力调度控制中心配电运营指挥室
丰台供电公司
调控中心配电运营指挥室
石景山供电公司
电力调度控制中心配电运营指挥室
亦庄供电公司
安质部安全巡检组
昌平供电公司
营销部市场室
门头沟供电公司
配电运营指挥室
房山供电公司
窦店供电所
大兴供电公司
建设部项目组
平谷供电公司
运维检修部（检修分公司）输电运维班
怀柔供电公司
营销部客户服务室
密云供电公司
运维检修部输电运维室
顺义供电公司
运维检修部（检修分公司）配电运维二室
延庆供电公司
八达岭供电所
经济技术研究院
规划评审中心主网规划室
电力科学研究院
计量中心运营管理室
工程公司
安定500kV变电站增容工程施工项目部
检修分公司
输电运检北区中心运行四班
信息通信分公司

网络安全分析室
培训中心
营销服务教研室
物资分公司
综合维修班
综合服务中心
学协会管理部农电期刊编辑部
客户服务中心
电费管理部电费对账班
电动汽车服务有限公司
监控运维班
供用电建设承发包有限公司
后勤服务处
物业管理公司
通州物业部
城市照明管理中心
运行管理中心高压运维班

公司劳动模范（10 名）

公司本部	赵永强
城区供电公司	李　宁
朝阳供电公司	陈已宸
海淀供电公司	李　昕
昌平供电公司	党　剑
房山供电公司	李　威
电力科学研究院	李香龙
检修分公司	孟玉瑾
城市照明管理中心	孟庆水
直属产业	李　琳

公司先进工作者（113 名）

公司本部
杜　鑫　王亚峰　马晓艳　李洪斌　刘守亮
王　诜　张　鹏　王　茜　杨　静　董　宁
李春华
城区供电公司
魏世岭　韩学森　罗中戈　石凯元　万　莉
范　莹
通州供电公司
张　松　胡宝玉　韩　旻　姜　姗　张宏炯
朝阳供电公司
赵文洲　刘路明　孙士杰　韩保廷
海淀供电公司
艾　亮　那静红　于丽娜　刘　军
丰台供电公司
冯　浩　李春风　王加乐　刘　萱
石景山供电公司
董　毅　徐　韬　李亚锜
亦庄供电公司
梁　勇　霍心陶
昌平供电公司
刘东海　宋保明　秦　彧　王　朴
门头沟供电公司
王　滨　赵　虎
房山供电公司
李燕全　杨　璇
大兴供电公司
陈　琦　柳　楠　张　晖
平谷供电公司
王燕京　丁　迪
怀柔供电公司
茹立鹏　汪　洋
密云供电公司
李　森　徐鹤立
顺义供电公司
岳国荣　杨佳奇　张　磊　李　振
延庆供电公司
忻　煜　王　瑞
经济技术研究院
李　伟　李志鹏　张　璞
电力科学研究院
李　伟
工程公司
康晓伟　张朝新　赵全来　石书军　王庆灏
刘　磊
检修分公司
谢连富　徐甘雨　杨延滨　姜哲愚　刘立群
杨克难　李　兰　马丛淦　沙　斌　袁瑞琪
王　强　司志良
信息通信分公司
蒙建新　王敏昭　李昕钰
培训中心
李婷婷　梁　颖
物资分公司
鲁　敬　徐莎莎
综合服务中心
王　健　黄　蕾　邢　蕊
客户服务中心
兰宝民　苏保强　李文颖
电动汽车服务有限公司
黄　宇
供用电建设承发包有限公司

李　鹏　崔　鹏

物业管理公司

董　凤

城市照明管理中心

李晓辉　温大吉

直属产业

李　伟　马志红　侯晓颖　张伍勋　贾　琛
钟　涛　李振广　薛志强　杨新颜　刘　莹

根据《评比办法》第四章十一条规定，工程公司王庆灏、刘磊，城区供电公司范莹，昌平供电公司王朴直接认定为公司先进工作者。

公司安全稳定攻坚战功勋个人（10名）

刘　皓　王　彬　牟　磊　常　波　李春风
王　晶　曹　亮　王绍琨　尹喜超　肖群安

公司电网建设攻坚战功勋个人（10名）

纪　斌　王小峰　吴　江　范卫国　毛元伟
朱　勇　韩晓鹏　于文杰　安　明　王　一

公司优质服务攻坚战功勋个人（10名）

刘紫凝　胡正杰　姚志璋　陈雪东　李　斌
唐恒海　张秋义　应　媛　王　滨　仇　爽

公司经营管理功勋个人（10名）

郭建府　陈斌发　张　钺　张卫华　魏士峰
王金禄　金　锋　史江凌　陈　默　黄　楠

公司党的建设功勋个人（10名）

赵化明　赵　红　毕春勇　佟　欣　杜　鑫
张　鹏　李　超　于　磊　杨艳晖　周　丹

公司依法治企功勋个人（10名）

刘　颖　刘　佳　杨　娜　李　曼　陈　琦
曹晓刚　李　梅　郭国平　汪海涛　冷志铎

公司本质安全竞赛之星（5名）

马文营　郑静媛　吕　陆　李海陆　王向群

公司降损增效竞赛之星（5名）

丁　冬　刘　学　荀明志　于丽娜　刘雪丽

电网建设竞赛之星（5名）

赵　岩　杨国亮　陈登明　丁　迪　丁德义

公司电能替代竞赛之星（5名）

张士涛　马研超　金锦辉　杨　娜　赵　成

公司优质服务竞赛之星（5名）

许淑香　司文文　黄　佳　王云飞　李世婧

公司智能配网竞赛之星（5名）

陈少伟　冯　浩　马李峰　于　乐　王　磊

百佳支部堡垒（100个）

公司本部办公室党支部
公司本部发展策划部党支部
公司本部党委组织部党支部
公司本部安全监察质量部党支部
公司本部运维检修部党支部
公司本部建设部党支部
公司本部营销部党支部
公司本部党建工作部党支部
公司本部对外联络部党支部
公司本部调控一党支部
城区供电公司崇文供电服务中心党支部
城区供电公司天安门地区配电党支部
国家电网首都电力（城区）架空线入地工程共产党员突击队
城区供电公司运维检修党支部
城区供电公司电力调度控制中心党支部
国家电网首都电力共产党员服务队城区分队
通州供电公司运检党支部
通州供电公司煤改电建设临时党支部
通州供电公司运营指挥临时党支部
通州供电公司运检二党支部
通州供电公司电网建设攻坚战党员突击队
朝阳供电公司调度监控党支部
朝阳供电公司十九大保障后勤临时党支部
朝阳供电公司东区党支部
朝阳供电公司朝实综合管理党支部
朝阳供电公司奥运村营业所党支部
海淀供电公司京西宾馆现场保障临时党支部
国家电网首都电力（海淀）“煤改电”共产党员突击队
海淀供电公司调控中心党支部
海淀供电公司运检党总支
海淀供电公司综合服务保障临时党支部
丰台供电公司营销职能党支部
丰台供电公司运检党总支
丰台供电公司调控中心党支部
石景山供电公司发展建设部党支部
亦庄供电公司十九大电网运行运维保障队临时党支部
昌平供电公司十九大综合服务临时党支部
昌平供电公司运检线路党支部
昌平供电公司管理三党支部
昌平供电公司管理四党支部
门头沟供电公司运检党支部
门头沟供电公司降损增效临时党支部
门头沟供电公司农电党总支
房山供电公司调控中心党支部
房山供电公司营销服务党支部
房山供电公司运检输变电党支部

大兴供电公司运维检修党总支
大兴供电公司建设党支部
大兴供电公司新机场电力建设与服务现场指挥部临时党支部
国网首都电力（大兴）共产党员服务队
平谷供电公司“煤改电”共产党员突击队
平谷供电公司“电网建设”共产党员突击队
怀柔供电公司电网运行共产党员保障队
怀柔供电公司“煤改电”临时党支部
怀柔供电公司农电党员服务队
国家电网首都电力（密云）输电运维共产党员保障队
密云供电公司产业二党支部
密云供电公司营销三党支部
顺义供电公司电网建设党支部
顺义供电公司“煤改电”会战指挥部临时党支部
顺义供电公司运检职能党支部
顺义供电公司首都机场供电保障临时党支部
延庆供电公司冬奥会（世园会）电网建设临时党支部
延庆供电公司电网运行保障队
经研院智能安防临时党支部
经研院设计四党支部
国家电网首都电力电科院共产党员保障队
电科院共产党员突击队（科技支撑与物资保障临时党支部）
工程公司应急抢修中心党支部
工程公司安定 500kV 变电站增容工程项目部临时党支部
检修分公司变电检修中心西区党支部
检修分公司管理一党总支
检修分公司电缆工程公司党总支
检修分公司王府井巾帼站党支部
检修分公司不停电作业公司党总支
检修分公司变电检修中心东区党总支
检修分公司十九大第六战区电缆临时党支部
检修分公司电网建设线路迁改工程党员突击队
检修分公司十九大第一战区变电临时党支部
检修分公司十九大第五战区输电临时党支部
检修分公司变电运维西南中心党总支
检修分公司变电运维西北中心党总支
检修分公司 220kV 云台生命线临时党支部
检修分公司检修输电共产党员服务队
信息通信分公司调控中心党总支
培训中心管培党支部
物资分公司业务二党支部
首都电力物资公司“煤改电”配套工程建设党员突击队
客服中心重要客户保障服务队
承发包公司工程管理党支部
照明中心路灯架空线入地工程共产党员突击队
照明中心华灯班十九大共产党员保障队
华商伟业集体企业瘦身健体改革攻坚临时党支部
华商远大项目一分公司党支部
华商电灯公司本部党支部
华商三优北京城市副中心充电设施建设项目临时党支部
中电联车辆维修党支部
京电设计管理党支部
吉北咨询公司生产党支部
谷新公司服务一党支部

百佳班组（100 个）

公司本部调度控制中心调控运行班
城区供电公司电缆检修班
城区供电公司架空线入地现场指挥部项目组
城区供电公司人民大会堂客户保障团队
城区供电公司配电运营指挥室
城区供电公司配网继自通信检修综合室
城区供电公司客户服务三室（共产党员服务队）
通州供电公司西集供电所
通州供电公司行政办公区供电服务中心
通州供电公司配电运营指挥班
通州供电公司站室运维班
通州供电公司客户经理班
通州供电公司潞城供电所
朝阳供电公司配电运营指挥室
朝阳供电公司奥运村营业所
朝阳供电公司北区供电所
朝阳供电公司计量一室
朝阳供电公司营销部营业一班
海淀供电公司配电运营指挥室
海淀供电公司双榆树供电营业所
海淀供电公司配电运维四班
海淀供电公司建设部项目组
海淀供电公司综合服务班
海淀供电公司配电运维五班
丰台供电公司配电运营指挥室
丰台供电公司客户服务中心营业厅
丰台供电公司科技园供电所
丰台供电公司配电线缆运维一室
丰台供电公司六里桥供电所
丰台供电公司采集运维班

石景山供电公司配电站室运维室
石景山供电公司客户经理室
亦庄供电公司计量室
亦庄供电公司配电运维一体化班
亦庄供电公司安全巡检组
昌平供电公司变电北区运维室
昌平供电公司配电运营指挥室
昌平供电公司市场室
昌平供电公司马池口供电所
昌平供电公司十三陵供电所
门头沟供电公司营业班
门头沟供电公司龙泉供电所
房山供电公司电费室
房山供电公司代维部实验班
房山供电公司配电运营指挥室
房山供电公司状态评价班
大兴供电公司变电二次运检班
大兴供电公司核算班
大兴供电公司迁改项目部
大兴供电公司采育供电所
平谷供电公司配电运营指挥室
平谷供电公司客户服务室
平谷供电公司峪口供电所
平谷供电公司金海湖供电所
怀柔供电公司雁栖供电所
怀柔供电公司配电运营指挥室
怀柔供电公司雁栖湖供电服务中心
密云供电公司客户服务室
密云供电公司太师屯供电所
密云供电公司配电带电作业班
顺义供电公司计量室
顺义供电公司配电运营指挥室
顺义供电公司仁和供电所
顺义供电公司变电运维室
延庆供电公司变电运维班
延庆供电公司大客户经理班
经研院数据中心智慧工地建设运行中心班组
经研院技术经济中心技经巡检组
经研院规划评审中心主网规划室班组
电科院评价中心状态检测室
电科院计量中心技术质检室
电科院电源中心“煤改电”科技攻坚队
工程公司状态检测班
工程公司应急运维班
工程公司机械二班
工程公司青年班
检修分公司运检指挥中心信息监视班
检修分公司状态监测中心监测三班
检修分公司王府井巾帼站
检修分公司电缆工程公司工程班
检修分公司输电工程公司运检八班
检修分公司不停电作业公司发电一班
检修分公司变电检修中心西区二次运检一班
检修分公司长椿街运维班
检修分公司变电检修分公司检修三班
检修分公司不停电作业公司带电二班
信息通信分公司安全生产信通保障班
信息通信分公司信息通信调度生产指挥中心
信息通信分公司检修二班
培训中心生产运行教研室
物资分公司仓储配送部燕郊班
综合服务中心综合管理部档案馆
客服中心 95598 工单调度班
电动车公司巡查验收班
承发包公司大客户经理班
物业公司机关食堂
物业公司谷新销售分公司
照明中心华灯班
照明中心系统运行班
照明中心高压运维班

百佳党员先锋（107 名）

邱建军 杨　华 李　森 邓　华 白小会
尹　康 郭建府 郭　捷 张　丽 陈婷婷
门吉光 郑　磊 张晓青 胡彩娥 周运斌
王海英 王　婧 陈毛昌 侯　伟 李芸菲
杨　霖 赵　宇 马　毅 钱叶牛 王显锋
蒋　晨 高　杰 郭朝波 吉　正 张淑红
任立新 王岳珩 张　涛 李　昕 祁　宏
张树楷 朱萍萍 李　斌 刘　杨 王　骁
张　琳 余　伟 罗　辉 王　朴 肖　阳
唐　旭 杨玉麟 薄晓东 历光亮 张卫东
李立新 岳战华 李果雪 曹　亮 巩志远
梁　中 张恩领 张　健 于起媛 吕　陆
许淑香 丁德义 杨立新 祁　波 王绍琨
潘新征 李　振 王　贺 赵立新 忻　煜
池建峰 肖　扬 陈　卓 陈　波 王乐平
任志刚 王均艳 王海超 张晓君 边　洋
黄鹤鸣 杨　光 方华林 蔡　庆 程李川
王大勇 曹玲玲 刘　青 姚雁南 楼小岩
符　龙 王　磊 王　彤 朱　军 张宏志

周　章　赵　禹　宋云龙　周　丹　彭　勇
唐　琦　杜岩平　李　梅　张伍勋　钟　涛
韩文新　梅立云

百佳工匠（106 名）

王立永　辛　锋　李　冀　孙鹤林　王　沁
马国新　高健辉　尉　霄　陈广久　吴大伟
姜美竹　杨　霖　谭红云　南　慧　马晓东
吴　欣　刘路明　毛亚非　张卫华　张树楷
刘长江　韩　巍　朱艳霞　李　昕　于克飞
刘　杨　胡　凯　王　琳　杨　景　王　立
韩　冰　李偈旸　王延辉　李　鹏　张　玉
常　波　王　祥　王月鹏　蔡智慧　李　靖
杨　璇　吴红林　李　季　孟宪来　邢红军
孟凡利　赵海军　张远平　刘卫国　田德阳
彭新立　徐俊清　赵晓军　宋小忠　李孟东
潘祺龙　王　蕊　徐　震　胡元光　赵连秋
齐伟强　陆翔宇　段大鹏　赵　贺　潘鸣宇
白小会　耿军伟　熊晓雨　谢丰蔚　张　磊
徐克军　马万华　张重仁　张文新　王海超
肖　飞　高天宝　方文军　肖永立　姚　磊
赵春明　王雅斌　李　连　尹　康　焦　阳
张伍伟　刘　晔　张　昊　杨　迪　石　亮
李咏新　李　颖　张子建　张　皓　陈秉文
李岳东　赵贺雍　张　宬　王　力　孟庆水
温大吉　李　伟　马立轩　何　刚　陈　尚
陈俊波

2017 年国网北京市电力公司获省部级以上荣誉先进人物事迹

国家电网公司特等劳动模范——王朴

王朴，男，汉族，1983 年 9 月出生，陕西人，中共党员，大学本科学历，工程师、技师，2005 年 8 月参加工作，现任国网北京昌平供电公司运维检修部主任。

王朴自工作以来，始终坚持扎根一线，从事继电保护专业工作，通过多年不懈努力和刻苦钻研，成长为公司该专业的青年技术专家，被亲切称作继电保护专业“活图纸”。多次发现并处置继电保护设备的重大缺陷，主持及参与编制了多部专业规范。

在奥运会、APEC、抗战阅兵、十九大等重大政治保电任务中，发扬连续作战的精神，冲在第一线，及时化解了多次异常情况，创造了政治供电零闪动的奇迹。多次被评为供电保障先进个人。王朴坚持义务开展专业培训，亲自编写了大量实用材料和讲稿，并自行搭建技能实训平台，累计开展义务培训超过 1500 学时，团队中培养出省公司以及上级劳模 3 名、岗位能手 6 名。个人荣获北京市名师带徒称号。

作为北京地区最早开展智能变电站相关技术研究及实践的人员之一，他曾参与北京第一座智能变电站的开发建设，作为负责人主持完成了全国首座新一代智能变电站保护及自动化系统的建设开发调试工作，解决了多项技术难题，实现了多个第一。同时，他也是北京电网智能变电站有关建设运行规范标准的主要起草人之一，为智能电网的建设做出了突出的贡献。他积极利用业余时间开展创新活动，主持及参与了 30 余项创新课题，获得各级别奖项近 20 个，同时还拥有 20 余项国家专利。以王朴命名的职工创新工作室被授予北京市级职工创新工作室、国家电网公司劳模创新工作室示范点称号。

先后获得过北京市电力公司“青年岗位能手”“优秀共产党员”“党员先锋”“先进生产者”“十大首都电力之星”等荣誉称号；2015 年获评国家电网公司“优秀青年岗位能手”，被授予“国家电网公司劳动模范”荣誉称号；2017 年获得首都劳动奖章，被授予“国家电网公司特等劳动模范”荣誉称号。

国家电网公司劳动模范——刘润生

刘润生，男，汉族，1963 年 2 月出生，中共党员，硕士研究生，高级工程师，1985 年 7 月参加工作，现任国网北京市电力公司副总经理、党委委员。

作为公司安全生产分管领导，刘润生同志先后参与保障奥运会、国庆六十周年、APEC 会议、9·3 阅兵等重大活动保电。2017 年，公司首次面临三项特级保电任务的巨大考验，党的十九大更是对公司政治保电工作的一次终极考验。刘润生同志带领广大干部职

工，超前谋划，周密部署，提前一年启动筹备工作。将筹备任务按天细化分解，做成图板挂在办公室时刻提醒自己，以“钉钉子”的精神推进各项筹备任务，按期保质完成。从年初开始，每个周末他都要到各重点站线督导巡查，每个保障站线都留下了他的足迹。十九大期间，他更是奔波辗转在作战指挥部，会议场所及驻地，以“五个最”的保障要求，实现“四个零”的最高目标，树立了首都重大政治活动供电保障的新标杆，他本人也获得了国家电网公司党的十九大保电工作先进个人荣誉称号。

作为一名安全生产专业管理者，刘润生始终将公司和员工的安全摆在最高位置，不断创新机制和手段，实现安全稳定良好局面。面对作业现场点多面广、人身安全风险无处不在的现状，组织建成国内首个省级安全监控中心，在所有施工现场配置视频监控装置和安全规范化管理 APP，实现作业现场视频监督和移动作业监督全覆盖，有效破解安全巡检人手不足、质量不高的难题。面对配电网快速发展与专业人员配置不足的矛盾，创新建立以两级配电运维管控中心为核心的配电运检业务管理体系，建成国内首套“一体双核”配电自动化主站系统，实现配电运检业务从职能到班组的穿透式管控。一年来，在刘润生同志的带领下，公司输、变、配电设备故障率分别同比下降 46.4%、44.5%和 72.3%，本质安全水平显著提升。

2017 年已经是刘润生同志作为公司安全生产分管领导的第 9 个年头了，但他没有因此而放松对自己的要求，没有降低工作标准，始终争做他人榜样。9 年来，他从未和家人一起过一个除夕，为的是广大市民可以过上一个光明、温暖的除夕夜。每当雨雪冰冻等恶劣天气严重影响电网设备安全时，他总是不顾危险，第一时间前往现场指挥应对，脑子里想的只有最快时间消除故障、确保电网安全运行。

先后获得北京市北京奥运会、残奥会先进个人、国家电网公司党的十九大保电工作先进个人荣誉称号；2012 年荣立北京市公安局个人一等功；2017 年被授予“国家电网公司劳动模范”荣誉称号。

国家电网公司劳动模范——尚博

尚博，男，汉族，1976 年 7 月出生，中共党员，大学本科学历，高级工程师，1998 年 7 月参加工作，现任国网北京通州供电公司副总经理。

作为技术专家，尚博始终以创新务实的精神，俯下身子重实干，不断解决难题；作为分管安全生产工作的副总经理，带领团队攻坚克难不退缩，知难而进敢争先，尽心尽职乐奉献，为北京城市副中心建设做出重大贡献。

2017 年是北京城市副中心加快建设、迎接北京市级机关搬迁入驻的关键之年，建设坚强可靠的配电网、让地区百姓安心用电是电力企业的社会责任和政治责任，更是尚博自己 2016 年刚到通州就暗暗许下的承诺。为保障行政办公区 8 栋主体建筑能及时用电，尚博带领团队深入现场，克服交叉施工多、危险系数高、综合协调难等不利因素，仅用时 3 个月，完成为行政办公区直接供电的 8 座开关站、23 座配电室建设任务，成为该区域首个竣工的市政工程。2017 年 7 月，连续的高温酷暑天气给通州配电网带来了巨大挑战，尚博一如既往冲锋在前，迅速制定针对性措施，和 60 余名干部员工深夜在 18 个报修热点现场流动值守，确保百姓清凉度夏。

他带领技术团队，在行政办公区全力打造国际一流的高端智能配电网，国际首个“双花瓣”的网格化接线、国际先进水平的综合管廊电力舱、国内首个全链条的智能监测、国内先进的“一体双核”配电自动化主站等一系列技术创新，以创新的质量彰显创新的力量。在建设过程中，他总带着一种不理会喧嚣的微笑，精于工、匠于心、品于行，对于技术标准精益求精，以精益的水准体现工匠的标准。

连续多年，尚博从未和家人一起过除夕，他总是默默地将休息的机会让给他人，笑称自己爱和同事一起过年。他瘦弱的身躯总能爆发巨大的力量，不论白天黑夜，还是酷暑寒冬，只要启动应急，他总会在第一时间赶到指挥部和现场，组织抢修工作。他总说，用户的笑脸是我最大的鼓励。

曾先后获得国家电网公司奥运保障功勋个人、北京好人荣誉称号；2017 年被授予“国家电网公司劳动模范”荣誉称号。

国家电网公司劳动模范——李彬

李彬，男，汉族，1980 年 2 月出生，研究生学历，中共党员，高级工程师，2005 年 7 月参加工作，现任国网北京城区供电公司运维检修部主任。

首都核心区政治供电重要客户多、保电级别高，作为主管政治供电工作的部门负责人，李彬同志勇挑重担、兢兢业业，他亲自组织了城区公司“9·3 阅兵”、全国两会、“APEC 会议”等多项国家电网公司重大政治供电工作，以扎实的作风、严谨的态度践行了政治供电零闪动的庄严承诺。党的十九大保电期间，他更是冲锋在前、统筹指挥各项任务，连续奋战 151 天，取得了保电的最终胜利。

运检部的工作繁重而琐碎，李彬同志作为部门负责人把每一名员工都当成朋友和亲人。新站发电，他和班组成员一同挤在狭小的设备间传动验收；线路故障，他迎着寒风和抢修人员同赴现场。在无数个加班的日夜中，他和他的团队成员建立了深厚的友谊，部门内每一个人都紧张而忙碌却又充满朝气。

李彬同志在平时工作中善于思考，兜里的小本本记满了他现场发现和总结的各种问题，他编写的《变电站现场运行规程》《公司 10kV 线路故障分析报告》为班组的日常工作提供了最实用的技术指导。他也从一名普通的技术人员渐渐成长为公司的技术专家人才。

李彬在工作中还是一个爱琢磨的人，从操作票管理系统到抢修车改装，从智能地箱设计到移动 UPS 电源研发，每一项创新都来源于他对日常工作中细微处的积极思考。特别是他主持研发的模块化组合式箱式变电站已在北京实际应用 650 余台，有效解决了“煤改电”工程狭窄街道内设备选址的难题，项目还获得了国家电网公司首届青年创新创意大赛金奖。

曾先后获得公司奥运保障先进个人、劳动模范、十九大供电保障先进个人和国家电网公司十九大供电保障先进个人等荣誉称号；2017 年被授予“国家电网公司劳动模范”荣誉称号。

国家电网公司劳动模范——潘新征

潘新征，男，汉族，1978 年 3 月出生，大学本科学历，中共党员，经济师，1996 年 1 月参加工作，现任国网北京顺义供电公司电网建设部主任。

2013～2017 年，顺义公司承担了 331 个村 126 795 户“煤改电”改造任务。这项任务是顺义区实现清洁能源替代的重要一环，也是父老乡亲的殷切期盼。潘新征同志勇挑重担，果断部署，积极落实顺义公司决策，带领全体成员以最高斗志、最强信心，全力以赴投入到“煤改电”工作中。

为保证工程如期完工，潘新征同志精心组织，在工程前期编制了各镇各村的攻坚手册，工程点多面广，4600 余人参与工程建设，每日最多有 60 个现场，安全极难把握，计划安排频繁复杂，需要各部门及各单位协调配合。面对此项超常规任务，潘新征同志整合资源，积极落实“顺义地区宜采用会战模式开展工作”的战略部署，集全顺义公司之力攻坚克难。经过一个月的设计及筹备，成立了“煤改电”会战指挥部和“煤改电”会战临时党支部。打破专业壁垒，确保组织体系“纵向到底、横向到边”，强化“安全、质量、进度、服务、舆情”关键环节管控，形成全局一盘棋，高效协同，“保安全、抓重点、攻难点”的整体合力。对会战行动的安全、质量、进度、服务、执行等方面进行全方位、全层次、全过程监督管控。

工程建设近一年来，潘新征同志一天也没有休息过。工程5月启动会战模式，更是需要组织人员每天凌晨4点多值守指挥部，他带领着大家，争分夺秒、日夜兼程，舍弃了与家人团聚的时光，全情投入这项民生工程。他对这些“煤改电”村倾注了诸多心血，顺义地区每条为了满足“煤改电”供暖的新建线路、新装变压器，每个电采暖家庭里清洁温暖的空气，都饱含着他为这片土地流下的辛勤汗水和深情的热爱。从他身上能深刻体会到“图其至远、犯其至难”这句话的重量和意义，更感受到一位共产党员、一位首都电力人的责任与担当。

曾先后获得公司“煤改电”工程突出贡献个人、“煤改电”工程功勋个人、优秀共产党员和北京市青年岗位能手荣誉称号；2017年被授予“国家电网公司劳动模范”荣誉称号。

国家电网公司优秀班组长——赵惠民

赵惠民，男，汉族，1967年5月出生，中共党员，大学本科学历，助理工程师，高级工，现任国网北京延庆供电公司张山营供电所所长。

张山营镇是两大盛会的具体举办地点，对于“煤改电”工程，自2015年至2017年就完成了26个村10 192户的外电源改造和村内低压配电网改造工程，占全区总工程量（49个村）的53%。此项工程能够得以顺利进行按期完工，属地供电所起到关键性作用，也可以说是架起一道公司与地方政府以及百姓之间的桥梁。这个部门的领头人就是张山营供电所赵惠民所长，他风趣地把“煤改电”工程比作一盘棋，并谦虚地称自己是一枚棋子，当追问他是哪个棋子时，他告诉我们是“卒”。

中国象棋博大精深，其中不少文章是这样形容“卒”的：我是一个普通的卒子，没有车行千里，没有马儿飞奔，更没有炮打翻山的本领，但是防守疆界，剑指楚河，冲锋在最前面，却是我价值的体现。象棋高手都知道，“过河”的“卒”子赛过“车”。如果真要把“煤改电”工程比作一盘棋，那么赵惠民所长作为这盘棋中的“卒”，我们认为当之无愧。

赵惠民所长刚刚带领大家在创建“全能型供电所”中取得好成绩，得到了市公司领导的高度赞扬。紧接着“煤改电”工程就扑面而来，众所周知，煤改电工程是一项利国利民的工程，赵所长未雨绸缪，早在“煤改电”工程前期，就充分利用工作之余，组织员工到村内进行宣传，把这个好政策传递到每一户村民家里。在接下来的施工过程中，充分体现了前期宣传工作的重要性，大部分村干部和村民对这项工程非常支持。在全公司共同努力下，由于赵惠民所长的冲锋陷阵，“煤改电”这个难啃的硬骨头首战告捷。

“煤改电”工程告一段落后，赵惠民所长正在紧锣密鼓地张罗着春节保电任务，严谨、严密、严格是他的工作作风，他没有过多的言词，临行前只告诉我们：“我们是个小地方，为积极响应习近平总书记的创新、协调、绿色、开放、共享的五大发展理念，仅2016年就完成了253户的光伏发电业务，91个充电桩建设任务，节能环保是国家大事，要全力支持和配合，春节保电过后，世园会和冬奥会都在我们辖区，更加艰巨的任务即将打响。”看来这个“过了河的卒子”又要发挥他的作用了。

2017年被评为国家电网公司优秀班组长。

国家电网公司优秀班组长——陈东巍

陈东巍，男，汉族，1977年4月出生，中共党员，大学专科学历，助理工程师，技师，现任国网北京检修分公司状态监测三班班长。

陈东巍擅长学习和技术钻研，面对新技术、新手段毫无畏惧，积累了扎实的专业基础和丰富的现场经

验，个人及其团队先后多次受国网运检部委托赴外省进行状态监测工作。

2012年3月，他带队在1000kV南阳站发现了一起GIS内部危机缺陷，并进行了精确定位，使得该缺陷及时被处理，避免了一起特高压设备事故的发生，受到了状态监测同行的一致好评，这也是世界首例特高压GIS设备缺陷。2015年和2016年，他两次代表公司参加国家电网公司GIS状态监测竞赛，对浙江、四川、宁夏共计16座变电站与换流站开展检测工作，共发现设备隐患数百个。

在班组管理方面，陈东巍事必躬亲、以身作则，班组的规章制度，条条明确清晰、赏罚分明，班组工作秩序井然、佳绩频频。

除了日常的班组管理，陈班长还是班里公认的修理能手，班组休息室的一个小角落就是他另外一张办公桌，在这个天地里，大到仪器仪表，小到数据线电源线，经过他手的东西，无不被调教得“服服帖帖”，好用极了。有了这双巧手，班里的设备、工具寿命都特别长，出去比赛时，其他省市同行看见说：“你们的设备怎么用了这么久还如此的新？”

这样一位有技术、有态度、有生活的班长，打造了这样一个向上好学、工作认真、活泼有爱的班组，班里的成员无不以陈班长为榜样，立志成为兢兢业业的首都电网人。

2017年被评为国家电网公司优秀班组长。

国家电网公司优秀班组长——张杰超

张杰超，男，汉族，1981年1月出生，大学本科学历，中共党员，工程师，高级技师，现任国网北京怀柔供电公司雁栖湖供电服务中心负责人。

雁栖湖供电服务中心是国网北京怀柔公司一个新设立的机构，在这里工作的是一个年轻的团队。张杰超作为供电服务中心副主任，带领着这个朝气蓬勃的团队一直向着守护“国际会都”的电网安全稳定运行的目标努力前行，为公司的改革、创新、发展奉献着自己的青春和力量。

作为中国近年来重要的主场外交活动，“一带一路”高峰论坛更是三年多来最高规格的论坛活动，29位外国元首、政府首脑及3位重要国际组织负责人的出席，使论坛吸引了全世界的目光。这对会议期间的各项保障都提出了极为严格的要求，电力保障工作更是其中的重中之重。张杰超作为保障团队中的一员，带领着班组成员承接了电力保障过程中的多项重大任务，从与政府部门的协调沟通，到与重要保障用户的联系对接，从保障标准的梳理制定，到保障资料的收集整理，保障任务开展期间到处都留下了他忙碌的身影。

供电服务中心是一个年轻的团队，朝气蓬勃、积极上进，但同时电力保障工作经验相对匮乏，专业水平和团队配合需进一步加强。张杰超在工作过程中发现了团队的问题，他从确认“设备零故障、客户零闪动、工作零差错、服务零投诉”的工作目标开始，全面梳理细化任务，搭建体系，调整分工，统筹各项工作协同推进。经过学习总结APEC会议期间的保障经验，结合公司总体部署，形成了“编制保障方案—按方案开展实验，查找隐患—解决消除隐患—开展客户、设备厂家融合演练”的闭环管理模式，实现了保障团队协同配合无缝隙。

在张杰超同志的带领下，中心的保障团队在进一步拓展了“1+*N*”客户服务模式的同时，还与相关重要客户共同推进供电保障各项筹备工作，密集检查供电情况，定时开展岛内设备的测温、测电流等工作。大到客户UPS电源试验、发电车带负荷测试，小到应急备品备件的准备，他都全面参与，绝不偷懒。

随着“一带一路”国际合作高峰论坛圆满落幕，张杰超同志以扎实、严谨的工作作风，大力弘扬努力超越、追求卓越的企业精神，团结一心，全力确保了峰会供电保障工作，兑现了万无一失的庄严承诺。作为国际会都的守护者，用高度的责任感书写政治供电的使命担当，交出了一份满意的“答卷”。

2017年被评为国家电网公司优秀班组长。

国家电网公司优秀班组长——任立新

任立新，女，汉族，中共党员，1966年2月出生，大学本科学历，高级工程师，现任国网北京朝阳供电公司东区供电所所长。

很多同事朋友都称任立新是工作狂，但很多人却并不知道，工作中精神抖擞的任立新身患胃溃疡和严重哮喘，曾四次病危，现在仍需要每天随身携带止喘

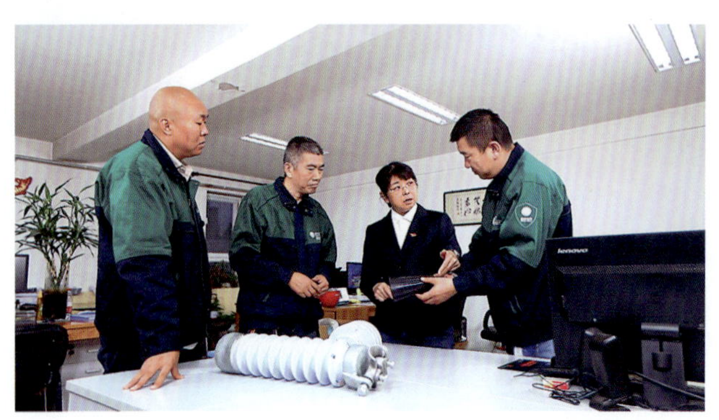

喷剂。病情严重的时候，甚至连一百米都走不动，只能躺着。可她是一个要强的人，受不了那种无所事事的日子。于是，她就在病床上坚持学习专业知识，没等病好彻底，她又重新投入到了工作中。

在平凡的工作中发现问题，调动所有职工的动脑能力，用科技的角度解决问题——“科技能提高安全生产力”。这是任立新抓工作最有力的措施。2011 年，她刚到东区供电所工作，就成立了“启明星”科技创新小组。在她的带领下，小组先后取得发明专利 14 项，发布 QC 成果 6 项，这些科技发明还获得了公司乃至全国的科技创新奖项。

任立新最自豪的一项发明是防鸟害横担。“原来，鸟窝引起的配电网故障占总故障的 20%。为此，每年我们都要去捅鸟窝，最多时一个春天要捅掉 600 多个。而这项发明应用后，防鸟害成功率达到了 93%。”目前，第三代横担已经在公司配电线路上广泛应用，它大幅提升了线路的安全水平。

除了防鸟害横担，她还主持研发了防折断水泥电杆、电缆头护套、组合型闸杆等，获得了多项专利，也刷新了电网科技的空白。2017 年上半年，她牵头在东区开展了超声波线路检测，截至目前共完成线路检测 52 路，发现隐秘缺陷 32 处，在线路工程停电时，这些发现的隐秘缺陷都被印证并得以消除，准确率达到 100%。

多看一眼，多想一步，是任立新对全所同志的要求。东区供电所先后发现了Ⅰ型 JP 柜人身安全问题、“煤改电”工艺安全问题、取消变压器腰栏的安全问题、紧凑型变压器台的安全问题、新设备瓷瓶有裂纹、避雷器引线脱落接口不绝缘等，还发现并上报了其他工艺设备隐患，避免了安全生产问题的发生。

虽然病患缠身，但她自强不息，仍坚守在工作一线；专业不对口，但她刻苦钻研，业务拔尖还取得多项发明专利；新设备新项目，安全风险设备缺陷越来越隐蔽，但她一丝不苟，认真排查，带领团队一再刷新安全生产纪录。

她就是国网北京朝阳供电公司东区供电所所长任立新，她用恒心、细心以及创新精神，铸就了一颗匠心。

2017 年被评为国家电网公司优秀班组长。

国家电网公司优秀班组长——孟庆水

孟庆水，男，汉族，中共党员，1960 年 1 月出生，大学专科学历，助理工程师，技师，现任北京市城市照明管理中心华灯班班长。

华灯班里有一位与华灯同龄的老班长，他叫孟庆水，人称“水爷”，至今已经守护了华灯 59 载。“水爷”带领着一个平均年龄不到 27 岁的青年团队，担负着天安门广场和长安街沿线 253 基华灯的清洗与检修。

为了每年的国庆献礼，这项工作都要从盛夏开始，横跨北京最热的两个月。三伏天里，11 米的高空作业没有任何遮挡，30 平方米的检修平台上十来个小伙紧张有序地配合，摘灯球、传递、冲洗、擦拭、检查光源与接线、更换、安装、上保护……一气呵成。强烈的紫外线灼烧着脸部皮肤，体感温度近 60 摄氏度，工作服更是湿一遍、干一遍。

2017 年，为了迎接党的十九大，“水爷”带领着他的团队，提前开启了华灯清洗检修工作。“每次我们的高车开进广场的时候我都很兴奋”，今年加入团队的新人小张说，“马上要开十九大了，每次干完活，回头一看，一排华灯那么干净、漂亮，真有成就感！”

孟庆水和他的弟兄们做着一份在外人看来极其艰苦的工作，可他们却一如既往对自己的工作充满敬意，满怀诚意，这似乎早已成为华灯班多年不变的信仰。

十九大召开前夕，在提前完成华灯清扫检修工作的同时，孟庆水带领华灯班，以全力服务首都政治中心重要客户照明保障为己任，每周开展十九大城市照明保障延伸服，切实提高政治站位，服务首都城市照明保障工作大局。在中南海，华灯班对由中央警卫局管辖的新华门前 2 基华灯、中南海西门前 6 基华灯进行检修维护。当天，队员们冒雨更换了电源，并对 2

基华灯进行了清洗。中警局营房处处长感慨地说：“真想不到你们的团队这么敬业，和我们战士一样啊！”

“在我们几代华灯人的心中，心心念念的都是华灯。人民对美好生活的向往，就是我们华灯班的奋斗目标，我们以实际行动守护祖国的心脏，为实现人民的美好生活而奋斗，让京城的灯更亮，路更明，心更暖，都更美，让党和人民看到，咱们工人有力量。”

时代造就工匠。59 载，古都风貌激荡沉淀；59 载，照明事业交叠飞跃；59 载，华灯风采依旧；59 载，路灯人情怀依然。

2017 年被评为国家电网公司优秀班组长。

国家电网公司优秀班组长——李豪

李豪，男，汉族，中共党员，1983 年 11 月出生，研究生学历，高级工程师，现任国网北京经济技术研究院智慧工地建设运行中心负责人。

参加工作十余年，无论多么纷繁复杂的工作，他都能恰到好处地予以解决，他一直用专心、专注、专业的态度对待工作，用谦虚、诚恳、热情的态度对待同事、对待生活。他是两个女儿的贴心爸爸，也是同事们眼中的开心果，他就是李豪，经研院智慧工地建设运行中心班组的组长。

电网建设运维智能化是电力公司发展的方向，李豪带领着平均年龄仅为 27 岁的 5 名年轻人，负责智慧工地、输变电智能安防系统和可视化智能安全管控平台的研发提升和技术支撑。

为圆满完成 17003 供电保障任务，李豪带领全体班组成员成立了智能安防临时党支部。在公司全面进入二级保障时段的前一天，临时党支部召开第一次支部会暨 17003 供电保障工作启动会。“二级保障状态意味着我们要开展定期值班，对平台系统和监控设备进行定期巡视，确保它们能在盛会保障期间，第一时间发现重要变电站和输电通道的风吹草动。”临时党支部书记李豪盯着屏幕介绍说，“一旦哪个设备出现问题，我们就要立即组织人力进行排查，及时解决。”自从进入一级保障以来，李豪白天基本都待在指挥部（监控中心），晚上就在仅有一条走廊之隔的宿舍里眯一会，一直坚守了 27 个日日夜夜。其他党员在他的带领下，也都牢记使命，尽职尽责地做好每一项工作。

2017 年 11 月，智慧工地建设运行中心班组负责支撑的三套系统提升工作同时开展，班组所有成员都在电脑前加班加点地撰写提升方案，研究功能需求及 UI 设计。晚上七点，李豪回家看发烧的女儿，才不过两个小时，他又风尘仆仆地回到了办公室，接着又投入到了紧张的工作中。

作为电网建设的管理者，李豪深知自己肩上责任之重。相信他的努力和付出，会为电网建设智能发展增加一份力量，为首都的璀璨明亮平添一份光彩。

2017 年被评为国家电网公司优秀班组长。

大　事　记

吴国健　摄

1月

1月4日，北京城市快轨建设管理有限公司向公司赠送写有“志创模范单位保供电　情系轨道交通创标杆”的锦旗。

1月6日，公司召开干部任免宣布大会，宣布国家电网公司任免决定：经国家电网公司党组研究并征得中共北京市人民政府国有资产监督管理委员会同意，决定孙兴泉任国网北京市电力公司副总经理，陈守军任国网北京市电力公司总工程师（试用期一年）。

1月11日，华北能监局局长郭智一行到我公司就春节和全国两会电力安全保障工作进行安全督查。

1月12日，公司向全市用户正式推出了“互联网+电力营销服务”智能互动平台，北京地区电力服务从线下向线上全面升级。

1月17日，公司创新采取“演练+培训”方式，结合配电运营指挥平台、配网运维APP推广应用工作，举行了2017年春节供电保障应急演练。

1月17日，北京天桥艺术中心电动汽车快充站正式投运，该站点共配置100台直流快速充电桩，是首都核心区规模最大、服务能力最强的电动汽车公共充电站点。

1月18日，公司第三届职工代表大会第二次会议暨2017年工作会议召开。

1月23日，国家能源局副局长郑栅洁一行到公司调研“以电代煤”和春节供电保障工作。

1月24日，北京市架空线入地办公室常务副主任谢国民带队到公司就北京市电力架空线入地相关工作进行座谈。

1月24日，北京奔驰汽车有限公司党委书记、常务副总裁陈宏良一行到公司座谈交流，向公司赠送写有“优质服务献用户　高效创新履契约”的锦旗。

1月24日，市人大常委会副主任、市总工会主席牛有成，市总工会党组书记、副主席曾繁新到公司调研工作。

1月25日，国家电网公司董事长、党组书记舒印彪，总经理、党组副书记寇伟，副总经理、党组成员栾军一行来到公司，检查春节保电工作。

1月27日，中央政治局委员、北京市委书记郭金龙，市委副书记、市长蔡奇走访慰问春节假期仍坚守岗位的公司干部员工。

1月27日，农历除夕，国家电网公司董事长、党组书记舒印彪走进公司生产、服务班组，检查春节供电保障工作。

2月

2月13日，国家电网公司发展部副主任吕健一行到公司，就北京冬奥会电力保障工作进行调研，听取北京冬奥电网相关工作进展及需要协调解决的问题。

2月14日，新华社北京分社社长梁相斌、副社长宗焕平一行到公司调研。

2月14日，中国电力传媒集团总经理顾平安、副总经理姜晓澜到公司调研工作。

2月16日，华北能监局副局长郝瑞锋一行到公司督查全国两会供电保障工作。

2月16日，张华110kV变电站正式进入主体钢结构装配施工阶段，标志着北京新机场配套电网建设工程全面启动。

2月17日，国家能源局副局长王晓林带队到公司开展全国两会保电专项督查。

2月17日，团中央青年发展部部长杨松一行到北京电力展厅调研。

2月27日，国网冀北电力有限公司副总经理李欣一行到公司研讨奥运会及APEC峰会等重大活动保电方案。

2月27日，国家电网公司总信息师孙正运一行到公司督查全国两会网络安全保障工作。

3月

3月1日，北京市委常委林克庆到通州区出席2017年北京“煤改电”配套电力工程全面开工活动，调研全市“煤改电”工作情况，并向首都“煤改电”突击队授旗。

3月1日，公司召开2017年全国两会供电保障动员会，对供电保障工作进行再动员、再部署。

3月1日，公司通过实战加演练的模式组织开展2017年全国两会供电保障值守及突发事件应急演练。

3月2日，公司与怀柔区政府签署关于建设坚强可靠电网战略合作协议，双方就推进怀柔区坚强可靠电网建设、电力服务等有关方面内容充分达成共识。

3月3日，密云区委副书记、区长潘临珠，区委常委、常务副区长杨珊一行到公司就密云地区电网发展进行交流座谈。

3月6日，公司召开“一带一路”国际高峰论坛供电保障推进会，对供电保障工作进行再部署。

3月8日，在“三八”国际妇女节公司举办2017年女职工主题读书活动启动仪式暨文化成果展示活动。

3月9日，公司召开17002任务供电保障隐患专项排查治理工作会，对17002任务供电保障隐患专项排查治理工作进行部署。

3月14日，国调中心副主任张晓华一行来到我公司，围绕电网调控运行、全国两会供电保障等工作进行调研和座谈。

3月15日，随着十二届全国人大五次会议在京闭幕，至此公司全面实现了全国两会供电万无一失。

3月17日，公司在北京城市副中心行政办公区召开业扩报装工作启动会，标志着项目联合办公、多层次融合机制等多项业扩服务新模式，在北京城市副中心行政办公区正式运行。

3月21日，公司创优示范工程马坡220kV变电站正式投运。

3月22日，由公司建设的前门大栅栏“北京坊”电动汽车充电站正式投运。

3月22日，公司与海淀区政府签署关于建设国际一流配电网合作框架协议，双方就推进海淀区坚强可靠配电网建设、电力服务等有关方面内容达成共识。

3月26日，北京新机场配套的首个220kV变电站——张家务220kV工程开工。

3月26日，公司联合中直机关、国管局，在4个重点小区全面启动“你用电 我用心”用电便民服务专项活动。

3月26日，公司城区供电公司营销部营业一班荣获共青团中央命名的“2015～2016年度全国青年文明号”。

3月26日，国家电网首都电力（海淀）共产党员服务队荣获“十大榜样团体”称号。

3月29日，公司与顺义区政府签署《关于加快顺义地区实施“清洁空气行动计划——电能替代”的合作协议》，双方就加快顺义地区“电能替代”和电网规划建设等内容达成共识。

3月30日，公司与朝阳区政府签署《关于建设国际一流配电网合作框架协议》，双方就推进朝阳区国际一流配电网建设等方面达成共识。

3月31日，国网厦门供电公司党委书记黄惠英一行到公司调研交流重大活动电力保障等工作。

3月31日，新机场配套杨各庄220kV变电站以及110kV广厦变电站工程开工。

4月

4月1日，国家电网公司副总工程师兼公司总经理李同智到怀柔现场检查“一带一路”国际合作高峰论坛保电工作，调研了供电保障、智能安保系统建设、供电服务中心筹建等重点工作开展情况。

4月6日，国家电网公司总工程师张启平一行到公司调研“煤改电”工作，实地参观公司“煤改电”实验室和“煤改电”实景示范区，了解“煤改电”工程建设情况。

4月6日，国家电网公司评估专家潘垣一行到500kV柔性直流延庆换流站及附近走廊现场调研。

4月7日，公司与通州区政府签署《北京城市副中心“十三五”电力建设战略合作协议》。

4月10日，北京市政府副秘书长姜帆一行到公司调研核心区电力架空线入地工作。

4月12日，国家电网公司副总工程师兼公司总经理李同智一行到北京市环境保护局走访，与市环保局党组副书记、局长方力交流座谈，落实首都大气污染防治工作部署，推进“煤改电”、外受电通道建设等重点工程规划建设。

4月12日，国家电网公司副总工程师兼公司总经理李同智、公司党委书记杨新法一行到市轨道交通建设管理公司，与市轨道交通建设管理公司党委书记、董事长吴宏建，党委副书记、总经理丁树奎交流座谈，共同推进轨道交通配套电力建设工作。

4月14日，华商三优公司与华为公司签署全面合作协议，双方就共同推进智能直流充电解决方案、开展企业经营管理对标、联合开拓市场等方面达成共识。

4月18日，国网河北省电力公司副总经理范振华一行到公司就世界一流电网城市电网规划建设、北京城市副中心电网规划建设等情况，推动雄安新区电网规划建设工作进行调研。

4月18日，国家电网公司副总工程师兼公司总经理李同智一行到北京市公安局消防局，与北京市公安局消防局局长、党委副书记亓延军交流座谈。

4月19日，国家电网公司副总工程师兼公司总经理李同智、公司党委书记杨新法一行到北京市排水集团，与北京市排水集团党委书记、董事长林雪梅，总经理郑江交流座谈，共同推进多项再生水和泵站等重点项目供电工作。

4月19日，广东电网公司副总经理钟连宏带队到公司，就安全管理、电网运行、设备管理及政治供电等工作进行调研。

4月20日19时41分，公司完成天舟一号货运飞船发射保电任务。

4月20日，北京市城市管理委员会副主任张春贵、委员孟献军带队来到公司，对公司17002保电和迎峰度夏保障工作进行调研指导。

4月21日，北京市副市长卢彦一行到通州区调研煤改清洁能源工作。

4月22日，由公司承办的“卓越之路——国家电网公司职工美术书法摄影主题作品展”在北京世纪坛开幕。

4月23日，公司按照正式保电标准，采用多项创新技术和智能化手段，完成“一带一路”国际合作高峰论坛全要素保电实战演练工作。

4月25日，国家电网公司副总工程师兼公司总经理李同智、公司党委书记杨新法一行到北京市基础设施投资有限公司，与该公司党委书记、董事长田振清，总经理郝伟亚交流座谈，共同推进轨道交通配套电力设施建设工作。

4月25日，华北能监局副局长程裕东一行到公司检查指导17002任务供电保障筹备工作。

4月25日，国家电网公司党组副书记、副总经理辛保安来公司调研，督导党建工作。

4月27日，共青团国网北京市电力公司第三次代表大会隆重召开。

4月28日，首都电力交易中心有限公司召开北京电网厂网联席会暨2017年一季度电力市场交易信息发布会。

4月28日，国家电网公司副总经理、党组成员栾军带队到怀柔区，现场检查公司“一带一路”国际合作高峰论坛保电工作。

5月

5月1日，公司照明中心荣获全国五一劳动奖状，城区公司营销部大客户经理三班获评全国三八红旗集体，海淀公司配电运营指挥室获评北京市工人先锋号，城区公司崇文供电服务中心获评北京市模范职工小家；昌平公司王朴荣获首都劳动奖章，顺义公司冯立祥获评北京市优秀工会工作者。

5月3日，中国能源化学地质工会、国家电网公司工会到公司慰问“一带一路”国际合作高峰论坛供电保障员工，并调研指导工作。

5月4日，公司以电视电话会议形式召开5月份月度工作例会暨“一带一路”国际合作高峰论坛供电保障动员部署大会，再动员再部署再要求。

5月5日，国家能源局副局长王晓林一行到公司“一带一路”国际合作高峰论坛重要供电保障区域，实地检查峰会保电筹备和落实情况。

5月5日，公司与门头沟区政府签署关于门头沟区“十三五”电力规划建设的合作协议，双方就加快推进门头沟行政区域内电网建设、电力设施迁改等工作达成共识。

5月10日，国网能源研究院党委书记王广辉一行到丰台公司调研党的建设、“互联网+”党建等情况。

5月11日，国家电网公司副总工程师兼公司总经理李同智、公司党委书记杨新法一行到北京市首都公路发展集团有限公司，与该公司董事长张闽、总经理张恒利交流座谈，共同推进输变电工程建设、高压线路迁改等多项重点工作。

5月11日，国家电网公司总信息师孙正运到公司对北京电网电力监控系统安全防护工作进行检查指导。

5月14日，北京市公安局副局长刘涛、内保局局长谢冬生一行到公司检查“一带一路”国际合作高峰论坛供电安保防恐工作。

5月23日，国家电网公司副总工程师兼公司总经理李同智、公司党委书记杨新法一行到北京汽车集团有限公司，与该公司董事长徐和谊、总经理张夕勇交流座谈。双方重点围绕电动汽车及充换电设施建设等工作进行沟通。

5月24日，北京市总工会党组书记、副主席曾繁新，党组成员、副主席王永浩一行到公司调研慰问。

5月26日，公司与马坊工业园区管委会、北京邦正巨元自动化设备有限公司、北京森沃鑫达开关有限公司在平谷签署了马坊工业园区增量配电试点项目合作意向书。

5月27日，国家电网公司安质部副主任胡庆辉带领国家电网公司基建现场反违章专项行动和迎峰度夏督查组到公司反馈安全检查情况。

6月

6月1日，国家电网公司总经理助理张丽英带领国家电网公司第一督查组到安定500kV变电站扩建工程现场，对基建现场反违章专项行动和迎峰度夏工作开展督查。

6月5日，安定500kV变电站主变压器增容工程完成了2组变压器更换工作并投入运行。

6月6日，国家电网公司副总工程师兼公司总经理李同智一行到北京能源集团有限责任公司，与该公司党委书记、董事长朱炎交流座谈。

6月6日，北京市副市长隋振江一行到公司调研指导工作。

6月8日，国家电网公司副总工程师兼公司总经理李同智一行到北京公交集团，与该集团总经理朱凯就公交场站充电桩和外电源建设工作开展交流座谈。

6月8日，国家电网公司副总工程师兼北京公司总经理李同智与前来调研的黑龙江公司总经理丁扬一行座谈，双方就电能替代和“互联网+营销服务”等工作进行了深入交流。

6月14日，北京城市副中心配套的两项“煤改电”工程，乔庄110kV输变电工程、永乐店110kV变电站扩建工程陆续竣工投产。

6月15日，公司召开干部任免宣布大会，宣布国家电网公司党组关于公司领导班子调整的决定。经国家电网公司党组研究并征得中共北京市人民政府国有资产监督管理委员会同意，李同智任国网北京市电力公司董事长、党委书记，免去其国网北京市电力公司总经理职务；万志军任国网北京市电力公司董事、总经理、党委副书记；免去杨新法国网北京市电力公司党委书记、副总经理职务。

6月16日，公司召开会议，对“一带一路”国际合作高峰论坛供电保障工作进行总结，推进、部署党的十九大供电保障工作。

6月20日，公司与燕山石油化工有限公司就“三供一业”供电分离移交改造工作进行座谈。

6月23日，在中国共产党北京市第十二次代表大会上，国家电网公司副总工程师兼国网北京市电力公司董事长、党委书记李同智当选中国共产党第十九次全国代表大会代表。

6月27日，东方电气股份有限公司副总裁韩志桥一行到公司，调研交流“煤改电”工程建设等工作。

6月27日，北京城市副中心行政办公区配套的220kV潞城输变电工程及电力运行保障中心地下部分，获得北京市发改委核准批复。

6月29日，公司与密云区政府签署关于密云地区电网规划建设战略合作协议，双方就认真落实“北京市清洁空气行动”计划，全面服务密云区经济社会发展，推进电网规划建设等工作达成共识。

6月30日，中国气象局玖天气象公司总经理白玉良一行来到公司，就首都电网气象灾害精准预报预警战略合作事宜进行交流座谈。

6月30日，北京市安监局局长张树森一行到公司开展了主题党日活动。

7月

7月4日，国家电网公司副总工程师兼北京公司董事长、党委书记李同智，公司总经理万志军一行到北京市自来水集团，与该集团董事长、党委书记刘锁祥，总经理高踪阳交流座谈。双方重点围绕自来水集团有关项目用电需求、电力公司供电服务保障举措等方面进行沟通交流。

7月4日，中共中央政治局委员、国务院副总理马凯在北京调研新能源汽车产业发展工作期间，来到四惠电动公交充换电站，实地调研公司推进电能替代、开展电动汽车充换电设施建设有关工作。

7月5日，公司配合北京市城管委组织完成北京市大面积停电事件应急演练。

7月9日，国家电网公司研究室主任张玮、副主任周海洋一行，到公司开展主题党日活动，参观“煤改电”综合实景实验室，调研城市副中心配套电力设施建设情况，并在变电站施工现场重温入党誓词。

7月11日，由国家电力调度控制中心、华北电力调度控制分中心等单位组成的专家组来到公司，对公司调控中心安全生产保障能力进行检查和评估工作。

7月12日16时41分，北京电网负荷达到2122.5万kW，突破历史最大负荷2082.8万kW。

7月12日，国网河北省电力公司董事长、党组书记潘敬东一行到公司调研，先后到北京城市副中心配套电力设施建设现场、城市副中心规划展示厅、北京市调大厅调研参观。

7月13日，共青团中央青年发展部部长杨松一行，在中央企业团工委办公室主任张蕾蕾、国家电网公司团委书记刘平的陪同下，赴城区公司指导“青年文明号开放周”活动。

7月13日，北京市副市长隋振江到公司检查迎峰度夏电力保障工作。

7月13日，北京市住建委、重大办主任徐贱云，市重大办党组书记王钢一行到公司就北京市重大项目配套电力建设进行交流座谈。

7月13日12时26分，北京电网负荷达到2254万kW，继12日突破历史纪录后再创新高。

7月14日，国家电网公司副总经理、党组成员栾军到公司调研迎峰度夏工作。

7月20日，中华全国总工会所属能源化学地质工会在公司召开职工队伍建设现场会，调研公司产业工人队伍建设情况。中国能源化学地质工会主席张波，副主席陈志标、郭振友出席现场会。中国能源化学地质工会及国内能源、化学、地质行业58家单位的83名代表参加调研。

7月20日，北京铁路局副局长王长钊一行到公司，就京张高铁、京沈客专、京霸铁路3项铁路工程配套电力设施迁改工作进行交流座谈。

7月20日，公司参加北京市重大办组织召开的冬奥会延庆赛区配套电力项目协调会，统筹调度配套海坨、玉渡110kV变电站选址等相关项目，加快推进冬奥会延庆赛区配套项目进展。

7月24日，国家能源局副局长王晓林一行来到公司，现场调研“煤改电”工作。

7月26日，公司5集体荣获“北京市青年安全生产示范岗”荣誉称号。

7月28日，中华全国总工会副主席、书记处书记阎京华一行到公司调研慰问。

8月

8月3日，国家电网公司董事长、党组书记舒印彪在北京调研检查北京城市副中心等国家重大项目配套电网建设工作，并现场办公。调研期间与北京市委书记蔡奇，市委副书记、代市长陈吉宁举行会谈，双方就加快北京电网发展、推进国家重大项目建设等展开交流。

8月8日，北京市住建委副主任王承军、北京市规土委副主任周楠森一行到公司，就京张铁路、京沈客专、京雄铁路等工程电力迁改工作进行交流座谈。

8月8日，国网能源院副院长柴高峰一行到公司调研精益管理工作。

8月9日，与中国气象局玖天气象公司就气象灾害精准预报预警系统平台建设工作进行交流座谈。

8月9日，公司首届职工子女乒乓球夏令营——鲁能乒乓夏令营开营仪式在雁栖湖畔隆重举行。

8月10日，国家电网公司副总工程师兼公司董事长、党委书记李同智，公司总经理万志军带队到中央军委机关事务管理总局座谈交流，双方签署《军委机关与国网北京市电力公司营房保障战略合作框架协议》，推动军委机关营区电力保障社会化，推进后勤领域军民融合，提升军委机关营区服务保障能力。

8月11日，公司与平谷区政府签署《加快平谷地区实施“清洁空气计划——电能替代”工程暨重点项目配套电网建设合作协议》，开启双方合作共赢、共谋发展的新模式。

8月16日，公司与房山区政府签署关于“十三五”期间加快实施“大气治理、电能替代”的战略合作协议，双方就全面贯彻京津冀协同发展战略，落实清洁空气行动计划，加快推动房山区电能替代和电网建设等工作达成共识。

8月21日，公司所属3家单位——通州公司、海淀公司、检修公司，获评第六届国家电网公司文明单位（2014～2016年）荣誉称号。

8月25日，北京城市副中心电力运行保障中心及220kV潞城变电站获得国家电网公司正式批复立项建设。

8月31日，北京城市副中心行政办公区首座配套变电站——110kV辛安屯变电站投产，标志着行政办公区开始由正式电源供电。

9月

9月1日，公司8个优秀创新项目亮相“央企创新成就展”。

9月4日，在第十三届全运会群众组乒乓球（50岁组）女子单打决赛中，公司电科院的选手代表北京队勇夺全运会群众组乒乓球比赛50岁组女子单打冠军，海淀公司选手获本次全运会群众组羽毛球B组男双比赛银牌，石景山公司和大兴公司选手荣获全运会群众组羽毛球B组女双比赛铜牌。

9月5日，国家电网公司安全生产大检查督导组第二组第二小组组长、国家电网公司副总工程师、华北分部主任余卫国一行到公司启动安全生产大检查督导工作。

9月7日，北京市首都公路发展集团有限公司董事长张闽、总经理张恒利一行到公司交流座谈，共同推进高速公路涉及的高压线路迁改等重点工作。

9月7日，中国能源化学地质工会主席张波参加公司“一线工作日”活动，来到天安门广场华灯清洗检修现场，调研公司十九大供电保障工作，并对照明中心华灯班进行慰问。

9月8日，北京市副市长隋振江到公司架空线入地工程指挥部调研，了解工程进展情况，慰问党员突击队、工程项目组的党员和一线同志。

9月12日，国家电网公司总经理、党组副书记寇伟到公司亦庄办公区调研检查十九大供电保障工作。

9月13日，公司召开“电能替代”集中供暖项目汇报研讨会，专题研究平谷区夏各庄新城集中供暖项目方案。

9月13日，公司与大兴区政府签署《加强大兴区电网规划建设合作协议》，共同服务大兴区“十三五”

经济社会发展，加快建设与地区发展定位相匹配的坚强一流电网。

9月14日，国网电子商务有限公司总经理常世平、副总经理顾国栋一行到公司调研交流。

9月15日，北京市副市长隋振江到公司调研十九大供电保障工作开展情况。

9月15日，公司以电视电话会议形式，召开党的十九大政治供电动员誓师大会，动员和鼓舞全体干部职工，全面进入保电决战决胜状态。

9月17日，公司召开安全生产电视电话会议，对十九大供电保障期间公司安全生产工作进行再强调、再部署。

9月23日，公司召开十九大供电保障前线联合指挥部（临时党委）成立大会。

9月23日，国家电网公司党组副书记、副总经理辛保安到公司架空线入地工程指挥部调研。

9月25日，国务院国资委主任肖亚庆一行赴公司调研，听取关于党的十九大供电保障相关情况的汇报。

9月25日，首钢工业园区的首座10kV冬奥开闭站正式投运，首钢冬奥组委办公区负荷接入北京电网，标志着公司正式进入首钢百年厂区供电，打破了首钢电网的“自发、自供、自管、自用”模式。

9月26日，北京新机场配套首座110kV张华变电站投入运行。

9月28日，北京市委书记蔡奇、代市长陈吉宁一行到公司调研，听取关于国庆期间及党的十九大北京电网安全生产、电网运行情况和供电保障准备工作情况的汇报，慰问参加保电的干部员工。

9月29日，公司召开党的十九大供电保障总指挥部第一次全体会议，检验保障筹备阶段工作成果，对下一阶段保障值守工作进行再动员、再部署。

9月30日，公司按照一级政治供电任务标准开展供电保障工作，完成天安门广场“向人民英雄纪念碑敬献花篮仪式”，提供优质供电服务。

10月

10月1日，国家电网公司总经理寇伟到公司检查国庆及党的十九大供电保障工作。

10月1日，公司“煤改电”46项配套输变电工程中，首个220kV电压等级的配套输变电工程——北宫220kV变电站正式投入运行。

10月5日，公安部第三局副局长马维亚来到公司党的十九大保电相关重要保障点，现场检查十九大供电保障安保防恐等工作。

10月9日，国家发展改革委副主任、国家能源局局长努尔·白克力，国家能源局副局长刘宝华一行赴公司督查党的十九大保电工作。

10月9日，安定500kV变电站主变压器增容工程3号变压器更换工作顺利完成并投入运行。

10月11日，公司按照一级保电标准完成党的十八届七中全会开幕保电任务。

10月15日，国家电网公司董事长、党组书记舒印彪一行赴公司所属220kV重要供电保障线路区域，慰问检查党的十九大保电工作。

10月16日，中直机关管理局局长、十九大会议总务组副组长张放鸣一行到公司检查党的十九大供电保障工作。

10月16日，国家电网公司副总经理、党组成员杨晋柏到公司检查十九大网络安全保障工作，调研电力监控安全防护中心和网络安全分析室，听取十九大供电保障工作总体情况汇报。

10月16日，公安部副部长、北京市副市长、市公安局局长王小洪带队到公司，现场检查十九大供电安保工作。

10月17日，公司在党的十九大前线联合指挥部（临时党委）召开外省支援队伍工作例会。

10月18日，北京市总工会党组成员、副主席韩世春一行到公司十九大供电保障前线联合指挥部和首都核心区220kV重点保障变电站慰问坚守岗位的干部员工，并调研公司十九大供电保障情况。

10月19日，中华全国总工会能源化学地质工会主席张波深入公司一线班组慰问基层职工，并调研公司十九大供电保障等工作。

10月22日，公司完成党和国家领导人及部分十九大代表前往海淀区中关村国家自主创新示范区展示中心参观调研保电任务。在保障工作中首次使用1000kVA大容量飞轮发电车。

10月22日，公司举行首都充电效率最高电动公交车充电站投运新闻发布会。

10月28日，在国家电网公司第六届供电“服务之星”暨营销专业“班组微讲堂”劳动竞赛决赛上，朝阳公司选手勇夺“十佳服务之星”称号，通州公司和大兴公司两名员工荣获“服务之星”称号。

10月31日，公司与首钢集团有限公司签订《新首钢高端产业综合服务区智能电网规划建设合作协议》补充协议。

11月

11月3日，国家机关事务管理局房地产管理司副司长郑峰一行到公司就工程前期手续办理进行座谈交流调研。

11月14日，国家电网公司副总经理张智刚率队到公司调研运检专业工作，

11月14日，公司在顺义区东水泉村举行“保卫首都蓝天创造美好生活　清洁供暖服务日”新闻发布会，向媒体发布公司全面完成2017年“煤改电”配套电网建设情况，以及面向“煤改电”客户推出的清洁供暖服务举措。

11月16日，北京会议中心副主任张桂芬一行到公司赠送感谢信，对公司向北京会议中心开展的延伸服务表示感谢。

11月16日，公司召开石墨烯取暖技术讨论会，就这一新技术的经济适用性和推广价值进行探讨。

11月16日，国家电网公司第三届青年创新创意大赛决赛，公司勇夺1金1银2铜的好成绩。

11月16日，陈牧云创新工作室获中华全国总工会命名。

11月29日，由中国质量协会主办的全球卓越大会暨第十七届全国追求卓越大会在京召开，公司获评2017年“全国实施卓越绩效模式先进企业”。

12月

12月1日，公司承担“主动配电网关键技术研究”863课题顺利通过国家科技部验收。

12月6日，国家电网公司体改办副主任魏玢一行到石景山公司调研公司深化电力体制改革工作，实地了解首钢合作开发新模式。

12月7日，中华全国总工会劳动和经济工作部副巡视员刘萍为城区公司陈牧云创新工作室授牌“全国示范性劳模和工匠人才创新工作室”。

12月13日，国家知识产权局与世界知识产权组织在北京召开第十九届中国专利奖颁奖大会。公司“电动汽车入网的方法、装置及系统”荣获第十九届中国专利优秀奖。

12月14日，公司召开全国两会暨中央经济和农村工作会供电保障任务部署会。

12月18日，公司启动输电线路反外力“百日专项行动”。

12月19日，北京市城管委副主任张春贵一行到公司500kV海淀变电站、500kV海淀电缆隧道开展安全检查。

12月19日，国网华北分部副主任、华北审计中心主任徐钦田带队到公司进行工作调研。

12月21日，由市安全监管局、首都精神文明办等单位主办的2017“安监之星·北京榜样”主题活动颁奖典礼在京隆重举行。公司共获得8个奖项，并有2名员工当选北京市年度“安监之星”。

12月27日，国务院国资委党建局局长、中央企业团工委书记、中央企业青联主席姚焕带队到公司调研公司党建、团建工作，并参加基层团支部组织生活会。

12月27日，公司负责实施的2017年首都核心区58条道路的电力架空线入地工程全面完工。

12月28日，公司举行“情系万家　电暖京城”主题新闻发布会。

12月28日，公司举行审计中心成立揭牌仪式。

12月29日，国网能研院董事长、党委书记张运洲一行到公司现场调研“煤改电”工作。

重要文献

公司领导重要讲话

始终牢记使命宗旨　着力推进高质量发展
在实现新时代公司战略目标新征程中争当先锋

——公司董事长李同智在国网北京市电力公司第三届职工代表大会第三次会议暨2018年工作会议上的报告（摘要）

（2018年1月26日）

一、2017年工作回顾

公司业绩考核位列国家电网公司第三名；对标位列综合标杆第四名，并获得管理标杆和六项专业标杆，业绩考核和对标均创造了历史最好成绩。全年完成售电量968.01亿kWh，同比增长5.41%；营业收入645.86亿元，同比增长4.80%；完成固定资产投资227.98亿元，同比增长5.41%；完成利润12.55亿元。

把学习宣传贯彻党的十九大精神作为首要政治任务，开展全员大学习、系统大宣讲、全面大落实，着力在学懂弄通做实上下功夫。第一时间组织全体干部职工收听收看大会盛况，聆听习近平总书记重要讲话。迅速召开党委中心组学习扩大会、专题工作会，举办处级干部培训班，全面部署学习宣传贯彻工作。公司领导班子深入基层宣讲27场次，各单位班子成员宣讲266场次，各级党组织积极推动十九大精神进基层、进班组、进现场，做到“领导通讲、专家精讲、基层实讲”。结合“煤改电”服务开展十九大精神进农村活动，发放宣传资料10万余份。两级中心组累计学习135次，基层党支部学习讨论1509次。紧紧围绕党的十九大提出的新思想、新战略，谋划公司发展的新思路、新举措，推动十九大精神在公司落地生根、生动实践。

“安全攻坚”夺取重大胜利。政治保电树立新标杆。将党的十九大保电作为践行“四个意识”的重大政治任务，2万多名干部职工精心筹备近一年、昼夜奋战一个月，严格落实“五个最”保电要求，实现“四个零”“五个杜绝”保电目标，保障标准之高、投入力度之大、运用手段之新，都树立了国家电网公司政治保电新标杆。全年圆满完成“一带一路”国际合作高峰论坛等重大政治保电任务178项、保电天数328天，保电天数再创历史新高。安全管控坚强有力。面对生产建设任务重、安全管控压力大等诸多挑战，坚决贯彻本质安全要求，严格落实各级安全责任，扎实开展安全生产大检查等活动，全年安全事件、违章行为同比降低32.2%、27.5%。创新建立两级安全监控中心，实现对所有作业现场24小时无死角视频监控。建立外包企业和人员安全质量信用评价体系，形成“严格准入”和“动态淘汰”相结合的管控模式。设备运维精益可靠。科学安排运行方式，强化风险预警管控，成功应对2254万kW历史最大负荷和1959万kW冬季最大负荷考验。建成国内首套“一体双核”配电自动化主站系统，接入6575条配电自动化线路，提前实现城市区域全覆盖。以防范外力和用户内部故障为重点，安装1187台视频监控装置和10585台用户分界断路器，输电、变电、配电设备故障同比下降41.2%、36.4%和69.2%，实现连续两年的大幅下降。成立国内首家两级配网管控运维中心，全面运用生产移动作业终端，设备精益化管理水平显著提升。

滚动修编“十三五”电网规划，高标准编制冬奥会、怀柔科学城等专项规划。先后与16家区政府签署战略合作协议，深化与规划国土、环保等10个部门工作协同，赢得市、区两级政府支持，力度达到历史最大，“十三五”期间争取和节约资金超300亿元。促请政府在城市副中心、新机场、冬奥会、世园会等重点区域，无偿提供2.95万m^2土地建设供电保障中心。充分利用政府绿色通道、“一会三函”等有利政策，全年取得500kV通州北等73项立项核准，核准容量和资金规模再创历史新高。国家重大项目保障有力。优质高效完成58条50.61km首都核心区架空线入地任务，工程量超过自1999年开展该项工作18年以来总和，核心区“风貌更新、风韵更浓”，居民幸福感明显增强。城市副中心配套输变电工程提前投产，行政办公区初步建成国际一流高端智能配电网，为北京市四套班子入驻提供了坚强电力支撑。冬奥会、新机场等配套电力工程计划节点任务全部完成，走在各项基础设施建设前列。220kV 北宫输变电工程等 56 项工程顺利投产，张北柔直工程、500kV 房山—南蔡等 74 项工程开工建设。全年投产 35kV 及以上线路 702.94km、变电容量 850.65 万 kVA，开工 35kV 及以上线路 934.06km、变电容量 789.5 万 kVA，投产、开工规模均创历史最高水平。工程管控扎实有效。开展电力建设施工安全年活动，实施安全责任量化考核。紧盯招标采购、合同履约和调配预警等关键环节，物资供应及时高效。制定 36 项提速增效保障措施，实现输变电优质工程率 100%，220kV 马坡变电站工程、团结湖送电工程荣获“国家电网公司 2017 年度创优示范工程”称号。

再次超额完成中央下达的“煤改电”任务，全年完成 904 个村 40.77 万户，全市电采暖客户超过 110 万户，公司成为第二大供暖企业。电采暖客户每个采暖季贡献售电量 50 亿 kWh，减少燃煤 416 万 t。与公交集团合作，建成 103 座电动公交车充电站，满足 5100 辆电动公交车充电需求。全市共建成 1156 座充换电站、14 915 台充电桩，建设规模和服务水平均居全国首位。千方百计、见缝插针，完成 43.5 亿 kWh 燃气发电压减任务，通过引入京外清洁电力进行替代，大气污染防治成效更加显著。服务质量大幅提升。深化业扩“五新”服务，全年完成接电 1333.33 万 kVA，拉动电量增长 3.89 个百分点，实现连续两年的突破提升。累计签订契约项目 554 项、容量 378.48 万 kVA。创新城市副中心、新机场等重点区域服务机制，就近设立多专业融合的服务机构，实现客户办理业务“零往返”。深化与军委机关事务管理局战略合作，在国管局、中直机关等 51 个小区开展便民服务活动，受到一致好评。全方位做好“煤改电”度冬保障，逐村、逐线制定差异化管控方案，落实电力管家驻村全覆盖、发电车服务全天候等保障措施，确保了百姓度冬无忧。加强服务质量监督，完善投诉管控机制，全年受理客户投诉 2422 件，同比下降 42.06%，降幅位居国网系统首位。服务手段全面升级。建成省级计量中心，创新构建“六线二库”功能体系，全面提升计量资产全寿命周期管理水平。全年累计更换智能电表 23.23 万具，全采集覆盖率提升至 99.6%，客户购电下发平均时长缩短 20%。深化“互联网+电力营销”服务，拓展智能互动平台功能，居民线上缴费率、线上业扩报装率、客户报修电子接单率分别达到 71.26%、96.06%、97.20%。

深化改革取得突破。成立全面深化改革领导小组，深度参与配套政策制定，公司主要观点均得到政府采纳。创新首钢地区配电网建设与服务模式，设立供电服务中心，实现园区新增及现有负荷全部接入公网。巩固与新机场合作成果，与南航签订战略合作协议，将供电服务范围延伸至用电客户内部，实现 10kV 配电市场的新突破。稳妥推进马坊工业园区增量配电改革试点，以绝对控股方式与相关方达成合作意向协议。优化提升“三集五大”体系，在首都核心区推广“营配合一”供电服务中心，试点建成通州西集、怀柔雁栖湖等全能型供电所。明确党组织在公司法人治理结构中的法定地位，将党委职责内嵌到公司章程。率先完成 3 家全民所有制企业公司制改制工作。科技创新成果丰硕。863 课题“主动配电网关键技术研究及示范”顺利通过国家科技部验收。创新研发气象灾害预报预警等 6 个先进信息系统。组建网络安全分析室，成功拦截境内外网络攻击 7507 次。公司首次荣获中国专利奖，获得北京市科技成果一等奖 1 项、省级及以上科技成果 24 项。集体企业创新创效。全年实现收入 150.07 亿元，同比增长 31%，创历史新高；完成利润 8.16 亿元，同比增长 18%。开展设计施工联合运作，组建 16 个项目部，派驻 109 名专业人员，实现设计市场占有率翻两番。探索综合能源服务，试点智慧能源管家，代维产值同比增长 61%。深入推进资金集中统一管理，资金归集 100 亿元，收益增加近 1 亿元。瘦身健体完成年度既定任务，集体企业改革平稳有序，对电网和公司发展支撑有力。

企业管理规范高效。大力增供扩销、降本增效，在非首都功能疏解力度不断加大的背景下，主要经营指标稳中向好。积极争取外部支持资金 41.4 亿元，再创历史新高。抢抓大气污染治理契机，促请政府给予清洁取暖补贴，化解华能煤机停备造成的购电成本增加风险，为公司争取经济效益 6.14 亿元。全年完成市场化交易电量 144.25 亿 kWh，释放改革红利 5.7 亿元。深化工程决算转资管控，全年完成转资 200 亿元，转资率达到 88.5%。创新“四个保障、三个强化”同期线损管理，建设成效在国网系统保持领先。深化运监大数据平台应用，常态开展 62 项业务数据归集和监测分析，实现主营业务监测全覆盖。毕业生招聘数量突破 400 人，实现长期职工数量 17 年来首次正增长。依法治企显著加强。将问题清单梳理作为促进管理提升的重要抓手，梳理整改 391 项制约发展的突出问题，妥善处置京电房、电动出租车公司等历史遗留问题，工作成效得到国务院监事会高度肯定。强化依法维权和法律风险防控，应诉案件同比下降 25.8%，避免和挽回经济损失 8000 余万元。成立审计中心，构建“上审下”机制。发挥审计监督效能，持续开展“煤改电”等重点工程过程跟踪审计。后勤工作价值提升。

出色完成十九大保电后勤保障，树立了重大活动服务保障新标杆。紧密对接公司发展和一线需求，集中改造一批生产服务场所，建国门现场指挥部在核心区架空线入地等重点工作中发挥重要作用。稳步推进职工家属区“两供一业”分离移交，框架协议签订率100%。开展职工“精准健康管理”，建成启用八里庄青年公寓，实现工区班组级“健康食堂”全部达标挂牌，服务职工举措更加贴心丰富。全力推进后勤资源集约管理，盘活公司房屋土地资源，实现经济效益近1亿元。

党的建设全面加强。加强顶层设计，制定党建工作三年规划，积极构建“大党建”工作格局。结合党的十九大保电，成立前线联合指挥部临时党委，组建4个临时党总支和305个临时党支部，高质量完成综合保障；围绕“三大攻坚战”，组建党员突击队、保障队和服务队262支，党组织战斗堡垒和党员先锋模范作用彰显，公司党建工作得到国务院国资委高度认可。优化党建机构和党组织设置，基层党支部由265个增加至537个，“党的一切工作到支部”导向更加鲜明。率先在国网系统打造“首善清风”廉洁宣教APP平台，推送廉洁知识，根植廉洁文化，直接受众6万余人次。成立公司巡察组，对6家基层党组织开展巡察，不断提升风险防控效能。创先争优氛围浓厚。加强机关“三带头、三强化”作风建设，建立“一线工作日”等工作机制，不断提升两级机关服务基层的意识和能力。强化先进选树，深化两个“双百”创建活动，营造由点到面、全员争先的浓厚氛围。选拔专家人才125人，培养力度持续加大。鼓励青年员工创新创效，连续三届获得国家电网公司“青创赛”金奖。内质外形全面提升。聚焦核心区架空线入地等重点任务，在中央电视台、新华社等权威媒体持续开展高端传播，公司责任央企形象在首都充分彰显。开展“三抓一树”主题活动，组织“本质安全”“降损增效”等6项劳动竞赛，每月亮成绩、评红旗、重激励，有力促进了重点任务完成。深化“职工之家”建设，升级改造离退休活动中心，建成职工文化活动中心，组织丰富多彩的文体活动，公司荣获全国群众体育先进单位。城区公司等3家单位荣获“全国文明单位”称号，照明中心荣获“全国五一劳动奖状”，陈牧云创新工作室荣获“全国示范性劳模和工匠人才创新工作室”。公司在国家电网公司第六届“服务之星”竞赛中荣获佳绩。

提高政治站位、认清历史方位、坚持高点定位，义不容辞担当首都供电政治责任，底线守得稳；面对机遇敢闯敢试、面对挑战敢作敢为、面对困难敢打敢拼，集中力量啃硬骨头、打攻坚战，干活拼得狠；在战略执行上“扣扣子”、责任履行上“担担子”、任务实施上“钉钉子”，每周都有新提升、每月都有新突破，成效做得实。成绩的取得，靠的是国家电网公司和北京市委、市政府的坚强领导。国家电网公司高度重视首都电网发展，舒印彪董事长、寇伟总经理多次到公司视察指导，为公司提供根本遵循和指引。蔡奇书记等领导多次作出重要批示，高度肯定公司工作，给予我们极大的鼓励和鞭策。相关委办局主动帮助公司协调解决重点难点问题，为我们创造了良好的外部环境。根源于我们始终坚持党建引领、坚定担当职责使命。一年来，从政治保电到重点工程，从服务美丽北京建设到服务经济社会发展，公司以党建统领全局工作，主动服务党和国家工作大局，以服务人民的初心、守护光明的信念，全面彰显了“顶梁柱”作用，充分体现了国有企业“六个力量”。得益于我们准确把握工作重点、强力实施任务攻坚。2017年，我们提出“两个争当”的发展目标，作出全面打赢“三大攻坚战”的工作部署。实践证明，这一部署高度契合首都发展战略重点、符合电网和公司发展方向，确保我们既在服务大局中体现了担当，又在日新月异的形势中牢牢把握发展主动权，实现了各项工作的新超越。归功于全体干部职工的拼搏奉献、奋勇争先。面对前所未有的神圣使命和艰巨任务，广大干部职工胸怀大局、忘我工作，始终保持永争排头的意识和敢为人先的锐气，不达目的誓不罢休，不获全胜决不收兵，收获了全年工作的“满堂红”。实践证明，我们的队伍是无愧于时代、无愧于使命的电力铁军。

二、始终牢记使命宗旨，着力推进高质量发展，在实现新时代公司战略目标的新征程中争当先锋

（一）实现新时代战略目标，必须全面加强党的建设

奋力开创党的建设新局面。深入学习习近平新时代中国特色社会主义思想，持续加强理论武装，牢固树立“四个意识”，坚决在思想上政治上行动上同以习近平同志为核心的党中央保持高度一致。以党的政治建设为统领，全面推进政治建设、思想建设、组织建设、作风建设、纪律建设，将制度建设贯穿其中，不断增强党的创造力、凝聚力、战斗力。强化党委决策前置程序，探索建立融合式“党建+”模式，推动党建穿透管理，实现以党建统领推动工作提升。落实国网公司党建对标管理要求，以党建信息化试点推进规范化和标准化建设，把各级党组织建设得更加坚强有力，充分发挥基层党组织战斗堡垒和党员先锋模范

作用，在服务公司发展大局中创造价值。要以“全面从严治党永远在路上”的执着、“打铁必须自身硬”的自觉，坚持不懈推进党风廉政建设，持之以恒正风肃纪。严格落实习近平总书记纠正“四风”不能止步的指示要求，认真查找“四风”突出问题特别是形式主义、官僚主义的新表现，拿出过硬措施、坚决加以整改。

着力打造首都电力先锋队伍。这是实现新时代战略目标的履责之基。要坚持“信念过硬、政治过硬、责任过硬、能力过硬、作风过硬”，打造一支“勤、俭、诚、信、廉”的高素质专业化干部队伍。广大干部要时刻保持敏锐、敏感、敏捷，深刻认识“首都无小事、事事连政治”，始终从讲政治的高度去谋划发展、落实部署，坚决做到滴水不漏、万无一失，在成事的同时绝不惹事。要强化党员身份前置要求，时时处处体现先进性，打造一支“骨干作用突出、先锋作用突出、带动作用突出”的党团员队伍。广大党团员要坚持高标准，在推动高质量发展中担关键任务、做突出贡献。敢于“向我看、跟我干、让我来”，通过“一带二、一带三”，带领全体职工不断创新突破。要树立“干到最好、做到最优”理念，打造一支“精业务、善创新、讲奉献”的职工队伍。广大职工要立足岗位勤学习、多思考，掌握真本领、练就硬功夫，争做知识型、技能型、创新型人才。始终做到爱岗敬业、专注执着，干一行、爱一行、钻一行，在平凡的岗位上创造不平凡的业绩。

（二）实现新时代战略目标，必须高质量建设世界一流坚强智能电网

科学规划新时代北京电网。新总规确定了北京的法定蓝图，城市发展理念、空间布局、约束条件都发生了重大变化，对电网发展带来深远影响。要深入研究、主动对接，坚持高点定位、首善标准，明确北京电网功能定位、发展目标、实施路径等重大原则，高质量编制2035年中长期规划和各专项规划，实现一张蓝图绘到底。要主动对接市、区两级政府，推动电网规划纳入地方整体规划，加强站址和走廊资源的前瞻性落地，确保规划项目全面落实。

推动各级电网全面升级。服务国家重大战略既是我们肩负的政治责任，也是建设世界一流坚强智能电网的历史契机。要主动对接京津冀协同发展战略，提速外受电通道建设，到2020年形成由14个通道、30回线路构成的“多方向、多来源、多元化”外受电格局，增强资源配置和清洁电力引入能力。要以新机场、冬奥会等国家重大项目为带动，进一步优化电网结构和布局，加快形成“500kV扩大双环网、220kV分区运行、110kV链式接线”的坚强主网，实现互倒互带和抵御风险能力的显著提升。首都核心区、城市副中心是落实“一核两翼”战略布局的关键区域，要坚持最先进理念、最高标准、最好质量，全力打造“安全可靠、灵活互动、绿色低碳、环境友好”的国际高端智能配电网示范区，供电可靠性、智能化达到国际领先水平。

大力实施质量强网战略。“百年大计、质量为先”。要将高质量要求贯穿到规划设计、工程建设、运行维护全过程，实现电网又好又快发展。要以基建队伍改革为契机，加强施工能力和队伍建设，强化工艺管控和工程达标创优，提升工程整体质量水平。严把设备入网关，结合北京高可靠性供电特点选用少维护、免维护的高端设备。坚持建管并重，加快构建“全网感知、信息汇集、预警研判、指挥协调”的智能运检体系，提升电网安全保障能力和电能质量。

（三）实现新时代战略目标，必须高质量打造具有卓越竞争力的现代企业

推动管理升级。关键是要始终坚持精准、精细、精益，以管理理念和手段的进步带动管理水平的持续提升。精准，就是要坚持目标导向和问题导向，善于抓住主要矛盾和关键环节，做到精准施策、精准发力、精准攻坚，通过重点突破、点面结合，实现整体工作的全面提升。精细，就是要着力消除思想上的粗心大意和工作上的粗枝大叶，将“严、细、实”的要求落实到每名职工、每个专业、每个环节，实现投入上的精打细算、管理上的精雕细琢、经营上的精耕细作。精益，就是要大力实施数字强企战略，挖掘海量数据资源价值，用数据驱动管理变革和转型升级，推动电网智慧管理、企业智慧运营、客户智慧服务，实现效率更高、业绩更优、服务更好。

着力深化改革。2017年是改革开放四十周年，以市场化为导向的各项改革必将加速推进，要以更加主动的态度参与改革、推动改革，在改革中赢得更大发展空间。要适应输配电价改革监管要求，积极增供扩销，提升精准投资、成本管控能力，将输配电价上涨空间落实到位。市场是公司生存的基础，要强化市场意识和竞争意识，发挥新首钢、新机场等区域示范效应，密切跟踪、快速响应开发区、工业园区用电需求，更好服务首都重点区域发展。要充分发挥市场化交易在提效率、降成本、消绿电等方面作用，持续扩大交易规模，加大京外清洁电力引入力度。

强化创新驱动。变要素驱动为创新驱动，是实现高质量发展的必由之路。要抓住科技创新这个“牛鼻子”，既要“攀高峰”，依托国家级电能替代实验室等

高端平台，加快形成具有首都特色的创新成果；又要“接地气”，倡导首创精神和工匠精神，引导广大职工立足岗位创新创效，解决生产经营实际问题。要建立资源协同、体系完善、产出高效的创新生态，健全资金投入、人才激励、成果转化等配套制度，在全公司营造鼓励创新、勇于创新的良好环境。

全力提质增效。质量和效益是实现可持续发展的重要保障。要坚持对外抢抓机遇开拓发展空间，对内主动作为挖掘发展潜力，持续提升效率效益。在开源上下功夫，加大客户智慧代维等工作力度，积极拓展综合能源服务市场，不断培育新的增长点；在节流上下功夫，将降本增效贯穿始终，严肃计划和预算执行，从严从紧规范各类支出，持续加强线损管控，切实减少“跑冒滴漏”。

（四）实现新时代战略目标，必须高质量构建以客户为中心的现代服务体系

全面优化服务模式。坚持把客户满意作为服务工作的出发点和落脚点，推进资源整合、组织变革和流程再造，构建“强前端、大后台”服务新体系。前端服务要更融合，按照“服务全能、素质全能、手段全能、装备全能”的要求，建设“全能型”供电服务机构，提升快速响应能力和客户服务体验。后台保障要更协同，打破专业壁垒，实现服务信息全面汇聚、服务资源灵活调配，构建“全局一盘棋”的大服务格局。技术支撑要更智能，深化“互联网+电力营销”服务，打造统一开放、功能融合的互联网服务平台，实现“业务办理不见面、客户服务零距离”；强化客户大数据分析，深入查找供电质量、服务行为等方面短板，持续改进、优化提升。

全面升级服务标准。公司地处首都，既要满足百姓要求更高的普遍服务需求，又承担着保障党政军首脑机关供电万无一失的天职，必须以更高标准提升服务能力。要客服务要实现定向化，强化与集团重要客户战略合作，创新能源管家、智能平台等增值产品，提供主动精准、高效快捷的服务。业扩服务要实现便利化，立足让客户“快接电、早用电、用好电”，大力推动业扩报装减环节、减时长、减成本，提升广大客户的获得感。城乡服务要实现一体化，以“煤改电”为契机，主动对接北京乡村振兴战略，加速农村地区电气化进程，充分发挥共产党员服务队作用，全面提升农村供电能力和服务水平。

全面深化电能替代。实施电能替代、构建以电为中心的能源结构，是推动能源消费革命的必然要求，是打赢“蓝天保卫战”的必由之路。北京实施电能替代全国最早、力度全国最大。下一步要在持续拓展替代范围的同时，在运营保障、技术创新等方面不断取得新突破，将北京打造成为全国电能替代示范区。要深入挖潜电能替代市场，力争2020年电能在终端能源占比达到45%，年替代电量80亿kWh。以电代煤方面，在提前完成平原地区“煤改电”的同时，利用两年时间完成山区“煤改电”配套电网工程，推动城乡百姓生活领域全面无煤化。以电代油方面，深化与公交、环卫等战略合作，加大电动公交等替代电量大、示范效应突出行业的推广力度，推动公共交通领域全面无油化。以电代气方面，发挥集中式电采暖零排放、安全便捷等优势，以新的发展区域为重点，积极争取政策支持，试点开展项目建设，推动新建区域集中式电采暖全面替代燃气。

三、2018年重点工作

2018年公司主要工作目标：不发生五级及以上安全事件，不发生大面积停电事件，实现安全生产“零死亡”、政治供电“零闪动”。不发生损害公司形象和稳定的重大事件。完成售电量1002亿kWh。实现利润总额10.72亿元。净资产收益率1.61%。资产负债率64.99%。线损率6.80%。完成固定资产投资（全口径）209.59亿元。投产35kV及以上线路755.7km、变电容量1811.3万kVA，开工线路879.1km、变电容量1577.2万kVA。完成全员劳动生产率190.52万元/（人·年）。力争进入对标综合标杆和业绩考核A段行列。

（一）坚守安全底线，构建智能化安全生产管控体系

确保政治保电万无一失。总结、固化党的十九大政治保电成功经验，确保圆满完成全国两会、中非合作论坛峰会、改革开放40周年等重大政治保电任务。年底前完成天安门广场核心区和46户政治供电常态化客户供电可靠性提升工程。确保电网安全。高质量完成412项春检、544项秋检等主网停电检修工作，切实做到“应修必修、修必修好”。提前发布电网风险预警，度夏前投产上庄扩建等261项工程，全方位做好应对大负荷准备。落实国家网络安全法要求，开展信息系统等级保护备案测评，完善网络边界差异化防护措施，坚决杜绝失泄密事件。确保设备安全。全年输电、变电、配电故障同比分别再下降20%、20%、30%。年内安装6058套反外力视频监控装置，实现110kV及以上平原地区输电线路通道全覆盖。3月底前完善电缆精益化管理平台，完成主网电缆和特、一级客户直供电缆精益化治理。完成98套智能安防系统建设，实现220kV及以上和政治供电重点变电站全覆

盖。年底前实现全市区域配电自动化覆盖率100%、功能投入率100%、正确动作率95%以上。深化两级配电网指挥中心建设，8月底前实现配电运检业务上线运行，移动作业化率达到100%。完成1500个重点台区和低压线路改造，推广应用低压联络箱，实现故障停电快速恢复。3月底前建成投运带电作业北中心，年底前实现示范区不停电作业率100%，平原地区不停电作业率90%以上。年内完成79处输配电“三跨”加固和治理，完成14座山区老旧简易35kV变电站改造。9月底前完成四环内45km电缆隧道防火整治，实现核心区等重要隧道无水化。确保人身安全。压紧压实各级安全责任，3月底前梳理全员责任清单，明确各类工程安全责任界面。制定公司安全工作奖惩实施方案，加大重奖重罚力度。深化两级安全监控中心建设，4月底前安装500套移动视频装备，开发智能安全管控系统违章自动判别、告警功能，对所有作业现场进行24小时高质量监控。深化安全双准入管理，将监理单位和人员纳入管控范围，确保所有劳务分包人员持证上岗。开展集体企业、分包队伍施工能力专项评估，提升安全管控能力。确保应急防恐能力持续提升。建设国家级电力专业应急防恐基地，6月底前取得项目核准，年底前开工建设。按照准军事化管理要求，打造业务精湛、作风过硬的应急防恐骨干队伍。

（二）服务国家重大项目建设，高质高效推进各级电网发展

高质量推进重点工程建设。首都核心区架空线入地方面，全年完成62条80km入地任务，建设规模是2017年的1.6倍，3月陆续开工、采暖季前全面完成。同时配合政府开展1359条370km胡同架空线治理工作。城市副中心方面，年内开工500kV通州北等“2+1+2”共5项工程；6月底前投产220kV运河、110kV市府东等“2+2”共4项工程；推进220kV潞城变电站和电力运行保障中心建设；加快建成行政办公区可合环运行的网格化高可靠性配电网，3月底前完成综合可视化平台建设。新机场方面，上半年开工500kV新航城工程，投产220kV杨各庄等“2+1”共3项工程，机场红线内2座变电站具备投产条件；年内建成新机场供电保障中心。新首钢方面，8月底前开工220kV石景山、110kV炼钢等“2+2”共4项工程。冬奥会（世园会）方面，8月底前开工220kV西白庙、110kV冬奥村等“1+5”共6项工程，年内投产500kV昌平增容等2项工程，加快推进张北柔直工程建设。轨道交通配套方面，年内开工220kV三营门等“3+5”共8项工程，6月底前投产220kV鱼子山等“2+1”共3项工程，年底前再投产110kV肖家河等2项工程。外受电通道方面，加快推进房山—南蔡工程建设，年内开工北京东—通州工程，确保张昌三回等2项工程按期投产。全年完成35kV及以上输变电工程立项核准85项，开工79项、投产62项。着力提升建设管理水平。紧抓项目管理关键人和现场作业关键点，做实业主现场管理和施工现场管控。深化应用“智慧工地”管控平台，加强“痕迹化”管理，落实安全质量责任和标准化建设要求。完善建设提速增效保障措施，推广三维标准化设计、钢结构模块化建设等先进技术，加快“三通一标”在各电压等级全覆盖，保障物资高质量及时供应，提升建设效率和工程品质。

（三）大力实施电能替代战略，助力打赢首都蓝天保卫战

深入推进“以电代煤”。全面完成政府下达的110个村5.07万户平原地区“煤改电”任务，4月份开工建设，10月底全部完工，提前实现平原地区采暖“无煤化”。主动作为、深入挖潜，10月底前完成147个村6.35万户山区“煤改电”配套电网工程。6月底前建成国家电网公司电能替代实验室，发挥延庆“煤改电”试验点作用，为设备选型和建设运维提供决策参考。高效推进“以电代油”。按照北京市2018年2096辆电动公交车更换计划，年底前完成45项外电源工程建设。优化充电网络布局，在城市副中心、新机场、冬奥会场馆等区域打造示范星级充电站，全年建成公共领域充电桩1871个。加强充电设施运行维护，确保设备稳定运行率保持在99%以上。积极推进“以电代气”。以怀柔科学城、延庆冬奥园区等新建区域为重点，试点开展集中式电采暖建设。合理安排机组运行方式，积极代理“煤改电”客户直购京外清洁电力，进一步降低本地燃气发电比重。创新餐饮行业电代气商业模式，上半年完成全市首家示范项目建设。主动开拓综合能源服务市场。力争全年实现业务收入1亿元以上。积极拓展外部市场，在新首钢等重点区域打造综合能源服务示范标杆；深挖内部资源，开展配网节能、办公场所屋顶光伏等项目建设。深化“多表合一”建设，试点推进水表代抄、代收，全年完成接入8万户。

（四）构建现代服务体系，全面优化营商环境

提升业扩服务质量。以“三减一提升”专项行动为抓手，确保完成国家电网公司“获得电力”指标提升目标，全年完成接电1000万kVA。减环节，实施低压“一站式”、方案设计一体化等措施，确保低压居民报装、低压非居民报装、高压报装分别精简至1个、3个和4个环节。减时长，推出咨询前行、契约保障、先接后改等举措，确保低压、高压平均接电时间分别

压缩至30天、80天。减成本，严格按照“就近接入”原则编制供电方案，确保客户总造价压降30%。提升客户感知，大力推行“线上办电”，及时反馈客户诉求，确保客户办电更加方便快捷。提升客户满意度。完善投诉管控机制，实现全年有责投诉同比下降20%，力争下降30%。推出20项集团客户定向服务产品，年底前为10个集团客户及所属客户提供定向服务。构建计量全业务监控两级体系，实现购电下发平均时长降至5分钟以内。加强客户应急保障体系建设，实现发电车应急保障常态化，确保30分钟内到达现场，第一时间恢复供电。打造线上统一服务平台。深化“互联网+电力营销”服务，逐步实现缴费、能源服务等业务“一网通办”。提高客户关键信息采集水平，在亦庄试点开展10万客户的供电服务信息主动通知。加快实体营业厅智能化升级，实现线上线下服务无缝对接。

（五）持续深化改革创新，增强企业发展动力

稳妥推进电力体制改革。主动发挥专业管理优势，深度参与政府配套政策制定。积极适应输配电价新机制，科学安排投资规模和项目，提高投入产出率，工程转资率三年监管期内平均不低于75%。配合政府完善电价形成机制，优化北京市燃气电厂核价及居民阶梯电价标准。高度关注能源互联网示范工程项目建设，主动应对增量配电试点改革。积极推进跨省跨区市场化交易，全年完成交易电量55亿kWh。推进国有企业“三供一业”供电设施改造移交，确保年内完成20万户接收任务。积极推进体制机制创新。加强现代企业建设，完善法人治理结构，构建与高质量发展相匹配的公司治理体系。统筹推进“深化基建队伍改革、强化施工安全管理”12项配套政策落地，组建电力建设工程咨询公司，推动工程公司转型升级。完善提升供电服务平台建设，加强营配调等业务深度融合，促进资源整合共享，提高服务效率，增强客户体验。持续推进科技创新。以电科院和经研院为重点，加强科研和支撑能力建设，提升软硬件水平，打造高素质团队。加快主动配电网等重点实验室建设，开展智能配电网、量子通信等重点领域技术攻关。探索公司双创管理模式，促进协同攻关及成果转化，激发全员创新创业活力。全面启动通信带宽提速工作，推进移动应用和无线通信集约管理。加快北京电力数据中心建设，年底前完成24套系统接入。

（六）突出提质增效，全面提升经营创效能力

全面增收节支。开展电网资产统一身份编码建设，推进资产全寿命周期管理在各业务环节深化应用。争取并落实外部资金，促进政府支持转化为企业效益。严控应收账款和存货“两金”规模，有序接收优质用户资产，确保资产负债率不超过64.99%。加强全面预算管理，深化标准成本应用，发挥资源集中管控优势，压缩非生产性支出。推动废旧物资再利用，提高废旧物资处置效率和规范性。深化同期线损管理，确保综合线损率平稳下降、分线分台区线损合格率超过90%。完善激励机制。有针对性制定竞赛夺旗、攻坚创优等激励措施，完善专项奖励机制，实现重点任务完成情况与专项奖励、业绩评价“双挂钩、双激励”。加大薪酬分配向关键岗位、专家人才、技术骨干的倾斜力度，构建“能力升、薪酬升”的激励导向新机制。加强业绩考核和对标管理。主动研判国家电网公司业绩考核规则调整，深入分析各专业考核重点，提前制定应对策略。优化所属单位业绩考核体系，有效传导经营压力，逐项逐级落实管理和考核责任。完善指标“预警、预测、预控”机制，开展潜力指标和落后指标专项治理，推动各项考核指标持续提升。加强本部能力建设。巩固“三带头、三强化”作风建设成果，倡导“基层吹哨、部门报到”的服务意识，继续发挥好“一线工作日”作用。建立重点课题统一管理机制，强化过程管控和成果应用。持续优化提升决策支持系统，完善应用功能，加强重点工作的跟踪管控。提升后勤服务保障能力。围绕“更安全、更规范、更专业”，加强后勤领域安全管理，强化后勤项目规范管控，推进后勤队伍专业水平提升。年内实现亦庄备调中心开工建设，物资中心库二期结构封顶。加大集中式办公区建设改造力度，优化重点区域供电服务中心建设布点，改善一线办公条件和窗口服务形象。继续推进房屋土地集约化管理，确保资源高效利用。

（七）以“三全五依”建设为抓手，持续推进依法从严治企

深化法治企业建设。落实法治企业建设第一责任人职责规定，建立重大决策合法性审核机制，将风险论证嵌入决策程序。开展经营管理合规性评价，推进规章制度有效落地。加强合同履约监督管控，推进经法系统与项目、财务管理深度融合，实现对外经济活动线上线下双重管控。推广应用“互联网+法治电网”平台，推动法治工作全面融入公司各项业务。强化重点领域管控。认真落实问题清单梳理整改决议，6月底前完成职工家属区“两供一业”分离移交，年底前完成实开公司和电动车公司清理处置。加强工程建设、物资采购、营销服务、集体企业等重点领域监督管控，切实防范经营风险。提升综合监督效能。发挥财务、审计、法律、监察等协同监督作用，持续完善全面风险防控体系，保障公司健康发展。构建审计部、审计中心“一体化”运作机制，强化“上审下”监督。加

强对冬奥会、城市副中心等重点项目跟踪审计，强化对业扩工程的造价监督，促进经营行为规范和人员从业安全。

（八）全面加强规范管理，提升集体企业发展质量

稳步推进瘦身健体。坚持“真瘦真健、稳瘦稳减”，完成15户吸收合并、9户清算关闭，探索1户混改，清理4项对外参股。稳妥推进人员安置、债权债务清理、业务划转和企业处置，确保程序依法合规。统筹优化业务布局，实现平稳过渡和安全稳定，确保改革任务完成率100%。持续深化经营管理。规范全面预算与财务核算，开展应收和预收账款压降专项行动，降低往来账款挂账率。有序压降用工总量，调整业务委托方式，逐步推进辅助性业务和人员社会化，引导管理岗位向生产一线流动。试点上线电商平台，推进辅助性物资全程公开透明化采购。盘活房屋土地车辆资产，提升资金资产运作效率。更加突出发展质量。深化设计施工联合运作，推动监理业务升级，服务电网本质安全。推广智慧能源管家，拓展代维业务，提升高端市场占有率。优化内控管理流程，做优做精产品服务。健全市场化运作机制，确保全年实现产值目标135亿元。

（九）以党的十九大精神为引领，全面加强党的建设

提升党建工作水平。深入学习贯彻党的十九大精神，扎实开展“不忘初心、牢记使命”主题教育。落实国家电网公司党组1号文件要求，推进党建“对标管理年”各项任务，开展党建责任制考核和党建对标管理，高质量完成党建信息化试点。深化党员服务队、突击队、保障队建设，巩固两个“双百”创建成果，建成一批党建示范阵地，提升首都电力党建品牌影响力。加强党风廉政建设。突出政治体检，以迎接上级巡视为契机，加大内部巡察力度，狠抓问题闭环整改，两年内实现二级单位巡察全覆盖。以深化应用“首善清风”APP平台为抓手，全面实施廉洁文化宣教专项行动，营造“干事干净”浓厚氛围。提升队伍素质能力。加大毕业生向一线核心业务岗位配置力度，优化岗位职级体系，拓展员工发展通道，引导员工立足一线、成长成才。落实专业部门主体责任，强化核心技能岗位的基础性、系统性、进阶式培训培养，打造高水平工匠队伍。树立竞赛调考“金牌意识”，充分调动各部门、各单位及参赛人员积极性，以考促学、以赛促训，努力实现竞赛调考成绩新突破。强化和谐企业建设。深化企业文化阵地建设和示范点创建，推进卓越文化落地基层。强化高端媒体宣传策划，打造社会责任示范基地，塑造公司责任央企形象。深入推进班组标配，完善电脑终端、工器具等设备配置，持续深化“职工之家”建设，创造良好生产生活条件。拓展优质文体资源，充分发挥“十大协会”作用，精心策划丰富多彩的文体活动。关心关爱职工，持续开展暑期子女托管、智慧健康食堂创建、职工“精准健康管理”等关爱行动，不断增强职工获得感和归属感。凝聚团青力量，打造“青创先锋”品牌，推动青年创新成果转化。落实离退休人员“两项待遇”，深化信访维稳、舆情防控和保密管理，确保队伍和谐稳定。

公司董事长李同智在2018年党风廉政建设和反腐败工作会议上的讲话（摘要）

（2018年2月8日）

一、提升政治意识，坚定不移推进党风廉政建设和反腐败工作向纵深发展

步入新时代，面对上级提出的新精神、新任务，我们明显感到要求更高、标准更严。一是政治纪律要求越来越高。十九大报告旗帜鲜明地指出，要把政治建设摆在首位，对遵守党的政治纪律、严肃党内政治生活作出重要部署；舒印彪董事长在2017年巡视工作汇报会，以及今年党风廉政建设和反腐败大会上多次强调，要提高政治站位，挺起政治纪律，以坚如磐石的决心对各级党组织进行全面“政治体检”，净化政治生态。二是制度的笼子越扎越密。习近平总书记在主持召开的新一届中央政治局首次专题会上，专门研究从体制机制上加强党的集中统一领导、改进作风形象。国家电网公司下发了关于构建“不能腐”体制机制的实施意见，为我们持之以恒抓作风、正纪律提供了重要遵循和基本约束。三是党内监督职责越来越重。构建党内监督体系，各级党委负主体责任，纪委是专责机关，职责更加明确；国家全面推行监察体制改革，执纪与执法衔接，覆盖所有公职人员，将对我们强化

专责监督产生深远影响；随着国家电网公司加快“大党建”体系建设步伐，对我们加强对重点人、重点事、重点线索的协同监管，进一步强化“大监督”保障效能提出了更高要求。

站在新的历史起点上，对照上级全面从严治党的新要求，对照公司高质量、跨越式发展的新需求，我们的管理基础还不牢固，工作还存在薄弱环节。从国家电网公司的巡视情况通报，国资委监事会开列的问题整改清单，以及公司内部各类检查和巡察情况看，一些不容忽视的共性问题依然存在。在管党治党方面，全面从严治党要求在一些方面还没有落实落地，部分基层单位党委领导核心和政治核心作用发挥不充分。有的单位主要领导履行第一责任、分管领导履行“一岗双责”不到位。有的基层单位纪检监察组织机构不健全、力量薄弱，监督责任缺位，难以满足工作需要。在政治生活方面，个别基层单位领导班子政治生活不规范、走形式，使用批评和自我批评这个武器不够，纠思想、析党性少，难见“红脸出汗，咬耳扯袖”；分管业务领域的谈话提醒也不到位。有的单位领导班子成员没有正常参加双重组织生活，党支部换届选举、党员发展等流程不规范。在作风纪律方面，违反中央八项规定精神问题禁而未绝，存在表态多、行动少，在办公用房、公车使用、业务接待、费用报销等方面搞变通，选择性执行的问题较为突出。还有的干部认为干事越多，踩红线、犯错误的几率就越大，不干最保险，该作为不作为。在从严治企方面，个别单位“三重一大”决策制度执行不规范，存在应研究未研究或未在党委会上研究的问题。在物资退运报废、工程账款管理、集体企业关联交易等方面，还存在“习惯性违章”问题，甚至“绕道走”情况。对依法治企、审计监督发现的历史遗留问题整改不彻底，防控不闭环，甚至睁一眼闭一眼。在廉洁自律方面，部分干部员工的廉洁意识淡薄，对基本红线、底线含糊不清，以权谋私、利益互换等问题依然存在，公款报销、收送礼品礼金的现象也并未完全杜绝。

这些问题再次警示我们，尽管目前公司党风廉政建设总体保持平稳，但形势依然较为复杂，不能盲目乐观。作为国家电网公司在首都的窗口单位和首都能源支柱企业，越要保持高质量发展，越要加强和发挥党风廉政建设的保驾护航作用，廉洁问题同样是一票否决，一失万无。必须提高站位、挺起纪律、压实主责，拿出坚如磐石的决心、坚不可摧的意志，持之以恒、常抓不懈，切实推动全面从严治党向纵深发展，以忠诚干净担当促进公司健康发展，实现长治久安。

二、挺起政治纪律，以首善标准保障高质量发展

政治纪律是最重要、最根本、最关键的纪律。对我们党风廉政建设工作而言，就是要坚持以党的政治建设为统领，以永远在路上的执着把政治纪律挺起来、立起来、严起来，以坚定意志和首善标准维护企业和谐稳定，确保高质量发展。

（一）提高政治站位，贯彻决策部署不迟疑

北京公司承载着特殊的政治责任、经济责任和社会责任，近年来，公司坚持提高站位讲政治、励精图治谋发展，落实上级决策部署不打折扣，不讲条件，公司在政治保电上的标杆地位，在电网建设上的争当先锋，在电能替代上的全面示范，在服务民生上的创新实践，在“三个建设”上的有效引领，充分诠释了我们的党性品格、价值追求和能力作风。实践证明，站位有多高，格局就有多大，成效就有多好。

首都无小事、事事连政治，新形势下推进从严治党，提高政治站位，必须时刻保持政治的敏锐性。北京公司地处首都，在某种意义上，我们的各方面工作具有重要的代表性和指向性，在任何时候、任何情况下，都不能有丝毫闪失。公司上下要强化政治定力，认真践行“不忘初心、牢记使命”主题教育，持续强化“四个意识”，坚决维护党中央权威和集中统一领导，做政治上的明白人。要强化战略执行力，认真落实习近平总书记“看北京首先要从政治上看”的要求，坚持从讲政治的高度去谋篇布局、落实部署、依法治企，干到最好、做到最优，并且要在干事、成事的同时不生事、不惹事。必须时刻保持风险的敏感性。公司资源集约、资金密集，又具有自然垄断属性，一举一动备受各方关注。各单位党委、纪委要时刻保持清醒头脑，强化风险意识，居安思危，心存忧患，坚决杜绝麻痹大意和作风漂浮，不要认为本单位信访少、举报少、没案件，就可以缓缓气、歇歇脚，要提高风险洞察力和鉴别力，在八项规定等敏感环节，在“四资一工”等关键领域，主动出击，明察秋毫，切实把风险、矛盾化解在初始状态，遏制在萌芽阶段，绝不能被动应付，坐等信访举报案件上门。必须时刻保持处置的敏捷性。凡事预则立，不预则废。公司专业面多、涉及面广，当前又正值改革创新和跨越发展的重要阶段，出现一些潜在的风险问题、一些苗头情况并不可怕，关键是如何看待，如何应对，如何整改。公司上下要强化危机意识，时刻保持清醒头脑，下先手棋、打主动仗，发现苗头性、倾向性问题要及时应对，动态跟踪，出现纰漏要快速弥补，以果断措施防患未然，坚决防止事态扩大失控，甚至发生破窗效应。

（二）狠抓政治体检，发挥利剑作用不含糊

中纪委二次全会强调，要以政治建设为统领深化政治巡视，提升全覆盖质量，让巡视利剑作用更加突出。开展巡视巡察是强化党内监督、净化政治生态、保障健康发展的重要手段。

关于上级巡视。今年中纪委提出在十九大之后，对全国各省市党政机关及国企开展新的一轮的巡视，现在已经全面开始。去年，国家电网公司5个巡视组对20家单位进行了内部巡视，执纪审查之严、问责力度之大前所未有，信访举报数量同比翻番；今年将组建8个巡视组，对余下46家单位实现巡视全覆盖，计划全国两会结束后就进驻北京公司，时间大概一个月。这是今年公司除了春节、冬季供暖和全国“两会”等政治保电外，面临的头等政治大事。通过向部分兄弟单位学习取经，上级巡视工作，不仅利剑举得高、挥得下，而且实战经验丰富，通常盯着问题来，奔着干部去，出了情况直接往思想上纠，往政治上靠，不留情面，毫不手软，而且对二级单位的延伸检查覆盖面达到50%～70%。为此，公司各级要全力做好迎接上级巡视的各项准备工作和自查自纠。一要高度重视，全力投入。公司领导班子成员、各职能部门负责同志，各单位领导班子，尤其是党政主要负责人要强化“三敏”意识，把迎接好上级巡视工作作为考量自身党性品格、履责能力和工作作风的重要标尺，要严格按照公司党委的统一部署，有效确保各方面的全力投入，不仅要进行再部署、再动员、再落实，而且要做到各方面工作准备充分，有专人对接、有专门投入、有专业保障。二要严格标准，全面查纠。去年，公司纪委结合兄弟单位巡视巡察情况，拉列了43项问题清单，组织相关职能部门和各单位进行了自查自纠；近期，又从职能管理、制度流程层面，为相关职能部门和各单位拉列了79项备查材料清单。各部门、各单位要严格比照标准，提前过筛子、逐一卡尺子，进行再排查、再整改、再完善，要准确聚焦到重点，迅速消除痛点，特别是公司反复提醒强调的重点问题，必须毫不动摇地迅速整改到位，确保高标准、高质量地完成迎检和配合工作。各公司党委、纪委要把自查自纠准备充分、做彻底，要全方位、全覆盖，不留死角。巡视巡察一定要严肃，一定不能有侥幸心理，错了就改，不对就纠，该拿走的拿走，该拆的拆，该关的关。

关于内部巡察。目前公司已对6家单位进行了巡察，巡察组同志们敢于动真碰硬、直面问题，取得重要阶段性成果。从巡察情况看，存在管党治党宽松软、决策落实不到位、权力监督制约薄弱、纪律规矩意识淡漠、执行上级规章制度不彻底等突出问题，值得我们高度警觉、认真反思，参照已巡察单位出现的问题，举一反三，及时整改。公司各级党委、纪委要及时行动、全面把脉，查未病、治小病，切实做到全面从严治党不松劲、不停步、再出发。一要紧扣住“三个政治”。深化巡察工作，要在政治高度上突出党的全面领导，在政治要求上抓住党的建设，在政治定位上聚焦全面从严治党。实践中，紧盯被巡察单位党组织和领导班子成员政治立场和政治生态，把贯彻党章和党的十九大精神、加强党的领导等作为重中之重，对巡察中发现严重问题的组织和个人，按照“四个必须”要求，进行严肃处理，并纳入本单位民主生活会基本内容。二要聚焦到“三大问题”。巡察不是总结经验、表功摆好，而是要发现问题、解决问题。要着重检查党的领导弱化问题，重点看党组织政治意识和领导班子凝聚力强不强，政治定位准不准，政治警觉性高不高，领导核心作用发挥得好不好。要着重检查党的建设缺失问题，重点看党组织是否认真执行党内法规要求，是否严格执行“三会一课”等组织制度，是否严格执行选人用人标准、程序和纪律等。要着重检查从严治党不力问题，重点看落实上级党组和公司党委决策部署坚决不坚决、严格不严格。落实新机场等国家重点项目建设、改革开放40周年等重大保电、优化营商环境、集体企业瘦身健体等重要决策部署是否到位；落实“两个责任”、贯彻八项规定精神是否到位。三要践行好高标准要求。公司巡察办制定了详细方案，拉列了问题清单，出台了规范模板。各部门、各单位要主动学习，严把尺度标准，逐条对照、全面盘点、立行立改，该完善的完善，该规范的规范，该处理的处理，形成整改闭环。巡察工作成效关键体现在问题解决上，如果巡察过后便万事大吉、一走了之，有病不治，有问题不整改，有问题的单位和人就会长出一口气，我们的工作就没有做好，广大职工就会失望、就会对组织失去信心。

（三）持续正风肃纪，狠刹不正之风不手软

近年来，全国范围内因违反八项规定精神被查处，甚至“摘帽子”的领导干部数以万计，国家电网系统也不乏这样的例子。可见，对领导干部而言，这是最可能、最容易阴沟里翻船的地方。

作风建设永远在路上，没有最严，只有更严。一要持之以恒正作风。近年来，公司在八项规定上严抓严管，制定了正风肃纪意见，出台了节假日车辆封存、领导干部婚丧喜庆事宜报备等一系列制度，“四风”问题得到有效遏制。但从公司信访举报、监督检查情况看，反映在办公面积、办公场所、休息场所、周转房的使用及运转、公车封存及变通使用，包括租用的车辆等方面的问题风险仍然不少。近期，国家电网公司党组结合中央最新精神，专门出台了八项规定实施办法，从改进调查研究、规范出访活动、厉行勤俭节约等7方面，提出了35条具体管控措施，标准之高、措施之细、要求之严，前所未有。为此，公司党委中心组专门进行了全文学习，并组织修订实施细则，从严从细从实进行管控。公司上下要深刻认识“四风”问题的极端危害性，坚决杜绝侥幸观望心理，坚决杜绝对各项制度规定选择性理解和执行的错误行为。各级党委、领导干部要结合中心组学习、民主生活会、“三会一课”等进行专题学习研讨，逐条对照反思，切实做到学懂学通学透，拿起“护身符”、穿好“防卫甲”。要比照新办法、新要求，坚决查处各种隐形变异“四风”问题，以钉钉子精神打好作风建设持久战。

二要锲而不舍纠行风。作为党领导下的公用事业企业，公司的工作不仅影响企业自身形象，而且影响党在人民群众心目中的形象。要坚持以党风带行风，牢记人民电业为人民宗旨，弘扬以客户为中心、专业专注、持续改善的企业核心价值观，不断提升服务质量和水平。针对营商环境问题，公司全面启动了“三减一提升”专项行动，审计、监察等部门也配套制定了专项监督行动计划。各单位要以优化营商环境为重点，以为客户创造价值为着力点，全面提升服务质量和水平，全力打造与首都地位相适应的世界一流服务品牌。各级纪委要落实全面从严治党覆盖到“最后一公里”要求，加大监督检查和明察暗访力度，在抓“关键少数”的同时坚决管住“绝大多数”，严肃查处在报装、缴费、办电、新能源服务中的基层腐败问题，着力惩治基层站所、服务窗口等职低权实人员的“微腐败”，做到凡是群众反映强烈的问题都要严肃认真对待，凡是损害群众利益的行为都要坚决纠正。

三、压实政治责任，以忠诚干净担当服务高质量发展

习近平总书记指出，各级党组织要把落实管党治党责任作为最根本的政治担当。我们要牢牢抓住管党治党责任这个“牛鼻子”，层层传导压力，持续推动全面从严治党落地生根。

（一）抓好主体责任这个核心龙头

权力就是责任，责任就要担当。一要提高认知抓明责，各单位党委要充分认识到抓好党风廉政建设既是主责、更是全责，具有龙头作用和示范效应，把抓好党的政治建设作为最大政绩，以落严落细“两个责任”清单为抓手，强化主责担当，层层签字背书，把党要管党、从严治党方针落实到公司改革创新发展、依法从严治企的各方面和全过程。二要主动担当抓扛责。深入落实全面从严治党责任制，抓好班子、带好队伍、发挥好党的全面领导作用。各单位党委书记、行政主要负责人都是党风廉政建设第一责任人，要把第一责任扛在肩上，做到“四个亲自”。各级班子成员要严格落实“一岗双责”，抓好分管领域约谈督导工作，严把业务廉政风险第一道关口。健全逐级传导压力工作机制，加强对各级党组织履行管党治党责任情况的监督检查，形成一级抓一级、层层抓落实的工作格局。三要严管厚爱抓问责。各级党委和党员领导干部要紧紧咬住“责任”二字，抓住“问责”这个要害，正确把握好“三个区分开来”，充分运用好“四种形态”，进一步唤醒责任意识，激发担当精神，确保上级决策部署落到实处。各级党委要全力支持纪委开展工作，关心爱护纪检监察干部，为广大纪检监察干部履职尽责创造良好条件。

（二）担好“纪律部队”这个使命责任

在中纪委二次全会上，赵乐际书记站在新的历史高度，对加快打造“纪律部队”作出重要指示。公司纪检监察干部一要练好本领，提高执行力。坚持打铁必须自身硬，认真领会和准确把握新时代监督工作的新定位、新使命和新职责，深化“转职能、转方式、转作风”工作，把纪律建设摆在更加突出的位置，紧扣监督这个基础、执纪这个关键、问责这个保证，带头坚定信念，带头对党忠诚，带头担当作为，带头提高本领，带头锤炼作风，保持新时代纪检监察工作的定力、耐力、活力，保持工作、政策、措施的连续性前瞻性，不辱使命，不负重托，当好党的忠诚卫士和企业政治生态的“护林员”。二要敢抓敢管，提高战斗力。坚持无禁区、全覆盖、零容忍，聚焦“三类人”，大力查处政治问题和经济问题相互交织的腐败案件。要瞪大眼睛、拉长耳朵，紧盯重点领域和关键环节，严肃查处工程建设、招标采购、营商环境、集体企业等人财物集中领域的腐败问题。要坚持原则，敢抓敢管，较真碰硬，秉公执纪，通过重点强化政治纪律和组织纪律，带动廉洁纪律、群众纪律、工作纪律、生活纪律严起来。

（三）建好“三不”这个长效机制

深化党风廉政建设工作，不仅要敢于使用治标的利器，还要不断夯实治本的基础，标本兼治、综合施策，加快构建“不敢腐、不能腐、不想腐”的体制机制，不断增强党员干部队伍拒腐防变能力。必须着力强化“不敢腐”的震慑，始终保持反腐败高压态势，

紧盯重点人、重点事和重点线索，严肃惩处“四违”行为。对于屡查屡犯、屡禁不止的，要依法依规从严从重处理。加强权力运行监督制约和协同管控，强化党委全面监督、纪检监察部门专责监督、党的工作部门职能监督、基层党组织日常监督和党员民主监督，提升“大监督”保障效能。必须着力扎牢“不能腐”的笼子，落实构建“不能腐”体制机制建设意见，结合公司分类改革深入推进、市场化业务快速发展等新情况，进一步健全完善制度体系，增强制度的针对性、实效性。深化巡察成果应用，突出制度刚性约束，加强对制度执行情况的监督考核，防止束之高阁，确保令行禁止，真正实现用制度管人、管事、管企业。必须着力增强“不想腐”的自觉，始终将廉洁安全作为对干部员工的首善关怀，坚持教育为先、挺纪在前，以打造“首善清风”廉洁文化宣教品牌为抓手，警示教育和文化引领并举，切实提高廉洁宣教的吸引力、约束力和辐射力，促进“干事干净”理念更加入心入脑，营造风清气正的浓厚氛围，以文化自信和企业软实力的有效提升，充分彰显具有公司特点和首善特色的廉政新形象。

公司总经理万志军在2018年人力资源工作会暨人才培养工作会上的讲话（摘要）

（2018年3月9日）

一、2017年公司人力资源工作成绩显著

2017年，对公司整体发展而言是战绩辉煌的一年，公司上下同力协契、攻坚克难，取得了一系列具有标志性、里程碑意义的成果。对我们人力资源工作而言是成绩显著的一年，我们紧紧围绕公司“两个一流”建设目标，以及“安全稳定、电网建设、优质服务”三大攻坚战、十九大保电等年度重点工作，夯实管理基础，创新管理机制，加强基层调研，争取政策支持，在完善组织体系、优化员工配置、提升队伍素质、强化激励保障等方面，均取得显著成效。公司业绩考核取得历史最好成绩，排名第三，连续三年蝉联A段；全口径劳动生产率完成168.82万元/人，同比提升7.4%，排名第二；全员绩效管理规范指数、人力资源计划完成率100%，排名第一；高端人才及“三无”人员指数排名第二；系统内各级各类专家达到726人，系统外省部级及以上人才达到39人，其中国务院特贴专家1人、电力行业技术能手38人。

“三集五大”优化提升。有序推进前端全能型班组和后台智能管控平台建设工作，形成相对完整的业务集约融合体系。专业集约迈出新步伐。创新建立智能安全管控和配电网运维管控平台，完善并推广“智慧工地”管控系统，实现各类作业现场全覆盖和安全质量全流程监控。首都供电服务机构建设取得新成绩。在城市化区域试点将10kV生产营销服务等业务下放至营业所，为辖区客户提供立体式、综合式服务，城区公司在崇文供电服务中心成功试点基础上，推广建设西城、东城、宣武和黄寺供电服务中心。积极创建首钢冬奥供电服务中心，拓展供电范围，打破了石景山地区“一个区域，两张电网”的现状。高质量完成北京城市副中心、雁栖湖等供电服务中心建设，进一步提升重要区域、重要客户服务水平。在乡镇区域，融合10kV及以下的生产运维服务业务，设置线路经理、台区经理和业务经理岗位，全力打造“服务全能、素质全能、手段全能、装备全能”的全能型供电所。

用工配置成效显著。引进优秀高校毕业生突破400人，电工类、电子信息类等主干专业人员占比92.6%，毕业生引进数量与质量双提升，公司长期职工实现17年来首次正增长。依托内部人力资源市场统筹盘活用工存量，核心岗位长期职工配置率及用工效率进一步提升。严守规定、规范执行，进一步加强人员借用、返聘、退出管理，坚决杜绝违规现象发生。遴选36名优秀专业人才支援核心区架空线入地工程、北京城市副中心电网建设运营、新机场配套电网工程、冬奥会场馆配套电网工程建设等重点任务，遴选4名优秀人才赴西藏对口县公司开展帮扶。

分配激励精准实施。积极争取政策，工资总额稳步增长，人均增幅7.1%；增量资金分配重点向核心业务、骨干人才和业绩突出的单位、个人倾斜。聚焦公司年度“三大攻坚战”、“一带一路”高峰论坛和十九大保电、“煤改电”等难度大、时间紧、标准高、影响大的“重中之重”专项工作，实施公司“攻坚创优”专项奖励，安排资金2.25亿元，同比增加1.2倍；奖励资金对优秀员工奖励额度达到一般员工1.3倍以上。充分发挥薪酬激励的引导性和时效性，引导员工从“单位发钱”到“自己挣钱”的意识转变。加大专家奖励力度，对各级各类专家的工作贡献共给予

奖励476.8万元，个人最高奖励为2.88万元。

业绩考核精益推进。围绕公司年度业绩考核A段目标，紧扣国家电网公司业绩考核办法，逐项对照评价标准，分解考核责任，确定争创目标，着力巩固优势指标、大力提升持平指标、努力改进攻坚指标，考核要素排名和得分率实现“双提升”。总结提炼十九大保电及其他工作特色亮点，积极主动向总部汇报，最大程度争取理解和支持，得到国家电网公司优异评价。所属单位企业负责人推行“关键业绩制”考核、各级管理机关推行“目标任务制”考核、一线员工推行“工作积分制”考核，实现目标任务层层分解、经营压力逐级传递，组织绩效和员工绩效实现双提升。

培训培养扎实开展。聚焦公司重点工作、核心业务，重点组织开展十九大保电、“煤改电”供电服务、继电保护专业和供电所业务青年员工“回炉”等培训。提升专业培训的精准性、系统性，协同建设部、调控中心制定落实业务岗位培训、人才培养方案。协同各部门积极备战国家电网公司竞赛调考，后勤管理取得第4，安规第7，金属检测第8，“互联网+”电子渠道运营第9。向一线技能人才倾斜，新增各级各类专家人才125人。加强培训资源建设，在平谷、城区挂牌建设配电与营业、供电服务实训基地，在培训中心组建基建、生产、营销等教研室，选拔认证755名初、中级兼职培训师。

福利保障坚实有力。积极向上级单位争取增量福利资金，对接职工加班加点，确保公司重点工作高效推进。主动压减企业年金组合数量，淘汰业绩差、规模小的投资机构，探索直投养老金产品，发挥管理机构大类资产投资优势，企业年金投资收益率实现5.19%。印发《你问我答知社保手册》，举办“主题宣传周”、设立“现场服务日”、推行“社保政策进班组”、公布“五险一金”缴费情况，增强宣传的亲和力和说服力，引导员工履行法定义务，维护企业和谐劳动关系，充实员工获得感。

二、统筹兼顾、突出重点，全面做好2018年各项工作

公司2018年人力资源工作思路：全面贯彻公司“两会”精神，高效落实国家电网公司2018年人力资源工作部署，遵循“一个宗旨”，抓住“两条主线”，创新优化“五项机制”，加快建设新时代首都电力特色人力资源管理体系，为服务公司在实现新时代战略目标新征程中争当先锋，提供坚强人力资源保障。

2018年主要工作目标：力争公司业绩考核保持A段；争当同业对标人力资源专业管理标杆；全员劳动生产率达到190.52万元/（人·年）；核心岗位长期工配置占比提升5%；人才开发成效、竞赛成绩位列A段；企业年金投资收益位列A段。

（一）提升组织运行效能

创新组织模式。围绕电网高质量发展，优化公司各层级工程建设主体的职责定位，承担全过程咨询试点任务，组建电力建设工程咨询公司，推动工程公司转型升级，强化施工现场和分包队伍管理，提高基建项目管理水平。围绕公司高质量发展，优化支撑机构设置，发挥专业集约化优势。支撑“大后台”建设，深化配电运营指挥中心建设，落实国家电网公司供电服务指挥平台要求，进一步完善职责和岗位设置。统筹推进安全管控、配电网运维管控和“智慧工地”等平台在基层单位落地扎根。围绕优质服务高质量提升，适应电力体制改革要求，优化企业经营策略，提升市场响应速度，主动对接增量配电业务放开试点项目，研究混合所有制配售电公司组织架构、业务运营和管理模式。高质量开拓综合能源服务市场，组建面向市场竞争的综合能源服务公司，建立由公司营销部归口管理，以综合能源服务公司为实施主体，各供电公司为业务支撑的综合能源服务体系。持续开展首都供电服务模式建设，构建以客户为中心的现代服务体系，建设新机场、冬奥会等园区供电服务机构；深化“全能型”供电所建设，持续推进业务、岗位融合，实现营销、运检一站式服务，提高服务效率和市场占有率，为“获得电力”指标排名提升提供坚强组织保障。

扎实开展“三定”管理。严格执行机构岗位管理相关政策，严禁出现违规设置机构、超定编超职数配置各层级管理人员等情况。扎实做好定员基础信息规范维护，针对机构类别、岗位分类、干部级别等重点信息，查漏补缺、确保真实，有效支撑组织决策分析。强化定员分解分析，提升各单位定员标准理解和测算技能，将定员科学分解到业务、机构和岗位。结合实际加强定岗管理，明确必须由长期职工承担的岗位名录，引导骨干员工向核心业务、年度重点攻坚任务流动，让想干事、能干事、干成事的人才能够担关键任务、做突出贡献。

（二）提升用工配置质量

合理补充新鲜血液。瞄准高质量发展的用工需求，紧盯重点、有的放矢，针对主干专业生源供给充足的院校，提早谋划、广泛宣传、加强引导，引进高校毕业生500人左右，主干专业占比不低于90%，实现长期职工数量适度增长；抓好校园遴选、资格审核、统一考试等选拔环节，重点考察综合素质与职业稳定性，充分用好进京落户、单身公寓等有利政策，吸引院校

学历层次高、成绩优秀、综合素质好、职业稳定性佳的毕业生，确保新进人员质量持续提升。适量补充乡镇供电所用工，助力全能型供电所建设；推进华商电灯公司与山东电专校企合作，定向开展乡镇供电业务用工高招、培养，并将实操技能嵌入在校培养课程，推行现代学徒制人才培养模式，为高质量打造首都智能配电网积蓄人才。

精准优化用工配置。新进人员配置持续向设备资产多、重点任务多、条件较艰苦的检修公司、工程公司、延庆公司、城区公司、通州公司等单位倾斜。充分应用内部人力资源市场平台，在薪酬待遇、培训培养、职业发展方面采取差异化政策引导，人才流动重点向安全生产管控、营商环境优化、智能配电网建设、电能替代等重点业务倾斜。实施各单位青年员工岗位配置及调整核准机制，完善对核心岗位长期职工配置情况的考核。针对公司重点项目开展精准帮扶，持续加大对核心区架空线入地等重点建设项目的人才支持力度，保障重点项目高效推进。积极响应国家及国家电网公司政策，大力支持雄安新区建设，持续做好援藏工作。着力突出提质增效，最大限度挖掘用工存量，依法使用劳务派遣用工，强化外包管理，核心业务有序回归，非核心业务规范外包，提升服务质量和工作效率，压降运营成本。

（三）强化薪酬激励约束

优化单位组织考核激励。加强业绩考核。以助力新时代公司战略发展目标为导向，全面分解落实国家电网公司业绩考核指标；围绕公司建设坚强智能电网、提质增效、优化服务模式、深化电能替代等方面重点任务，形成各单位业绩指标体系，科学实施考核评价。为优化营商环境，引入第三方模拟“获得电力”指标评价，引导各单位优化业扩报装流程，改进办电服务模式，精简程序环节，加快接电速度，降低工程造价。为强化经营创效，以模拟利润为抓手，加强对投资、预算和成本的考核，促使各单位积极开拓售电市场，全面推进电能替代，平稳压降线损水平，降低公司购电成本。为提升队伍建设水平，增加人力资本效率指标，加大竞赛成绩考核力度。为加强党的建设，丰富党建考核内容，重点对各单位在党建工作、干部队伍建设、党风廉政建设等方面开展评价。加大对工程公司、综合能源服务公司等单位市场化导向指标的考核权重。实施专项激励。强化安全激励和问责，安排3000万元专项资金。聚焦“煤改电”、架空线入地、城市副中心、新机场、新首钢、冬奥会等重点工程及重大保电活动，对任务重、贡献大的单位大力倾斜。统筹建立对市场化单位与安全生产、产值利润等要素同向联动的工资总额核定模型。加强全口径人工成本管理。切实提升整体人力资本效率效益，加快从数量投入到质量提升的转换。强化专业联动和管理协同，精益业务外包管理，精准各类用工配置，精确人工成本投入。将农电用工、劳务派遣、业务外包中的人工成本费用，纳入人工成本投入产出效率评价指标，构建与长期职工工资总额分配激励的联动机制，向全口径用工数量少、劳动效率高、用工成本低的单位倾斜。

加强员工个人考核激励。完善岗位绩效工资管理，拓展岗位职级体系，在现有岗位基础上，对安全责任大、技术含量高、业务综合性强的核心岗位加大倾斜，试点对继电保护、配电运营指挥等核心业务岗位，拓展岗级区间，实行浮动薪级。持续优化薪档积分规则，设立“一线年功工资”，调整市场化单位薪点点值提高绩效工资占比，进一步突出员工岗位能力价值，鼓励员工扎根一线、开拓市场、提升服务、建功立业。精细员工个人绩效管理，针对各类员工的工作特点，细化量化考核方式、丰富考核工具，精准衡量员工承担关键业务的贡献度，完善以分计酬、以绩计酬、效益提成等多元挂钩机制。对管理人员，注重做好工作任务和考核指标的分解落实，重点量化营商环境指标提升客户感知和满意度，量化提质增效落实管理协同，量化创新成果成效促进技术攻关与管理成果转化；对一线员工，把积分规则制定、绩效工资分配的权力交给工区班组，由职工集体协商确定，重点量化安全生产目标做实各级安全责任，量化重点项目全过程管控确保安全质量进度。全面落实绩效经理人履职责任，抓好指标设置、过程辅导、看板展示、考核评价、持续改进等环节。持续提高考核评价的科学性，解决“轮流坐庄”“当老好人”的问题。

（四）打造高素质员工队伍

完善人才培训培养体系。立足高质量发展对人才的需求，完善组织、健全机制、搭建平台，构建覆盖全员全职业生涯的人才培训培养体系，建设知识型、技能型、创新型职工队伍。按照“统一领导、人资归口、专业负责、分级实施”原则，公司层面成立人才培训培养工作领导小组，各专业、各单位相应完善人才培训培养组织体系，明确分工、落实责任、形成合力。培养好支撑高质量发展的新生力量、后备力量，公司出台员工职业发展“第一个十年”培养工作意见，千锤百炼、久久为功，在实践中磨砺成长，在传承中超越成才；各单位、各专业结合实际制定实施方案，聚焦核心业务实施系统化、标准化培训，提升培训质量。充分利用网络大学、“京电微课堂”手机APP，按照众筹众创、共建共享理念，打造员工自主学习、交流比武平台。

强化实施生产技能培训。服务公司高质量发展，大力实施安全技能培训，夯实人身安全基础；开展业扩报装“三减一提升”专题培训，助力营造一流营商环境；实施基建队伍专项培训，强化施工安全管理；开展综合能源服务培训，助力市场开拓；深化“煤改电”供电服务培训，提升保障水平。紧紧围绕公司核心业务，强化基础性、系统性、进阶式培训，针对入职2～5年的青年员工，开展继电保护、调度、配电自动化、营销等专业“回炉”培训；针对配电运营指挥中心、供电服务中心、全能型供电所等新业务模式开展全能型人才培养；试点开展乡镇供电所员工胜任能级评价，带动员工自主学习、主动培训、自我提升。

加大竞赛调考工作力度。全面树立“金牌意识”，进一步健全竞赛调考组织、动员、选拔、培训、考核和激励机制，以考促学、以赛促训，扎实锻炼基本功，培养选拔高精尖。一方面，积极参加上级单位竞赛调考，运用绩效看板、月度例会通报、专项奖励等举措，充分调动各部门、各单位参赛积极性；通过优先培养选拔、表彰嘉奖、专家评聘等措施，充分调动参赛人员主动性；对于竞赛成绩不达标、影响公司“争当先锋”形象的部门、单位和个人，严肃问责、严格考核。另一方面，大力开展公司内部岗位练兵，组织竞赛和技能比武，将普调考、竞赛活动与岗位培训及日常工作紧密融合，不断发现、选拔、培养、锻造优秀人才。

加强专家人才培养使用。围绕高质量建设世界一流坚强智能电网、高质量打造具有卓越竞争力的现代企业，加大专家人才培养力度，打造一批蓝领工匠、技术专家、管理精英。坚持“谁使用谁培养、谁培养谁受益”，发挥专业部门在专家人才队伍建设中的主体作用，做好选拔考核标准制定和人才培养使用工作。总结基建专业经验，在调控、营销等专业推广骨干人才培养使用模式。坚持人尽其才、以用为本，充分发挥专家人才在科技创新、管理创新和人才培养中的作用，激发专家人才积极担责、彰显价值。

持续推进实训基地建设。为满足公司生产技能人员培训培养对实训基地建设的需求，按照“整体规划、分地布局、合力建设、适用实用”的原则，培训中心会同各单位编制实训基地建设整体规划。在城区、平谷挂牌建设专业实训基地的基础上，发挥各专业公司、专业部门积极性，利用属地优势，加大投入力度，扎实推进实训基地建设规划落地，逐步建成综合布局合理、专业各有侧重、具有首都特色的实训基地。

（五）优化福利保障管理

全方位优化保障管理。坚持以满足职工美好生活需求为出发点，为职工提供全方位综合保障、解决后顾之忧。提高年金缴费水平，按照国家电网公司要求将企业缴费比例由5%提升至8%。引入专业受托管理咨询，突出规模效应和集约优势，不断提高年金投资收益水平。试点建立补充医疗、金融平台、医疗资源协同机制。提高意外伤害类保险投保标准，提升出险理赔金额上限。统筹优化福利支出结构，合理提高集体性福利水平，进一步强化疗养费使用管理。完善“政策宣传全覆盖、解读机制动起来”的长效机制，开展“社保伴你行，政策进一线”活动，精准服务职工实际需要，创建和谐健康的职业保障环境。

用好用足政府惠企利民政策。主动把握国家利好政策，促进公司降本增效。在确保职工各项社会保险待遇不受影响的前提下，积极向北京市争取社保减负政策，延长执行阶段性降低社会保险费率政策，基本养老保险、失业保险费率降低1%和0.2%。为2017年及以后取得技能人员职业资格证书或职业技能等级证书的职工，争取技能提升补贴政策。及时申领稳岗补贴资金，并向一线员工做好分配倾斜。

（六）夯实专业管理基础

强化管理制度规范执行。各单位要严格落实国网通用制度及公司管理规定，重点加强新员工一线工作年限、薪酬福利、培训经费、人事档案等规范管理。贯彻“三项制度”改革要求，有效落实人员降岗、待岗、二线人员管理要求，对长期不在岗人员依法依规实施清理。将制度规范执行作为日常工作的“红线准则”严抓严管，对违规单位加大考核。强化人资信息系统维护使用管理，加大数据专项治理力度，严格实用化评价结果考核，确保信息系统成为领导辅助决策、专业精益管理的可靠支撑。

打造人资专业先锋队伍。认真学习贯彻党的十九大精神，全面加强人资专业党建工作和党风廉政建设。加强人资队伍思想道德教育和专业技能培训，提高综合素质，提升履职能力。进一步强化作风建设，加强基层调研，切实处理好政策执行、工作实施过程中“刚”与“柔”的关系，充分发挥企业与员工的桥梁纽带作用。

公司总经理万志军在国网北京市电力公司2018年全面深化改革和法治企业建设工作会上的讲话（摘要）

（2018年3月9日）

一、准确把握时代特征，高质量谋划公司改革和法治工作

党的十九大确立了习近平新时代中国特色社会主义思想，十九大报告从坚持和发展中国特色社会主义全局出发，通篇贯穿改革主题和法治精神，旗帜鲜明地提出“只有改革开放才能发展中国、发展社会主义、发展马克思主义”，“深化改革总目标是完善和发展中国特色社会主义制度、推进国家治理体系和治理能力现代化”；掷地有声地强调“全面依法治国是国家治理的一场深刻革命，必须坚持厉行法治”，“全面推进依法治国总目标是建设中国特色社会主义法治体系、建设社会主义法治国家”，引领我们进入了全面深化改革和全面依法治国的新时代。十九届二中审议通过《宪法》修改建议，以维护《宪法》权威、保证《宪法》实施，推进依法治国。刚刚闭幕的三中全会以国家治理体系和治理能力现代化为导向，调整党和国家机构设置，优化职能配置，改革力度前所未有，这些都充分凸显改革和法治在治国理政中的重要地位和作用。

面对新形势新要求，国家电网公司提出了“建设具有卓越竞争力的世界一流能源互联网企业”的新时代战略目标，确立了“一六八”新的战略体系，明确了高质量发展的战略路径，把改革创新作为推动公司发展的主要驱动力，把法治要求嵌入公司业务运转各个环节，加快电网发展，推动转型升级，提升安全、质量、效率、效益和服务水平。在深化改革方面，要求更加注重改革责任担当、更加注重提高发展质量、更加注重市场化方向、更加注重突破体制机制障碍、更加注重分类改革协同发展，以新气象新作为开启新时代公司改革新征程；在法治建设方面，要求建设与公司新时代战略相适应的具有卓越法治力的法治国网，通过落实全员守法，强化全面覆盖，实现全程管控，强调依法治理、依法决策、依法运营、依法监督、依法维权，持续提升法治力，彰显现代企业管理法治化本质要求，保障公司安全健康持续发展。

北京市委市政府以新总规为统领，按照中央推动京津冀协同发展统一部署，不断深化“四个中心”核心定位，有序疏解非首都功能，大力开展大气污染治理，提升城市能源安全保障能力，对公司和首都电网发展提出新要求新任务。作为首都能源支柱企业和国家电网公司首都窗口单位，李同智董事长在公司“两会”提出，要高起点、高标准、高质量落实国家电网公司新时代战略部署，全面服务支撑首都城市战略定位要求，奋力在建设具有卓越竞争力的世界一流能源互联网企业的新征程中争当先锋。改革和法治如鸟之两翼、车之两轮。要实现这个宏伟目标，就要坚定不移高举改革旗帜，以勇于自我革命的气魄、坚忍不拔的毅力推进改革，敢于向陈年积存的顽瘴痼疾开刀，敢于触及深层次利益关系矛盾，坚决冲破思想观念束缚，坚决破除利益固化藩篱，坚决清除妨碍企业发展的体制机制障碍；就要坚定不移地深化法治建设，加快构建“三全五依”法治企业，将法治思维打造成为企业核心理念和员工自觉遵循，将法治方式体现到企业生产、经营和管理各领域，将法治要求贯穿于企业决策、执行和监督各环节，以法治力推进企业治理体系和治理能力现代化。

近年来，我们坚持以改革为引领，以法治为保障，不断推动企业创新发展取得显著成效。在体制改革方面，主动配合政府工作，积极参与重大改革文件起草，在电价核准、市场放开和增量配电等方面形成广泛共识；认真落实“统一市场、两级运作”市场建设模式，2017年完成市场化交易电量144.25亿kWh，向社会企业释放改革红利5.7亿元；主动服务首都发展定位，大力开展电能替代，推进清洁能源消纳，为非首都功能疏解和大气污染治理作出重要贡献；积极推动企地战略合作，与首钢、新机场达成“投资由多方共同承担，资产由电力公司整体运营”协议，运用改革举措开拓市场取得重大突破。在法治建设方面，扎实推进“三全五依”法治企业建设，创新发布6项建设成果，集约化、智能化、互动化法治建设初见成效；实行法律风险源头管控，妥善处理多起重大经济案件，为公司避免和挽回经济损失8000余万元，得到了监事会高度肯定；率先探索合同履约全程管控，积极推动制度落地评估，企业经营管理主要领域法律风险防范体系日益健全；创新法治宣教形式，狠抓领导干部少数关键，积极推动运用法治思维和法治方式解决管理问题，依法治企氛围日益浓厚蔚然成风。当前公司改

革和法治建设走在国网系统前列，经法部荣获2017年度“国网体制改革先进集体”称号。

二、坚持全面深化改革，为公司高质量发展提供强劲动力

（一）加快推进电力体制改革

建立统一有序电力市场。主动培育和引导市场主体，逐步放开符合准入标准的电力用户，参与省间交易的自主选择权。完善两级交易中心的对接流程，充分发挥交易平台桥梁和纽带作用，使市场在资源配置中的决定性作用得以彰显。研究探索外购清洁能源的市场化交易方式，推动清洁能源消纳，充分调动全社会多发多用清洁能源的积极性。继续推动集中打捆代理“煤改电”用户直接交易，在主动承担服务民生和履行央企社会责任中，让政府和用户切实感受到大范围资源配置优势和价格成本优势。

落实输配电价改革政策。主动适应首轮输配电价监管，力争将输配电价定价提升空间落实到位。建立适应输配电价监管体系的投资运营管理新机制，提高精准投资能力，降低政府监管对电网资产和成本的核减比例，促进电网高质量发展。优化公司经营管理策略，充分考虑外部投资划转资产等因素变化，统筹投入产出效率效益和投资能力，合理匹配投资强度与电量电价承载空间。提高成本与输配电业务直接相关性，控制其他费用增长。

稳妥推进配售电业务放开。研究各省公司第一批增量配电试点先进经验，科学制定符合北京实际的改革应对策略。全面参与配电增量市场竞争，特别是新工业园区等重点区域，要寸土必争、度电必争。积极与政府及社会企业沟通，做好政策宣传引导，保障不同市场主体公平参与试点竞争。以首钢、新机场合作模式为样板，积极在开发区、产业园区和重点功能区进行推广。超前研究混合所有制公司治理结构和运行机制，深度参与北京市电力用户和售电公司准入与退出实施细则政策编制。充分利用现有营销体系做好市场服务，全方位参与市场竞争、降低改革成本。

（二）积极落实国资国企改革

健全现代企业管理模式。推动国有资本做强做优做大是党的十九大作出的新的重大决策，是国资国企改革发展理念和方式的重大变革。要把坚持党的领导和完善公司治理统一起来，进一步完善企业治理结构，全面巩固党组织在公司治理中的法定地位。建立健全监督协同联动机制，充分利用法律监督、审计监督、纪检监察监督和巡视监督，加强对企业关键业务、改革重点领域和运营重要环节监督，防止国有资产流失和经济责任案件发生。

深化瘦身健体提质增效。落实中央供给侧结构性改革要求，稳妥处置低效无效投资，加快京电房、实开公司清理处置。深化集体企业核心业务整合和非核心业务清理，实现“真瘦真健、稳瘦稳减”，提升改革成效。各单位要结合企业发展实际，紧紧围绕增强活力、提高效率、提升效益，大胆破除束缚企业发展管理障碍。

解决各类历史遗留问题。加快推进国有企业家属区供电资产接收工作，确保年内全面完成接收任务；针对国资委“先移交后改造”的意见，优化调整接收、维修、改造管理流程，做到内外衔接协同高效。坚持“政策引导、企业自主”原则，有序推进“两供一业”对外移交。坚持问题导向、增强忧患意识，结合监事会问题清单整改、国网巡视和内外部审计活动，全面排查企业各类风险点，做到预案在先、有效管用。各单位要担负起防范风险主体责任，着力将风险消灭在萌芽状态，重要情况要及时报告。

（三）纵深推进企业内部变革

推进全过程工程咨询试点改革，提升基建管理本质安全。面对基建安全问题多发频发态势，国家电网公司积极运用改革的办法破解影响施工安全难题，推出“深化基建队伍改革、强化施工安全管理”12项政策，在公司等7家单位试点开展全过程工程咨询管理。目前，公司试点方案和其他6个专项方案均已上报并获得批准。下一步，要按照批复意见细化工作内容，优化业务流程，提高建设项目现场管控实效，有效解决业主项目部和监理项目部两层都薄弱、两层都不到位等突出问题。按照“依法依规、注重实效、分步实施”的原则，整合公司建设、监理资源，组建电力建设工程咨询公司；各相关部门要协同配合、加强专业指导，各相关单位要做好分流、调整人员思想工作，确保基建管理新旧模式有效衔接、员工队伍整体稳定、管理水平实现大幅提升。

落实“放管服”营商环境改革，推进业扩报装管理变革。国务院高度重视我国营商环境发展，把优化营商环境列入供给侧结构性改革的重要内容，作为“放管服”改革重要举措。在正在召开的全国两会上，李克强总理在政府工作报告中4次提及，并把“优化营商环境”提升到“就是解放生产力、提高竞争力”的空前高度，以壮士断腕的决心进行改革，“要破障碍、去烦苛、筑坦途，为市场主体添活力，为人民群众增便利”。目前我国在全球190个经济体中“营商环境”指标排名位列78位，“获得电力”作为其中一项关键指标排名98位。国家电网公司明确提出改革业

扩模式，简化报装流程，力争2018年进入前60位、2019年进入前50位。北京是世界银行两个考评地之一，公司坚持运用改革方式解决问题，启动了“三减一提升”专项行动，在“减环节、减时长、减成本，提升客户感知”4个方面，制定了12项重点变革举措和11项配套保障措施。各部门各单位要高度重视，结合实际狠抓薄弱环节，狠补管理短板，狠改突出问题，切实把各项变革举措落实到位，确保全面完成“获得电力”考核任务。

主动适应市场化发展要求，加快推进能源服务模式变革。要认真落实国网能源发展战略部署，积极适应能源供给侧改革和输配电业务监管等市场化要求，把综合能源服务放在更加突出的位置上，综合发挥公司品牌、技术、客户资源等优势，研究拓展战略性新兴产业。加快推进节能服务公司向综合能源服务公司转变，全面拓展节能环保、多能互补和用能诊断等业务，积极培育企业新的利润增长点。在首钢等重点区域打造综合能源服务示范标杆；推进配网节能、办公场所屋顶光伏等项目建设。全面推进“以电代煤”“以电代油”和“以电代气”为主要内容的电能替代工程，推进北京地区清洁能源消纳水平。

三、持续深化法治建设，为公司高质量发展提供坚强支撑

一是严格落实法治企业建设职责。各级领导干部作为“关键少数”，对全面推进法治企业建设作用突出。最近，国家电网公司印发了《法治企业建设第一责任人职责规定》，明确要求各级单位主要负责人应当切实履行法治企业建设重要组织者、推动者和实践者的职责。我们要结合企业实际，进一步细化职责要求和管理措施，推进法治企业建设制度化、规范化、常态化。各单位党政主要负责人要切实担负起第一责任人管理职责，班子成员要肩负起分管领域法治建设责任，形成各司其职、相互配合、共同推进法治建设的工作格局。研究落实企业总法律顾问制度，深化法律风险事前预防机制，运用法治思维推动公司治理方式现代化。

二是严格落实重大决策审核机制。建立重大决策合法性审查制度，是企业依法经营的基本保障，是公司科学决策的重要前提。最近，国家电网公司正式出台了重大决策合法性审核实施办法，对决策主体、权限、程序、内容和责任追究进行全面规范，为防止违法违规决策、降低决策风险和避免决策失误提供重要保障。各部门要认真学习制度要求，切实把合法性审查作为重大决策提交班子研究的必经前置程序；未经审查或者经审查不合法的，不得提交讨论。经法部要按照规定程序和时限，对提交问题出具高质量的法律意见，为领导科学决策提供法律依据。各单位领导班子要坚持重大决策充分听取法律意见，自觉维护合法性审核效力，实现在法治轨道上深化改革、推动发展、解决问题。

三是严格落实案件专项整治要求。党的十九大把坚持以人民为中心，作为新时代坚持和发展中国特色社会主义的重要内容。舒印彪董事长在公司“两会”报告中，从人民电业为人民的企业宗旨出发，站在安全供电关系群众生命安全高度，明确提出要将触电案件数量压降15%以上；国家电网公司将压降指标纳入企业负责人年度业绩考核。公司地处首都，示范效应突出，安全责任更为重大。要尽快研究成立专项整治行动领导机构，严格落实公司本质安全建设要求，力争超额完成压降指标。各单位要将专项整治行动作为“一把手”工程，深入分析历史案件成因，找出电网运行缺陷和公司管理漏洞；通过案件压降工作，促进公司安全生产水平整体提升。同时要坚持依法维护企业权益，推广快审快结模式，解决树线房线矛盾、违规用电问题，减少外力破坏。

四是全力推进法治建设与中心工作深度融合。社会主义市场经济本质上是法治经济，法治化管理是企业发展壮大的必由之路。今年国家电网公司首次提出，建设与公司新时代战略相适应、具有卓越法治力的法治国网，支撑服务保障电网和公司高质量发展，将法治建设与中心工作深度融合推到新的历史高度。我们要紧跟形势要求，以提升法治力为主线，突出文化理念引领，创新法治宣贯形式，积极推进“三全”法治进程；强化法治思维模式，统筹谋划法治建设，着力提升“五依”水平。围绕改革重点、矛盾焦点和任务要点，突出制度、合同管理的基础地位，推动风险防范、合规管理和法律监督一体管控，引领干部员工运用法治方式推动经营管理、提升发展质量，逐步实现法治从专项管理向全局工作转变，从基础保障向价值引领升级。

五是全力推进创新成果与管理实践有机结合。多年来，公司坚持围绕法治企业建设，积极运用“互联网+”推进制度学考、合同管理、涉法咨询、证据留存和普法宣传，取得了显著成效。去年，“12·4”全国宪法日集中发布了6项创新成果，既是过去实践探索的结晶亮点，也是今后法治管理的宝贵财富。目前公司已经进入高质量发展新阶段，对法治服务响应速度和保障质量需求提出更高要求，迫切需要将这些优秀成果尽快进行全面推广。一方面要紧抓公司发展大局和法治特性，结合科技信息技术、专业管理前沿和关键共性问题，持续深化研究、不断推陈出新；另一方面要加大成果深化应用力度，抓好创新成果培训宣传和落地实施，将前期创新内容转变为后期指导工作的生动实践。

四、压实领导干部责任，为高质量发展提供可靠组织保障

深化改革和法治建设工作事关全局、影响深远，是复杂的系统性工程，需要集聚公司全员智慧，需要各级领导高度重视。各部门各单位各层级主要负责同志是公司改革发展的领路者，地位特殊、责任重大、作用关键。要认真贯彻落实公司决策部署，切实发挥好全面深化改革和法治建设第一责任人作用，全力以赴抓好改革和法治建设任务落地生根、落实见效。

一是提高思想认识。认真学习习近平总书记系列重要讲话，以新理念新思想新战略指导改革实践和法治建设，加快建设“三全五依”法治企业，统筹推进电力体制改革、国资国企改革和内部创新变革。国网公司党组把内部巡视作为全面从严治党、依法从严治企的重要抓手，突出高标准、严要求、重整治，重在巡查各级领导干部执行党纪国法、遵守规章制度、依法用权决策和党风廉政建设情况。目前巡视组即将进驻公司，各部门各单位对自行检查发现的问题，要进行全面整改、逐项落实、对账销号；对检查暴露出的机制体制问题，要加强政策研究，完善制度规定，防范同类问题再次发生。要以此次巡视为契机，进一步强化干部作风建设，推进管理变革，为公司高质量发展提供坚实保障。

二是强化责任担当。全面深化改革和法治建设关键在落实责任，根本在敢于担当，各级领导干部要主动承担责任，针对改革方案和法治企业建设规划，要拿出具体措施，形成实实在在的工作支撑。要发挥深改领导小组作用，重要改革和重大事项要集体研究、集中部署，各方面改革工作要定期会商、及时通气。要突出本部处室和基层单位两级责任主体，把工作责任理解到位、落实到位，以责促行、以责问效，抓紧抓实方案制定、评估、督察、落实等各个环节，做到全面跟进、全程负责、一抓到底。要形成上下贯通、层层负责的主体责任链条，健全能定责、可追责考核机制。各单位党政主要负责同志既要亲自抓改革、法治建设部署，又要亲自抓改革和法治建设督办，一级抓一级，层层传导压力，确保改革方案和法治建设部署落地生根。

三是狠抓任务落实。各级领导干部要全程参与改革和法治建设，坚持看齐对标、把准方向，紧盯重点难点，抓关键问题、抓实质内容、抓管用举措，做到抓决策敢于拍板决断，抓落实敢于较真碰硬。对公司研究出台的改革举措，要坚决贯彻、亲自部署、全力落实。对涉及机制体制的复杂问题，要注重举措配套组合，分清轻重缓急，集中用力，持续发力，努力形成整体工作合力。对基层一线的有益经验，要认真总结提炼，及时复制推广。善于运用改革的办法和法治的方式，解决企业发展稳定问题，做到以改革促发展、以法治保发展，在落实改革和法治建设任务中助力企业发展质量提升。

四是提升队伍素养。主动适应形势变化，围绕有序推进改革任务、深化“三全五依”法治建设等重大战略任务，着力打造改革和法律两支专业人才团队。经法部要发挥牵头作用，相关部门要通力合作，加大对改革和法律人员的业务培训、交流学习和跟踪指导力度。各单位要积极创造条件，让相关人员在深化改革、法治建设和主营业务实践中得到历练，提升其履职能力和专业水平。深入开展改革政策培训和法治形势教育，将改革政策、法治建设纳入到各级领导干部培训必修课程，引导全体干部职工积极投身改革与法治建设实践。认真做好改革各类风险评估，超前制定管控措施和应急预案。各级领导干部要立足首都示范效应突出、安全责任重大等特性，带头吃透改革精神，带头推进法治建设，凝聚改革与法治合力，激发企业后劲与活力，保障首都电网安全、公司队伍稳定和企业健康发展。

公司副总经理刘润生在2018年安全生产工作会上的讲话（摘要）

（2018年2月1日）

一、2017年安全生产工作回顾

2017年，公司严抓安全责任落实，创新安全及运检管理机制和技术手段，推进安全生产工作标准化、智能化，组织开展配网设备质量“两排查一整治”专项行动、安全生产大检查、集体企业安全管理规范年等活动，强化作业现场安全管控、设备隐患排查治理及电网风险预警管控，实现电网安全稳定运行和设备故障连续两年的大幅度下降，安全形势总体保持平稳。

公司全年未发生造成重大影响的安全事件。平稳应对迎峰度夏（冬）和汛期考验，圆满完成党的十九大、“一带一路”国际合作高峰论坛、全国“两会”等重大保电任务，为公司和电网发展提供了有力保障。

（一）安全基础不断夯实

2017年，落实国家电网公司强化本质安全30条要求，细化分解安全稳定攻坚战19类98项任务清单，明确专业职责，各专业齐抓共管，全年安全事件同比下降32.15%。深入开展安全生产大检查、集体企业安全管理年等活动，查处并整改问题314项，安全管控能力不断增强。组建了国内首家省地两级安全监控中心，实现施工现场视频监督、作业流程管控全覆盖；建立了外包企业和人员安全质量信用评价体系；开展了配网设备质量“两排查一整治”专项行动，排查并治理配网设备质量问题326项；建立了政治保电专项排查治理组织模式，顺利完成党的十九大、“一带一路”等重大活动专项隐患排查治理任务。

（二）运检管理更加精益

2017年，实现输变配电设备故障大幅下降，分别达到41.2%、36.4%和69.2%；运检管理机制实现优化，外力故障同比下降36.2%，发现并处理问题设备42台次，完成所有35kV及以上变电站设备评价定级，完成69处输电线路“三跨”点隐患整治和336组重点电缆中间接头防火治理；建成国内首套“一体双核”配电自动化主站系统，接入6575条配电自动化线路，提前实现城市区域配电自动化100%覆盖，建设智能安防系统并在34站部；推广10kV电缆超低频介损检测，累计发现并更换问题电缆24条。

（三）电网管控更加高效

2017年，公司持续深化电网风险预警管控机制运转，通过电网安全保障能力和应急处置能力的提升，实现电网安全稳定运行。定期发布电网风险预警单，开展安全校核50次，发布风险预警6项，实施预控措施6项。应急处置能力不断提升。建立常态预案、检修预案和专项预案三级预案管理体系，缩短故障处置时间。面对今年负荷增势迅猛特点，主动开展度夏2500万kW、度冬2000万kW负荷水平下电网风险分析，编制故障处置预案1469份，实施方式调整措施47项，开展联合反事故演练14次，确保电网平稳应对2254万kW历史最大负荷和1960万kW冬季最大负荷考验。二次安全防护能力显著增强。成立首个电力监控系统安全防护中心，实现安全防护实时监视、在线分析、评估预警、督查整改闭环管理。开展变电站、涉网电厂及两级调控中心二次安全防护专项检查，下发整改通知单243张，整改安全问题5438项。加强继电保护装置及二次回路隐患排查，完成3站9套220kV断路器单套跳闸回路改造任务，彻底消除公司220kV断路器单套跳闸回路隐患。

（四）圆满完成重大活动保电任务

将党的十九大供电保障作为2017年安全稳定攻坚战的首要任务，提前一年启动筹备工作，编制筹备方案、专项方案、应急预案等共计62份，明确38项重点任务并细化分解为456项工作计划。组织召开保障筹备推进会、专题会95次，以“钉钉子”的精神推进各项工作进度，确保所有筹备任务按计划高质量完成。保障期间，开展隐患排查治理“回头看”活动，发现并消除隐患159项，制止线下施工作业89起，确保重要客户供电安全。应用“互联网+”技术，实现智能化指挥、智能化保障、智能化管控。创新组建287支运维、安保、客户服务等多专业融合的保障团队24小时在一线值守，形成“整体指挥、专业协同、团队合作”的保障值守模式。以“五个最”的保电要求，实现“四个零”“五个杜绝”的最高目标，圆满完成党的十九大供电保障任务，树立了首都重大政治活动供电保障的新标杆。全年共完成政治保电任务178项、保电天数328天，保电天数再创历史新高。

二、2018年安全生产工作主要思路和重点工作

2018年公司安全生产工作的总体思路是：

深入贯彻党的十九大精神、国家电网公司安全生产电视电话会、安全生产工作会和公司三届三次职代会暨2018年工作会议部署，严格落实国家电网公司关于全面推进本质安全建设的工作要求，弘扬生命至上、安全第一的思想，严抓作业现场安全管控，确保人身安全，严抓运维精益化管理，确保设备安全，严抓风险预警闭环管控，确保电网安全。强化机制创新、管理创新、手段创新，努力破解公司安全发展难题，全力打造智能化安全生产管控体系，实现公司安全生产工作的高质量发展。

2018年公司安全生产工作的主要目标是：

不发生电力生产人身重伤和死亡事故；不发生人员“三误”事故；不发生五级及以上安全事件；不发生本企业负主要及同等责任的重大及以上交通、消防等安全事故；不发生对公司和社会造成重大影响的事故（事件）。全年实现输变配电故障率同比分别下降20%、20%、30%。

重点做好以下八个方面工作：

（一）强化源头治理，推动本质安全水平提升

推动实施方案落地。近期国家电网公司印发了关

于《贯彻<中共中央国务院关于推进安全生产领域改革发展的意见>实施方案》（简称《实施方案》），各部门、各单位要加强组织学习并制定任务清单，做到“一岗一清单”，实现全覆盖，进行清单签字确认，公司组织人员进行学习情况的检查。

推进问题清单梳理。以落实《实施方案》为原则，以排查公司安全管理风险为目标，推进安全生产问题清单专项梳理工作，做到主业和集体企业等所有单位全覆盖，电网运行、运维检修、建设施工、业扩营销、信息通信等所有专业全覆盖。

强化电网设备治理。优化电网结构。结合新总规发布，进一步优化电网规划，研究制定海昌分区等500kV组串不合理问题的解决措施；优化220kV电网结构，解决城顺朝、朝顺通、通安兴分区短路电流水平偏高、220kV电网分区下送通道单一、220kV变电站长链式结构、青云店和台湖站小地区等问题，提高局部区域电网运行可靠性。提升设备质量。强化源头保障能力，研究在重点区域、重大项目采取差异化设计标准，应用更优质的设备，实行设备质量全过程管控，提升设备本质安全水平。加强反措落实。

（二）强化标准化管理，推动安全监督管理水平提升

狠抓安全责任落实。强化领导干部安全责任。各单位主要负责人要切实承担起安全第一责任人的职责，亲自研究部署解决重大安全问题；各分管领导要严格履行“一岗双责”职责，严抓分管领域安全责任落实，按照职责分工，组织好所管专业安全责任清单的编制工作。落实专业安全管理职责。各专业部门务必坚持“管业务必须管安全”的原则，严格落实安全管理主体责任，在开展业务的同时抓好建章立制、教育培训、安全检查、风险防控等安全管理工作，切实做到专业工作与安全工作同布置、同标准、同考核。按照规定模板，组织好本专业安全职责梳理和责任清单的编制工作，确保按时完成。狠抓安全“问责”。开展2018年各单位和集体企业领导干部安全审计工作，对安委会、安全例会、到岗到位等安全责任落实情况进行专项检查。对履责不到位导致安全事件或严重后果的，给予党纪、政纪和经济处罚，并严格执行“说清楚”和“约谈”制度。

强化安全基础管理。健全安全监督机构。公司所属从业人员超过100人的生产性单位、集体企业要全部设置独立安全监督管理部门，并全面推行安全总监制度。安质部要会同组织部、人资部、集体办尽快制定方案，按照国家电网公司要求3月底前完成安监机构设置和安全总监配备。加大安全奖惩力度。2月底前制定公司安全专项奖励实施方案，原则上不低于工资总额的1.5%，对实现百日安全长周期、发现重大隐患、正确处置复杂故障的单位和个人给予奖励。对于发生中断安全目标事件的单位，扣除百日安全长周期奖励，并扣减相应额度工资总额。加强安全培训。6月底前，开展多层级的安全教育培训，针对领导干部和管理人员开展安全生产法等法规制度培训考试。以多种形式宣传、落实现场作业“十不干”，按季度开展两票、有限空间作业、安全巡检等主题竞赛活动，大力营造安全文化氛围。

深化安全监督管理。加大可视化监管力度。提升安全监控中心场地配置、终端设备应用标准，4月底前再配备500套布控视频装备，加大土建、组塔等高风险作业现场应用力度。4月底前完成智能安全管控系统视频智能判断、告警和评价功能建设，加强监控中心对作业现场人员施工行为“面对面”的监督和指导，实现作业关键环节视频监督工作流程标准化。拓展移动作业管控范围。3月底前将监理工作纳入作业安全规范化管控流程统一管理；完善作业安全规范化管控平台及APP，加强飞行检查、交叉互查工作质量评价和通报。健全安全巡检常态评比机制，开展巡检人员培训、取证，提升安全巡检规范化水平。强化安全专项监督管理。针对架空入地等工程项目，制定专项安全监督方案，实现从开工前风险评估、实施中现场监督到完工后项目验收的全过程管控，保障重点工程项目安全实施。

强化安全风险预警管控。完善配电网作业风险管控机制。2月底前，将配电网风险流程全面纳入风险管控系统，完善配电网施工作业五维度风险定级和管控措施，强化措施落实监督检查和考核。开展配电网工程安全管理提升专项行动，理顺各级运检专业管理职责，在各供电公司项目管理中心设立配电网项目管理部（业主项目部），健全配电网工程安全质量管理体系。以移动作业手段严抓管控措施落实。综合运用移动作业手段实时监督工作负责人、现场把关人、运维巡视看护人到岗到位、巡视看护等风险管控措施落实情况，并对高风险作业项目实现全过程监督。以承载力为重点完善风险指数管理。依据电网风险等级、人身风险等级、分包单位和人员数量、违章情况、作业区域天气情况等信息，综合评定电网风险指数及人员承载力，6月底前启动风险指数预警发布机制，指导制定风险管控措施，并对措施制定和落实情况进行监督检查。

深化安全双准入管理。完善安全质量信用评价。持续开展施工企业安全质量信用信息收集，细化信用

评价标准，将企业近3年安全质量信用评价结果作为2018年准入评判标准，提高集体企业和分包单位安全准入门槛。对信用较差的企业落实“黑名单”制度，将不合格企业挡在门外。实现监理企业及人员准入管理。3月底前，组织监理人员进行准入考试，建立监理企业负面清单及人员动态考核机制。深化作业人员安全技能考核。将工作负责人、小组负责人全部纳入考试和评价范围，实现所有劳务分包人员全部持证上岗；针对从事有限空间作业等高风险工作的施工企业和人员开展专项安全技能准入考核。推进安全工器具检测中心建设。运用物联网技术，实现安全工器具全寿命周期管理，对主业、集体企业、分包单位安全工器具实现统一检测，对不满足要求的要强制报废。

加强集体企业及承分包安全管理。强化集体企业安全监督。以集体企业安全规范管理年问题整改指导意见为抓手，推进问题的闭环整改，重点强化集体企业涉及的分包管理、施工管理等问题整改。3月底前，编制以安全承载力评估为主线的集体企业安全管控能力评价标准，利用安全规范化管控平台每月开展专项评价，对当月评价结果不达标的集体企业，严格限制其在下月承接和实施各类工程的规模和数量，对违规承接工程的集体企业坚决实行“三停”，有效降低集体企业经营风险。规范工程承分包管理。严格落实劳务分包作业现场工作负责人必须由承包单位具备相应施工经验和管理能力员工担任的要求。严禁劳务分包人员独立作业，实行外包队伍及其管理人员安全资信“双报备”和分包人员、施工机具“双审核”制度，严把准入关。3月底前，制定劳务分包队伍安全质量评级标准，开展劳务分包队伍安全评级，对评级较高的队伍制定倾斜政策，培育核心劳务分包队伍，提高分包队伍的本质安全水平。

（三）强化集中管控，推动设备运检管理模式升级

强化运检业务质量管控。依托运检指挥中心和主网智能管控平台，加强现场作业的全景化、可视化管理，提升两级运检质量集中管控能力。梳理政治供电、运维检修、应急抢修等作业现场质量管控应用需求，5月底前完成主网智能管控平台和移动作业功能升级，实现作业流程、记录及影像的实时回传和监控分析，加强现场作业质量监管。完善运检指挥中心监管流程和工作标准，年底前实现政治供电、投产验收、巡视看护、异常消缺等业务质量监管全覆盖。

完善输电反外力工作机制。构建无人机巡检、反外力视频监控和通道运维移动作业的立体巡检体系，应用外力隐患智能识别等主动预警技术，推进输电反外力工作的智能化管理。深化两级反外力监控中心建设，完善工作标准和流程，3月底前完善输电通道运维移动作业系统，实现通道巡视、现场看护和管理稽查作业数据化、可视化和规范化。充分发挥各供电公司反外力工作的属地化优势，推进输电通道管理属地化，5月底前实现北京电网输电通道管理完全属地化。

深入研究电缆管理新模式。优化电缆专业管理机制和组织模式，开展电缆运检专业化管理研究，提升电缆规范化管理水平；建成智能化运维管控平台，提升电缆精益化管理水平。推进电缆隧道集约化管理，6月底前将35kV及以上电缆所在隧道交由检修公司统一管理。健全综合管廊管理体系，加强与管廊建设单位沟通，提前介入标准制定和过程验收，完善综合管廊断面审批、出入管理、运维抢修等工作机制和业务流程。

打造智能化配电网运检体系。结合配电网两级中心深化应用，建设运检数据支撑中心，强化基础数据运维，深化营配调数据贯通与挖掘，打造数据驱动型配网运检管理体系。细化业务标准、规范运转模式，3月底前实现两级中心运检业务的100%协同运转。完善智能供电服务指挥系统和配电网运检APP功能，8月底前完成配电网运维、检修等业务功能开发并上线运行，实现配电运检业务移动作业化率100%。优化建立首都核心区、城市副中心、北京新机场等重点区域配电网管理模式，打造国际一流配电网。

全面推进带电作业集约管理。加快推进带电作业基地建设，3月底前建设完成带电作业北中心并投入运行。依托“一个中心、两个分中心”，加强不停电作业队伍建设，支持集体企业将不停电作业纳入主营业务，实现生产计划、施工作业、安全管控集约化管理。强化作业计划刚性管理，坚持“能带不停”原则，加强计划审核把关，推广旁路作业法，切实减少计划停电时间。在城区、通州、朝阳等7个地区成立带电作业示范区，年底前实现示范地区带电作业化率100%、平原地区带电作业化率90%以上。

（四）强化能力建设，推动设备运检管理水平提升

提升设备运维管理能力。深化主网智能管控平台、配电网智能化供电服务指挥系统和主配网移动作业应用，强化设备状态、作业信息等数据挖掘分析，全面提升设备精益运维能力。提升输电通道运维管控智能化水平，安装反外力视频监控装置6058套，完成反外力图像识别技术开发应用，主动识别和预警线下大型机械作业，实现110kV及以上平原地区输电线路通道

智能监控全覆盖。完成98座变电站智能安防系统建设，实现220kV及以上和政治供电重点变电站全覆盖。建设变电设备状态检测数据分析管理平台，实现数据结构化存储和大数据分析应用，提高数据资源应用价值。4月底前完成全部2125km主网电缆和特一级用户外电源、架空入地等配电网电缆精益化治理和数据普查，完善电缆精益化管理平台断面审批、计划管理、电网拓扑等功能，增强电缆运维管控能力。

提升设备质量监督能力。创新全过程技术监督手段，提高技术监督智能化管理水平。建设配电网技术监督数据管理平台，开发应用技术监督APP，加强配电网抢修、业扩移交、设备迁改的中间过程、交接试验及验收环节监督检查。深化10kV电缆接头安装质量管控系统应用，做到安装计划提前掌握、施工工艺过程管控、违规单位及人员责任追究，实现电缆接头安装施工企业及人员的“双准入”管理。建立输变电常态化专业监督队伍，实现220kV及以上输变电工程可研审核、交接验收关键环节以及GIS、电缆接头、开关柜设备全覆盖。开发应用断路器、电缆等设备试验检修数据、缺陷故障信息的大数据分析工具，为设备选型、供应商评价、物资抽检等全寿命周期管理工作提供辅助决策。强化入网设备质量管控，推进新投产组合电器拼接验证全覆盖。深化新投产输变电设备生产准备工作，实现110kV及以上变电站投运前生产准备全覆盖，确保设备“零缺陷”投运。

提升设备健康运行水平。以重大专项隐患为重点，强化隐患治理和管控措施的闭环管理，实现设备健康水平的显著提升。结合山区煤改电工程，加快推进35kV老旧变电站改造，按照三年改造计划完成全部35kV老旧变电站改造任务，年底前完成通州、密云等14座35kV老旧简易变电站改造。针对郊区消弧线圈接地系统接地故障运行风险，制定三年滚动整治计划，年内完成27座变电站消弧线圈及小电阻接地改造工程。全面排查输配电“三跨”线路风险隐患，制定改造治理和差异化管控方案，年底前完成79处输配电“三跨”隐患加固和治理。开展以电缆隧道防坍塌、防火、防渗漏为目标的综合治理，加快推进会城门、太阳宫等老旧隧道治理项目实施，提前开展长安街阅兵段隧道加固治理准备工作；9月底前完成四环内45km电缆隧道防火整治；研究制定电缆中间接头防水标准，推进隧道渗漏水治理，2月底前完成涉及两会保电线路所在隧道内的积水清除工作，11月底前实现核心区隧道、重要隧道无渗漏水目标。

提升运维智能应用水平。围绕“数据强企”战略实施，建设智能运检技术体系。推进基于智能装备的巡检技术应用，加强输电巡检机器人续航、越障能力研究；完善变电巡检机器人仪表观测、红外测温等功能，实现巡视作业数据化、现场工作智能化。增强设备环境主动预测预警能力，完善气象精准预报、覆冰监测等系统功能建设，加大电缆通风亭防外破报警、配电站室溢水报警等安装力度。推广输电激光除异物、高压电缆光纤测温、配电电缆超低频介损等新产品、新技术应用，提升设备运维保障能力。

加强运检人才队伍建设。以建设两级运检数据支撑中心为契机，着力培养智能运检和数据应用高水平人才。加强技术监督、状态检测、配电自动化运维等专业人才培养，开展设备巡视、电缆施工、带电作业等外协人员培训、考核和取证工作，推进各类生产一线人员同质化、标准化管理。举办两级主配网运检指挥（管控）中心、不停电作业等岗位技能大赛和劳动竞赛，组织形式多样的专业调考、职工创新活动，营造激励人才、重视人才的良好氛围，强化全员能力提升。

（五）强化智能应用，推动配电网管理再上新台阶

加强配电网标准化建设。构建统一的配电网工程设计在线评审平台，统一设计标准，提高设计质量，实现配电网项目勘测、设计、竣工复测全过程数字化管理，确保全面落实配电网“六个百分百”建设目标。结合首都核心区架空线路入地、城市副中心智能配电网建设及山区“煤改电”等重点工程，进一步完善智能配电网建设标准和技术细则，加快构建可视化、信息化高端智能配电网技术标准体系。

加强台区低压管理。结合运检数据支撑中心建设，深化配电网及低压图形数据治理，提高图形拓扑连通率、台账准确率，实现馈线与挂载台区全部贯通、低压设备拓扑连通率达到99%以上。推广架空线路超声波和红外热成像检测，开展电缆线路超低频介损、局放及耐压“三合一”检测，综合利用先进检测手段增强设备状态掌控。强化低压设备治理，10月底前完成1500台重点台区及低压线路改造，常态化开展台区运维治理，降低热点地区多户报修和投诉数量；推广低压联络箱应用，实现故障情况下台区负荷互倒互带和发电车快速接入，缩短用户停电时间。

加强自动化应用管理。坚持建管用并重，全面实现全市区域配电自动化覆盖率100%、功能投入率100%，正确动作率95%以上的工作目标。细化里程碑节点计划，“逐站、逐线、逐点”落实配电自动化建

设的进度调度和质量管控，确保任务按期完成。强化配电自动化应用运维体系建设，4月底前制定发布配电自动化系统运行管理规定、实用化管理考核细则等制度，实现系统建设、应用、运维、考核闭环管理。加强配电自动化终端设备运维，推进配电网调控和配网运维的专业协同，组建配电二次综合运维队伍，强化现场验收、系统维护、外委管控等业务管理。全面实施主站集中式和保护级差式相融合的馈线自动化策略，实现自愈方案线上管理，确保功能投入和正确动作率目标实现。年底前安装柱上断路器3000台、二遥型故障指示器4000台、智能监测终端1万套，提升故障就地隔离、精准定位能力，缩短用户停电时间。提升基础数据治理水平，完成全部8541条配电线路图形、数据核查，确保图、数正确率100%，满足调度应用需求。

（六）强化风险管控，确保电网安全稳定运行

提升调控运行管理水平。深化风险预警管控平台建设应用，完善IOSS系统电网风险预警管理模块，6月底前实现风险发布、措施制定、落实跟踪、监督检查、智能提醒等重点环节的过程管控。将网架结构薄弱、电网局部重过载、220kV变电站孤岛、重要客户外电源等风险全部纳入预警管控平台，实现风险预警响应措施的智能跟踪和闭环管理。建立日分析、旬总结、月报告机制，加强与国调、网调沟通协调，确保全年新能源消纳任务顺利完成。强化配电网图模质量管理，完善图形异动管理流程，确保年底前实现配电网图模覆盖率、通过率、异动率均达到100%。

加强二次专业安全防护。加强调度自动化管理，动态开展硬件性能评估，定期开展电力监控系统及电厂涉网系统安全检查、漏洞扫描及等保测评工作，及时消除系统安全隐患。加快安全监控手段建设，年底前完成两级调控中心新一代网络安全管理平台建设及81座变电站安全监测装置部署，实现设备状态实时监测、网络行为广域采集、安全事件智能研判、安全防护态势感知。

确保电网平稳度夏度冬。充分发挥电网运行与管理领导小组作用，加快推进莲花池、李遂等261项度夏、度冬解重载工程实施，确保按期投产。根据夏、冬季电网潮流分布、重过载区域不同的运行特点，针对性发布风险预警单，完善应急处置预案，落实一键操作方案，开展联合反事故演练，提高调度应急处置能力。大负荷期间，依托在线安全分析系统，实时评估电网运行状态，实现110kV及以上设备故障在线安全预警，增强电网风险防控能力。

（七）强化基础建设，全面提升公司应急防恐能力

推进应急防恐基地建设。加快推进应急防恐基地建设，确保6月底前完成立项核准，8月底前完成初设批复，年底前全面开工建设，打造具备安防队伍驻扎、防恐演练实训、战时地下调度等功能的国家级电力专业应急防恐基地。依托应急防恐基地建设，建立集队伍驻扎、场景实训、技能培训等功能于一体的应急防恐中心，强化应急防恐工作的常态支撑，服务于公司政治保电、抢险救灾等重大活动。

提升应急保障能力。优化应急指挥中心电网、设备、环境等数据统筹分析和综合展示功能，加强应急通信系统建设，提升对应急指挥的支撑作用。组织各单位应急救援队伍开展应对雨雪冰冻等自然灾害专项技能培训，加大各类“无脚本”应急演练比例，提升综合应急处置能力。对照国家电网公司应急救援基干队伍装备配备标准，逐步完善公司应急救援队伍装备配备和物资储备。

提升安保防恐能力。以准军事化管理为标准，开展安保防恐专业培训，为应急防恐基地做好人才储备。建立安保防恐专业信息化管理平台，实现日常突发事件的信息实时掌控及快速应对处置。加强政企、警企协调联动，建立全天候安保防恐稽查和特勤体系，确保全国“两会”、改革开放40周年等重要活动安保防恐工作万无一失，实现公司安保防恐形势持续稳定。

（八）总结经验，推动政治供电管理水平提升

深入总结党的十九大保电先进经验，完善公司政治供电管理制度，优化调整各级政治供电任务保障标准。结合各单位外协队伍和人员的日常管理，深入研究多专业融合的运维保障团队常态化管理模式，打造固定的供电保障队伍。

深化智能保电系统和移动作业技术应用，进一步完善主网智能管控平台、配电网智能供电服务指挥系统等政治供电功能模块及移动作业，强化对设备状态和人员行为的过程管控，为实现保障工作标准化、智能化提供有力的技术支撑。应用SSTS、UPS等先进设备，年底前完成46户政治供电常态化客户及天安门广场核心区供电可靠性提升工程，建立广场区域监控指挥中心和应急抢修中心，为国庆70周年等重要活动保电打下坚实基础。主动对接城市副中心、新机场、冬奥会重大项目规划和建设，提前介入重要用户供电方案审核，确保公司常态化保电要求和设备配置标准落实到位。充分借鉴十九大保电成功经验，提前启动全国两会、中非合作论坛峰会、改革开放40周年等保电筹备工作，确保保障任务圆满完成。

公司副总经理安建强在2018年发展建设物资工作会上的报告（摘要）

（2018年2月7日）

一、电网建设攻坚战取得全面胜利

（一）规划引领提质增效

主动对接首都发展大局，基于新总规全面启动北京电网发展研究，积极探索新时代北京电网发展方向和实施路径。滚动修编“十三五”电网规划并在全国率先获得政府批复，总投资1000亿元全部纳入输配电价核定范畴。持续优化冬奥会、怀柔科学城等重点区域专项规划，突出发挥电网规划在履行首都供电政治责任上的引领作用。先后与16个区政府签订战略合作协议，实现区县战略合作全覆盖，为公司发展赢得有利政策，节约“十三五”工程投资188亿元。借助核心区架空线入地、新机场、“煤改电”等工程，全年争取外部资金41.4亿元，超过全年电网投资的20%。借助政府将公共服务类建设项目纳入投资审批改革试点的有利契机，将136项工程纳入政府督办任务和“一会三函”审批流程，56项工程纳入绿色通道审批流程，大幅提升前期工作效率。全年取得张北柔直示范工程等73项重大项目立项核准，核准容量和资金规模均达历史最高。科学编制发电量计划，有效化解华能煤机停备带来公司成本增加5900万元风险。分线分台区线损合格率提升40个百分点以上，综合线损率下降0.03个百分点，累计结余碳排放配额27.5万t，带来经济效益3200万元。累计完成固定资产投资226亿元，再创历史新高。

（二）建设攻坚有力有序

面对处于历史峰值的建设任务，科学组织、统筹施策，出台“10+36”建设管理提速提效措施，全面提升工程推进效率。积极应对重大政治保电、重污染天气管控对施工的影响，工程关键节点匹配率达到95%，各项电网建设任务推进坚决有力。首都核心区58条道路、50.61km架空线入地工程，得到北京市委市政府高度肯定。副中心行政办公区配套2项110kV输变电工程如期投产，为市政府启动搬迁入驻提供可靠保障。新机场配套110kV张华输变电工程提前建成，走在各项基础设施建设前列。如期建成蔚县—门头沟500kV线路工程（北京段）。完成张北柔直示范工程四通一平并突破文保审批手续，为工程按计划开工奠定基础。顺利完成安定增容工程全部4组变压器更换。开工建设500kV张昌三、房山—南蔡线路工程以及南苑、聂各庄加装调相机工程。全年累计开工35kV及以上输变电工程74项，线路长度934.06km、变电容量789.5万kVA；投产35kV及以上输变电工程56项，线路长度702.94km、变电容量850.65万kVA。完成电网基建投资102亿元，均创历史最高纪录。

（三）物资保障及时可靠

主动争取市区两级政府及国家电网公司政策支持，因地制宜、规范高效实施副中心、新机场等配套工程6.72亿元物资差异化采购，大幅缩短采购周期，有效满足核心区域高可靠性电网建设和运行质量要求，全年完成集中采购金额129.04亿元。积极应对环境整治下供应商停产压力，推进工程物资“月计划、周协调、日调度”，全年累计实施招标批次54批，完成物资供应75.06亿元，有效满足各项重点工程需求和紧急需要，顺利完成党的十九大保电、核心区架空线入地、“煤改电”配套等重点工程的供应保障任务。进一步充实物资驻厂监造力量，夯实质量监督管控基础，按物资品类完善监造和抽检技术标准，及时响应、快速整改设备质量问题284项，确保入网设备安全可靠、坚固耐用。周密制定废旧物资处置和利库计划，盘活利用积压物资举措初见成效，处置金额5296.51万元，同比增长118.74%。

回首电网建设攻坚战这一年，公司电网发展、基建、物资工作创造出极不寻常的工作业绩，在公司和电网发展历史上写下了浓墨重彩的精彩篇章。这一年，我们胸怀大局、牢记使命。在公司党委的坚强领导下，紧密围绕国家电网公司和北京市委市政府工作大局，以高度的使命感和坚决的执行力，推动一大批国家级和北京市重点项目顺利建成，为首都经济社会发展提供了坚强保障，有力彰显国家电网品牌形象。这一年，我们拼搏奉献、攻坚克难。面对电网建设攻坚战的重大考验，发展、基建、物资队伍始终保持高度的事业心和责任感，展现出良好的精神状态和过硬的工作作风。无论是机关还是基层，无论是干部还是员工，同志们始终冲锋在前、始终凝聚成团，大家撸起袖子加油干，每一次难题的破解、每一个成果的取得、每一项工程的投产，都饱含着我们的智慧心血和拼搏奉献。这一年，我们求真务实、创新突破。将配电网投资范围延伸至首钢园区和机场红线以内，开拓了电力体制改革背景下配套电网建设和经营管理的新模式。创新提出“四个保障、三个强化”同期线损管理方法，成果入选国家电网公司“五位一体”典型案例库并获得国网系统管理创新一等奖。推广应用“智慧工地”管控平台，实现在建工程全面覆盖，成果获得国家级企业管理创新二等奖。“电网企业零星外委服务集中采购创新实践”获得北京市企业管理创新成果二等奖。这一年，我们奋勇争先、成绩斐然。规划专业连续3年、基建专业连续4年进入国网对标标杆行列，其中基建专业首次进入前三名。公司分别荣获国网发展、基建管理先进单位称号，蝉联北京市“诚信统计单位”称号。共有6名同志荣获国家电网公司专业工作先进个人，35个团队获得公司百佳支部堡垒和百佳班组称号，40人获得公司百佳党员先锋和百佳工匠称号。

二、2018年重点工作

2018年电网发展、基建、物资工作的总体要求是：以习近平新时代中国特色社会主义思想为指引，深入贯彻落实党的十九大精神，不断强化“四个意识”，以“五个一流”“五个理念”为遵循，紧紧围绕电网高质量发展要求，紧密对接北京市新总规落地，稳妥有序推动基建队伍改革，有力确保物资保障供应，优质高效完成全年电网发展建设任务，积极助力具有卓越竞争力的世界一流能源互联网企业建设，奋力开启新时代首都电网建设新征程。

2018年发展、基建、物资工作的主要目标是：完成固定资产投资209.59亿元；完成售电量1002亿kWh；线损率6.80%；开工变电容量1577.2万kVA、线路879.1km，投产变电容量1811.3万kVA，送电线路755.7km；110kV及以上输变电工程优质工程率100%；采购电子化单轨制、远程异地评标应用率70%以上；物资供应计划完成率98.5%以上；25类设备材料“三个百分百”抽检全覆盖；不发生对公司造成负面影响的责任投诉事件；不发生基建安全质量事故（事件）；不发生廉政问题。

重点做好以下几方面工作。

（一）纵深推进电网项目规划前期工作

科学编制电网规划并有效落地。深入研究新总规和《批复》精神，分解制定2035年及分阶段电网发展目标。持续深化“网格化”配电网规划，系统开展5方面19项配套重点课题研究，精细开展临空经济区、“三城一区”等31项重点规划任务，完善2035年电网规划和空间布局规划。主动对接市区两级政府部门，推广城市副中心规划变电站一次性纳入控规的落地经验，制订具体对接流程，全面参与各区控规编制，实现电网规划同步研究、同步审批、同步落地，明确占地面积、容积率、控高等核心指标，为首都电网高质量发展奠定基础。

统筹主配电网协调发展。加快建设京津冀特高压环网，打造以特高压为支点的500kV双环网，加快外受电通道建设，500kV变电站深入负荷中心；着力解决度夏、度冬电网风险，加强无功电压支撑，深化纵向、横向互联互通工程建设，确保外受电力进得来、落得下。结合架空线入地工程，核心区配电主干网电缆化率达到100%；完成副中心行政办公区高可靠性配电网建设，建成国内首个“双花瓣”网格式接线应用典范；持续开展网架结构完善、供电能力提升、配电自动化改造，提升配电网互倒互带能力，着力打造世界一流配电网。

全力推进重点项目前期工作。完善前期工作管理机制，优化重大项目配套迁改流程，重点围绕东部副中心、南部新机场、西部新首钢、北部冬奥会（世园会）、中部核心区架空线入地“五大区域”和外受电通道、怀柔科学城、“煤改电”、轨道交通“四大工程”，及时有序开展选址选线、可研编制、规划意见、立项核准等各项工作。推进各层级战略合作协议充分落地，用好“一会三函”等有利政策，加快项目前期办理；借助“煤改电”、架空线入地等项目，积极争取外部资金支持；依托重大、重点工程，提前预留附属设施资源，为电网发展赢得空间。

（二）大力提升电网发展效率效益

深化综合计划管理。优化完善计划内控流程，细化考核指标，规范指标和项目调整刚性；坚持月度分析、季度通报制度，确保计划执行平稳有序，实现管理流程的精细管控。深度挖掘生产经营大数据价值，加强研究成果转化应用，确保生产经营策略有的放矢；建立量、价、费、损关键关联指标常态沟通机制，保证电量、线损、电价、利润等关键经营指标可控在控，实现数据价值的精益挖潜。优化年度发电量计划安排，有效应对华能煤机停备对公司成本增加影响，结合政府下调燃气电厂核价400小时，预留燃气电量压减空间，实现管理环节的精准攻坚。

持续加强同期线损管控。创新管理和技术手段，不断丰富“四个保障、三个强化”线损管理方法，因地制宜在16家属地公司打造节能降耗、末端融合、理论线损应用等线损示范区，协助运检和营销专业开展线损APP末端应用推广，以理论线损为依据建立日常和专题线损分析机制，全面开展关口普查及建设，加强站用电、办公用电的考核管理和专项线损稽查，实现存量不合格线路台区有序削减，确保增量工程投运一项、线损率达标一项，分线分台区线损合格率超过90%。

全面开展电网精准投资。强化投资稽查和后评价，形成常态化监督检查机制；组建投资专家团队，增强支撑力量，完善项目分级评价排序体系，量化评定投资规模和建设时序；精准安排投入节奏，推动投资由高速增长阶段进入高质量发展阶段；创新“常规投资计划、预安排计划、内部启动计划”模式，解决前期手续制约难题，实时满足储备项目设计招标需求，全面压缩项目“待机时间”，实现重点项目全方位投资保障。深化投资信息整合挖掘，实现投资全过程立体化展示、全维度分析。

着力丰富统计分析成果。以整合数据资源、推进数据源互联互通为“一个面”，以优化业务流程、完善信息化建设、加强过程管控为“三条线”，以打造不同层面、不同维度的分析成果为“多个点”，深化应用“两个100%”建设成效，制定年度、季度、灵活性统计分析计划，形成完善的统计分析体系，推动统计工作向数据分析转型、向纵深管理发展，为科学规划、精准投资、精益计划提供坚强的评估和分析保障。

（三）全面完成年度电网建设任务

扎实推进重点项目建设。加快推进房山—南蔡等外受电通道工程、南苑和聂各庄加装调相机等重点工程建设，年内开工北京东—通州工程，确保张昌三等2项工程按期投产。高水平完成副中心、新机场等京津冀区域协同重点配套工程建设任务。高标准启动新首钢、冬奥会（世园会）、“三城一区”配套工程建设。总结经验、形成标准、高效推动，继续完成好2018年核心区等区域架空线入地工程建设任务。稳妥实施220kV上庄变电站扩建等度夏（度冬）解重载工程。高效推进轨道交通配套、35kV及以上电力线路迁改等各类重点工程建设。

继续强化建设管理与协调。持续深化优化提速增效措施，努力实现工程建设管理全链条、各单位同步提速增效。深度融合“项目前期”和“工程前期”，狠抓可研选址选线和初设源头管理，为设计、前期和建设实施预留合理工期，提升项目全过程进度计划效率。做好计划的统筹策划和针对性措施储备，强化建设进度的合理安排和有序推进，有效发挥内外上下协调机制和建设资源作用，实施严格过程督导和调度控制。改进水保、环保、档案等薄弱环节，狠抓合法开工手续特别是土地手续落实，强化设计、施工同涉及外部主体的对接配合，不断提升建设管理全链条管理效率。

（四）持续创新深化电网建设管理

确保基建安全质量稳定。以安全责任量化考核为抓手，充分发挥基建安全“保障体系”和“监督体系”两个体系作用，管理与技术手段并重，切实压实各级管理人员基建安全质量管理责任。突出深基坑、“三跨”等重大施工风险预判与管控，强化扩建工程、有限空间作业、邻近带电作业等类型工程的安全管控。深化应用“智慧工地”管控平台，有效提升现场绿色安全文明施工水平，持续加大对各专业类型施工现场的监督检查和督促整改力度。突出打造创优示范工程，强化设计、土建、安装、设备、验收、质监等工程建设全链条创优理念。

提升技术技经管理水平。总结并优化模块化技术应用经验，坚持标准化设计、设备互通互换的基建技术方向，逐步扩大装配式建设、工厂化加工、预制式施工技术，全面实施线路、电缆机械化施工技术，研究变电站全过程机械化施工技术，持续提升工程建设效率、效益、质量，积极适应更为严格的建设施工环境要求。在输变电工程中全面推广应用三维设计技术，深化开展三维设计通用模型库建模工作。提升施工图预算管理的效率和效益，既有效衔接和融入进度计划，又充分发挥对工程项目整体效益提升作用。持续强化设计策划管理、技经风险防控、过程造价管控及工程结算工作，不断提升技经工作规范性水平。

（五）着力提升物资服务保障能力

充分发挥计划龙头管控作用。以服务工程需求为导向，加强采购、供应、检测等环节的计划与工程建设的时序衔接，强化计划统筹、协调、调控能力。优化年度采购批次计划安排，适量缩减采购批次设置，降低采购成本。依据年度投资计划和项目里程碑计划，确定批次采购需求，加强批次需求计划管控力度，提升需求计划准确性。按照“特事特办、急事急办”原则，继续积极争取市区两级政府及国家电网公司政策支持，将重点工程项目采购需求列入“绿色通道”。

全面提升物资质量管控力度。公司各专业间建立健全“横向协同、纵向到底”的一体化质量监督协同机制，贯彻“质量第一”理念，建立质量信息共享机制，实现质量管控有据可依。加快推进供应商分类分级管理，应用大数据建立多维度的综合评价体系，客观反映供应商综合能力，保障选用一流供应商产品。优化专业支撑机构人员、检测设备配置，保障设备检测能力分阶段逐步提升。加大对监造单位的考核力度，量化考核要求，提升监造工作质量。强化质量抽检，坚持“三个百分百”管控要求，严把设备入网质量关。

切实提高物资供应保障能力。全力保障各类电网工程物资供应，发挥协同运作和资源配置优势，完善物资调配工作机制，扩大调配物资品类范围，主动开展物资跨省调配，助力项目实施。坚持供应计划统筹指引，动态调整供应策略，差异化、精准化开展物资供应，提前预判供需矛盾，统筹公司各类资源，高效完成供应保障任务。落实“仓储物流体系建设提升三年行动计划”，集中资源开展建设攻坚，按期完成中心库标准化建设任务，推广仓储作业PDA应用，提高仓储管理自动化和现代化水平。

不断提升物资风险防控水平。按照依法从严治企要求，加大风险防控力度，严格监督检查和问题闭环整改，确保物资风险可控、能控、在控。全面落实超期违约合同清理等10项风险防控重点措施，确保各项防控措施落在实处、发挥实效。针对内外部监督检查发现问题，加大整改督导工作力度，按照“三不放过”原则，抓实问题整改闭环验收，防止问题重复发生。加强廉洁从业教育，讲深讲透身边典型案例，筑牢廉洁自律和拒腐防变的思想防线，不越“红线”和“底线”，防范廉政风险。

（六）积极打造专业卓越人才队伍

积极推进党建引领与融入。以基建专业为重点，按照“电网建设战线延伸到哪里，党组织就跟到哪里，党员的作用就发挥到哪里”的原则，在新建500kV及以上项目中，以业主项目部为主体，吸收设计、施工、监理、物资、属地等参建单位党员，积极吸纳流动党员，试点开展基建现场临时党支部建设。发挥临时党支部战斗堡垒和党员先锋模范作用，将支部党员会议与工程调度及监理例会相结合，将党组织活动与项目管理工作相贯通，将党的思想政治教育与建设施工管理工作相融合，落实党对一切工作的领导，有效落实党建对专业工作的引领和融入。

积极稳妥推进基建队伍改革。充分借助基建队伍改革相关配套政策落地的有利契机，结合未来3年电网建设的任务规模，充实各层级基建管理人员力量，合理优化基建管理模式、组织架构和专业流程。要坚决抓好线路施工作业班组骨干最低配置标准落实工作，工程公司以及公司各类集体性质施工企业要“重心下沉”，充实作业班组骨干，加强人员培训；建设部和各建设管理单位要抓好关键人员全过程管控，在招标核实环节加强标书应答审查，在持证上岗环节认真把好人员资格审查关。积极开展全过程咨询试点，依托试点项目将业主、监理项目部整合为项目管理部，优化管理流程、积极创新突破。

持续创新人才队伍建设机制。启动“基建专业卓越人才培养计划”，统筹搭建基建骨干人才储备库、基建专家骨干人才团队、基建教研室特聘兼职教师队伍统一培养平台。围绕基建“专业树”，有序推动基建教研室专业课件制作、开发与应用。结合各专业管理重点和区域需求热点，持续创新开展覆盖各层级、各专业的培训班。统筹管理资源和专家人才资源，对发展提速、建设任务激增但自身力量相对不足的单位实施“精准帮扶”。

公司副总经理唐屹峰在公司2018年营销工作会议上的讲话（摘要）

（2018年2月7日）

一、2017年工作回顾

2017年是公司打赢三大攻坚战极不平凡的一年，也是营销专业凝心聚力、奋力拼搏、硕果累累的一年。这一年，营销干部职工面对艰巨任务和复杂形势，同心戮力、众志成城，高质量、高标准完成了各项重点任务，优质服务攻坚战取得全面胜利。这一年，我们迎难而上，守土有责。在非首都功能疏解大环境下，全年新增用电客户16.5万户，新增接电容量1333.33万kVA，同比增长3.90%，拉动电量增长3.89个百分点；完成售电量968.01亿kWh，同比增长5.41%；当年电费回收率100%；完成电能替代电量25.58亿kWh，超额完成总部下达指标。这一年，我们主动担当，示范引领。北京“煤改电”成为公司服务首都百姓的闪亮名片，助力北京PM2.5平均浓度同比下降20.5%，获得市委市政府高度肯定和表扬；北京“煤改电”工程获评国家电网公司电能替代示范工程，公司“煤改电”工程管理体系创新成果获北京市企业管理现代化创新一等奖。这一年，我们砥砺奋进，实现历史突破。企业负责人营销业绩指标位居国家电网公司首位，管理对标位居第四位，蝉联营销专业管理标杆，获评“市场营销工作突出贡献单位”。朝阳公司陈已宸获“国网公司十佳服务之星”荣誉称号，这是公司员工时隔10年再获此殊荣；公司在国网“互联网+”竞赛中获第九名、优秀组织奖，为历史最佳成绩。

（一）电能替代全面突破，助力打赢蓝天保卫战

“煤改电”任务超额完成。创建“日管控、周调度、关键节点重点督导”工作机制，在提前3个月完成中央下达的522个村“煤改电”任务基础上，配合政府超额完成382个村“煤改电”配套电网改造，工程总规模达到904个村、36个街道、40.77万户，全年未发生安全事故和舆情事件，顺义、房山公司建设成效突出。完成北京市“清煤降氮”46项集中电采暖、5252户高压自管“煤改电”工程，承发包公司发挥党员示范作用，加快工程推进。截至2017年底，北京电采暖客户超过110万户，公司成为全市服务范围最广的第二大供暖企业，电采暖客户每个采暖季贡献电量50亿kWh，减少燃煤416万t，积极助力首都大气污染防治行动。

充电设施建设高效推进。加大与公交集团合作，全年完成84项公交充电站外电源工程；完成17个居民小区充电设施电源改造；新建公共充电桩2930个，建成国内首个城市10分钟充电圈。成立电动车合资公司，定期开展充电桩巡视检修，故障率下降3个百分点。开展车联网平台大数据分析，将497个新桩向城六区充电热点区域迁移，充电桩使用率提升50%，客户平均充电时长减少10分钟。促请政府出台单位内部充电桩建设补贴和新国标改造工作补贴，累计为公司争取补贴资金2500万元。大兴、怀柔、延庆等公司主动担当，按期收回电动出租车公司股权投资。

综合能源服务创新开展。发挥属地公司优势，建立潜力项目信息联动机制，公司综合能源服务业务收入实现跨越式增长，全年完成5003万元，同比增长138%。创新应用玻璃幕墙贴膜技术实施办公楼节能改造，形成较好示范。加快组建国网北京综合能源服务公司，启动综合能源服务业务三年规划编制。拓展综合能源服务领域，与市自来水公司合作推动新建居民小区电水表一体化采集，全年采集接入4万具水表。开展城市副中心、大兴新航城两个国网级“多表合一”示范区建设。

电能替代工作示范引领。促请北京市出台《加快电能替代实施指导意见》，成为全市首个全面支持电能替代发展的统领性文件。城区公司、节能公司在前门街道建成全市首个集“分散电采暖、集中电锅炉、全电厨房”为一体的电能替代示范区，丰台公司与海底捞集团共同开展“气改电”示范工程建设，海淀、密云公司加大集中式电采暖推广力度，电科院、经研院完成公司基于新总规的电能替代发展规划编制。

（二）服务水平持续提升，营销服务惠民暖心

业扩“五新”深入推进。推广“互联网+”线上办电业务，简化客户报装手续，实现业扩线上报装率达到96.06%。深化业扩报装“契约”服务，全年累计签订契约554项，容量378.48万kVA。客户报装方案会审、间隔审批、断面审批等协同环节线上全流程监督管控。客服中心加强重点业扩工程协调，轨道交通、保障房等多个民生工程如期送电。加快推进“三供一业”分离移交，实现308个小区23.36万户供电接收协议签订率和方案制定率均达到100%。

要客服务品质有效提升。圆满完成全国两会、“一带一路”国际合作高峰论坛、中国共产党第十九次全国代表大会等重大活动供电服务保障，实现“四个零”工作目标。创新开展重要客户服务，与中央军委机关事务管理局签署战略合作协议，为京港地铁、中国联通等5大集团客户开展特色集团缴费服务，深入国管局、中直机关等110个重点小区开展便民服务。

普遍服务举措深入民心。开展“保卫首都蓝天，创造美好生活”清洁供暖主题活动，推出“煤改电”居民“日常购电不出村”“应急服务全天候”等五项保障措施，共产党员服务队驻村服务全覆盖，累计入户服务20余万次。建立窗口服务现场、一线服务现场、第三方明察暗访“三位一体”监控机制，健全完善两级供电服务投诉分析例会机制。公司投诉压降率达到42.06%，在国网系统排名第一，门头沟、丰台、城区公司全年投诉压降超过50%。

“互联网+电力营销服务”不断深化。推出“微支付”购电新方式，推广支付宝、微信、电e宝等线上服务渠道。截至2017年底，“掌上电力”APP居民版注册客户195.7万户，企业版客户注册率达到100%，“电力微信”公众号关注客户147.83万户；居民线上交费率达到71.26%，较年初提高8.46个百分点。完善末端融合APP功能，抢修电子接单率达到97.2%。自主研发“煤改电”电费补贴代发放系统，实现补贴实时直补到户，累计下发补贴76.16万户。

（三）营销基础不断夯实，精益管理有效提升

大营销体系建设创新突破。电科院计量中心新址投运，建成“六线两库”智能仓储及自动化流水线，形成覆盖计量资产全寿命周期的管理体系。试点开展供电服务机构优化，在工业园区，设置园区供电服务中心，快速响应客户服务需求；在城市化区域，设置

营配合一的城区供电服务中心，完成东、西城全区域供电服务中心建设；在乡镇区域，推进“全能型”供电所建设，昌平十三陵供电所、房山长阳供电所获得“国网公司五星级乡镇供电所”称号。

量价费损管理更加精益。深入开展电价稽查工作，整改电价执行差错83户次；完成城市公共事业附加费取消、居民峰谷时段延长等5次电价政策调整；通过采集系统完成110万户电采暖客户远程电价和时段调整。与人民银行征信中心建立信息联动机制，将客户违窃行为纳入社会信用体系。开展打击窃电专项行动，全年累计追补电量809.18万kWh，补收电费及违约金3374.91万元。大力推进台区线损治理工作，试点开展基于宽带载波的台区识别技术研究，台区线损月度合格率较年初提升35.33个百分点，昌平、石景山、门头沟公司合格率提升50个百分点以上。深化停电信息分析到户应用，完成195万户标准地址数据治理。

采集建设迈上新台阶。开展采集覆盖收尾攻坚工作，累计更换卡表23.23万具，采集覆盖率达到99.6%，通州、亦庄、顺义公司实现100%全覆盖，朝阳公司覆盖率提升最快。进一步优化采集系统网络，全年更换1.66万台非互通集中器及采集模块，分装1.2万台集中器，实现采集网络全网互通，采集成功率由年初99.1%提升至99.5%，购电费平均下发时间由7.3分钟降低至5.8分钟，平谷公司购电费下发平均时长最短。

信息化水平不断提升。完成2017年12个营销信息化项目建设，信通公司组织开展20套营销信息系统运行维护。定期开展远程攻防检查，累计发现并整改安全隐患25项。开展177个营业厅网络安全专项检查，发现并整改安全隐患143项。

回顾2017年，营销专业牢固树立“四个意识”，时刻保持“敏锐、敏感、敏捷”，努力拼搏、锐意进取，取得令人瞩目的成绩。回顾过去一年，成功的关键是我们坚持做到了以下几点：一是始终坚持讲政治、顾大局。过去的一年，我们坚决贯彻党中央精神，履行央企政治责任和社会责任，主动服务党和国家工作大局，服务经济社会发展和美丽北京建设，获得市委市政府和全社会的高度认可。二是始终坚持以客户为中心。过去的一年，我们进一步解放思想、转变作风，把“为中国人民谋幸福、为中华民族谋复兴”的初心和使命，具体落实到工作实践中，提供主动贴心、精准高效的服务，努力满足人民对美好生活新期待。三是始终坚持以市场为导向。过去的一年，我们抢抓机遇、开拓进取，以全面推进电能替代为战略方针，大力发掘新的电量增长点，推动能源生产和消费方式变革，以优质的服务和可靠的保障赢得市场。四是始终坚持以创新为动力。过去的一年，我们坚持从工作理念、规章制度、方式方法、服务产品等方面不断创新，保持与时俱进，服务水平不断提升。

二、2018年重点工作

2018年公司营销工作整体思路是：全面贯彻落实国家电网公司和公司“两会”工作部署，牢记“人民电业为人民”服务宗旨，坚持以客户为中心，持续优化营商环境，深化“互联网+电力营销”服务，着力提升客户感知，建设服务优质、管理高效、客户满意的现代供电服务体系，高质量提升公司优质服务水平。

2018年公司营销工作主要目标是：

1. 完成营销主要指标：全年完成业扩报装接电1000万kVA。当年和陈欠电费回收率100%，应收电费余额控制在9000万元以内。台区线损合格率达到90%以上。不发生造成重大社会影响的服务事件。

2. 完成公司重点工作：完成257个村11.42万户“煤改电”工程建设，实现全市平原地区采暖基本“无煤化”。实施公交外电源工程45项，建设公共充电桩1871个，充电设备故障率下降10%。完成1亿元以上的综合能源服务业务收入。完成替代电量27亿kWh。有责投诉数量同比下降20%，力争下降30%。购电下发平均时长降低至5分钟以内，1小时下发成功率提升至98.5%。“全能型”乡镇供电所建设全覆盖。营销同业对标争创国网公司管理标杆。

3. 完成专项任务：实现低压居民、非居民、高压报装环节分别精简至1个、3个、4个，客户接电费用、低压、高压接电时限分别下降30%、40%、50%，低压、高压平均接电时间分别压至30天和80天。实现同意移交国有企业职工家属区供电设施接收率100%，确保年底前完成20万户接收任务。

重点做好以下四个方面的工作。

（一）以市场为导向，高质量实施电能替代战略

深入开展“以电代煤”。积极落实北京市提出的2018年实现全市平原地区“无煤化”目标。确保“煤改电”工程提前投产，坚持“三统一、两督导、一审计”的管理原则，强化工程招标、物资供应、工程建设等过程管控，平原地区110个村5.07万户“煤改电”配电设施改造工程4月份开工，5月底前完工；推进山区“煤改电”，10月底完成147个村6.35万户“煤改电”配电设施建设。研究山区“煤改电”技术路线，6月底前建成国家电网公司“电能替代”实验室，结合延庆“煤改电”试验点电采暖设备数据采集和运行分析成果，开展设备运行监控等关键技术研究，为山区“煤改电”设备选型和建设运维提供决策参考。做好“煤改电”居民供暖保障，深化五项服务举措，电力管家进村入户提供暖心服务，优化政府补贴代发放信息系统功能，增强百姓的获得感。超前谋划明年“煤改电”工作，提前开展确村确户，合理制定里程碑计划，有序推进山区“煤改电”工作，力争2019年完成全部“煤改电”配电网改造任务。

统筹推进“以电代油”。调动社会资源，协同构建开放、智能、互动、高效的电动汽车充换电服务网络，实现车、桩、网高效互联互通。科学规划设施布局，结合城市新总规，完善充电网络规划，重点推动副中心、新机场等区域充电站建设；与物流企业开展充电合作，打造示范工程。加快充电设施建设，高标准完成45项公交外电源工程和1871个公共充电桩建设任务，确保新建充电桩接入车联网平台。深化充电设施运营管理，主动参与新技术研究，试点实施有序充电技术应用，推动私人充电桩共享；开展运维人员技能考评，通报运维巡检质量，切实提高客户满意度；联合市公安局，共同推动破坏充电设施、利用充电桩窃电专项打击工作，营造良好的舆论氛围。

积极推动“以电代气”。创新餐饮行业“电代气”合作模式，上半年完成海底捞旗舰店“气改电”示范项目建设。对怀柔科学城、延庆冬奥园区等北京市重点新建区域，试点开展园区、居民小区等集中电采暖建设。

全面开展综合能源服务。按照“内部项目保营收，外部项目出亮点”的思路，做大做强综合能源服务业务。对内，开展应急防恐基地综合能源示范、配电网节能、办公场所屋顶光伏等项目；对外，发挥供电公司、客服中心市场前端优势，重点在城市副中心、新首钢、新机场等重点新建区域打造综合能源试点、示范项目。综合能源服务公司要抓住转型机遇，抓紧形成服务产品体系，加快潜力项目实施。全面推进多表合一建设，与市自来水公司签订战略合作协议，城市副中心、新机场新装居民客户全面实现电水表一体化采集，全年完成8万户轮换改造水表的采集接入；试点开展水表代抄、代收，推进运维体系建设，与自来水集团新装、轮换、故障等业务流程对接，提升水表采集成功率。

（二）以客户为中心，高质量提升优质服务水平

开展“三减一提升”专项行动。以优化营商环境、提升“获得电力”指标为契机，开展业扩报装流程再造。全面推行便捷服务，报装受理一次性告知，接电评价咨询先行；推广业扩契约线上服务，开通在线提醒、在线督办等功能；优先安排，刚性执行客户带电接火及停（送）电计划；推广先接后改、低压“一站式”等举措。提高业扩服务标准，160kW及以下项目按低压供电办理，客户接入引起的表、表箱及以上配电网新（改）建工程由公司投资，业扩协同环节线上限时自动推进。加强服务评价管控，开展第三方检查，跟踪客户诉求；强化工程项目审计，将集体企业承揽客户工程纳入监审范围。各单位要以目标倒逼干劲，以时间倒逼进度，以问责倒逼责任落实，确保按照国家电网公司要求完成世界银行发布的《全球营商环境报告》“获得电力”指标提升目标。

推进“三供一业”服务到户。按照中央统一工作部署，年底前基本完成国有企业职工家属区“三供一业”分离移交工作。按照“节约、规范、高效”的原则，以维修为主、改造为辅、充分利旧，合理确定维修改造范围和标准，严格控制造价。3月底前完成实施协议100%签订，9月底前完成全部供电设施接收任务。

创新重要客户服务模式。高标准完成全国两会供电服务保障工作，确保实现“四个零”工作目标。创新重要客户服务举措，推出20项首都集团要客定向服务产品，全面开展定向服务工作。客服中心对接集团客户服务需求，专业公司积极参与，供电公司具体组织实施，10月底前与医管局、国管局等10个集团客户签订战略合作协议，深化与中央军委的战略合作，11月召开集团客户高层论坛，促进定向服务工作深入开展。

提升普遍服务水平。增强服务管控能力，深入分析近3年客户投诉、意见、建议等各类诉求，以客户为中心，全面梳理现有服务举措，补强短板，持续加强客户投诉管控力度，全年有责投诉同比下降20%、力争下降30%。增强精准服务能力，牢固树立“首都无小事、事事连政治”的工作理念，3月底前完成所有高压自管小区敏感客户信息梳理，掌握重要负荷情况，提高敏感客户供电服务保障能力。增强主动服务能力，推进营配贯通深化应用，完善客户上级电源、联系方式等关键信息，年底前在亦庄公司等单位试点开展10万户供电服务主动告知。通过采集数据分析客户供电质量信息，指导供电公司精准开展电压质量治理。

深化“互联网+电力营销”服务。促进政企信息共享，推动业扩报装营业执照、规划许可等信息在线查询。开发“互联网+”服务渠道电子账单和电子发票功能，加大线上交费推广力度。优化可视化报修服务功能，加强在线接派单管理，试点开展抢修人员实名绩效评价，提升低压抢修工作质量。加快营业厅

“三型一化”转型升级，提升线上线下协同服务效率，在通州、延庆开展试点建设。

（三）以基础管理为抓手，高质量提升营销服务能力

加强量价费损基础管理。强化电价执行，开展常态稽查，实现在线监控；提前应对电价调整，对一般工商业客户开展现场用电情况及设备信息准确性核查，做好两部制电价新政实施准备工作。控制电费回收风险，开展电费实收入账全过程管控，重点监控在途资金等关键环节；开展信用机制建设，与人民银行征信中心加强交流合作，积极推进与金融征信平台、政府信用网站互联，将欠费、窃电等违约、违法行为纳入社会信用评价。加大打击窃电力度，健全完善“警企联合”协同机制，充分发挥反窃电实验室监督指导作用，开展用电采集大数据分析，精准打击窃电；在电力微信公众号中设立窃电举报平台，形成反窃电的高压态势。深化台区同期线损治理，全面落实台区线损责任制，差异化制定年度目标，强化通报考核机制，加快治理高损台区，进一步夯实营销管理基础。

提升计量采集管理水平。深化计量全采集建设，全面推进以整台区为单元的全采集覆盖，确保年底前采集覆盖率提升至99.7%，整台区采集覆盖率提升至95%。构建计量全业务两级监控体系，由电科院计量中心和属地公司分别承担公司一级、二级监控业务，对购电下发、采集运维、资产管理及现场工作质量进行集中管控。持续提升购电下发成功率，开展购电下发大数据专项提升工作，结合购电下发失败、采集抄表失败和采集组网信息等数据，精准研判采集设备问题，指导基层开展采集设备分换装和4G升级，年底前实现购电下发平均时长降低至5分钟以内，1小时下发成功率提升至98.5%，现场应急处理工作量降低30%，进一步提升客户购电体验。

提升信息系统建管质量。加强信息系统建设运维，开展售电纳入营销系统、电子发票功能上线、营销系统标签库等重点信息化项目建设；梳理新增功能需求，完善数据维护单处理等业务流程，严格落实管控要求，确保新增业务功能按期上线运行。推进信息系统隐患整改和性能优化，梳理定位关键信息系统隐患和薄弱环节，编制整改提升3年工作方案，多渠道协调项目资金，持续提升营销信息系统性能。加强信息系统安全管理，电科院、信通公司与信息安全红蓝队协同合作，开展常态化隐患排查治理和远程攻防演习。

（四）以机制创新为引领，高质量打造现代服务体系

深化“全能型”供电所建设。深入推进营配业务融合，年底前实现“全能型”乡镇供电所建设全覆盖。改善生产营业条件，健全网格化、片区化供电服务模式，强化台区经理作用发挥，增强服务前端快速响应能力，全面建设服务、素质、手段、装备全能型的乡镇供电所。

加强营销人才队伍建设。开展“互联网+电力营销”服务技能竞赛，引导鼓励参赛选手学习和应用“大、云、物、移”先进技术，拓展服务思路、创新服务手段，为公司储备一批善于思考、勇于创新的优秀人才。围绕综合能源服务、业扩报装、客户服务、计量采集等专业，开展专业知识和技能培训，全面提升营销人员业务水平和综合素质。

发挥专家人才领军作用。在公司领军人才、百佳工匠、百佳党员等专家人才中，挖掘一批营销专业的行家里手，在重点课题攻关、项目技术研究等关键性工作中，组建攻坚团队，充分发挥先进典型的示范引领作用，鼓励先闯先试，激励广大员工比学赶超、奋勇争先。

公司总会计师李路在公司2018年财务工作会议上的讲话（摘要）

（2018年2月6日）

一、2017年财务工作回顾

2017年，公司财务工作贯彻落实年初“两会”要求，抢抓机遇，争取政策，大力开展提质增效工作，落实输配电价上涨空间，扎实推进工程转资，加强资源精益管控，全面开展问题清单梳理，提升风险防控能力，经营业绩和财务管理均取得了新成绩。2017年公司完成营业收入645.86亿元，同比增长4.80%；实现利润总额12.55亿元，圆满完成利润指标；实现净资产收益率2.03%，优于年度目标0.1个百分点；资产负债率完成64.50%；资产总额达到1105.15亿元，同比增加7.52个百分点。

（一）提质增效成果丰硕，公司效益稳中向好

多措并举，提质增效，克服折旧、财务费用刚性

增长的影响，消化公司十九大保电等成本增长7.5亿元，圆满完成利润目标。增供扩销实现收入增长。克服北京市减量集约发展影响，全年完成售电量968.01亿kWh，实现年度5.41%的电量增速，高于核价增速（3.19%）1.21个百分点，直接带来利润贡献4.81亿元。加强政策研究促进利润提升。抓住“政府补助”准则调整契机，深挖政策内涵，实现各类政府补助、迁改补偿等外部资金7.74亿元转化公司利润，占利润总额的61.63%。落实问题整改降本增效。全面完成“降成本”整改任务，诉讼赔偿等支出控制在2016年的70%以内，“两供一业”相关成本压降30%，清理历史挂账，巩固“两金”压降成果，稳步推进亏损企业治理。科学融资压减财务费用。构建应用融资决策模型，科学筹划方案，精准控制节奏，全年维持贷款利率水平下浮10%，在有力保障首都电网发展资金需求的同时，压降财务费用5000余万元。加大保险理赔降低资产损失。积极推进财产保险赔付，全年理赔1865万元，同比增加1.37倍，有效降低资产损失。落实财税政策降低税负成本。全面落实“营改增”政策，开展纳税筹划，为企业减税2128.73万元。

（二）政策争取获得突破，输配电价空间有效落实

积极向政府汇报沟通，有效把握煤电联动、清洁能源采暖等政策调整契机，扩大购售价差，落实输配电价上涨空间，提升公司盈利能力。抓住电价调整契机，形成电价调整收益。利用国家煤电联动和工商业电价调整契机，积极争取到将调价结余电价空间留在电网。落实国家清洁采暖电价政策，争取合理补偿。积极配合北京市政府按照国家发改委要求出台清洁能源采暖电价政策，扩大电能替代规模。争取到政府同意将北京地区直接交易结余资金2.70亿元，用于一次性补偿公司今明两年“煤改电”谷价时段延长3小时的减收，保障公司效益水平。配合政府压减高价燃气电量，扩大价差空间。协同调度、交易等部门落实市政府提出的燃气发电量压减任务，全年压降燃气电量43.45亿kWh。积极向行业主管部门和价管部门汇报，争取到延续2016年燃气电厂压减电量结算政策，将压减燃气电量对应的区内区外购电价差空间形成公司效益。争取输电费返还政策，提升公司效益。争取到国家电网公司理解支持，按照“谁投资、谁受益”原则，取得特高压输电费净收入4.08亿元。

（三）风控体系运行高效，依法治企工作稳步推进

坚持问题导向，主动担当履责，健全完善风险防控体系，落实风险防控责任，全面防控企业经营风险。扎实开展问题清单梳理工作。公司领导靠前指挥，以问题清单梳理作为提升管理的重要抓手，高质量完成“四上四下”梳理任务，高效落实整改决议，391项问题得到有效整改。两次迎接监事会现场调研，获得监事会的充分肯定。历史遗留问题处理的力度和成效显著，京电房公司顺利划转，大雁楼宾馆关闭，7家电动出租车公司投资款实现现金回收，电动车公司1.55亿元的电池租赁款清欠工作纳入议事日程。初步构建资金分级授权体系。梳理资金支付现状，统计分析22万余条支付数据，确定分级授权标准，资金分级授权体系初步建成，为资金分级授权标准的落地执行做好准备。有效开展稽核内控工作。开展电费收入、关联交易专题评价，常态推进实时监督，提示经营风险，推动问题整改，提高企业风险防控能力。积极应对电价专项检查。有效应对史上最长、最广、最严电价检查，营销、产业、财务形成合力，未发生对公司产生重大影响的问题，风险得到有力控制。有效管控资金安全。建立资金风险预警和排查常态化机制，组织对7个方面75项重点领域开展资金安全检查，并督导及时整改发现的问题和隐患，保障资金管理安全。

（四）财务集约持续深化，财务管理更加精益

坚持财务集约化创新管理思路，适应公司发展形势，提升精益管理水平，不断夯实财务管理基础。资源配置进一步优化。强化预算控制的“硬约束”，坚持有保有压，全面满足十九大政治供电等成本需求，并从严控制非生产开支，成本精益管控能力提升。工程转资目标全面完成。扎实推进工程决算转资，严把决算质量关，2282个项目全部完成决算，工程决算完成率达到100%，年度转资200亿元，转资率达到88.5%。资产产权管理更深更细。持续开展账卡物一致治理，试点建设“资产设备树”，资产管理基础进一步夯实。积极推进产权清理，将产权管理级次压降至3级，完成公司4家未建立资本纽带企业的清理处置。对公司新设首都电力交易中心有限公司注资5000万元，追加河北丰宁抽水蓄能有限公司投资1199.5万元。资金集中运作效率提升。压减银行账户10%，搭建集团账户体系，全面归集子公司资金并加强运作，实现资金整体效益最大化。全面推行内部封闭结算，试点研究资金预算“日排程”，进一步平滑资金收支曲线，提高资金集中管理效益。精益核算支撑经营发展。认真研究政府补贴、供电服务积分、集团账户等会计政策变化，制定指导意见并组织落实，支撑效益提升和业务发展。试点开展“五棵树”建设，优化业务凭据电子化系统功能，提升信息质量，有效促进业财融合。

回顾2017年，我们外争效益，内促效益转化，在有效支撑公司各项工作的同时，圆满完成利润目标。在财务管理上也硕果累累，连续4年荣获国家电网公司财务专业管理标杆。在国家电网公司财务典型经验评比中，公司预算、价格、资金和队伍建设等四个专业典型经验获得领先型和提升型标杆单位称号，城区公司获得大型供电企业资产管理领先型标杆单位称号。财务专业2项管理创新分获北京市企业管理现代化创新成果一、二等奖，1项管理创新获得国家电网公司管理创新成果一等奖，2项获三等奖。财会队伍建设取得一定成效，基层单位总会计师增加5人。城区、通州、朝阳、海淀、昌平公司获得公司财务专业标杆，密云、房山、门头沟、延庆公司和电科院、检修分公司6个基层单位获得了公司财务集约化管理创新单位称号，魏梦真、张雅静等24人获得了公司财务集约化管理创新先进个人称号。

二、2018年重点工作

2018年是贯彻党的十九大精神的开局之年，做好全年工作意义重大。财务工作总的要求是：以习近平新时代中国特色社会主义思想为指导，深入贯彻党的十九大精神，落实公司“两会”部署，坚决贯彻国家电网公司财务工作会议要求，以解决当前财务经营最突出的矛盾和问题为重点，坚持“稳中求进、强化支撑、精益管控、防范风险”的原则，结合公司实际，强化业务支撑保障能力，确保资金安全，加强业财融合，做好提质增效，提升风险防范能力，全面完成国家电网公司下达的各项任务，为服务公司在实现新时代公司战略目标新征程中争当先锋做出贡献。

（一）持续深化提质增效，支撑公司可持续发展

实现新时代公司战略目标，提质增效工作尤为重要。要克服成本刚性增长压力，统筹管控公司资源，挖掘内部潜力，提升盈利水平，压控资产负债规模，多措并举，确保全年实现10.72亿元的利润总额目标，推动公司高质量可持续发展。一是拓展收入来源。努力开拓售电市场，全面推进电能替代，进一步增供扩销，提高主营业务盈利能力，拓展电网收益来源。强化激励导向，把握北京国际一流和谐宜居之都建设契机，用足政策，加强政企合作，继续大力争取政府对电网建设资金支持，加快工程实施和竣工决算，将政府资金支持转化为对公司效益提升的有益补充。统筹集约管控后勤资源，盘活闲置房产，充分利用公司杆沟资源，增加公司其他业务收入。二是降低经营成本。提高降损挖潜意识，深化同期线损系统应用，平稳压降线损水平。推动“煤改电”负荷消纳区外弃风电量，降低公司购电成本。严肃计划和预算执行，从严从紧规范各类支出，切实减少“跑冒滴漏”。三是控制资产负债率增长。严格按核价投资规模，精准安排投资项目，优化资金投向，避免无效低效投资，有效防范投资风险。加大往来挂账清理，严控“两金”规模。有序接收优质用户资产，控制资产负债率水平。

（二）稳步推进体制改革，努力保持经营平稳

2018年，是输配电价改革承上启下之年。我们要继续积极稳妥应对改革变化，持续完善北京地区电价体系，做好各项经营策略和成本管控调整，保障公司持续经营能力。一是完善电价机制。紧跟国家销售电价体系调整方向，深入研究分析国家销售电价调整对公司经营带来的影响，配合政府价管部门合理编制方案，按照国家统一要求适时开展电价体系调整工作。积极落实政府燃气核价小时调整政策，抓住契机合理控制本地高价燃气发电规模，降低公司购电成本。二是积极应对输配电价改革。按照国家电网公司各专业研究结果，结合北京公司实际，形成在成本管控、业务发生、数据归集等方面的策略调整方案并组织实施，提前着手应对下一阶段核价工作。三是稳步推进市场化交易。积极适应北京地区售电侧放开形势，跟紧政府市场改革和监管政策动向，聚焦电力市场规则，超前谋划，吃准吃透政策，稳步推进市场化交易，确保公司在交易过程中利益不受损失。

（三）着力加强预算管理，优化资源配置

坚持财务工作理念，站在首都和公司大局，全力保障公司安全生产、优质服务和电网建设，助力公司发展，强化财务支撑保障能力。一是合理资源配置。从公司大局出发，优化经济资源配置，处理好利润和成本的关系，平衡好成本结构，做好核价成本与预算成本的衔接，有保有控，优先保障重点工作成本需求，合理安排管理成本，确保公司各项工作顺畅开展。二是深化标准成本应用。结合公司实际，完善公司标准成本体系，细化成本归口管理分类，开展重点项目成本审查，更加科学、合理地安排预算。三是强化项目预算管控。从源头上细化项目的可研评审，深化项目储备，推动精准投资、均衡开工、有序投产。应用公司级项目管理平台，实现项目全过程在线管理，将工程成本管控落到实处。

（四）全面深化精益管控，厚植财务基础

精益管控的关键在于协同。有机结合业务目标和财务处理规则，找准业务、财务的融合点、管理的切入点，控制好实施节奏，提高工作的质量和成效，实现精益高效。一是精准安排投资。深化应用投资能力预测和经营预测模型，强化投入产出意识，根据公司

输配电价改革要求，优化投资结构，合理确定投资规模和时序，促进精准投资，力求新增投资与电量增长、负荷增长和可靠性提升相适应。二是强化工程管理。深入推进工程全面投资预算管理，严格资本性支出管控。实现所有工程项目成本全方位、全口径、全过程闭环管理，实现“工程年度投资预算完成率”指标完成95%。推广工程自动竣工决算，优化“工程竣工转资率”考核指标，持续提升决算编制效率与质量。进一步加强工程物资财务管理，推动工程物资平衡利库，提高工程物资使用效率。试点应用物资结算“二维码”，优化工程物资结算业务办理程序，提高结算效率和风险管控水平。三是深化资产精益管理。结合“实物ID”建设，研究完成智能盘点，提升存量资产卡片信息精细度。全面开展资产组构建和应用，探索实施分单位投入产出评价，辅助电网建设运维安排，支撑科学决策。捋顺物资报废和资产退役报废流程，确保资产设备信息联动一致。配合做好“三供一业”移交相关财务工作，有序开展优质用户资产的评估接收工作。四是保障资金安全供给。充分发挥主观能动性，紧密跟踪货币市场变化趋势，继续加强与商业银行的沟通和合作，努力争取优惠融资。依托集团账户体系，统筹资金管理，加强资金集中运作，提高资金归集及运作效率。准确预测资金收支规模，应用资金“日排程”，合理安排资金收支，准确把握融资节奏，保持低备付水平，在保障资金安全供给的同时，降低资金成本。五是优化业务管理职能。按照国家电网公司对各级财务职能定位的要求，年内将电费资金核算业务、220kV及以上工程项目核算业务的职能下放，有效优化财务业务分级管理职能。六是夯实会计基础管理。密切关注并研究财务政策变化，聚焦业务重点和难点，跟踪重大事项进展情况，全面做好核算政策支持。深化数据治理，持续提升财务信息系统数据质量。推进业务凭据电子化，推广应用电费电子发票，完善财务信息系统建设，进一步提升工作效率。

（五）狠抓问题整改，提高风险防范能力

始终坚守住风险防范这条“红线”，健全风委会运行机制，强化内部控制，积极处理历史遗留问题，依法合规经营，有效防范经营风险。一是抓好问题清单整改不放松。按照监事会和国家电网公司要求，落实管控措施，严肃考核问责，注重整改实效，妥善处理好实开公司、电动车公司清理处置等历史遗留问题，坚决将整改决议落实到位。贯彻穿透督导机制，全面覆盖，飞行检查，督促整改，核实成效，将整改成果转化为公司管理水平提升。二是抓好资金安全管理。深化资金分级授权，落实资金安全责任，加强各单位主要负责人是本单位资金安全管理第一责任人的意识，不定期组织资金安全检查，增强财务人员的纪律意识、安全意识和风险防范意识，提高资金安全管理水平。三是强化实时监督和内控评价。深化风险评估结果应用，找准重点风险领域，开展财务月度实时监督，及时自查自纠。结合内控评价发现缺陷，组织内控标准专题评价，梳理优化内控标准，提高内控标准的有效性和实用性。四是积极防范税务风险。在依法纳税基础上，充分利用税收优惠政策，夯实税务风险管理基础，提升风险防控能力。

（六）全力强化队伍建设，培养复合型人才队伍

培养既懂财务又懂业务的高素质人才，努力提升人才复合工作能力和水平，持续促进业财融合，支撑服务公司发展。一是积极备战财务调考。集中抽调优秀财务人员，开展封闭培训，参加国家电网公司2018年财务专业抽调考，力争取得优异成绩。二是精心筹划财务培训。创新培训方式，拓展培训内容，注重跨专业知识、国家大政方针、改革方向等综合能力培训，切实提高财务人员综合素质，抽选基层财务人员到本部轮岗锻炼。三是加强柔性团队建设。以高端人才为骨干壮大柔性团队，以课题研究为载体，注重实践应用转化，提升财务队伍能力。

公司副总经理张铁恒在2018年后勤工作会议上的讲话（摘要）

（2018年2月6日）

一、2017年工作回顾

后勤安全保持良好局面。坚决贯彻公司安全生产工作部署，深入推进后勤本质安全建设。成立后勤安全巡检组，分3轮次对22家基层单位开展全口径安全检查，围绕工程项目、消防安全、交通出行、办公场所、设备设施、食品卫生等重点领域，共计发现后勤安全隐患271项，下发整改通知单66份，整改完成率

100%。针对全部对外出租房产，联合公司安质部，开展专题安全检查，累计发现安全隐患494处，下达整改通知单84份，对问题严重且整改不善的，立即清退终止合同，确保公司对外出租房产可控在控。在公司本部组织消防疏散逃生演习，在全公司范围内开展后勤专业“百日安全”消防隐患排查专项行动，截至目前，各单位自查自纠问题隐患43项，完成整改31项，制定整改计划12项，有效应对岁末年初消防安全严峻形势。全年未发生重大安全责任事故，后勤系统保持安全稳定运行。

后勤改革稳步推进。公司后勤系统讲政治、顾大局、勇于担当，按照国家电网公司统一部署，在落实国资国企改革，推进剥离国有企业办社会职能等方面取得显著成效。顺利完成公务用车改革，实现公务用车数量和运行成本“双降10%”的既定目标。“两供一业”分离移交加快推进，历时7个月，深入开展摸底调查，全面厘清房屋设备设施、从业人员等现状情况，完善基础资料，建立准确台账；完成9处自供热锅炉房正式移交，签订184处物业移交框架协议，框架协议签订率100%，超额完成国家电网公司下达的70%年度目标。启动办公物业市场化改革，多次分赴知名企业交流学习，广泛调研业务委托模式和服务质量，按照“两降两提”（降人员、降成本、提管理、提品质）的原则，着手制定物业市场化改革实施方案，推动物业公司由生产经营型向经营管理型转变。

资源管控成效显著。围绕后勤资源规范管理、高效利用，加强关键环节管控，取得良好成效。系统梳理2184处房屋资源，全面开展内部实测和综合评估，测量建筑面积332.25万m^2，形成“一房一册”信息图集，公司资源底数更加清晰完备。规范房屋自用和出租管理，新增对外出租房屋171处、16.04万m^2，增加经济效益近1亿元；充分利用闲置资源，跨单位调配房屋4.2万m^2，资源配置更加合理优化。完成361辆国Ⅰ、国Ⅱ车辆更新，五环外单位克服困难、服从大局，为城内单位调换车辆105辆，车辆限行难题得到有效缓解；公司首次购置大型疏浚车，结合十九大保电全面提升应急发电车辆配置水平，全年更新普通用车431辆、特种车辆71辆，公司整体车辆状况明显改善。发挥中电联公司专业支撑作用，再次争取到100个工程抢险车号牌指标，为公司各项重点任务实施提供了坚强的车辆保障。

项目安排科学有序。紧密对接公司发展和一线需求，精准安排投资，优化项目建设时序，全年安排小型基建项目8个，完成投资2.95亿元；非生技改项目57个，投资0.66亿元；非生修理项目246个，投资2.97亿元。强化工程项目过程管控，按时完成各项前期手续办理，依法合规开展招标、施工、安全、质量等工作，打造了一批优质工程。服务主营业务发展，省级计量中心、中心库一期等相继投产使用，新增建筑面积5.5万m^2，公司基础设施更加完善。服务一线生产生活，通州生产综合楼实现入驻办公，城区公司、大兴公司、电科院、客服中心、京电大厦等综合设施完成维修改造，建成通州张家湾、顺义赵全营两个乡镇供电所，建设改造了行政办公区、首钢冬奥等一批“营配合一”供电服务中心，基层生产生活条件得到明显改善。服务重大活动供电保障，建成“一带一路”雁栖湖、十九大建国门前线联合指挥部，为各单位、各专业“战时”现场指挥创造了良好条件。服务企业文化建设，长椿街、阜成门、什刹海等职工文化中心建设温暖人心，丰富了公司职工和离退休老同志的业余生活，得到公司上下一致好评。

职工服务深化创新。心系职工实际需求，落实职工关爱举措，服务手段不断丰富，职工满意度持续提升。健康服务更加精准，依托电力医院，统筹体检资源，1.6万名职工健康数据实现集约管理，为报告解读、指标跟踪、预警提示、会诊分析等延伸服务提供了数据基础；围绕体检发现突出问题，定期举办健康关爱知识讲座，在公司本部试点开展“面对面”专家健康咨询，职工看病难问题得到初步缓解；推广健康管理手机APP，提供在线体检报告、运动处方、膳食搭配等动态健康指导，职工健康服务更加灵活便捷。食堂建设持续提升，按照本部试点、标准先行、全面创建、自查整改、验收挂牌、总结提升六个阶段，公司所属247个食堂100%全部达标，提前半年完成创建任务；各单位同步建成37个全电食堂，带头推广电能替代；公司本部、城区公司、通州公司、石景山公司试点建设智慧健康食堂，职工智慧选餐、餐台智慧结算，食堂建设更加耳目一新。关心关注青年职工，八里庄青年公寓建成投用，357名青年员工顺利入住，青年职工住宿条件得到极大改善。顺义公司采取市场化方式，尝试开展电动汽车“分时租赁”业务，为职工提供多样出行选择。

重大活动保障再立新功。面对十九大供电保障这一有史以来标准最高、规模最大、持续时间最长的保电任务，公司后勤系统心往一处想，劲往一处使，全员全时全力投入保障，圆满完成2.3万余名干部职工和1609名支援人员的保障任务，为保电攻坚顺利完成提供了有力支撑。保电前夕恰逢“双节”邻近，全体后勤保障人员为了以最优状态迎接挑战，主动放弃节日休息，加班加点、通宵达旦，做好最后阶段冲刺准备工作。公司领导多次带队深入值守现场和户外保障点，指导现场保障措施；各单位班子成员带头驻点服务，踏勘送餐路线，试吃保电套餐，试用保障物资；具体保障人员24小时伴随服务，以实际行动践行“安心、贴心、暖心”的服务理念。保障期间，日均投入后勤保障人员900余人、车辆600余台次，累计送餐35万余份，累计安排就医344例，救护急重病患5例，及时提供3大类28种保障物资88 523件，各项工作无一遗漏、进度安排无一延误。顺义公司从大局出发，全力督导临时保障物资生产配送，赶在正式保电前全部到位。通州、朝阳、海淀、昌平、检修公司高质量完成对接保障任务，得到外省支援人员的充分肯定。公司后勤系统7名同志荣获国家电网公司“党的十九大供电保障先进个人”，后勤部获得公司“党的十九大供电保障突出贡献部门”，十九大保电为重大活动后勤保障树立了新的标杆，在系统内外积累了宝贵的“北京经验”。

党的建设和队伍建设持续加强。认真学习贯彻党的十九大精神，深刻领会习近平新时代中国特色社会主义思想精神实质，牢固树立“四个意识”，始终与以习近平同志为核心的党中央保持高度一致。突出全面从严治党，严格履行“一岗双责”，把党风廉政建设要求融入后勤日常管理。贯彻中央八项规定精神，对照其他公司巡视发现问题，开展自查自纠和问题整改，坚决整治“四风”问题。在国网公司首次后勤专业调考中，公司以团体第4名的成绩位列第一梯队，通州、朝阳、海淀、延庆公司、工程公司、培训中心等21家单位密切配合，30名集训学员共同努力，展现了后勤系统开展岗位技能培训的巨大热情，涌现出了一批业务精湛的后勤专业人才。“大型电网企业后勤综合管理体系建设创新实践”获北京市第32届企业管理创新成果一等奖，后勤综合保障指标连续保持国家电网公司标杆行列。

二、落实新时代战略目标，开启现代后勤高质量发展新篇章

根据党的十九大提出的新思想、新论断、新任务、新战略，国家电网公司三届三次职代会暨2018年工作会议，确立了“建设具有卓越竞争力的世界一流能源互联网企业”的新时代战略目标，制定了“一六八”战略新体系，描绘了公司事业更加广阔的发展蓝图。一流的企业需要一流的后勤，加快建设高质量现代后勤体系的任务已经箭在弦上、蓄势待发。

国家电网公司2018年后勤工作会议系统阐述了新时代后勤工作的基本要求，明确了保障发展、服务职工的根本任务，提出了“理念先进、战略引领、体系完善、专业高效、品质优秀”的现代后勤建设目标，将后勤工作放在公司整体战略格局中思考，放在世界一流能源互联网企业的标准上定位，放在广大职工日益增长的美好生活需求上提升。我们要从战略和全局的高度，深刻认识新时代新形势下后勤工作的重要性、紧迫性，准确把握工作定位，奋力开创后勤工作新局面。

（一）准确把握新时代后勤工作面临的形势

公司发展对后勤工作提出新目标。公司三届三次职代会提出，作为首都能源支柱企业和国家电网公司服务首都的窗口，公司职责使命无比光荣，发展前景无比广阔，我们要高起点、高标准、高质量落实国家电网公司新时代战略目标，奋力在建设具有卓越竞争力的世界一流能源互联网企业的新征程中争当先锋。落实新时代战略部署，关键是要突出高质量发展要求，积极适应公司由高速度向高质量增长的转变，将高质量要求落实到发展方式、管理模式、经营理念等各个方面。这对转变后勤发展方式、优化后勤资源配置、强化后勤服务保障提出了更高层次的要求。

深化改革对后勤工作提出新任务。随着电力体制改革不断深化，输配电价定价和监管体系逐步形成，对电网有效资产监管将更加严格，后勤领域相关成本费用支出必须更加规范。国资国企改革要求加快剥离国有企业办社会职能，“两供一业”分离移交任务十分艰巨，国家电网公司明确要求2019年起不能再以任何方式为职工家属区“两供一业”承担相关费用。集体企业瘦身健体深入推进，物业服务也面临市场化改革的要求，未来势必将对基层单位后勤管理方式、服务保障模式带来很大影响。我们必须加强政策研究，超前谋划、积极应对，确保各项工作平稳衔接。

依法从严治企对后勤工作提出新要求。多年来，公司始终坚持依法治企，全面建设法治企业，取得显著成效。后勤部门作为公司依法治企的重要领域，敏感点多、风险点多、社会关注点多。从公司历年内外部审计、巡视反馈情况看，后勤管理仍有许多薄弱环节，特别是在计划管理、资金使用、办公用房、周转住房和公务用车等方面，部分单位制度执行不严、管理粗放，个别单位领导干部纪律意识不强，习惯性违章现象依然存在。我们必须进一步加强后勤领域依法治企，确保公司持续安全健康发展。

职工美好生活需求对后勤工作提出新课题。近年来，公司发展大事要事多、工作任务重。无论是从农村“煤改电”到核心区架空线入地现场，还是从重大活动政治保电到营销服务、电能替代、经营管理的方

方面面，公司广大干部职工工作任务异常繁重，工程多、抢修多、保电多、值班多，对后勤服务保障需求更加复杂多样，对后勤部门保障能力、响应速度的要求也越来越高。同时，外部社会快速发展，职工日益增长的美好生活需要也对后勤服务品质提出新的更高需求。

（二）围绕“更安全、更规范、更专业”，着力提升后勤服务水平和支撑保障能力

回顾“十三五”以来公司后勤工作，我们在公司党委的高度重视和关心支持下，围绕服务、保障两大核心业务，坚持“转意识，转方式，转作风”，积极进取，克服困难，不断创新，走上了一条科学发展的轨道，有力支撑了公司发展和电网建设。实践证明，后勤工作是公司事业高质量发展的重要组成部分，后勤部门是支撑公司运转运行的重要专业力量，是覆盖全员的综合服务部门，是不可或缺的，也是不可替代的。当前，后勤工作虽然取得长足进步，但是与建设具有卓越竞争力的世界一流能源互联网企业的要求相比，还存在着发展不平衡、不充分的问题，在思想观念、资源统筹、管理提升、服务保障、队伍建设等方面还有很多差距和不足。

主要体现在：一是安全管理抓得不够。后勤领域点多面广，业务庞杂，安全管控难度大、风险多，但与之相比，公司长期以来对后勤安全的关注明显不足，安全体系不够完善，管控手段不够贯穿，风险隐患掌握不足，安全管理的责任没有真正落实到位，整体安全形势不容乐观。二是规矩意识亟待加强。后勤系统长期形成的重投入、轻监管，重结果、轻过程的思维习惯还没有得到根本扭转，后勤资金和项目的管理还不够精细，房屋、土地、车辆等资源的使用仍然不够规范，年底突击花钱、项目把关不严、资金使用不规范等问题仍然不同程度存在，当前外部审计、内部巡察的压力越来越大，必须高度重视、整改到位。三是能力素质需要进一步提升。后勤队伍人员结构相对老化，用工性质比较复杂，国网公司专业化管理的时间较短，与公司其他专业相比，整体工作的专业化程度仍然不高，服务保障能力的挖掘明显不足，还不能完全满足公司、电网的快速发展和职工日益增长的服务要求。

站在新起点，适应新要求，我们必须正视后勤工作薄弱环节，以更加开放的视野，更加坚决的行动，推动后勤高质量发展，提升后勤服务水平和支撑保障能力，努力实现“更安全、更规范、更专业”。

“更安全”就是要牢固树立“大安全”理念，全面夯实后勤安全管理基础，健全安全管控长效机制，将后勤领域安全融入公司整体安全防控体系，层层压实安全责任，像抓安全生产一样抓后勤安全，“一竿子插到底”，确保后勤安全可控、在控。这是后勤工作的红线，绝对不可以触碰，不能在安全上出任何问题。“更规范”就是要严格落实“三全五依”法治企业建设要求，教育引导广大后勤职工牢固树立法治观念，严格执行法律法规和公司各项规章制度。这是后勤工作的底线，绝对不能跨越，必须做到有令必行、有禁必止，增强后勤系统依规矩办事、按标准服务的严肃性和自觉性，提升后勤规范管理水平。“更专业”就是要把后勤定位为一门专业，不断与其他专业看齐，与外部优秀的服务保障标准看齐，逐步开拓眼界思路，改进工作理念和标准，树立“后勤不后、争先恐后、只争朝夕、奋发有为”的良好氛围，通过打造一支懂专业、会管理、能力强的后勤管理队伍，持续提高后勤发展质量、服务能力和支撑保障水平。这是后勤工作的标准线，也是大家谋划发展、推动工作的参照和标尺。

三、牢记使命，争当先锋，在新的起点上推动公司后勤工作再上新台阶

2018 年是公司全面贯彻党的十九大精神、实施新时代发展战略的开局之年。公司后勤工作总的要求是：贯彻公司三届三次职代会和国家电网公司 2018 年后勤工作会议精神，牢固树立以人民为中心的发展思想，牢牢把握高质量发展要求，围绕“更安全、更规范、更专业”，突出精益管理，抓好改革稳定，着力提升发展质量、保障能力、服务水平和队伍素质，加快建设与公司发展相适应的现代后勤体系，为建设具有卓越竞争力的世界一流能源互联网企业提供坚强保障。重点做好以下六个方面工作：

（一）强化后勤本质安全

全面落实安全责任。坚持“谁主管谁负责”“管业务必须管安全”，增强后勤安全意识，压实安全管理责任，持续推进后勤本质安全建设，确保工程项目施工现场不发生重大安全责任事故；确保办公场所不发生消防事故以及影响办公运转的重大责任事故；确保不发生重大交通安全责任事故；确保不发生食品安全和公共卫生重大事件。全面梳理排查安全隐患。以公司安全生产问题清单专项梳理工作为抓手，结合后勤专业“百日安全”消防隐患排查专项行动，坚持问题导向，深入开展后勤领域安全风险评估和隐患排查治理，分类别、分项目、分轻重制定整改计划，落实差异化管控措施，把隐患扼杀于萌芽状态，提升本质安全水平。健全后勤安全管控体系。强化后勤安全管理职责，进一步充实安全巡检专业力量，加大后勤全

口径安全检查力度，形成问题通报、整改销项的闭环管控常态机制。加强对施工、消防、交通、餐饮、安保等从业人员的安全生产培训，坚持先培训后上岗、不合格不上岗，定期开展安全教育，确保熟悉岗位职责、工作危险点和应急处置流程。增强后勤应急保障能力。积极融入公司应急管理体系，制定完善后勤服务保障应急预案，后勤安全直接面向职工，影响公司整体秩序和工作全局，要定期组织后勤领域突发事件应急演练和反事故演习，提高职工应对突发事件的处置能力。

（二）着力解决后勤领域突出问题

计划管理方面。强化后勤计划管理，贯彻“早计划、早安排、早实施”的工作理念，年度财务预算确定后，要在半个月内完成计划下达，比例不低于总量的70%，防止年底突击花钱，彻底改变后勤计划管理长期存在的“松软活”等问题。各单位也要早做规划、早做储备，计划下达后立即组织实施，不能放到一边、无人推动。资金使用方面。严格把控资金，精打细算，培养“一分钱掰成两半花”的意识和习惯，把钱用在刀刃上，解决最急缺最紧要的问题，不能只做表面文章、只干表面工程。要防止花钱大手大脚、不闻不问，不能用一流的钱办二流的事，钱用在哪、花在哪、怎么花都要有人严格把关，把有限的资源发挥到极致。工程实施方面，严格履行工程项目立项核准、规划意见、用地审批、施工许可等建设手续办理，按照勤俭、实用、安全、节能的原则进行立项、招标和建设，严禁超计划、超规模、超概算实施。在建项目要科学制定施工方案，强化过程成本管控，严格执行投资计划和资金预算，杜绝私自变更履约内容、未履约先结算等情况，确保不发生影响公司形象的问题。办公用房方面，严格按照国家和国家电网公司有关规定配置办公用房，严禁超面积标准使用办公用房，严禁违规多处占用办公用房，不得配备高档办公家具和用品。各单位要组织自查自纠，发现问题，立即整改，决不能老问题再“反弹”。周转住房方面，严格执行国家电网公司相关规定，使用周转住房应及时缴纳租金和相关费用，租金标准参照本地公务员标准执行。严禁超范围、超标准配置周转住房和配备高档设备。严禁违规占用周转住房，承租人不满足承租条件要及时腾退周转住房。公务用车方面，严格执行国家电网公司公务用车管理办法，巩固公务用车改革成果，严禁超编制、超标准配置公务用车。加强公务用车监督检查，严格公务用车、企业用车和生产用车使用界限，防范其他车辆变相承担公务用车职能，切实落实好专业管理责任。

（三）完成全年改革任务

“两供一业”分离移交。倒排工期，把握关键节点，详细制定工作推进计划，按照“一点一案”原则，逐处逐批制定移交方案，确保6月底前完成移交任务。多途径拓展资金渠道，争取国家电网公司预算支持，积极落实国有资本经营预算补助政策。加强与政府有关部门沟通汇报，对分离移交涉及的住宅公共维修基金、售房款余额等明确政策依据，依法合规妥善处理。要加强分离移交全过程管控，做好现场调研、协议签订、清算移交、产权划转和财务资产清理等工作。优先按照“人随业务走”的原则，妥善安置从业人员，确保移交工作平稳有序。依法合规推进清算移交、财务资产清理，不产生新的遗留问题。做好家属区职工特别是离退休人员的宣传解释工作，主动入户宣传，确保信息及时准确传达，防止解释不当造成的后续职工稳定问题。物业服务市场化改革。结合“两供一业”分离移交，同步推进办公物业市场化改革。3月底前明确改革实施方案，6月底前完成分包单位的比选和招标，正式启动实施。要以此次市场化改革为契机，转变物业管理的理念、方法和手段，提升服务品质，优化办公环境，推动物业公司实现瘦身健体、减员增效。

（四）全面加强能力建设

提升保障能力。落实精准投资理念，加强项目计划管理，科学安排小型基建和非生产性技改修理项目，做好公司和电网发展亟需的生产运维、营销服务、数据中心、专业基地等基础设施建设，加大有助于提高安全、质量、服务和效益的项目投资倾斜力度，优化重点区域供电服务中心建设布局，集中解决乡镇供电所无房、危房问题，“无房要建、危房要改”，年内实现亦庄备调中心开工建设，物资中心库二期结构封顶，方庄办公区建成投用。总结党的十九大后勤保障成功经验，在保障模式、装备配置、科技应用等方面进一步改进方法、丰富手段，探索形成公司重大活动、重大工程、重大灾害后勤保障新机制，重点做好全国两会、改革开放40周年等年度重大保电活动后勤保障工作。提升服务能力。强化服务意识，创新服务举措，持续拓展服务内容和品质。深化精准健康管理，健全“专职-专业-专家”三级健康服务体系，落实差异化职工体检计划，适度增加体检指标异动人群的检查频次，推动公司医疗资源向基层一线流动。持续开展健康食堂创建，定期组织摸底检查，对质量下滑明显的食堂严格摘牌整改，鼓励各单位积极探索、推陈出新，推广智慧健康食堂，改进服务举措和餐品质量，让职工吃得满足、吃得健康，将公司党委对职工关心关爱落到实处。建设智慧后勤。新时代需要新技术，现代后勤也需要科技支撑，要大力推动大云物移、智能感知、信息可视化等技术在后勤领域的融合运用，构建现代后勤技术支撑体系，在房产土地、设备设施、物业服务、公寓食堂等方面开展探索应用，提高服务质量、工作效率和管控深度。

（五）集约高效利用资源

树立资源意识。珍惜公司资源，爱护公司资源，房屋、土地、车辆、资金，都是公司宝贵的发展基础，各级后勤管理人员要建立资源使用、利用的效益意识，管好资源、看好资源、用好资源，让资源发挥最大的效率效益。推进房产土地集约化管理。对存量房产，要进一步查漏补缺，完善台账信息，全面推行备用钥匙集中统一管理，严格执行自用和出租审批流程；对政府划拨、客户移交等增量房地资源，要协调发展、运检、营销等部门，推动建立上下联动、信息贯通、协同一致、统一归集的动态管理长效机制，避免形成新的欠账。盘活闲置房产资源，合理调配使用，在优先满足自用的基础上鼓励创收创效，力争实现合同收入 1.3 亿元。加强车辆资源集约管控。推广应用统一车辆管理平台，实现公务用车购置、租赁、运行、费用、处置、监督全过程规范管理。年内基本完成国Ⅰ、国Ⅱ车辆更新，保障基层单位生产经营需求。推进老旧车辆拍卖更新，实现车辆效益最大化。服务公司重点任务和重大工程，有针对性地提升特种车辆装备水平。逐步提高新能源车占比，助力公司电能替代战略。加强集体企业车辆管理，做到与主业车辆“同管理、同检查、同考核”。

（六）抓好党的建设和队伍建设

全面加强党的建设。深入学习贯彻十九大精神，自觉运用习近平新时代中国特色社会主义思想武装头脑、指导实践、推动工作。持续推进“两学一做”学习教育常态化制度化，扎实开展“牢记使命，不忘初心”主题教育活动，落实“旗帜领航·三年登高”计划，深化后勤系统“双百”创建，不断增强后勤系统党员干部“四个意识”，发挥党支部的战斗堡垒作用和共产党员的先锋模范作用。加强党风廉政建设。全面贯彻从严治党要求，牢固树立纪律意识和规矩意识，严格履行“一岗双责”，对后勤系统苗头问题抓早抓小，强化廉洁风险防控和监督责任落实。要自觉抵制外部诱惑，树立思想大堤，不越道德底线，不触法律红线，落实中央八项规定精神，抓好突出领域风险防控，做好政治体检，迎接上级巡视检查。进一步改进工作作风。树立“精益理家、滋养企业、温馨服务、温暖职工”的服务理念，做到心善、情真、言美、行顺，积极主动做好各项服务保障工作。要牢固树立成本效益意识，坚决反对铺张浪费，要勤俭持家、量入为出、精打细算，合理使用各类经费，管好家、理好财，少花钱、多办事。强化专业管理。结合国家电网公司指标调整，进一步完善公司后勤专业对标体系，发挥对标导向作用，强化后勤服务质量考核。加强对标成果运用，及时推广典型经验。围绕现代后勤高质量发展，组织开展后勤保障课题研究，增强后勤工作前瞻性。打造先锋队伍。以培养“知识型、技能型、创新型”后勤队伍为目标，以后勤系统“转意识、转方式、转作风”为抓手，全面加强后勤队伍建设。用好专业培训、竞赛调考等学习交流平台，通过走出去和请进来相结合，帮助职工打开眼界、拓展思路，提高工作理解、服务标准和创新能力。在后勤系统弘扬劳模精神和工匠精神，努力营造积极向上的工作氛围，引导职工立足岗位、潜心钻研，进一步增强后勤职工的事业心和责任感。

公司各部门要多关心、多支持、多参与后勤工作，在后勤规划制定、项目安排、资金配置、安全管理、服务质量等方面加强信息沟通，密切协调配合，形成最大合力。各单位要切实加强对后勤工作的组织领导，建设好、管理好、发挥好后勤平台作用，进一步拓宽后勤职工职业发展通道，及时帮助解决后勤发展中遇到的困难和问题。各位后勤分管领导要以身作则，当好火车头，深度介入后勤经营管理各项工作，真抓真管真带，推动后勤工作上轨道、上水平。

公司副总经理张铁恒在 2018 年集体企业工作会议上的报告（摘要）

（2018 年 2 月 6 日）

一、2017 年工作回顾

2017 年，公司集体企业主动担当、创新突破，全面打赢五个攻坚战，圆满完成卓越目标，有序推进瘦身健体，企业运营稳健，职工队伍稳定，荣获国家电网公司集体企业管理先进单位称号。

（一）安全稳定攻坚战成效显著

落实各级管理责任。贯彻国务院安全生产领域改革指导意见和京电安〔2017〕1号文件精神，健全安全生产监管体系，明晰公司和受托单位管理界面，明确集体企业安全管理职责，建立权责对等的监管模式。进一步落实法定代表人和实际控制人的主体责任，各级企业完善组织体系，成立安委会，配齐管理机构，配足管理人员。开展“三查三提升”活动。以4个季度8项重点工作为抓手，审查安全生产责任制、规章制度体系、安全预算投入情况。规范两级巡检工作，在责任落实、分包管理和作业现场等方面，查改问题314项，有效提升工程管理和监督水平。健全安全管控措施。贯彻国家电网公司加强施工企业管理的指导意见，严格分包程序，规范现场作业，实现同质化管理。推进视频监督全覆盖，下发违章通知单22张，纳入对标和业绩考核。开展消防安全专项行动，细化标准70条，查改问题47项。

（二）提质增效攻坚战成效显著

市场拓展取得突破。充分发挥专业优势，大力抢占内外市场，积极拓展业务领域，全年实现产值150.07亿元、利润8.16亿元，同比增长31%和18%，经营成效创历史新高。京电集团、华商三优收入超9亿元，丰台、门头沟集体企业收入同比增幅超50%。通州潞电、京电设计利润贡献排前两位。创新创效取得佳绩。开展设计施工联合运作，组建项目部16个，派驻设计人员109名，直接参与项目1010项，市场占有率翻两番。主动对接综合能源服务，创新商业模式，试点智慧能源管家，昌平、海淀等5家单位积极参与，实现64户、15万kVA上线运行。保障支撑取得实效。8000余人参与业务委托，实现了人员、专业的深度融合。推进不停电作业中心、输电通道监控项目，全年累计投资23项、5.45亿元。7000余人参与十九大保电，投入车辆近900部，谷新、中电联为后勤保障提供了精心服务。全面支撑煤改电、城市副中心、架空入地等重大项目，华商远大承接206个村，占公司全年煤改电任务总量的25%。

（三）管理提升攻坚战成效显著

集约管控持续深化。实施“总量压降、量出为入、统一审批、动态管控”的用工策略，全年实现自有用工减员530人。建立“控班子”“控总量”的工资总额管控机制。深入推进资金集中运作，归集100亿元，增加收益近1亿元。完成630部国Ⅰ、国Ⅱ车辆更新。规范运营牵引有力。落实平台管理职能，制定集体企业管理20条，完成重点任务65项，发布法人治理10项管理要点。初步建立集体企业对标体系，深入开展经营分析，强化全面管理和重点引导。深化信息系统应用，实现NC平台与管控系统衔接，华商远大、丰台丰供积极承担三期试点任务。经营监督全面覆盖。完成20户企业资产清查审计，为债权债务清理和企业处置提供了重要依据。开展规范管理自查自纠，历时3个月，派驻40人，针对重大决策、人力资源、工程管理等6大重点领域，加大问题排查整改，建立风险防控机制，确保公司决策落实落地。

（四）改革改制攻坚战成效显著

深化方案顶层设计。落实“突出核心领域、优化业务布局、压降法人数量”的改革思路，聚焦服务支撑的战略定位，按照“保留、整合、关闭”的顺序，最大限度减少改革影响。经过党委会多次研究和反复论证，形成了符合集体企业改革方向，符合公司发展实际的瘦身健体方案，全面完成“一企一策”。积极创新方式方法。研究总分公司运营方式，华商远大与华商能源、京电设计与惟明力通、金电联与华德公司，分别完成了跨单位分公司设立，建立“受托管理、授权经营”的运作模式，有效解决了业务支撑难题。研究物业市场化改革方案，按照“两降两提”（降成本、降人员，提效益、提质量）的目标，推进物业公司转型升级。实操工作平稳有序。坚持“小步稳走、精准调控”，完成潞电设计、潞电电气等4户股权整合，完成华商绘都、华商鹏达2户处置，照明中心、信通公司、客服中心等单位推进力度大、进度快，12户登报公告进入关闭程序，完成249部车辆过户。妥善处理历史问题。培训中心、密云公司高效完成4户无资本纽带企业清理。通州、门头沟公司全面完成17户供电所办企业处置。实开公司遗留问题得到妥善解决，京电房划转至全球能源互联网公司。

（五）三个建设攻坚战成效显著

党的建设推进有序。优化各级党组织设置，完成公司层面集体企业换届选举。坚持党建引领，成立服务队、突击队、先锋队12支，组建临时党支部6个。推进“两学一做”，开展十九大精神学习20次，宣讲57场，组织特色党日活动22项。深化创先争优，6名优秀党员、5名党务工作者、3个先进党组织受到公司表彰。队伍建设务实有效。组织20家单位、330名现场负责人培训竞赛。引导员工建言献策，多项合理化建议被采纳，2项分别获得公司一、二等奖。建立集体企业职工创新工作室，发布创新成果39项，形成专利2项、软件著作权4项。完成团组织优化调整，积极开展团青活动，获市级以上荣誉3项。文化建设创新有方。构建“两端两网”宣传格局，搭建集体企业网站，编辑《北京电力》集体企业专刊，创办“华商一家人”微信公众号，展示企业和员工风采。开展先进典型选树，370 名个人、124 个集体、18 个单位受到公司表彰。创建职工之家 9 个，开展特色活动 60 余场。

二、以高质量管理推动高质量发展

近年来，在市场经济大环境和电网发展大背景下，集体企业始终坚持“深化改革”与“规范管理”双轮驱动，精简了法人数量，理顺了产权关系，优化了治理结构，加大了管理力度，发展速度越来越快，经营业绩越来越好，支撑作用越来越大，综合管理成效走在了国家电网公司前列。

党的十九大做出了中国经济由高速增长转向高质量发展的重要部署，要求加大供给侧改革，持续深化“三去一降一补”，更加聚焦保民生、可持续和防风险。集体企业作为国有企业和国有经济的组成部分，与国家高质量发展的大环境还不相适应，与国家电网公司瘦身健体、做强做优的高要求还有差距，归根结底是历史欠账多、管理跟不上。一是管理基础不实。由于历史原因，集体企业缺乏健全的管理机制，制度体系不完备，用工结构不合理，财务结算不规范，安全管控不扎实，近年来我们努力探索和提升，取得了一定成效，但与公司主业成熟的管理方式相比，与现代企业的治理模式相比，仍有较大的提升空间。二是管理动力不足。长期以来，集体企业依托主业及行业优势，创造了高产值和高利润，导致盲目乐观，忽视了问题短板，产生了管理惰性，严抓严管意识不强烈、行为不主动，市场拓展、客户维护不够积极，成本控制、质量管理不够精细，与高速发展形成较大反差。三是管理成效不高。理念相对落后，手段不够丰富，业务和资源放的多、管的少，主动创新力度不足，激励考核机制滞后，经营监督深度不够，内部控制效率不高，尤其是面对当前严格的内外部监管和巡视巡察，还有许多需要改进提升的地方。

深化更安全，为高质量发展强基固本。站在讲政治的高度，牢固树立红线意识和底线思维，抓基础、抓重点、抓本质安全，提升安全管控承载力。突出源头抓质量。严格落实国务院安全生产领域改革发展意见，强化安全责任落实，加强安全制度建设，建立责任清单，配齐组织机构，明确履职规范，加大安全激励奖惩，实现奖罚分明，提升安全管理主动性和约束力，有效强化源头治理。处理好安全与发展的关系，加大安全生产投入，该花的钱必须花，该加的人必须加，该配的装备必须配，逐级下沉管理力量和管控重心，抓好基层和基本功建设，切实提升安全管控的基础能力。突出现场抓过程。建立全员全程参与、分类分级监督的管控模式，完善隐患排查治理和风险预控机制，开展标准化建设和安全性评价。健全计划管控和现场组织的规范流程，动态评估安全承载力，合理安排工期时序，严格落实到岗到位和“十不干”要求；健全引入和退出机制，培育核心分包队伍，将分包现场和作业人员纳入一体化管理，做实全过程全时段管控。严格落实两级巡检制度，打造专业队伍，创新技术监管手段，实现双监督和双保险。

深化更集约，为高质量发展提速护航。站在公司发展大局，以规范提效降风险为目的，强化业务统筹和资源运作，发挥多方主动性和创造力，加快集约化、集团化进程。突出业务关键环节。针对核心要素和重大风险，实施效能评价和风险评估，“该管的管、该放的放”，建立“强规范、有约束、重效率”的运营机制。抓住会计核算、物资采购等重点环节，借鉴先进管理经验，订立统一标准，推进流程再造，实现规范管理，探索集中管控的可行方案。加强信息化支撑，逐步推进重点领域关键环节嵌入，固化制度流程，提升集约管理的效率和质量。突出资源规模效应。抓住人力、资金、资产等核心资源，推进管理方式再创新，拓展集约管控深度和广度，推动主业与集体企业再融合，发挥公司职能部门专业优势，实现业务管理和资源调配一体化，发挥规模和协同效益。研究内部人力资源市场，建立全员培训和重点培养模式，统筹推进人员有序流动和优化配置，提高用工效率。借鉴资金集中管理经验，研究房屋资产打捆运作方式，规避资源分散、闲置浪费等低效现象，提升管理专业性和资产运作效率。

深化更高效，推动高质量发展稳健远航。立足当前、着眼长远，紧随经济改革形势，推进瘦身健体再深化、发展转型再突破和监督管理再提升，由求速度向重内涵、重实效转变。突出产业布局优化。着眼公司改革发展全局，坚定目标方向，处理好改革发展与安全稳定的关系，通过重组整合和清算关闭，压降法人数量，退出非核心业务，更加聚焦能源电力领域。积极抢占高端市场，坚决放弃“小、散”等高风险项目，做优做精传统建安业务，做强做大综合能源服务，创新商业模式，推进产业升级，培育规模化高品质客户，不盲目铺摊子，不唯速度和利润，服务电网本质安全和客户用能需求。突出内部管理提升。比照现代企业治理理念，转变管理思维，创新管理手段，“走出去”学习借鉴，深化“互联网+”应用，向管理要效率、要效益。建立全覆盖、重改进的经营监督机制，深化对标管理体系，丰富经营诊断方式。完善企业内部控制，建立全业务全流程全要素管控体系，培育全员抓管理的责任意识，在质量上精益求精，在成本上精打细算，在品牌上精心维护，输出精品服务和一流产品。

三、2018 年重点工作安排

总体要求：认真落实国家电网公司工作部署，全面贯彻公司“两会”精神，进一步深化“更安全、更集约、更高效”，突出“一力四率”（安全管控承载力、改革任务完成率、高端市场占有率、资金资产运作率、往来账款挂账率），全面实施管理提质工程，努力实现“三升一降一确保”，助推新时期集体企业高质量发展，服务公司和电网迈上新阶段。

工作目标：全面完成国家电网公司下达的经营指标任务，实现营业收入 135 亿元、利润总额 6.5 亿元，资产负债率在 66% 以下，完成瘦身健体主体任务。不发生影响公司安全目标和廉政责任的事件，保持整体生产经营稳定，确保集体企业管理成效处于国家电网公司前列。

（一）深化本质安全管理

贯彻“集体企业安全生产管理”和“配网工程项目部管理”两个规范要求，巩固“三查三提升”工作成果，突出“三加强三确保”，切实提升安全管控承载力。

加强作业层建设。借鉴基建领域改革思路，优化配电网施工组织模式，做实项目部和现场作业单元，配齐配强项目经理、安全员和技术员，培养使用好现场工作负责人，发挥自有人员在项目管理中的关键作用。把项目部和工作负责人数量，作为衡量承载力的基本要素，建立模型和标准，开展现场管控能力评价，指导承揽业务规模和工作计划安排，坚决防范超能力超范围承揽工程。

加强分包管理。规范分包管理流程，落实安全质量评级标准，制定核心分包队伍培育方案，严禁引入资质不达标、能力不匹配的分包单位。严格分包人员管理，做到全面培训和持证上岗，解决“散兵作战”和安全意识薄弱等问题。坚决落实“同进同出”要求，严禁劳务分包人员担任工作负责人，确保每个独立作业面至少有 1 名自有人员，实施全过程监督管理，杜绝劳务分包人员独立开展现场作业。

加强考核激励。强化安全问责，加大违章管控，按照“四不放过”原则，对安全事故和违章行为实施企业个人“双考核”。开展分包队伍安全质量信用评价，执行“黑名单”制度和退出机制。加大安全激励，按不低于工资总额 1.5% 设立专项奖，参照公司相关规定，各集体企业 4 月底前出台具体实施细则，对安全管理效果好、贡献大的集体和个人，加大表彰和奖励。

健全管控机制。配齐技术装备、工器具和防护用品，实现统一检测和统一管理，确保 6 月底前全部实施到位。加大集体企业和分包人员安全技能培训，突出工作负责人培育培养，提升作业现场管控能力和承载力。建立集体企业自有巡检力量，把现场全部接入安全监督平台，实现全方位、无死角和高效能监督指导。落实标准化风险管控措施，把安全责任量化到人，切实提升集体企业施工质量和风险防控水平。

（二）稳妥推进瘦身健体

准确把握厂办大集体改革政策，坚持数量压减与质量提升并重，严格执行总体方案，大力推进核心业务重组和非核心业务清理，确保改革任务完成率 100%。

坚决完成改革任务。落实企业主体责任，把握工作节奏和重点环节，分类推进企业处置。坚持“快瘦快减”，加快 15 户吸收合并，全力推进协议签署、税务和工商注销，确保 3 月底前完成主体任务。坚持“稳瘦稳减”，稳妥推进 9 户清算关闭，3 月底前确定方案，依法推进人员资产业务处置和工商税务程序，年底前完成全部任务。加强政策研究，年内明确华商三优混改方案。

稳妥处理历史问题。加快华商京海等低效股权投资清理，推进 3 项股权处置，加强协调沟通，规范工作程序，确保年内全面完成。继续推进供电所办企业遗留问题处置，发挥属地主体责任，加强与地方政府沟通，制定工作计划，力争年内取得实质性进展。研究 4 户歇业企业土地处置方式，为尽早完成企业清理奠定基础。落实监事会要求，推进问题清单梳理全覆盖，妥善处置实开公司涉诉案件，确保全部问题有效整改。

切实注重改革成效。把优化业务布局和提升支撑能力作为重点，完善细化关闭方案，按照“一企一策”要求，明确人员分流和业务承继方式，明确关键步骤、责任主体和时间进度，全面开展法律鉴证和审计监督。发挥各级主体责任，科学做好财税筹划，细致测算改革成本，合理安排业务划转，切实维护员工合法权益。实行领导班子包干制度，全面做好政策宣讲，确保不发生安全生产、队伍稳定和舆情事件。

（三）加快实现转型升级

牢牢把握新时代特点，紧跟首都功能转型，认真研判形势机遇，在巩固传统优势市场基础上，创新商业模式，提升高端市场占有率，促进企业健康可持续发展。

全面推广智慧能源管家。主动对接综合能源服务，统一服务标准和推广品牌，形成集团化运营、属地化服务和智能化管控的运作模式。以设备代维为突破口，突出全行业用户和集团化企业，拓展能源托管业务，探索电采暖用户代维，创造多元增值服务，确保今年新签合同翻一番、达到3.5亿元，力争达到5亿元。结合区域特点和用户分布，科学分解指标任务，加大激励考核力度，把工作成效与工资总额挂钩，做到有奖有罚。

深化设计施工联合运作。以提升设计质量和服务电网安全为出发点，巩固联合运作成效，优化运营机制，分区域评价，按法人考核，提升市场占有率。设计企业要全面提高业务水平和服务意识，做优做实16个项目部，实现人员与业务匹配，加强区域内协调和企业间协同，高质高效完成公司整体设计任务。属地公司要上下贯通、协调联动，把公司决策部署落到实处，切实推进设计施工捆绑运作，实现服务和业绩双提升。

继续巩固传统市场优势。把握首都发展转型机遇，做优做精核心业务，坚持把建安业务作为当前主要创收来源，紧抓主业工程、政府重点项目和城市运行等民生工程，服务好“煤改电”、架空入地、城市副中心、冬奥会等重点项目，争取新机场、轨道交通等规模化客户。结合基建领域改革意见，优化调整监理企业管理方式和作业模式，推动监理业务升级。继续在电动汽车、节能服务等新兴领域深耕细作、抢占先机。

（四）持续规范运营管理

坚持集约管控与自主经营并举，把握关键资源，突出重点环节，优化管控机制，丰富管理手段，加大审计监督，有效防范经营风险，促进企业规范运营。

深化人力资源管理。坚持“控制总量，优化结构”策略，统筹开展瘦身健体人员分流，有序推进“冗员向缺员、管理向一线”流动，逐步实现辅助人员社会化。组织开展高级管理人员、业务领军人才和一线技术骨干培训，推进专业资格取证，3月底前制定培训计划，确保全面有效落地。优化工资总额核定方式，突出重点工作贡献，完善奖励考核机制，激发全员积极性和创造力。

深化财务基础管理。建立专业主导的预算管理执行机制，分行业开展全面预算课题研究，推进业财深度融合。规范会计核算体系，统一会计政策、会计科目及核算方法，6月底前完成手册编制和试点选定。开展应收和预收账款压降专项行动，规范工程组织和结算流程，3月底前制定专项方案，确保年内分别压减30%和25%，有效降低资产负债率和企业运营风险。扎实开展税收筹划和税务专项检查，落实涉税问题整改。

深化资金资产管理。加大资金归集和统筹运作，6月底前实现银行账户和大额资金实时监控，年内力争实现归集率100%。出台电商化采购方案，推进工器具、办公用品等辅助性物资公开透明采购。发布《车辆规范管理十条》，明确车辆编制、租赁、管理和使用标准要求。盘活房屋土地资产，完成系统梳理和台账建设，明确使用计划和方式，5月底前制定统一运作方案。严格投资审批决策程序，规范过程管控和效果评估，瘦身健体企业严禁新建非生产性基建项目。

深化经营机制建设。健全导向型指标体系，加大重点工作、经营成效与工资总额挂钩，发挥引导作用，2月底前明确年度对标工作和业绩考核方案。强化内部审计监督，3月底前制定年度问题整改和重点业务审计计划，统筹内外力量，实现年度经营巡查全覆盖。深化NC系统研发应用，推进物资、工程和财务功能实用化。开展企业内控诊断，借鉴行业先进经验，实施外部管理对标，6月底前形成改进提升工作计划。

（五）全面加强三个建设

落实党委主体责任、纪委监督责任和工会保障作用，深化党的领导与现代企业治理有效融合，全面提升党纪工团效率效能，努力营造和谐稳定、聚力争先的发展氛围。

全面加强党的建设。持续强化党组织建设，在机构完善、决策参与、学习落实等方面，做好专项检查与整改提升。落实“旗帜领航、三年登高”计划，3月底前出台党建工作标准化手册，推进“两学一做”学习教育常态化制度化。深入领会党的十九大精神，开展形势任务宣讲和思想引导，增强员工应对挑战的勇气信心。加强“不忘初心、牢记使命”主题教育，深入开展党员承诺践诺和“匠心领航、荣耀华商”主题活动，彰显党员先锋模范作用，全面打造新时代首都电力先锋队伍。

全面开展自查自纠。落实主体责任，抓好党风廉政建设，扎实推进“八项规定”、车辆使用、大额资金等常态监督，开展自查自纠及整改工作，严防隐形变异“四风”问题。高度重视上级巡察迎检，健全逐级负责机制，精心做好现场配合和组织协调，客观反映情况，正视问题不足，全面落实整改。强化廉政监督责任，突出重点领域和关键人员，加强风险防控。强化各级廉洁宣教，用好“首善清风”平台，开展专题活动，提升全员廉洁意识。

全面营造发展氛围。加强集体企业工会建设，完善组织机构，强化保障作用。推广集体企业门户网站，提升微信公众号的及时性和参与性，增强华商品牌影响力。深化“百佳工匠”创建评选，开展劳动竞赛，开设技能人才“星光大道”。推行“师带徒”和“名师工作室”，加快创新成果转化应用。深化职工之家建设，做实群团工作，丰富职工活动，满足快乐工作和美好生活需求。

公司纪委书记闫承山在2018年党风廉政建设和反腐败工作讲话（摘要）

（2018年2月8日）

一、2017年工作回顾

2017年，公司纪检监察系统坚决贯彻上级党组和公司党委反腐倡廉决策部署，坚持不忘初心讲政治、牢记使命重担当，紧紧围绕全面加强“三个建设”、大力实施“三大攻坚战”等中心任务，主动谋划、创新工作，严明政治纪律，强化责任落实，严格监督执纪问责，有效维护了公司安全健康和谐发展大局。

一是“两个责任”有效落实。紧紧抓住主体责任这个“牛鼻子”，以修订党风廉政建设责任制实施细则为抓手，全面梳理年度任务清单，突出八项规定等敏感环节，以及“四资一工”等重点领域进行严格监管，将责任明确到人、落实到事，促进责任清单有效执行。完善领导干部履责约谈、廉政提醒和纪委书记定期报告制度，明晰谈话纲要和背书规范，公司两级领导班子成员共约谈下级负责人和重点岗位3478人次，各单位纪委共书面报告348次，推动主责层层落实。城区、石景山、房山、工程、物资、承发包等单位细化分级落实机制，促进主责向末端延伸落地。

二是巡察监督高标准开展。健全巡察组织机构，设立巡察办公室和3个巡察组，配备专职组长和工作人员25名。突出政治体检，聚焦全面从严治党，以标准化统一检查重点，以信息化规范操作流程，紧扣管党治党责任、权力运行、选人用人、领导干部廉洁自律等重点，高质量、高标准对6家二级单位开展巡察，着力查纠党的领导弱化、党的建设缺失、从严治党不力等问题，共分析调查问卷260份，开展个别谈话223人次，调阅资料3万余份，“下沉一级”开展调查走访15次。健全完善制度标准，建立闭环整改落实机制，制定整改措施15项，为迎接上级巡视打下坚实基础。

三是廉洁认知明显提升。坚持将廉洁安全作为对干部员工的首善关怀，加快构建“不想腐”长效机制，依托“互联网+”技术，在国网系统率先打造廉洁文化宣教APP平台，全方位、全覆盖、全时段进行传播，提升廉洁认知，根植廉洁文化，目前已覆盖主业和集体企业员工2万余人，直接受教育达6万人次。深化实施法规制度解读、领导干部讲廉、重点岗位说风险、廉洁文化“四进”等专项教育行动，让干部员工切实把纪律规矩挺在前面、立在心头。公司各级领导干部开展专题讲廉143次，重点岗位开展业务风险我来讲活动210次。海淀、丰台、昌平、培训中心、物业、华商伟业等单位开展专题廉洁宣教月、廉洁安全日、微课堂等活动，干事干净理念更加深入人心。

四是人员廉洁更加安全。落实上级廉洁风险防控意见，结合“五位一体”协同机制建设，盘点梳理经营决策、业务管理、行风形象等5类115项廉洁风险，逐一将防控措施融入业务、嵌入到岗位。突出权力制约，针对领导干部，持续深化“七廉”活动，促进各级领导干部和职能部门切实把好业务廉洁风险防控第一道关口。全年公司各级领导班子围绕八项规定执行、依法治企整改等重点工作均进行了不少于6次的廉政专题研究。亦庄、门头沟、延庆、经研院、电科院等单位领导干部旗帜鲜明开展专题讲廉工作。针对重点岗位人员，拓展监督管理工作内涵，深化学廉考廉、交流轮岗等常态监督举措，促进重点岗位人员认知红线底线，严格自律自控。截至目前，动态梳理重点岗位1832人，累计交流2299人次。通州、大兴、平谷、信通、华商远大等单位有声有色开展重点岗位学廉、诺廉、考廉等工作，促进了从业安全。

五是重点监督更加有效。加大正风肃纪力度，紧盯敏感时段和关键环节，从公务接待、车辆使用等12类35个方面，对各单位及集体企业进行100%检查；大力开展购买消费高档白酒和公务用车管理专项监督工作，公司全年未发生违反八项规定精神的责任事件。朝阳、检修、客服等单位建立“每周一查”机制，常态遏制“四风”。深化监审联合监督，以“煤改电”等工程项目为重点，瞄准制度、流程执行的规范性和严肃性，从工程物资管理、分包队伍选用、账卡物匹配等多个维度进行跟踪审计和执纪审查，促进规范运作。严把选人用人廉政关口，公司层面共对79人出具廉政意见。加强行风廉政监督，两级共开展明察暗访172次。发挥协同监督在化解风险上的平台作用，全年公司两级共召开协同监督会议59次，上报监督报告318份，下发整改意见书106份。怀柔、密云、顺义、照明中心等单位深化协同监督机制建设，推动形成部门主动发现问题、协同化解风险的良好氛围。

六是严管厚爱更加凸显。聚焦主责主业抓好纪律审查，坚决查纠“四资一工”重点领域、选人用人和服务工作关键环节中的不正之风。坚持向制度要长效，结合公司“三集五大”体系深化建设，推动各业务部门健全完善工程管理、招标采购、业扩报装、集体企业等监管制度，经营管理更加严格规范。针对潜在风险问题，督促公司各级党组织积极践行主体责任，充分运用好“第一种形态”，认真落实“三个区分开来”，切实做到既干事、又干净。公司纪检监察系统全年共收到并核查各类信访举报29件，初步核实26件，谈话函询3件，对所有人员均进行了“面对面”核实，以抓早抓小的实际行动体现了对干部员工的严管厚爱。

二、2018年主要任务

2018年工作思路：坚决贯彻国家电网公司党组和公司党委反腐倡廉建设决策部署，紧紧围绕公司高质量发展中心工作，强化“三敏”意识，践行首善标准，以政治纪律为核心，以“两个责任”为主线，以巡视巡察为抓手，全面强化党内监督，正确运用“四种形态”，持续提升监督执纪问责效能，以“不敢腐、不能腐、不想腐”的实际成效，服务和保障公司健康和谐发展大局。

主要目标：不发生违法违纪案件、违反中央八项规定精神等问题，不发生违反“三重一大”决策制度造成重大损失或严重影响的事件，不发生重大影响的行风事件。

（一）坚持挺纪在前，以政治纪律保障高质量发展

坚持把政治纪律摆在首位，提高站位，不忘初心，挺纪在前，以巡视巡察考量党性品格，以文化自信增强政治定力，切实把政治纪律挺起来。

一是提高政治站位。紧扣党章党规党纪核心，结合“不忘初心、牢记使命”主题教育，引导干部员工深刻认识“四种危险”的尖锐性和严峻性，牢记党的宗旨，强化“四个意识”，主动践行首善标准，切实把纪律规矩立起来、严起来，确保上级党组和公司党委重要决策部署不折不扣执行落地。

（二）二是狠抓巡视巡察。突出政治体检，以迎接上级巡视为契机，聚焦政治纪律，瞄准“关键少数”，坚持问题导向，着力查纠党的领导弱化、党的建设缺失、从严治党不力等问题。坚持无禁区、全覆盖、零容忍，创新巡察制度机制和方式方法，以高标准、高质量的巡察工作，营造良好政治生态，确保2019年实现基层单位全覆盖。针对巡视巡察和各类检查发现的问题，以钉钉子精神一抓到底，不整改彻底不放过、不达到标准不销号。

（三）三是筑牢思想防线。坚持将廉洁安全作为对干部员工的首善关怀，以打造“首善清风”廉洁文化APP宣教品牌为抓手，全面实施廉洁文化宣教专项行动，引导干部员工提升认知、根植文化，做到知敬畏、存戒惧、守底线。注重专题策划和众筹共享，拓展宣教内涵，创新传播手段，全面提升宣教的吸引力和员工的代入感，确保主业和集体企业人员安装使用“双100%”；注重文化落地和互动交流，全面深化廉洁文化“进班子、进部室、进班组、进家庭”活动，强化文化自信，保持政治定力，做到干事干净，充分彰显具有电力特点和首善特色的廉洁企业新形象。

（四）压严落细主责，以履责担当推动高质量发展。

（五）坚持把强化党内监督作为重要政治任务，突出严细压主责，以责任的具体化、标准化、规范化，推动从严治党责任全面延伸、落地生根。

（六）一是细化“两项清单”。比照上级标准要求，结合公司“大党建”体系建设，细化界定“两个责任”清单和权力清单，逐级签字背书，进一步厘清履职的“边界线”和权力的“警戒线”，促进各级党委、领导干部及业务部门压实主责、把好防线。以党支部为重点，强化党风廉政建设责任制执行情况常态监督，倒逼责任，补齐短板，确保主责逐级落实到基层最末端。坚持“一案双查”，对执行党的路线方针政策不力、管党治党不严不实、选人用人问题突出、“四风”和腐败问题多发频发、整改不力的，严肃追究主体责任、监督责任和领导责任。

（七）二是抓好约谈提醒。各单位要严格落实党委主体责任、主要领导第一责任、班子成员“一岗双责”，切实做到将党风廉政建设和业务管理工作一起研究、部署、检查、落实。完善干部履责约谈机制，以拓展分管领导廉政约谈为重点，细化谈话纲要，强化背书要求，增强“点穴”的针对性和有效性；运用信息化手段，提高工作效能，确保两级约谈提醒“双100%”。

（八）三是完善报告机制。针对“习惯性违章”

问题，细化纪委监督标准，拓展“三重一大”、八项规定、配电网建设、业扩报装、集体企业等重点监督内容，完善纪委书记月度报告机制；各单位纪委书记要严肃认真做好对班子成员“画像”工作，定期向上级纪委报告落实主体责任、执行民主集中制、廉洁自律等情况，搭建基层纪委监督工作、推进落实的良好平台，提高监督的实质性。结合党支部建设，加强纪检委员、监督网员配备，完善常态沟通报告机制，促进监督工作及时传导落实到最末端。

（九）持续正风肃纪，以良好作风体现高质量发展。

（十）坚持作风建设永远在路上，持之以恒纠“四风”，锲而不舍正行风，以钉钉子精神抓苗头、抓节点、抓预控，坚决防止发生违反中央八项规定精神和企业行风形象的重大责任事件。

（十一）一是严肃查纠“四风”。坚持越往后标准越高，着力在抓严抓细抓常上下功夫，严格落实上级八项规定实施办法和查纠“四风”问题工作方案要求，既要紧盯享乐主义、奢靡之风的新动向，又要结合贯彻实施公司重大决策部署，在反对形式主义、官僚主义上下功夫，细化检查标准，量化考核要求，完善背书机制，深入开展5个方面17类专项治理工作，以严的标准、严的措施、严的纪律，着力查纠“四风”突出问题，坚决遏制反弹回潮。健全“逢节必查、逢查必报、快查快办”和“零报告”常态监督机制，实行党委纪委双背书。对顶风违纪，不收敛不收手的，一律严查快办，问责曝光。

（十二）二是坚持以上率下。公司各级党员领导干部要坚决反对特权思想和特权现象，把作风建设摆在突出位置来抓，严格遵守职务消费各项规定，带头转变作风，厉行勤俭节约，自律自控，率先垂范，形成头雁效应。各级领导班子民主生活会要把贯彻落实中央八项规定精神情况作为对照检查的重要内容。

（十三）三是严查群众身边腐败。结合公司业扩报装“三减一提升”专项行动工作部署，开展专项监督检查工作，紧盯“小微权力”，发挥审计、巡察、专项检查等作用，突出工程承揽、造价、实施、履约等环节，对其合法性、规范性进行审计监督和执纪审查，严查弄虚作假、吃拿卡要、损公肥私、靠电吃电等基层不正之风和腐败问题，对反映集中、性质恶劣的，严查快办，切实做到凡是群众反映强烈的问题都要严肃认真对待，凡是损害群众利益的行为都要坚决纠正。

（十四）防控人员风险，以廉洁安全促进高质量发展。

（十五）坚持信任不能代替监督，突出“关键少数”领导干部和“职低权实”重点岗位，切实防控班子决策、干部廉洁和岗位从业风险，使监督和被监督成为习惯和自然。

（十六）一是防控班子决策风险。坚持以制约和监督权力为核心，严格落实“三重一大”集体决策办法和流程规范意见，重点督促各单位领导班子切实将自采购物资、自分配工程等重点事项纳入集体决策范围，减少个人自由裁量权；督促各单位参照主业标准严格规范所属集体企业决策制度流程。对违规擅权越权决策，甚至以集体决策名义谋取个人或小团体不正当利益的，严肃追究惩处。

（十七）二是防控干部廉洁风险。细化落实上级廉洁风险防控意见要求，针对作为“关键少数”的领导干部，在全面梳理经营决策、业务管理、作风形象等5类廉洁风险，强化主要领导廉洁风险防控责任的基础上，以推动业务分管领导和主要职能部门专题讲廉、研廉、促廉为重点，全面深化“七廉”活动，促进各级领导干部带头防控本专业领域重点风险，把好第一道防线。

（十八）三是防控岗位从业风险。严格落实公司《廉洁从业重点岗位人员监督管理办法》，以交流轮岗为重点，动态梳理重点岗位人员名录，持续深化集体研廉、自评考廉等各项监督管控行动；坚持将交流轮岗情况作为责任制考核重要内容，加强日常管理和动态考量，完善约谈督导制度，确保执行落地。

（十九）深化协同监管，以标本兼治强化高质量发展。

（二十）坚持发挥监督的“探照灯”作用，针对“习惯性违章”“潜规则”等可能导致的系统性风险，创新监督方式，强化协同防控，做到抓早抓小、标本兼治。

（二十一）一是创新专项协同监督。以立项纠偏、协同化解为重点，整合监督资源，创新协同方式，实施项目制协同监督，针对工程建设、物资采购、业扩报装、集体企业等重点领域的敏感环节和突出风险，建立立项监察、协同纠偏、背书销号闭环管理机制，切实提高监督的深入性和管控的有效性。

（二十二）二是拓展监审联合监督。围绕电网建设和优质服务重点工作，注重过程审计和执纪审查有机衔接、协同联动，围绕城市副中心、新机场、冬奥会等重大工程项目，紧扣制度、流程执行的规范性和严肃性，从物资管理、队伍选用、资金使用、人员廉洁等方面，加大过程监督和执纪审查力度，促进阳光运作。

（二十三）三是强化源头治本功能。坚持无禁区、全覆盖、零容忍，加强对信访举报、审计监督、依法治企等各类重要线索的集中管理、动态研判和执纪审查，受贿行贿一起查，保持重遏制、强高压、长震慑态势。严格落实“一案两报告”制度，并探索从制度流程上遏制“习惯性违章”的有效途径，促进业务部门进一步挤压弹性空间，扎紧扎密制度“笼子”，确保执行刚性。

（二十四）夯实监督基础，以队伍锤炼服务高质量发展。

（二十五）坚持深化落实“三转”要求，着力在挺纪律、夯基础、塑能力上下功夫，通过狠抓基础、基层和基本功，改进监督质量，提升保障效能，以纪律部队战斗成效彰显价值形象。

（二十六）一是深化运用“四种形态”。坚持惩前毖后、治病救人，聚焦政治纪律和组织纪律，充分运用好“第一种形态”，带动廉洁纪律、群众纪律、工作纪律、生活纪律严起来。要严卡戒尺标准，准确研判分析，正确运用好56项细化界定指标，既体现区别对待、严管厚爱，又坚决防止随意降低标准条件、滥用自由裁量权，保障监督执纪的严肃性。认真落实“三个区分开来”，既严格执纪，又保护干事创业的积极性。

（二十七）二是夯实监督管理基础。结合公司“大党建”对标体系建设，比照《准则》、《条例》等法规制度，全面梳理完善公司“两个责任”落实、巡视巡察监督、廉洁风险防控、信访案件查办等制度规范和指标要求，以硬约束提高监督质量。加强与地方监察委员会的沟通联系，把握政策标准。拓展信息化应用手段，进一步规范巡察、责任制检查等基础工作，提升监督效能。

（二十八）三是提升队伍保障能力。落实打铁必须自身硬要求，加强队伍建设，结合公司改革发展需求，进一步配优配强纪检监察干部。加大培训和挂职锻炼力度，进一步提高纪检监察干部对年度重点工作、专业制度标准、监督方式方法的认知水平和保障能力。落实“三个为主”要求，深入基层一线，加强对各单位监督执纪工作的服务指导，摸实情、出实招，支持基层纪检监察干部主动作为、大胆履职，切实做到忠诚干净担当。

公司纪委书记闫承山在2018年新闻宣传暨品牌建设工作会上的讲话（摘要）

（2018年2月8日）

一、国家电网公司2018年新闻宣传暨品牌建设工作精神

会议总结了2017年工作情况：一是习近平新时代中国特色社会主义思想和党的十九大精神宣传深入人心。国家电网公司坚持把学习宣传贯彻习近平新时代中国特色社会主义思想和十九大精神作为首要政治任务，加强了宣传策划，把准了节点节奏，组织了系列报道，及时传达、深入解读、广泛宣传，营造了浓厚的学习宣传氛围。二是重大主题传播影响深远。在中央主要媒体发稿8278篇（条），创历史新高。开展“砥砺奋进的五年”系列报道，策划“卓越工程·电网先锋”活动，中宣部表扬报道彰显了敢于担当、勇于奉献的央企“国家队”形象。成功举办智慧车联网“走进国家电网”系列主题日活动，获得广泛关注。三是舆论引导力建设持续加强。全年开展新闻发布1237次，没有发生影响公司品牌形象的重大舆情事件。运用中宣部、国新办等高端平台发布信息，有效回应社会关切，公司鲜明观点、积极行动和开放透明形象获得高度评价。四是责任央企形象全面彰显。率先编制发布社会责任示范基地标准3项，评选社会责任示范基地11个。连续13年发布社会责任报告，保持央企最高纪录。在全年96个项目中评定35个社会责任根植示范项目。荣获中国“社会责任杰出企业奖”“中国工业企业履行社会责任五星级企业”称号。五是品牌管理成效明显。全面加强意识形态管理，贯彻中央“八项规定”精神实施细则，从8个方面改进公司新闻报道。完善新媒体考核评价机制，规范清理公司系统新媒体账号933个。创新开展品牌感性传播，“国网故事汇”活动加强选题策划。“国家电网”品牌入选国资委“中央企业十大优秀品牌”案例，“国家电网”品牌价值蝉联中国500最具价值品牌榜首。

会议指出，过去的五年，是新闻宣传价值彰显的五年，是舆论引导凝聚共识的五年，是社会责任勇攀高峰的五年，是品牌建设锐意创新的五年。五年来，公司系统“不敢说、不愿说、不会说”的问题基本破解，外联品牌成为中心工作的重要组成部分，走出了一条具有国家电网特色的外联品牌创新之路，为新时

代的新闻宣传和品牌建设工作积累了宝贵的财富，奠定了坚实的基础。

二、公司新闻宣传和品牌建设工作面临的形势和任务

进入新时代、站在新起点，作为首都能源支柱企业和国家电网公司在首都的窗口单位，公司要高起点、高标准、高质量落实国家电网公司新时代战略部署，奋力在建设具有卓越竞争力的世界一流能源互联网企业的新征程中争当先锋。实现这一目标的关键是要始终突出高质量发展要求，公司在2018年全面推动高质量发展的总体目标中明确提出了要高质量塑造公司品牌的要求。要借助权威媒体开展高端传播，积极宣传公司电能替代、核心区架空线入地等重点工作，提升公司品牌价值。大力弘扬以核心价值观和企业精神为主要内容的优秀企业文化，深化企业文化阵地建设和示范点创建，推进卓越文化落地基层。推广应用新媒介，聚焦职工关心关注的事项，发挥内宣凝聚人心的作用。

为落实公司高质量发展新要求，公司新闻宣传和品牌建设工作还需在两个方面着力下功夫：一是传播内容要更加聚焦。要紧密围绕公司担当新时代首都供电政治责任这一最重大主题，谋划外联品牌工作。主动深入解读公司提出的重要理论观点、重大工作部署，展示公司在新时代体现新担当、展示新气象、创造新业绩、实现新作为的各项举措。聚焦公司在加强党的建设、服务国家重大战略、服务美丽北京建设、服务人民美好生活需要中的新作为，对外加强高端传播、持续提升首都电力品牌形象；对内注重基层一线，不断增强职工的荣誉感、归属感和获得感。二是全员品牌意识要更加强化。主动适应当前互联网技术迅猛发展和媒体融合的舆论环境形势，引导全体干部员工正确认识电网企业面临的舆论监督压力。进一步加强品牌危急应对的培训，开展新闻应急演练、加大典型舆情通报力度，强化员工“大品牌”的意识，保持舆情敏感性，牢固树立人人都与舆情风险密不可分、“人人都是一张企业名片”的理念。

为此，公司新闻宣传和品牌建设工作必须主动融入公司发展大局，将工作定位为“中心工作的重要组成部分”，主动担当、创新突破，充分发挥“服务公司中心工作、保障公司重大发展战略实施、支撑公司可持续发展，引领企业社会形象”的作用，通过全景展示公司服务党和国家工作大局、服务首都新战略定位的特殊使命，让上级领导聚焦、让市民百姓关注和认同，从而推动公司重点工作顺利实施。落实“品牌建设也是生产力”的工作方向。

2018至2020年新闻宣传和品牌建设发展思路是：

以习近平新时代中国特色社会主义思想为指导，以宣传公司全面贯彻落实党的十九大精神为主线，宣传公司担当好新时代首都供电政治责任的新形象，为公司营造和谐发展的良好氛围，持续提升首都电力品牌的社会影响力。

要围绕公司全面深化党的建设，打造在全国具有影响力的首都电力党建品牌，宣传公司各级党组织和党员高站位、低落地，立足岗位、以优秀的工作业绩引领企业发展，彰显公司在加强党的建设中的新作为。

要围绕公司加快建设国际一流现代化城市电网，为首都发展提供安全、可靠、优质、绿色能源供应，宣传公司以改革创新理念和顽强拼搏精神破解电网发展难题，彰显公司在服务国家重大战略中的新作为。

要围绕实施好电能替代这个利国惠民强企的大战略，宣传公司拓展替代范围、创新技术手段、优化运维模式，加快构建以电为中心的能源结构，将北京打造成为国际一流电能替代示范区，彰显公司在服务美丽北京建设中的新作为。

要围绕进一步强化“以人民为中心”的思想，宣传公司将首善标准贯彻服务始终，全面升级服务模式、服务手段和服务成效，全力打造“标准最高、内容最丰富、手段最先进”的服务体系，不断增强人民的幸福感和获得感，彰显公司在服务人民美好生活需要中的新作为。

工作目标是：

2018年，以融入大局的高站位，主动作为的新努力、融合创新的新追求，优化内外传播流程、强化协同联动，构建与公司新时代政治责任相适应的外联品牌工作机制，巩固行业领先优势。

2019年，进一步巩固与公司履行新时代政治供电责任相适应的外联品牌工作机制，系统策划、整体宣传，全景展示公司服务党和国家工作大局、服务首都新战略定位的特殊使命，树立新时代国企形象。

2020年，通过三年不懈努力，在中央权威媒体自主输出议题达到100%，服务公司中心工作、保障公司重大发展战略实施、支撑公司可持续发展，引领企业社会形象的作用突出，首都电力品牌形象在系统内外深入人心。

按照国家电网公司新闻宣传和品牌建设工作“五个必须牢牢把握”的总要求，公司开展新闻宣传和品牌建设工作要落实“四个必须”：

（一）必须全面学习贯彻习近平新时代中国特色社会主义思想。习近平总书记系列重要讲话和党的十九大报告都深刻阐明了新闻舆论工作的地位作用、目标任务、职责使命和实践要求。近期召开的全国宣传部长会议、中央企业宣传思想工作会议强调，必须更加自觉地推动习近平新时代中国特色社会主义思想深入人心。贯彻落实好党的十九大精神，党和国家的事业将有一个大发展，这为国有企业创造了良好的宏观环境，扩展了更大的发展空间。作为企业的新闻宣传人员，首先要全面学习把握习近平新时代中国特色社会主义思想，立足新时代的新方位，深刻领会进入新时代对国有企业的重大意义，深入宣传公司全面打造适应新时代要求的首都电力先锋队伍，营造争先氛围，塑造新时代首都电力先锋形象。认真执行国网党组、公司党委贯彻落实中央“八项规定”精神实施细则关于改进新闻报道的要求，规范公司对外信息发布流程，强化新闻宣传和品牌建设队伍作风建设。

（二）必须认真落实国有企业意识形态工作责任制。当前，意识形态领域总体形势向好，但我们也要深刻认识到，国资国企始终处于意识形态工作的风口浪尖，公司面对的形势和挑战依然严峻。一方面，企业员工价值观取向多元化，使意识形态工作面临新挑战；另一方面，在全面深化改革的新常态下，公司在服务国计民生、保障能源安全、助推能源转型等方面承担了更广泛的服务，特别是人民日益增长的美好生活服务需求和世界一流营商环境要求，对公司服务理念、服务能力和服务水平提出了更高要求。加强意识形态阵地建设和管理，对于统一思想、凝聚共识，保障企业健康发展方向具有重要的现实意义。

要坚持管、用、防并举的原则，充分发挥现代传媒信息量大、覆盖面广、形象直观、视听方便的优势，建好管好宣传舆论阵地。组织开展意识形态工作专题督查，强化对员工应用新媒体、社交网络的教育引导，做到守土有责、守土尽责，有效防范负面影响。

（三）必须强化人民电业为人民的企业宗旨。要旗帜鲜明地把新闻宣传和品牌建设工作的出发点和落脚点聚焦到服务民生、改善环境的方面，努力引导媒体倾听百姓的声音，当好舆论引导的“先行官”，畅通企业与政府、社会、对外交流互动的“主渠道”；架起“连心桥”，密切企业和社会的情感沟通，以“四个意识”的高度，“站在现场上找经验”的实度，传播有思想、有温度、有品质的品牌故事。

（四）必须紧密围绕公司高质量发展的新要求。我们要深入解读国家电网公司提出的新时代发展战略、核心价值理念和关键理论观点，紧密围绕公司发展、电网发展和优质服务等重点项目、重要举措、重大成果，强化高端媒体宣传策划，广泛开展“媒体记者走一线”系列采访活动，挖掘首都特色、行业特点，策划和传播饱含北京特色的“声音”和“故事”，打造具有影响力的传播事件，形成鲜明的公众记忆。统筹内宣外宣、网上网下，突出“价值、趣味、感动”，全景展现公司新时代的新作为，提升首都电力品牌影响力。

公司纪委书记闫承山在2018年审计工作会议上的讲话（摘要）

（2018年3月6日）

一、公司审计工作稳中求进，呈现蒸蒸日上的良好发展态势

近年来，从国家电网公司党组到公司党委对依法从严治企、健全内部审计监督机制，强化审计监督效能高度重视，以一系列改革创新举措，推动审计工作稳步向前发展。公司审计秉承优良作风，不辱使命，履责担当，高质量完成了各项重大任务，审计工作迈上新台阶。回顾过去几年，有三个关键词让我们引以为傲。

一是转型发展。在推动审计工作行稳致远的征程中，公司审计理念从事后监督向预警预防，从合规管理向合规效率并重，从查错纠弊向决策支撑逐步转变；审计范围从单纯关注财务收支，向全方位关注公司经营决策、重点工程、重大资金流向、重要管理举措的全覆盖拓展；审计技术从传统的现场手工查账，向远程信息化审计、数字化审计方式转型，这些转变，引领和保障公司审计工作实现了飞跃发展，公司上下对审计的认可度与期待值逐年提高。

二是服务大局。在全面履行审计监督职责中，公司审计始终坚持服务公司中心工作，自觉融入改革发展大局，深化领导干部经济责任审计，为促进干部管理和党风廉政建设发挥了积极作用；持续开展“煤改电”、城农网改造、小型基建等重点工程投资审计，以跟踪审计方式，强化工程实施、物资领退、结决算等关键环节全过程监督，有效保障投资质量和效益；深入开展各类专项管理审计，促进提质增效和风险防

范，全力维护公司改革发展大局。

三是创新提升。面对审计工作的复杂环境、繁重任务，公司审计始终以改革创新的精神，主动作为、真抓实干、爬坡过坎，实现了审计监督质效的不断突破。初步构建起审计部、审计中心一体化运作机制，强化“上审下”监督效能；创新多专业融合、多视角分析、多方式结合的审计组织方式，积极探索大数据审计技术，在“煤改电”跟踪审计及多个专项审计中实践应用，得到国网及公司领导充分肯定；规范审计各类工作标准，健全问题整改闭环机制，加强审计队伍建设，审计在公司治理中的增值价值日益凸显。

这些年，公司审计工作乘势而上，攻坚突破，成绩显著，靠的是公司党委的坚强领导与关心重视；离不开各部门、各单位在统筹推进审计体制改革中提供的鼎力支持，在履行审计监督职责中给予的理解配合，在深化问题整改及成果运用中表现出的戮力同心；得益于广大审计干部职工的恪尽职守、无私奉献、努力拼搏。在此，向公司审计战线的全体干部职工，向关心支持审计工作的各部门、各单位，表示衷心的感谢！

二、提高站位、找准定位，着力推进新时代下公司审计高质量发展

党的十九大宣示中国特色社会主义进入新时代，对电力能源体系建设提出明确要求，为我们做好新时代各项工作指明了方向。国家电网公司站在新的历史起点，提出了“一六八”战略新体系，公司以高起点、高标准、高质量落实国家电网公司战略部署，奋力在建设具有卓越竞争力的世界一流能源互联网企业的新征程中争当先锋。公司审计要深刻认识和把握新形势、新任务，找准职能定位，提高政治站位，主动融入中心、服务大局，增强服务保障的能力，着力推进公司审计高质量发展。

推进审计高质量发展，是新时代下赋予审计的新使命。一是国家监管标准严。党的十九大吹响了全面推进从严治党和依法治国的更强号角，深化监察体制改革、深入推进反腐败斗争、改革审计管理体制，将审计监督纳入党和国家监督体系重要组成部分，新的宏观大势对审计的政治监督职责提出了更高层次的要求。同时，随着深化国有企业、国有资本及领导干部履行经济责任审计监督的全覆盖，做到应审尽审、有审必严，审计署、监事会等政府机构对国资国企的监管力度逐年加大，监管方式更加多样，监管重点精准聚焦，强监管态势下对提升审计服务保障能力提出新命题。二是服务大局任务重。当前，电力体制改革改变了电网业务盈利模式，全球经济增速放缓，公司售电量和收入增速下滑，成本刚性增长，公司经营发展的压力对管理精益化、投资效益化、治理法制化的要求越来越高。公司立足新起点，确立了新的战略目标，在电网发展、优质服务、深化改革、提质增效等方面提出再攀高峰的新要求，公司审计工作要服务好公司发展大局，在促进业务和管理转型、提质增效和防控风险方面有新作为，推动公司高质量发展。三是审计履职要求高。近期，审计署出台第11号令《关于内部审计工作的规定》，着重突出党组织对审计工作的领导，深化拓展审计职能范围，强化审计结果运用，严格审计胜任能力要求。11号令的颁布实施，在为内部审计工作提供坚强法制保障的同时，也要求内部审计在职责履行、工作内容、工作质量和整改责任等方面承担更加艰巨的任务，发挥更加重要的作用。

推进审计高质量发展，我们使命光荣、任务艰巨。根本是要提升政治站位，找准审计定位。要把党的十九大精神贯彻到各项审计工作中，深刻认识审计是党和公司监督体系的重要组成部分，是实现公司治理现代化的基础和重要保障，按照公司新时期发展战略目标，主动调整审计工作思路和重点，坚持审计监督的权威性与独立性，客观求实、开拓创新，在保障公司依法合规运营和健康安全发展等方面发挥积极作用。核心是要聚焦审计重点，服务中心大局。要紧扣公司党委决策部署和重点工作，全力服务保障公司改革发展。按照高质量发展的要求，进一步聚焦审计重点，关注公司各级贯彻落实电网发展、业务和管理转型升级、清洁能源发展、服务民生工程实施及党风廉政建设等重要政策措施落实情况，围绕公司经营管理有关重大经营决策、重要管理举措、重大工程建设、重大资金流向和新领域新业务拓展等内容，深入揭示风险，促进完善公司治理体系，切实履行审计促进法治企业建设、促进提质增效防控风险的职能。关键是要推进改革创新，提升专业化水平。要落实审计署内部审计工作新规定，强化“上审下”审计监督体制，持续创新一体化工作机制，形成“对上强支撑、对下强监管”的工作格局。积极创新审计技术方法，通过信息化、数字化，提高审计监督、过程控制、决策支撑的能力。围绕新时代党的建设总要求，着力建设高素质专业化的审计队伍，努力开创审计工作新局面。

三、高起点开局起步，高质量履行审计监督保障职责

（一）服务公司战略目标，审计要有新作为

新时代要有新气象，更要有新作为。我们安排部署2018年审计任务，既要考虑国家关于加强内部审计

工作的新部署、新要求，更要紧扣国网及公司确立的新时代战略目标，审计中，要切实突出以下重点：一是围绕干部管理和廉政建设，深化领导干部经济责任审计。贯彻落实国家关于领导干部经济责任审计的新规定，坚持离任必审，加强任中审计，突出对责任履行和权力运行的审计监督。遵循“三个区分开来”原则，完善审计评价和责任界定，充分发挥经济责任审计在加强干部管理、廉政建设、全面从严治党中的重要作用。二是围绕国家重大工程配套电网建设，有效履行审计服务保障职能。今年，冬奥会、副中心、架空线入地、电能替代等一系列重点投资项目建设全面提速，电网建设规模再创新高。我们要前移审计关口，跟踪审计重点投资项目推进落实情况，抓住项目落地、资金安全、造价管控、风险防范等重点，通过审计监督持续发力，保障国家政策措施在公司电网投资建设中的贯彻落实，有效控制投资风险，提升投资效益。三是围绕推动经营管理提质增效，积极拓展审计监督领域。在落实审计监督全覆盖基础上，进一步聚焦压库存、降成本、补短板、提效益，牢牢盯住公司易发高发风险领域和环节，以开展“三减一提升”专题审计、电费资金管理审计、剩余及废旧物资内控审计、集体企业规范管理审计等一系列专项审计，促进公司节流增收，发展质量稳步提升。四是围绕巡查巡视及外部监督，全力做好迎审迎检配合。今年，公司作为巡视对象，将接受国家电网公司巡视检查。同时，国网审计组将对公司大供单位城区公司实施任中审计，对公司履行出资职责的锡盟至山东特高压工程开展审计调查。各部门、各单位要全力以赴，积极做好各项迎审迎检配合工作。要加强内部协作，健全完善迎审联动工作机制，加强分析预判，及时做好沟通汇报，采取有效措施，狠抓问题整改，确保不出现影响全局的颠覆性问题，为公司平稳发展创造良好外部环境。

（二）坚持创新驱动发展，审计要有新突破

在更高层次、更高水平上推动公司高质量发展，审计工作大有作为。坚持不懈以创新驱动发展，是破解审计前进之路一切难题的动力源泉。2018 年是国家电网公司审计新体制下推出一系列审计创新举措的关键之年，我们要紧跟步伐，积极落实，出彩见效。一要完善“上审下”新体制。去年，国家电网公司党组在充分调研大型央企审计工作后做出了组建审计中心，强化“上审下”监督效能的体制变革，这一改革举措不是简单的强化上级、削弱下级，也不是简单的队伍缩编、人员分流。“上审下”新体制要在有效确保其独立性和权威性基础上，继续发挥原有基层同级审计贴近业务、响应及时等方面的优势，实现审计效能合力提升。与“上审下”新体制形成有机结合、优势互补。公司审计要建立顺应审计部、审计中心一体化高效运作的机制、流程、标准、考核，强化对供电企业集中管控力度，实现审计效能提升。二是深化审成果运用新机制。审计署 11 号令关于“审计机关在审计中应当有效利用内部审计力量和成果，对内部审计发现且已经纠正的问题不再在审计报告中反映”的规定，传递出更加重视和强化内部审计结果运用的强烈信号，赋予了内部审计更大的发挥空间。各部门、各单位要切实对审计问题整改加大推进力度，通过建立审计监督联席会议制度、审计与巡视巡察联动机制，共推共促重大问题及历史遗留问题的协调解决，真正发挥出内部审计预防、揭示和抵御的“免疫系统”功能。三是应用数字化审计新技术。去年，国网总部在众多央企中率先垂范，创新实践数字化审计模式，得到国家审计署高度赞赏。我们要敏锐把握新要求，积极创新实践审计新手段。以数字化审计思维统领审计工作，形成适应数据驱动下的审计新路子，推动审计监督做到“大集中、大数据、强融合”。以开展数字化持续审计为抓手，以信息化考核为导向，推动审计项目组织和工作流程的全数字化，促进提高审计工作效率和管理成效。

（三）强化队伍自身建设，审计要有新面貌

高质量履行好审计监督职责，关键在人。公司审计战线干部职工要不断增强政治责任感，发展使命感、职业荣誉感，不断提高综合素质，积累实践经验，完善知识结构，更好适应新时代下审计工作新要求。重点是：一要强化党建引领。深入学习贯彻党的十九大精神，坚持把党的建设摆在审计工作首位，融入审计业务日常。按照公司推进党建升级要求，推行“支部建在审计点”机制，促进审计业务与党建工作高度融合。二要打造优良作风。公司审计战线干部职工要胸怀全局，登高望远，从整体和全局利益出发。弘扬奉献精神，在新时代下更加勤勉敬业，更加恪尽职守，更加激情投入。培育匠人气质，执着专注、作风严谨、精于求精、敬业守信、推陈出新，以铸造精品的态度对待审计任务，始终保持奋发有为、积极向上的精神风貌。三要提升履职能力。要持续提升审计工作质量、审计项目质量和问题整改质量，这是审计事业行以致远的生命线。要通过培训、实战等多种手段，尽快提升审计人员特别是新进人员的“四项能力”，注重培养专业能力和专业精神，促进新进审计人员迅速成长，为开创审计事业发展的新时代锻造一支高素质审计队伍。

重 要 文 件

上级单位重要文件索引（摘要）

文 号	文件标题
安质二〔2017〕56号	国网安质部关于印发《国家电网公司城乡配网建设与改造工程业主、监理、施工项目部安全管理工作规范（试行）》的通知
办文通〔2017〕13号	关于印发《国家电网公司录音录像档案数字化技术规范》（试行）的通知
财会〔2017〕25号	国网财务部关于印发《供电服务积分有关会计处理规范》的通知
财会〔2017〕44号	国网财务部关于印发《公司级集团账户体系会计处理规范》的通知
产业发展〔2017〕14号	国网产业部关于国网北京市电力公司更新集体企业国Ⅰ、国Ⅱ排放标准车辆的批复
产业绩安〔2017〕13号	国网产业部关于下发集体企业规范管理工作考核要项及评价标准的通知
党建〔2017〕11号	国网党建部转发中共中央组织部办公厅关于规范党员佩戴党员徽章有关事宜的通知
电管办〔2017〕10号	北京市城市管理委员会关于国网北京市电力公司2017年度电网重载部分有序用电方案的批复
调技〔2017〕5号	国调中心关于进一步落实国家能源局相关规范性文件的通知
调网安〔2017〕135号	国调中心关于印发《电力监控系统网络安全监测装置技术规范（试行）》的通知
调网安〔2017〕150号	国调中心关于印发《电力监控系统网络安全管理平台基础支撑功能规范（试行）》等2项规范的通知
发展统计〔2017〕30号	国网发展部关于规范大规划信息系统新能源相关电网工程属性信息工作的通知
国家电网安质〔2017〕330号	国家电网公司关于印发《重要活动保电检查评估和支援人员保密管理工作规范（试行）》的通知
国家电网财〔2017〕775号	国家电网公司关于2016年度财务决算的批复
国家电网财〔2017〕826号	国家电网公司关于将北京京电房地产开发经营公司划转全球能源互联网集团有限公司的批复
国家电网党〔2017〕68号	中共国家电网公司党组关于转发中共中央宣传部中共中央组织部中央网信办印发《关于规范党员干部网络行为的意见》通知的通知
国家电网发展〔2017〕1017号	国家电网公司关于北京电网丰益等220、110kV输变电工程可行性研究报告的批复
国家电网发展〔2017〕1018号	国家电网公司关于北京电网新机场西、新机场东110kV输变电工程及附属设施（供电保障中心）可行性研究报告的批复
国家电网发展〔2017〕143号	国家电网公司关于北京南苑变电站加装调相机等2项工程可行性研究报告的批复
国家电网发展〔2017〕184号	国家电网公司关于北京电网东夏园等110kV输变电工程可行性研究报告的批复
国家电网发展〔2017〕203号	国家电网公司关于北京通州北等6项500kV输变电工程可行性研究报告的批复
国家电网发展〔2017〕521号	国家电网公司关于北京新航城500kV输变电工程可行性研究报告的批复
国家电网发展〔2017〕664号	国家电网公司关于北京电网通州潞城（大台）220kV输变电工程及附属设施（电力运行保障中心）可行性研究报告的批复
国家电网发展〔2017〕71号	国家电网公司关于北京亦庄主动配电网示范工程可行性研究报告的批复
国家电网发展〔2017〕763号	国家电网公司关于北京电网调度数据网市调接入网I网整体改造等工程可行性研究报告的批复
国家电网发展〔2017〕818号	国家电网公司关于北京通州500kV变电站扩建工程可行性研究报告的批复
国家电网后勤〔2017〕654号	国家电网公司关于国网北京市电力公司华远街6号楼改造项目可行性研究报告的批复
国家电网基建〔2017〕253号	国家电网公司关于规范调相机工程设计建设相关工作的通知
国家电网基建〔2017〕4号	国家电网公司关于规范输变电工程施工图预算管理的指导意见
国家电网基建〔2017〕686号	国家电网公司关于张南—昌平Ⅲ回500kV输变电工程初步设计的批复

续表

文　号	文 件 标 题
国家电网基建〔2017〕833 号	国家电网公司关于国网北京电力等单位 10 月份在建工程实施不停工三级及以上风险作业的批复
国家电网基建〔2017〕863 号	国家电网公司关于北京房山～天津南蔡 500kV 输变电工程初步设计的批复
国家电网科〔2017〕590 号	国家电网公司关于印发《国家电网公司电网建设项目环境影响报告书编报工作规范（试行）》的通知
国家电网科〔2017〕866 号	国家电网公司关于进一步规范电网建设项目环境保护和水土保持管理的通知
国家电网企管〔2017〕1065 号	国家电网公司关于印发《1000kV 继电保护及辅助装置标准化设计规范》等 4 项技术标准的通知
国家电网企管〔2016〕1111 号	国家电网公司关于印发《智能电网知识描述语言规范》等 4 项技术标准的通知
国家电网企管〔2016〕1114 号	国家电网公司关于印发《相对介损及电容检测仪校准规范》等 5 项技术标准的通知
国家电网企管〔2016〕1116 号	国家电网公司关于印发《智能变电站继电保护配置工具技术规范》等 7 项技术标准的通知
国家电网企管〔2016〕1150 号	国家电网公司关于印发《配电网规划计算分析功能规范》的通知
国家电网企管〔2017〕226 号	国家电网公司关于印发《10kV 配网不停电作业规范》等 6 项技术标准的通知
国家电网企管〔2017〕238 号	国家电网公司关于印发《智能小区功能规范》等 10 项技术标准的通知
国家电网企管〔2017〕429 号	国家电网公司关于印发《国家电网公司直属产业和集体企业安全监督检查规范》等 6 项技术标准的通知
国家电网企管〔2017〕464 号	国家电网公司关于印发《“多表合一”信息采集建设施工工艺规范》等 10 项技术标准的通知
国家电网企管〔2017〕502 号	国家电网公司关于印发《电网地理信息服务平台（GIS）电网图形共享交换规范》等 8 项技术标准的通知
国家电网企管〔2017〕536 号	国家电网公司关于印发《输电线路微风振动监测装置技术规范》等 11 项技术标准的通知
国家电网企管〔2017〕537 号	国家电网公司关于印发《配网抢修指挥技术支持系统功能规范》等 11 项技术标准的通知
国家电网企管〔2017〕779 号	国家电网公司关于印发《配电网施工检修工艺规范》等 9 项技术标准的通知
国家电网企管〔2017〕840 号	国家电网公司关于印发《变电站设备验收规范第 3 部分：组合电器》等 20 项技术标准的通知
国家电网企管〔2017〕843 号	国家电网公司关于印发《特高压直流输电换流阀技术规范》等 10 项技术标准的通知
国家电网企管〔2017〕873 号	国家电网公司关于印发《国家电网公司非生产性技改项目技术规范》等 5 项技术标准的通知
国家电网企管〔2017〕96 号	国家电网公司关于印发《会议电视系统技术规范》等 2 项技术标准的通知
国家电网人资〔2017〕433 号	国家电网公司关于加强退休、返聘和退二线规范管理的通知
国家电网人资〔2017〕434 号	国家电网公司关于国网电动汽车公司机构设置和定员调整方案的批复
国家电网人资〔2017〕739 号	国家电网公司关于供电企业健全完善党建工作机构设置方案的批复
国家电网人资〔2017〕756 号	国家电网公司关于供电企业完善省级审计机构设置方案的批复
国家电网人资〔2017〕814 号	国家电网公司关于国网北京市电力公司等 27 家单位公司章程的批复
国家电网信通〔2017〕199 号	国家电网公司关于国网运监中心-数据资源梳理与数据质量治理等 30 个信息化项目的批复
国家电网信通〔2017〕200 号	国家电网公司关于空间服务平台组件-电网 GIS 地图购置等 6 个信息化项目的批复
国家电网营销〔2017〕550 号	国家电网公司关于印发供电服务指挥系统基本功能规范的通知
后勤保卫〔2017〕5 号	国家电网公司关于批复公司各单位公务用车制度改革实施方案的通知
后勤小型基建〔2017〕127 号	国网后勤部关于纳入 2018 年公司储备库非生产性技改限上项目可研的批复
后勤小型基建〔2017〕79 号	国网后勤部关于国网北京电力中心库（二期）项目可行性研究报告的批复
华北调〔2017〕70 号	国网华北分部关于河北涿州京源热电厂送出工程相关 220kV 设备调度命名的批复
华北分调〔2017〕22 号	国网华北电力调控分中心关于下发《华北分中心倒闸操作规范化方案》的通知
基建安质〔2017〕86 号	国网基建部关于北京公司党的十九大保电期间北京城市副中心行政办公区配套电力工程不停工的批复
基建技术〔2016〕124 号	国网基建部关于印发碳纤维复合芯导线工程应用技术规范等文件的通知

续表

文　号	文件标题
基建技术〔2017〕89号	国网基建部关于印发《35kV～220kV 架空输电线路复合绝缘横担设计技术导则》（试行）等4项标准规范的通知
基建技术〔2017〕91号	国网基建部关于印发《输变电工程三维设计模型交互规范》（试行）等6项标准的通知
基建技术〔2017〕92号	国网基建部关于进一步规范输电线路杆塔设计地脚螺栓选用要求的通知
交流输电〔2017〕35号	国网交流部关于锡盟—山东、淮南—南京—上海、蒙西—天津南工程达标投产的批复
京财经二指〔2017〕224号	北京市财政局关于批复2017年基本建设项目预算的函
京电交市〔2017〕29号	北京电力交易中心有限公司关于印发交易机构全面升级规范运行活动工作方案的通知
京发改（核）〔2017〕117号	北京市发展和改革委员会关于潞城220kV输变电工程及城市电力运行保障中心地下部分工程项目核准的批复
京发改（核）〔2017〕12号	北京市发展和改革委员会关于北神树110kV变电站外电源隧道工程项目核准的批复
京发改（核）〔2017〕13号	北京市发展和改革委员会关于平谷220kV变电站扩建工程项目核准的批复
京发改（核）〔2017〕14号	北京市发展和改革委员会关于聂各庄变电站加装调相机工程项目核准的批复
京发改（核）〔2017〕148号	北京市发展和改革委员会关于新航城500kV输变电工程项目核准的批复
京发改（核）〔2017〕15号	北京市发展和改革委员会关于南苑变电站加装调相机工程项目核准的批复
京发改（核）〔2017〕224号	北京市发展和改革委员会关于荣华220kV变电站1号主变扩建工程项目核准的批复
京发改（核）〔2017〕225号	北京市发展和改革委员会关于堰上220kV变电站主变扩建工程项目核准的批复
京发改（核）〔2017〕226号	北京市发展和改革委员会关于上庄220kV变电站主变扩建工程项目核准的批复
京发改（核）〔2017〕261号	北京市发展和改革委员会关于通州500kV变电站主变扩建工程项目核准的批复
京发改（核）〔2017〕263号	北京市发展和改革委员会关于老君堂220kV站改造工程项目核准延期的批复
京发改（核）〔2017〕301号	北京市发展和改革委员会关于北京丽泽金融商务区北区C地块建设及综合治理项目核准的批复
京发改（核）〔2017〕311号	北京市发展和改革委员会关于黄寺220kV变电站扩建工程项目核准的批复
京发改（核）〔2017〕312号	北京市发展和改革委员会关于草桥220kV变电站主变扩建工程目核准的批复
京发改（核）〔2017〕313号	北京市发展和改革委员会关于永定220kV变电站扩建工程项目核准的批复
京发改（核）〔2017〕315号	北京市发展和改革委员会关于未来城电厂至未来城π入七家庄220kV线路工程项目核准的批复
京发改（核）〔2017〕34号	北京市发展和改革委员会关于亦庄西南220kV输变电工程项目核准的批复
京发改（核）〔2017〕342号	北京市发展和改革委员会关于团结湖-朝阳门220kV线路工程项目核准的批复
京发改（核）〔2017〕343号	北京市发展和改革委员会关于姜庄湖220kV输变电工程项目核准的批复
京发改（核）〔2017〕344号	北京市发展和改革委员会关于新航城500kV变电站220kV送出工程项目核准的批复
京发改（核）〔2017〕345号	北京市发展和改革委员会关于石景山220kV输变电工程项目核准的批复
京发改（核）〔2017〕35号	北京市发展和改革委员会关于三营门220kV输变电工程项目核准的批复
京发改（核）〔2017〕51号	北京市发展和改革委员会关于仁和220kV变电站主变扩建工程项目核准的批复
京发改（核）〔2017〕52号	北京市发展和改革委员会关于北京市石景山区实兴大街（中关村科技园区石景山园北1区）1605-639、649地块B23研发设计用地项目核准的批复
京发改（核）〔2017〕53号	北京市发展和改革委员会关于北京市石景山区实兴大街（中关村科技园区石景山园北1区）1605-637、641地块B23研发设计用地项目核准的批复
京发改（核）〔2017〕54号	北京市发展和改革委员会关于韩村河220kV变电站扩建3号主变工程项目核准的批复
京发改（核）〔2017〕7号	北京市发展和改革委员会关于通州可再生能源电厂110kV送出工程项目核准的批复
京发改（核）〔2017〕97号	北京市发展和改革委员会关于通州北500kV输变电工程项目核准的批复
京发改（审）〔2017〕211号	北京市发展和改革委员会关于2017年第一批“煤改电”工程资金申请报告的批复
京管函〔2017〕128号	北京市城市管理委员会关于国网北京市电力公司2017年度通安分区安定主变改造期间有序用电方案的批复

续表

文　　号	文 件 标 题
京管函〔2017〕365号	北京市城市管理委员会关于北京电网2017年拉路限电序位的批复
京管函〔2017〕543号	北京市城市管理委员会关于印发北京市电力行业（电网）反恐怖防范标准（试行）北京市电力行业（电厂）反恐怖防范规范（试行）的通知
京管函〔2017〕614号	北京市城市管理委员会关于北京地区2017年替代发电方案的批复
京架空线办〔2017〕15号	关于报送2018年架空线入地及支路胡同规范梳理预计划任务的函
廊审批投资〔2017〕1001号	廊坊市行政审批局关于新机场西（1号）110kV变电站工程项目核准的批复
人资绩〔2017〕15号	国网人资部关于各单位副职领导成员2016年度薪酬兑现方案及2017年基本年薪方案的批复
人资组〔2017〕63号	国网人资部关于进一步规范园区供电公司机构设置的指导意见
厅字〔2017〕12号	中共北京市委办公厅关于做好2018年度《人民日报》、《求是》杂志和《北京日报》、《前线》杂志发行工作严格规范报刊发行秩序的通知
团函〔2017〕5号	关于同意召开共青团国网北京市电力公司第三次代表大会的批复
外联信息〔2017〕16号	国网外联部关于进一步加强公司新媒体帐号暨个人公共帐号规范管理的通知
外联研究〔2017〕19号	国网外联部关于转发《国家新闻出版广电总局关于规范报刊单位及其所办新媒体采编管理的通知》的通知
物资计划〔2017〕20号	国网物资部关于国网北京电力开展首都核心区架空线入地工程物资采购工作的批复
物资计划〔2017〕25号	国网物资部关于国网北京电力开展党的十九大供电保障项目物资采购工作的批复
物资计划〔2017〕8号	国网物资部关于国网北京电力城市副中心行政办公区配套输变电工程物资采购的批复
物资招标〔2017〕27号	国网物资部关于做好省公司集中招标采购规范化工作指导手册应用工作的通知
物资质监〔2017〕2号	国网物资部关于应用电力变压器监造规范（试行）等5类设备监造规范的通知
信通计划〔2017〕121号	国网信通部关于2017年公司统一组织建设信息系统第三方测试等4个项目费用评审的批复意见
信通计划〔2017〕5号	国网信通部关于国网北京电力信息化建设审查优化设计项目可研的批复
信通通信〔2017〕10号	国网信通部关于加强公司直属单位通信规范管理工作的通知
信通通信〔2017〕140号	国网信通部关于印发公司行政电话号码资源使用管理规范及开展码号规划调整工作的通知
信通网安〔2017〕83号	国网信通部关于印发《国家电网公司网络边界（管理信息大区）基础安全设备策略配置规范（试行）》的通知
信通运行〔2017〕124号	国网信通部关于进一步规范信息系统远程访问端口管理工作的通知
信通运行〔2017〕139号	国网信通部关于印发国家电网公司信息通信一体化客户服务分级业务指导规范的通知
信通运行〔2016〕178号	国网信通部关于印发三地数据（灾备）中心达标对标评价指南和基础设施同质化管理规范的通知
信通运行〔2017〕54号	国网信通部关于印发国家电网公司信息通信星级调度评价管理规范和信息资源管理指导意见的通知
信通运行〔2017〕55号	国网信通部关于印发国家电网公司信息通信运维知识库知识梳理与应用管理规范（试行）的通知
信通运行〔2017〕75号	国网信通部关于印发信息通信调度同质化管理四个规范的通知
信通运行〔2017〕78号	国网信通部关于印发95598客户服务信息系统运行维护工作管理规范的通知
信通运行〔2017〕81号	国网信通部关于印发信息通信一体化客服评价指标体系及管理规范的通知
研综〔2017〕14号	国网研究室关于批复公司2018年管理咨询专项计划储备库项目的通知
营销计量〔2017〕31号	国网营销部关于加快应用《拆回电能表分拣装置技术规范》的通知
营销计量〔2017〕33号	国网营销部关于加快应用《电力用户农排费控采集系统技术规范》的通知
营销计量〔2017〕42号	国网营销部关于规范计量二级库房及周转柜接入管理的通知
营销计量〔2017〕50号	国网营销部关于印发“多表合一”信息采集示范区评价规范的通知
营销计量〔2017〕70号	国网营销部关于2018年用电信息采集系统安全防护及性能功能深化应用提升项目可行性研究报告的批复

续表

文　　号	文 件 标 题
营销农电〔2017〕58号	国网营销部关于印发星级乡镇供电所建设评价规范（修订版）及作业指导书的通知
营销营业〔2017〕2号	国网营销部关于国网北京电力2017年营销实时费控系统性能提升及应用完善提升设计开发实施项目可行性研究报告的批复
营销营业〔2016〕40号	国网营销部关于2017年营配调贯通和数据梳理工程项目可行性研究报告的批复
营销营业〔2017〕40号	国网营销部关于印发变更用电及低压居民新装（增容）业务工作规范（试行）的通知
营销营业〔2016〕41号	国网营销部关于2017年营销服务移动作业应用项目可行性研究报告的批复
营销营业〔2016〕42号	国网营销部关于2017年营销服务手机客户端应用建设项目可行性研究报告的批复
营销营业〔2016〕44号	国网营销部关于2017年“互联网+”电力营销自动化建设项目可行性研究报告的批复
营销智用〔2017〕37号	国网营销部关于国网北京、天津、山东、上海、江苏、浙江电力2017年充电设施建设储备项目可研报告的批复
营销智用〔2017〕69号	国网营销部关于2018年电动汽车充换电项目可研报告的批复
营销综〔2017〕47号	国网营销部关于规范营销专业网络与信息安全管理工作的通知
营销综〔2017〕65号	国网营销部关于规范营销专业客户敏感信息脱敏工作的通知
营销综〔2017〕66号	国网营销部关于规范营销专业信息系统口令和外部帐号管理工作的通知
营销综〔2017〕68号	国网营销部关于规范营销相关信息系统下线处置工作的通知
运检二〔2017〕4号	国网运检部关于印发2017年输电专业精益化管理考核评价规范的通知
运检二〔2017〕46号	国网运检部关于印发三大直流满功率输送输电线路运维保障工作规范化指导意见及工作手册的通知
运检技术〔2017〕141号	国网运检部关于印发《电网运检智能化分析管控系统（省版）功能设计规范（变电分册）（试行）》等5项规范的通知
运检技术〔2017〕80号	国网运检部关于印发全过程技术监督精益化管理系统业务需求规范的通知
运检三〔2017〕111号	国网运检部关于印发《配电网工程管控移动应用基本功能规范（试行）》的通知
运检三〔2017〕91号	国网运检部关于印发《10kV及以下配电网建设改造项目需求编制规范（试行）》的通知

公司重要文件索引（摘要）

文　　号	文 件 标 题
京电党〔2017〕17号	国网北京市电力公司党委关于表彰2016～2017年度创先争优先进集体和优秀个人的决定
京电党〔2017〕52号	关于中共国网北京节能服务有限公司总支部委员会组成人员候选人预备人选的批复
京电党〔2017〕53号	关于中共北京华商三优新能源科技有限公司总支部委员会组成人员候选人预备人选的批复
京电党〔2017〕54号	关于中共中电联汽车服务公司总支部委员会组成人员候选人预备人选的批复
京电党〔2017〕55号	关于中共北京华商电灯有限公司委员会组成人员候选人预备人选的批复
京电党〔2017〕56号	关于中共北京华商远大电力建设有限公司委员会和纪律检查委员会组成人员候选人预备人选的批复
京电党〔2017〕57号	关于中共北京吉北电力工程咨询有限公司总支部委员会组成人员候选人预备人选的批复
京电党〔2017〕58号	关于中共北京华商伟业资产管理有限公司委员会和纪律检查委员会组成人员候选人预备人选的批复
京电发展〔2017〕10号	国网北京市电力公司关于怀柔供电公司10kV北经路等39台变压器分换装工程可行性研究报告的批复
京电发展〔2017〕108号	国网北京市电力公司关于2017年城区供电公司线损治理改造工程（台区分册）等31项工程可行性研究报告的批复

续表

文　号	文 件 标 题
京电发展〔2017〕118 号	国网北京市电力公司关于昌平供电公司 110kV 流村变电站 10kV 煤改电配套送出工程可行性研究报告的批复
京电发展〔2017〕119 号	国网北京市电力公司关于顺义供电公司 110kV 板桥变电站 10kV 煤改电配套送出等 2 项工程可行性研究报告的批复
京电发展〔2017〕12 号	国网北京市电力公司关于丰台供电公司丽泽金融商务区北区管道新建等 15 项工程可行性研究报告的批复
京电发展〔2017〕120 号	国网北京市电力公司关于大兴供电公司 110kV 天堂河变电站 10kV 煤改电配套送出等 2 项工程可行性研究报告的批复
京电发展〔2017〕121 号	国网北京市电力公司关于怀柔供电公司 110kV 周各庄变电站 10kV 煤改电配套送出工程可行性研究报告的批复
京电发展〔2017〕122 号	国网北京市电力公司关于丰台供电公司 110kV 北湖变电站 10kV 煤改电配套送出等 4 项工程可行性研究报告的批复
京电发展〔2017〕123 号	国网北京市电力公司关于门头沟供电公司 110kV 王平变电站 10kV 煤改电配套送出工程可行性研究报告的批复
京电发展〔2017〕125 号	国网北京市电力公司关于昌平供电公司 10kV 朱辛庄路解重载工程等 22 项工程可行性研究报告的批复
京电发展〔2017〕13 号	国网北京市电力公司关于大兴罗奇营 220kV 变电站 110kV 配套送出工程可行性研究报告的批复
京电发展〔2017〕155 号	国网北京市电力公司关于丰台供电公司张郭庄 110kV 输变电工程可行性研究报告的批复
京电发展〔2017〕16 号	国网北京市电力公司关于北通 220kV 线路入地（副中心行政办公区）等 3 项工程咨询报告的批复
京电发展〔2017〕165 号	国网北京市电力公司关于朝阳供电公司 110kV 东郊农场变电站 10kV 煤改电配套送出等 3 项工程可行性研究报告的批复
京电发展〔2017〕169 号	国网北京市电力公司关于昌平供电公司 35kV 高崖口变电站主变更换工程可行性研究报告的批复
京电发展〔2017〕171 号	国网北京市电力公司关于堰上 220kV 变电站主变扩建工程可行性研究报告的批复
京电发展〔2017〕173 号	国网北京市电力公司关于密云供电公司 10kV 统辛路等网架结构优化等 2 项工程可行性研究报告的批复
京电发展〔2017〕174 号	国网北京市电力公司关于通州供电公司于家务变电站煤改电配套 10kV 间隔扩建工程可行性研究报告的批复
京电发展〔2017〕184 号	国网北京市电力公司关于 2017 年房山供电公司琉璃河、窦店等地区农村煤改电追加工程可行性研究报告的批复
京电发展〔2017〕185 号	国网北京市电力公司关于 2017 年顺义供电公司大孙各庄等地区农村煤改电追加等 5 项工程可行性研究报告的批复
京电发展〔2017〕186 号	国网北京市电力公司关于 2017 年通州供电公司西集等 4 个地区农村煤改电追加工程可行性研究报告的批复
京电发展〔2017〕187 号	国网北京市电力公司关于 2017 年密云供电公司西田各庄、河南寨等地区农村煤改电追加工程可行性研究报告的批复
京电发展〔2017〕188 号	国网北京市电力公司关于房山供电公司 110kV 吉羊变电站 10kV 煤改电配套送出工程可行性研究报告的批复
京电发展〔2017〕189 号	国网北京市电力公司关于 2017 年延庆供电公司张山营等 10 个村农村煤改电追加工程可行性研究报告的批复
京电发展〔2017〕190 号	国网北京市电力公司关于 2017 年海淀供电公司苏家坨镇、西北旺镇等 6 个地区农村煤改电追加工程可行性研究报告的批复
京电发展〔2017〕191 号	国网北京市电力公司关于 2017 年大兴供电公司林校等 3 个地区农村煤改电追加工程可行性研究报告的批复
京电发展〔2017〕193 号	国网北京市电力公司关于丰台供电公司樊家村 110kV 变电站主变扩建等 2 项工程可行性研究报告的批复

续表

文　号	文 件 标 题
京电发展〔2017〕202号	国网北京市电力公司关于通州供电公司行政办公区核心区市直委办局B3开关站外电源可靠性提升等8项工程可行性研究报告的批复
京电发展〔2017〕21号	国网北京市电力公司关于门头沟供电公司10kV业扩受限项目优化等2项工程可行性研究报告的批复
京电发展〔2017〕210号	国网北京市电力公司关于北通220kV线路入地（副中心行政办公区）等3项工程咨询报告的批复
京电发展〔2017〕211号	国网北京市电力公司关于朝阳供电公司2017年柱上变压器分换装工程可行性研究报告的批复
京电发展〔2017〕212号	国网北京市电力公司关于北京城市副中心文化旅游区涉及北州220kV线路迁改等5项工程咨询报告的批复
京电发展〔2017〕214号	国网北京市电力公司关于房山供电公司黄辛庄站互倒互带能力提升等3项工程可行性研究报告的批复
京电发展〔2017〕216号	国网北京市电力公司关于荣华220kV变电站1号主变扩建工程可行性研究报告的批复
京电发展〔2017〕217号	国网北京市电力公司关于大兴张家务220kV变电站110kV送出工程可行性研究报告的批复
京电发展〔2017〕219号	国网北京市电力公司关于西北旺220kV变电站220kV间隔扩建工程可行性研究报告的批复
京电发展〔2017〕22号	国网北京市电力公司关于张家务220kV输变电工程可行性研究报告的批复
京电发展〔2017〕228号	国网北京市电力公司关于海淀供电公司海淀山后地区配套电力管道工程（翠湖南路、上庄东路）可行性研究报告的批复
京电发展〔2017〕23号	国网北京市电力公司关于批复房山供电公司10kV瓦于路解重载等4项工程可行性研究报告的批复
京电发展〔2017〕239号	国网北京市电力公司关于2017年国网北京朝阳供电公司金盏、王四营等9个地区农村煤改电追加等2项工程可行性研究报告的批复
京电发展〔2017〕24号	国网北京市电力公司关于房山供电公司110kV官道变电站10kV煤改电配套送出工程可行性研究报告的批复
京电发展〔2017〕241号	国网北京市电力公司关于国网北京顺义供电公司110kV张镇变电站10kV煤改电配套送出等2项工程可行性研究报告的批复
京电发展〔2017〕245号	国网北京市电力公司关于城区桃园～北新桥110kV线路工程可行性研究报告的批复
京电发展〔2017〕246号	国网北京市电力公司关于国网北京城区供电公司东城区安德路10kV架空线路入地等17项工程可行性研究报告的批复
京电发展〔2017〕247号	国网北京市电力公司关于国网北京城区供电公司西城区白云路10kV架空线路入地等25项工程可行性研究报告的批复
京电发展〔2017〕25号	国网北京市电力公司关于平谷供电公司10kV兴谷开闭站改造工程可行性研究报告的批复
京电发展〔2017〕252号	国网北京市电力公司关于2017年国网北京延庆供电公司10kV八方达公交车外电源新建等16项工程可行性研究报告的批复
京电发展〔2017〕253号	国网北京市电力公司关于申请五福堂110kV输变电工程项目核准批复延期的请示
京电发展〔2017〕256号	国网北京市电力公司关于上庄220kV变电站4号主变扩建工程可行性研究报告的批复
京电发展〔2017〕26号	国网北京市电力公司关于申请北京延庆智能电网创新示范区工程项目核准批复延期的请示
京电发展〔2017〕264号	国网北京市电力公司关于申请2014年平谷区老旧小区电网配电设施改造工程项目核准批复延期的请示
京电发展〔2017〕267号	国网北京市电力公司关于亦庄供电公司文化园110kV变电站扩建工程可行性研究报告的批复
京电发展〔2017〕268号	国网北京市电力公司关于亦庄供电公司文化园110kV变电站扩建10kV切改工程可行性研究报告的批复
京电发展〔2017〕273号	国网北京市电力公司关于昌平沙河北220kV变电站110kV配套送出工程可行性研究报告的批复
京电发展〔2017〕276号	国网北京市电力公司关于申请仁和至米各庄110kV送电工程项目核准批复延期的请示
京电发展〔2017〕279号	国网北京市电力公司关于申请岳各庄220kV输变电工程项目核准批复延期的请示
京电发展〔2017〕28号	国网北京市电力公司关于昌平四家庄220kV变电站110kV配套送出工程可行性研究报告的批复

续表

文　　号	文 件 标 题
京电发展〔2017〕282 号	国网北京市电力公司关于国网北京丰台供电公司东管头路、西站南路、柳村路穿越丽泽路电力隧道工程可行性研究报告的批复
京电发展〔2017〕283 号	国网北京市电力公司关于 2017 年国网北京门头沟供电公司韭园等地区农村“煤改电”追加工程可行性研究报告的批复
京电发展〔2017〕287 号	国网北京市电力公司关于国网北京城区供电公司东城区香河园北街 10kV 架空线路入地等 7 项工程可行性研究报告的批复
京电发展〔2017〕289 号	国网北京市电力公司关于 2017 年国网北京大兴供电公司 10kV 福苑小区公交车外电源新建等 25 项工程可行性研究报告的批复
京电发展〔2017〕290 号	国网北京市电力公司关于 2017 年国网北京大兴供电公司 10kV 黄村公交车外电源新建等 8 项工程可行性研究报告的批复
京电发展〔2017〕299 号	国网北京市电力公司关于国网北京通州供电公司北神树 110kV 变电站 10kV 送出工程可行性研究报告的批复
京电发展〔2017〕3 号	国网北京市电力公司关于阿苏卫垃圾电厂 110kV 送出工程可行性研究报告的批复
京电发展〔2017〕30 号	国网北京市电力公司关于平谷供电公司 110kV 东高村变电站 10kV 煤改电配套送出工程可行性研究报告的批复
京电发展〔2017〕302 号	国网北京市电力公司关于国网北京平谷供电公司 220kV 鱼子山变电站 10kV 配套送出工程可行性研究报告的批复
京电发展〔2017〕309 号	国网北京市电力公司关于 2017 年国网北京丰台供电公司 10kV 马家堡公交车外电源新建等 9 项工程可行性研究报告的批复
京电发展〔2017〕310 号	国网北京市电力公司关于城区菜市口～宣武门 110kV 线路工程可行性研究报告的批复
京电发展〔2017〕311 号	国网北京市电力公司关于国网北京石景山供电公司 10kV 冬训开闭站可靠性提升工程可行性研究报告的批复
京电发展〔2017〕312 号	国网北京市电力公司关于杏张一二 35kV 线路入地（延庆世园会）工程咨询报告的批复
京电发展〔2017〕316 号	国网北京市电力公司关于国网北京城区供电公司 2017 年 10kV 业扩项目配套工程（自用充电设施外电源延伸项目）等 8 项工程可行性研究报告的批复
京电发展〔2017〕326 号	国网北京市电力公司关于 2017 年国网北京城区供电公司 10kV 1 号公共充电站外电源新建等 31 项工程可行性研究报告的批复
京电发展〔2017〕349 号	国网北京市电力公司关于国网北京城区供电公司木樨地公寓小区充电设施配网建设改造等 4 项工程可行性研究报告的批复
京电发展〔2017〕350 号	国网北京市电力公司关于国网北京朝阳供电公司老旧小区配电设施改造工程（怡景城小区）等 18 项工程可行性研究报告的批复
京电发展〔2017〕36 号	国网北京市电力公司关于 2017 年朝阳供电公司来广营变电站所带电缆线路供电可靠性提升等 27 项工程可行性研究报告的批复
京电发展〔2017〕374 号	国网北京市电力公司关于国网北京延庆供电公司西湖 110kV 变电站改造工程可行性研究报告的批复
京电发展〔2017〕381 号	国网北京市电力公司关于永东 110kV 输变电工程可行性研究报告的批复
京电发展〔2017〕382 号	国网北京市电力公司关于国网北京亦庄供电公司科创街 110kV 变电站扩建工程可行性研究报告的批复
京电发展〔2017〕389 号	国网北京市电力公司关于梨园 220kV 输变电工程可行性研究报告的批复
京电发展〔2017〕390 号	国网北京市电力公司关于国网北京亦庄供电公司泰河 110kV 变电站扩建工程可行性研究报告的批复
京电发展〔2017〕391 号	国网北京市电力公司关于玉渊潭 220kV 变电站 110kV 配套送出工程可行性研究报告的批复
京电发展〔2017〕392 号	国网北京市电力公司关于国网北京亦庄供电公司科创街 110kV 变电站扩建 10kV 配套切改工程可行性研究报告的批复

续表

文　　号	文 件 标 题
京电发展〔2017〕394 号	国网北京市电力公司关于国网北京城区供电公司天安门地区供电可靠性提升 2 项工程可行性研究报告的批复
京电发展〔2017〕4 号	国网北京市电力公司关于大唐青灰岭风光发电示范项目 110kV 送出工程可行性研究报告的批复
京电发展〔2017〕414 号	国网北京市电力公司关于 2017 年国网北京门头沟供电公司南港等村农村煤改电追加工程可行性研究报告的批复
京电发展〔2017〕415 号	国网北京市电力公司关于 2017 年国网北京顺义供电公司白辛庄村、高丽营三村农村煤改电追加工程可行性研究报告的批复
京电发展〔2017〕416 号	国网北京市电力公司关于 2017 年国网北京大兴供电公司礼贤、榆垡等 11 村农村煤改电追加工程可行性研究报告的批复
京电发展〔2017〕417 号	国网北京市电力公司关于 2017 年国网北京通州供电公司八各庄村等三个村农村煤改电追加工程可行性研究报告的批复
京电发展〔2017〕418 号	国网北京市电力公司关于 2017 年国网北京丰台供电公司右安门等 11 个街乡镇煤改电追加工程可行性研究报告的批复
京电发展〔2017〕419 号	国网北京市电力公司关于 2017 年国网北京密云供电公司穆家峪、溪翁庄等地区农村煤改电追加工程可行性研究报告的批复
京电发展〔2017〕420 号	国网北京市电力公司关于 2017 年国网北京平谷供电公司追加煤改电工程可行性研究报告的批复
京电发展〔2017〕421 号	国网北京市电力公司关于 2017 年国网北京怀柔供电公司琉璃庙等地区农村煤改电工程可行性研究报告的批复
京电发展〔2017〕422 号	国网北京市电力公司关于草桥 220kV 变电站扩建 4 号主变工程可行性研究报告的批复
京电发展〔2017〕43 号	国网北京市电力公司关于申请万泉 110kV 输变电工程核准批复延期的请示
京电发展〔2017〕438 号	国网北京市电力公司关于 2017 年国网北京丰台供电公司 10kV 丰台体育中心公交车外电源新建等 17 项工程可行性研究报告的批复
京电发展〔2017〕440 号	国网北京市电力公司关于京秦高速涉及顺坝 220kV 架空线迁改等 5 项工程咨询报告的批复
京电发展〔2017〕441 号	国网北京市电力公司关于上岸 110kV 变电站 10kV 配套送出工程可行性研究报告的批复
京电发展〔2017〕442 号	国网北京市电力公司关于 2017 年国网北京朝阳供电公司 10kV 南十里居公交车外电源新建等 9 项工程可行性研究报告的批复
京电发展〔2017〕443 号	国网北京市电力公司关于常营 110kV 变电站主变扩建工程可行性研究报告的批复
京电发展〔2017〕444 号	国网北京市电力公司关于北京电力本部配电改造工程可行性研究报告的批复
京电发展〔2017〕448 号	国网北京市电力公司关于国网北京通州供电公司驸马庄 110kV 输变电工程可行性研究报告的批复
京电发展〔2017〕45 号	国网北京市电力公司关于房山供电公司普安电站配套 10kV 切改工程可行性研究报告的批复
京电发展〔2017〕453 号	国网北京市电力公司关于国网北京石景山供电公司 10kV 冬奥开闭站可靠性提升工程可行性研究报告的批复
京电发展〔2017〕454 号	国网北京市电力公司关于 2017 年国网北京昌平供电公司长陵村等二十个村农村煤改电追加工程可行性研究报告的批复
京电发展〔2017〕455 号	国网北京市电力公司关于 2017 年国网北京大兴供电公司 10kV 老旧小区配电设施改造工程（双河北里小区）等 31 项工程可行性研究报告的批复
京电发展〔2017〕456 号	国网北京市电力公司关于国网北京昌平供电公司南口玻璃公司南厂区宿舍楼老旧小区配电设施改造等 13 项工程可行性研究报告的批复
京电发展〔2017〕459 号	国网北京市电力公司关于 2017 年国网北京延庆供电公司大柏老等 10 个村农村煤改电追加等 2 项工程可行性研究报告的批复
京电发展〔2017〕461 号	国网北京市电力公司关于黄寺 220kV 变电站扩建 1 号主变工程可行性研究报告的批复
京电发展〔2017〕462 号	国网北京市电力公司关于石景山 220kV 输变电工程可行性研究报告的批复
京电发展〔2017〕469 号	国网北京市电力公司关于国网北京昌平供电公司 10kV 阅兵训练基地可靠性提升工程可行性研究报告的批复

续表

文　　号	文 件 标 题
京电发展〔2017〕47 号	国网北京市电力公司关于北京密云商务区北 110kV 变电站 10kV 配套送出工程可行性研究报告的批复
京电发展〔2017〕472 号	国网北京市电力公司关于 T 南前南热 110kV 架空线路迁改入地工程咨询报告的批复
京电发展〔2017〕474 号	国网北京市电力公司关于京张高铁涉及水口 110kV 架空线迁改等 5 项工程咨询报告的批复
京电发展〔2017〕478 号	国网北京市电力公司关于国网北京城区供电公司阜成门站 10kV 线路切改等 2 项工程可行性研究报告的批复
京电发展〔2017〕479 号	国网北京市电力公司关于顺义新城 110kV 站 10kV 切改工程可行性研究报告的批复
京电发展〔2017〕48 号	国网北京市电力公司关于门头沟供电公司 35kV 灵山变电站主变增容改造等 2 项工程可行性研究报告的批复
京电发展〔2017〕483 号	国网北京市电力公司关于大城子 35kV 输变电工程可行性研究报告的批复
京电发展〔2017〕485 号	国网北京市电力公司关于国网北京平谷供电公司 2016 年平谷区老旧小区电网配电设施改造工程（园田小区）等 5 项工程可行性研究报告的批复
京电发展〔2017〕486 号	国网北京市电力公司关于北务 110kV 变电站增容改造工程可行性研究报告的批复
京电发展〔2017〕487 号	国网北京市电力公司关于国网北京昌平供电公司路庄 110kV 外电源隧道工程可行性研究报告的批复
京电发展〔2017〕490 号	国网北京市电力公司关于申请北河 110kV 输变电工程项目核准批复延期的请示
京电发展〔2017〕491 号	国王北京市电力公司关于申请板桥 110kV 输变电工程项目核准批复延期的请示
京电发展〔2017〕5 号	国网北京市电力公司关于房山供电公司 10kV 绿地缤纷城一路等 72 路设备健康水平提升工程可行性研究报告的批复
京电发展〔2017〕511 号	国网北京市电力公司关于国网北京顺义供电公司长林 110kV 变电站主变增容改造工程可行性研究报告的批复
京电发展〔2017〕512 号	国网北京市电力公司关于国网北京顺义供电公司于庄 110kV 变电站 10kV 配套送出工程可行性研究报告的批复
京电发展〔2017〕513 号	国网北京市电力公司关于国网北京密云供电公司云西 110kV 输变电工程可行性研究报告的批复
京电发展〔2017〕514 号	国网北京市电力公司关于国网北京密云供电公司巨各庄 110kV 变电站主变增容工程可行性研究报告的批复
京电发展〔2017〕515 号	国网北京市电力公司关于国网北京密云供电公司大石岭 110kV 变电站主变增容工程可行性研究报告的批复
京电发展〔2017〕518 号	国网北京市电力公司关于新机场高速涉及安都 500kV 架空线迁改等 12 项工程咨询报告的批复
京电发展〔2017〕523 号	国网北京市电力公司关于牛水、牛长 35kV 线路迁改（龙湖地产）工程咨询报告的批复
京电发展〔2017〕537 号	国网北京市电力公司关于国网北京通州供电公司马驹桥服务区充电站 1 外电源等 2 项工程可行性研究报告的批复
京电发展〔2017〕538 号	国网北京市电力公司关于国网北京密云供电公司铸钢 35kV 变电站主变增容等 2 项工程可行性研究报告的批复
京电发展〔2017〕539 号	国网北京市电力公司关于国网北京海淀供电公司五路居 110kV 变电站扩建工程可行性研究报告的批复
京电发展〔2017〕540 号	国网北京市电力公司关于姜庄湖 220kV 输变电工程可行性研究报告的批复
京电发展〔2017〕547 号	国网北京市电力公司关于国网北京顺义供电公司 10kV 北印一二路改造等 13 项工程可行性研究报告的批复
京电发展〔2017〕583 号	国网北京市电力公司关于国网北京海淀供电公司肖家河 110kV 变电站 10kV 配套送出工程可行性研究报告的批复
京电发展〔2017〕584 号	国网北京市电力公司关于永定 220kV 变电站扩建 1、2 号主变工程可行性研究报告的批复
京电发展〔2017〕585 号	国网北京市电力公司关于南法信 110kV 变电站扩建工程可行性研究报告的批复
京电发展〔2017〕587 号	国网北京市电力公司关于 T 环控 35kV 线路入地（翠湖科技园）工程咨询报告的批复

续表

文　号	文件标题
京电发展〔2017〕592号	国网北京市电力公司关于潭柘寺110kV输变电工程可行性研究报告的批复
京电发展〔2017〕593号	国网北京市电力公司关于国网北京门头沟供电公司10kV陇驾庄路分倒路等3项工程可行性研究报告的批复
京电发展〔2017〕608号	国网北京市电力公司关于石景山供电公司刘娘府110kV变电站10kV配套送出工程可行性研究报告的批复
京电发展〔2017〕610号	国网北京市电力公司关于北州220kV线路迁改（通州文化旅游区）等6项工程咨询报告的批复
京电发展〔2017〕614号	国网北京市电力公司关于亦庄供电公司泰河110kV变电站扩建10kV配套切改工程可行性研究报告的批复
京电发展〔2017〕617号	国网北京市电力公司关于首都地区环线高速公路（通州至大兴段）涉及青施110kV架空线迁改等4项工程咨询报告的批复
京电发展〔2017〕618号	国网北京市电力公司关于京张高铁涉及昌海500kV架空线迁改等11项工程咨询报告的批复
京电发展〔2017〕622号	国网北京市电力公司关于团结湖—朝阳门220kV线路工程可行性研究报告的批复
京电发展〔2017〕624号	国网北京市电力公司关于2018年国网北京密云供电公司河西、司马台等地区农村煤改电等17项工程可行性研究报告的批复
京电发展〔2017〕625号	国网北京市电力公司关于2018年国网北京延庆供电公司农村煤改电工程可行性研究报告的批复
京电发展〔2017〕627号	国网北京市电力公司关于2018年国网北京房山供电公司长沟镇六甲房村、黄元井村煤改电等8项工程可行性研究报告的批复
京电发展〔2017〕628号	国网北京市电力公司关于2018年国网北京怀柔供电公司渤海地区农村煤改电等3项工程可行性研究报告的批复
京电发展〔2017〕646号	国网北京市电力公司关于2018年国网北京顺义供电公司10kV李桥镇英各庄村公交车外电源新建等10项工程可行性研究报告的批复
京电发展〔2017〕649号	国网北京市电力公司关于门头沟供电公司王平110kV站35kV切改工程可行性研究报告的批复
京电发展〔2017〕650号	国网北京市电力公司关于丰台供电公司丽泽商务区南区配套电力隧道建设（金中都南路）等三项工程可行性研究报告的批复
京电发展〔2017〕658号	国网北京市电力公司关于北怀110kV线路迁改（怀柔北大街东延）等2项工程咨询报告的批复
京电发展〔2017〕659号	国网北京市电力公司关于聂康一、二110kV线路迁改（兴延高速）等5项工程咨询报告的批复
京电发展〔2017〕660号	国网北京市电力公司关于国网北京城区供电公司东城区海运仓胡同10kV架空线路入地等18项工程可行性研究报告的批复
京电发展〔2017〕668号	国网北京市电力公司关于草沙、草头110kV电缆线路迁改（丽泽路综合管廊）工程咨询报告的批复
京电发展〔2017〕669号	国网北京市电力公司关于石景山220kV变电站110kV配套送出工程可行性研究报告的批复
京电发展〔2017〕671号	国网北京市电力公司关于房山（循环经济产业园）可再生能源电厂110kV送出工程可行性研究报告的批复
京电发展〔2017〕675号	国网北京市电力公司关于国网北京昌平供电公司兴寿110kV变电站主变改造工程可行性研究报告的批复
京电发展〔2017〕676号	国网北京市电力公司关于王双110kV线路入地（半壁店新村）工程咨询报告的批复
京电发展〔2017〕677号	国网北京市电力公司关于密云巨各庄垃圾焚烧发电厂10kV送出工程可行性研究报告的批复
京电发展〔2017〕679号	国网北京市电力公司关于2018年国网北京昌平供电公司悼陵监等5个村农村煤改电工程可行性研究报告的批复
京电发展〔2017〕82号	国网北京市电力公司关于石城35kV输变电工程可行性研究报告的批复
京电发展〔2017〕83号	国网北京市电力公司关于通州供电公司岳庄110kV变电站10kV配套送出等3项工程可行性研究报告的批复
京电发展〔2017〕85号	国网北京市电力公司关于2017年城区供电公司电能表推广配套用电信息采集建设等16项工程可行性研究报告的批复

续表

文　　号	文 件 标 题
京电发展〔2017〕91 号	国网北京市电力公司关于良乡北 220kV 变电站配套出线电力沟道等 2 项工程可行性研究报告的批复
京电后勤〔2017〕109 号	国网北京市电力公司关于行政办公区供电服务中心开办费的批复
京电后勤〔2017〕110 号	国网北京市电力公司关于马驹桥供电所等两个供电所开办费的批复
京电后勤〔2017〕111 号	国网北京市电力公司关于芦城供电所开办费的批复
京电后勤〔2017〕112 号	国网北京市电力公司关于石楼供电所开办费的批复
京电后勤〔2017〕113 号	国网北京市电力公司关于延寿供电所开办费的批复
京电后勤〔2017〕114 号	国网北京市电力公司关于河南寨供电所等六个供电所开办费的批复
京电后勤〔2017〕115 号	国网北京市电力公司关于夏各庄运维检修供电服务综合中心开办费的批复
京电后勤〔2017〕122 号	国网北京市电力公司关于延庆四海供电所开办费的批复
京电后勤〔2017〕124 号	国网北京市电力公司关于石景山首钢冬奥供电服务中心开办费的批复
京电后勤〔2017〕125 号	国网北京市电力公司关于信通公司前门办公用房开办费的批复
京电后勤〔2017〕43 号	国网北京市电力公司关于汤河口供电所办公用房开办费的批复
京电后勤〔2017〕54 号	国网北京市电力公司关于国际会都供电服务中心开办费的批复
京电后勤〔2017〕79 号	国网北京市电力公司关于国网北京客服中心本部综合楼开办费用的批复
京电建设〔2017〕10 号	国网北京市电力公司关于团结湖 220kV 变电站 10kV 切改工程初步设计的批复
京电建设〔2017〕100 号	国网北京市电力公司关于八昆、玉紫四回路线路入地（西郊线还建）工程初步设计的批复
京电建设〔2017〕104 号	国网北京市电力公司关于后大营 110kV 输变电工程（电气部分）等 3 项工程初步设计的批复
京电建设〔2017〕105 号	国网北京市电力公司关于北通 220kV 线路入地（副中心行政办公区）等 3 项工程初步设计的批复
京电建设〔2017〕106 号	国网北京市电力公司关于观音寺 110kV 输变电工程（电气部分）初步设计的批复
京电建设〔2017〕107 号	国网北京市电力公司关于教华、南清 35kV 线路入地（化工大学）工程初步设计的批复
京电建设〔2017〕109 号	国网北京市电力公司关于大宁 110kV 变电站扩建等 2 项工程初步设计的批复
京电建设〔2017〕11 号	国网北京市电力公司关于邓庄 220kV 输变电工程初步设计的批复
京电建设〔2017〕112 号	国网北京市电力公司关于官道站配套 35kV 切改工程初步设计的批复
京电建设〔2017〕114 号	国网北京市电力公司关于仁和 220kV 变电站主变扩建工程初步设计文件的批复
京电建设〔2017〕115 号	国网北京市电力公司关于石景山—刘娘府 110kV 送电工程初步设计的批复
京电建设〔2017〕12 号	国网北京市电力公司关于张华 110kV 输变电工程初步设计的批复
京电建设〔2017〕121 号	国网北京市电力公司关于百子湾 110kV 变电站工程（电气部分）初步设计的批复
京电建设〔2017〕122 号	国网北京市电力公司关于万泉 110kV 输变电等 2 项工程初步设计的批复
京电建设〔2017〕123 号	国网北京市电力公司关于韩村河 220kV 变电站主变扩建工程初步设计的批复
京电建设〔2017〕127 号	国网北京市电力公司关于普安屯站配套 10kV 切改工程初步设计的批复
京电建设〔2017〕128 号	国网北京市电力公司关于东兴隆街 10kV 架空线路入地等 40 项工程初步设计的批复
京电建设〔2017〕134 号	国网北京市电力公司关于批复张南—昌平Ⅲ回 500kV 输变电工程（北京段）初步设计的请示
京电建设〔2017〕135 号	国网北京市电力公司关于良乡北 220kV 变电站 110kV 配套送出工程初步设计的批复
京电建设〔2017〕136 号	国网北京市电力公司关于采育 110kV 变电站 3 号主变扩建工程初步设计的批复
京电建设〔2017〕139 号	国网北京市电力公司关于商务区北 110kV 变电站 10kV 配套送出等 2 项工程初步设计的批复
京电建设〔2017〕14 号	国网北京市电力公司关于大东流 35kV 变电站升压工程初步设计的批复
京电建设〔2017〕141 号	国网北京市电力公司关于通州可再生能源电厂 110kV 送出工程初步设计的批复
京电建设〔2017〕144 号	国网北京市电力公司关于东府 220kV 变电站 110kV 配套送出工程初步设计的批复
京电建设〔2017〕147 号	国网北京市电力公司关于 110kV 官道变电站 10kV 煤改电配套送出工程初步设计的批复

续表

文　号	文 件 标 题
京电建设〔2017〕149 号	国网北京市电力公司关于东城区香河园北街 10kV 架空线路入地等 7 项工程初步设计的批复
京电建设〔2017〕150 号	国网北京市电力公司关于鲁谷 110kV 变电站第三方向电源工程初步设计的批复
京电建设〔2017〕151 号	国网北京市电力公司关于北神树 110kV 变电站外电源隧道工程初步设计的批复
京电建设〔2017〕153 号	国网北京市电力公司关于 110kV 东高村变电站 10kV 煤改电配套送出工程初步设计的批复
京电建设〔2017〕154 号	国网北京市电力公司关于岳各庄 220kV 变电站 10kV 煤改电配套送出等 6 项工程初步设计的批复
京电建设〔2017〕155 号	国网北京市电力公司关于东夏园 110kV 送电工程初步设计的批复
京电建设〔2017〕156 号	国网北京市电力公司关于新胡各庄 110kV 送电工程初步设计的批复
京电建设〔2017〕157 号	国网北京市电力公司关于上岸 110kV 送电工程初步设计的批复
京电建设〔2017〕158 号	国网北京市电力公司关于鱼子山 220kV 变电站 110kV 配套送出工程初步设计的批复
京电建设〔2017〕16 号	国网北京市电力公司关于李和一二 T 接东营变电站 110kV 送电工程初步设计的批复
京电建设〔2017〕160 号	国网北京市电力公司关于金沟河 110kV 变电站工程初步设计的批复
京电建设〔2017〕161 号	国网北京市电力公司关于北宫 220kV 变电站 110kV 配套送出工程初步设计的批复
京电建设〔2017〕165 号	国网北京市电力公司关于 T 南热（南前）110kV 线路迁改（丽泽商务区北区）工程初步设计的批复
京电建设〔2017〕168 号	国网北京市电力公司关于西山至闵庄 110kV 电缆线路工程初步设计的批复
京电建设〔2017〕169 号	国网北京市电力公司关于宝善庄 220kV 变电站配套 110kV 送出等 2 项工程初步设计的批复
京电建设〔2017〕171 号	国网北京市电力公司关于黄港 110kV 送电工程初步设计的批复
京电建设〔2017〕172 号	国网北京市电力公司关于四家庄 220kV 变电站 110kV 配套送出工程初步设计的批复
京电建设〔2017〕173 号	国网北京市电力公司关于邓庄 220kV 变电站 110kV 配套送出工程初步设计的批复
京电建设〔2017〕178 号	国网北京市电力公司关于批复张北柔性直流工程北京换流站及直流线路建设方案的请示
京电建设〔2017〕179 号	国网北京市电力公司关于周各庄 110kV 变电站 10kV 煤改电配套送出工程初步设计的批复
京电建设〔2017〕180 号	国网北京市电力公司关于辛营 110kV 变电站 10kV 配套送出工程初步设计的批复
京电建设〔2017〕181 号	国网北京市电力公司关于罗奇营 220kV 变电站配套 110kV 送出工程初步设计的批复
京电建设〔2017〕182 号	国网北京市电力公司关于批复北京房山～天津南蔡 500kV 输变电工程（北京段）初步设计的请示
京电建设〔2017〕186 号	国网北京市电力公司关于 T 北杨 110kV 线路迁改（京秦高速、平谷线）等 5 项工程初步设计的批复
京电建设〔2017〕190 号	国网北京市电力公司关于汤河口 110kV 变电站工程初步设计的批复
京电建设〔2017〕191 号	国网北京市电力公司关于昊天输变电工程配套 10kV 切改工程初步设计的批复
京电建设〔2017〕192 号	国网北京市电力公司关于梁各庄 220kV 变电站 110kV 配套送出工程初步设计的批复
京电建设〔2017〕197 号	国网北京市电力公司关于 110kV 王平变电站 10kV 煤改电配套送出工程初步设计的批复
京电建设〔2017〕198 号	国网北京市电力公司关于后屯 110kV 输变电工程初步设计的批复
京电建设〔2017〕199 号	国网北京市电力公司关于金沟河 110kV 送电工程初步设计的批复
京电建设〔2017〕2 号	国网北京市电力公司关于大羊坊 110kV 送电等 4 项工程初步设计的批复
京电建设〔2017〕203 号	国网北京市电力公司关于运河至岳庄 110kV 送电工程初步设计的批复
京电建设〔2017〕206 号	国网北京市电力公司关于北京亦庄西南 220kV 输变电工程初步设计的批复
京电建设〔2017〕209 号	国网北京市电力公司关于汤河口 110kV 送电工程初步设计的批复
京电建设〔2017〕21 号	国网北京市电力公司关于四家庄 220kV 输变电工程初步设计的批复
京电建设〔2017〕211 号	国网北京市电力公司关于流村 110kV 变电站 10kV 配套送出工程初步设计的批复
京电建设〔2017〕216 号	国网北京市电力公司关于泰河 110kV 变电站扩建工程初步设计的批复
京电建设〔2017〕217 号	国网北京市电力公司关于文化园 110kV 变电站扩建工程初步设计的批复

续表

文　　号	文 件 标 题
京电建设〔2017〕218号	国网北京市电力公司关于科创街110kV变电站扩建工程初步设计的批复
京电建设〔2017〕221号	国网北京市电力公司关于北神树110kV变电站10kV送出工程初步设计的批复
京电建设〔2017〕224号	国网北京市电力公司关于高碑店220kV变电站110kV配套送出工程初步设计的批复
京电建设〔2017〕225号	国网北京市电力公司关于官道110kV变电站配套出线电力沟道工程初步设计的批复
京电建设〔2017〕234号	国网北京市电力公司关于康西、杏西35kV架空线临时迁改（京张客专）工程初步设计的批复
京电建设〔2017〕240号	国网北京市电力公司关于张华110kV变电站10kV煤改电配套送出工程初步设计的批复
京电建设〔2017〕241号	国网北京市电力公司关于康松110kV双回架空线路迁改（京张高铁）等3项工程初步设计的批复
京电建设〔2017〕245号	国网北京市电力公司关于上庄220kV变电站主变扩建工程初步设计的批复
京电建设〔2017〕246号	国网北京市电力公司关于荣华220kV变电站主变扩建工程初步设计的批复
京电建设〔2017〕247号	国网北京市电力公司关于堰上220kV变电站主变扩建工程初步设计的批复
京电建设〔2017〕248号	国网北京市电力公司关于良乡北220kV变电站配套出线电力沟道工程初步设计的批复
京电建设〔2017〕249号	国网北京市电力公司关于南铁35kV单回线路临时入地（京张客专）工程初步设计的批复
京电建设〔2017〕250号	国网北京市电力公司关于110kV板桥变电站10kV煤改电配套送出工程初步设计的批复
京电建设〔2017〕251号	国网北京市电力公司关于110kV北河变电站10kV煤改电配套送出工程初步设计的批复
京电建设〔2017〕262号	国网北京市电力公司关于新城110kV变电站10kV切改工程初步设计的批复
京电建设〔2017〕265号	国网北京市电力公司关于北京潞城（大台）220kV输变电工程初步设计的批复
京电建设〔2017〕28号	国网北京市电力公司关于黑古台—普安屯110kV送电工程初步设计的批复
京电建设〔2017〕29号	国网北京市电力公司关于石城35kV输变电工程初步设计的批复
京电建设〔2017〕32号	国网北京市电力公司关于百子湾110kV送电工程初步设计的批复
京电建设〔2017〕36号	国网北京市电力公司关于北京平谷220kV变电站主变扩建工程初步设计的批复
京电建设〔2017〕38号	国网北京市电力公司关于北京平谷220kV变电站主变扩建工程初步设计的批复
京电建设〔2017〕39号	国网北京市电力公司关于杨各庄220kV输变电工程初步设计的批复
京电建设〔2017〕40号	国网北京市电力公司关于广厦110kV输变电工程初步设计的批复
京电建设〔2017〕43号	国网北京市电力公司关于上岸110kV变电站工程（电气部分）初步设计的批复
京电建设〔2017〕44号	国网北京市电力公司关于军营110kV变电站10kV切改工程（电气部分）等2项工程初步设计的批复
京电建设〔2017〕5号	国网北京市电力公司关于辛安屯110kV变电站等2项工程初步设计的批复
京电建设〔2017〕50号	国网北京市电力公司关于咸平35kV线路入地（定福庄安置房）工程初步设计的批复
京电建设〔2017〕52号	国网北京市电力公司关于临泓、北铁营110kV等2项输变电工程初步设计的批复
京电建设〔2017〕55号	国网北京市电力公司关于景山前街架空线入地等6项工程初步设计的批复
京电建设〔2017〕56号	国网北京市电力公司关于乔庄、望军疃变电站配套10kV切改等2项工程初步设计的批复
京电建设〔2017〕57号	国网北京市电力公司关于海淀山后地区配套（翠湖东路）电力隧道工程初步设计的批复
京电建设〔2017〕58号	国网北京市电力公司关于新胡各庄110kV变电站等2项工程初步设计的批复
京电建设〔2017〕62号	国网北京市电力公司关于南尚乐站35kV解重载工程初步设计的批复
京电建设〔2017〕64号	国网北京市电力公司关于西铁营110kV送电工程初步设计的批复
京电建设〔2017〕69号	国网北京市电力公司关于韩尚一二110kV线路改造（南尚乐扩建）工程初步设计的批复
京电建设〔2017〕7号	国网北京市电力公司关于板桥110kV送电工程初步设计的批复
京电建设〔2017〕70号	国网北京市电力公司关于北汽110kV送电工程初步设计的批复
京电建设〔2017〕74号	国网北京市电力公司关于南山110kV变电站10kV配套送出工程初步设计的批复
京电建设〔2017〕75号	国网北京市电力公司关于管东110kV线路临时迁改（华龙市场）工程初步设计的批复

续表

文　号	文件标题
京电建设〔2017〕77 号	国网北京市电力公司关于刘娘府 110kV 变电站工程初步设计的批复
京电建设〔2017〕8 号	国网北京市电力公司关于沙河北 220kV 输变电工程初步设计的批复
京电建设〔2017〕81 号	国网北京市电力公司关于张家务 220kV 输变电工程初步设计的批复
京电建设〔2017〕84 号	国网北京市电力公司关于地铁燕房线电力隧道穿越工程初步设计的批复
京电建设〔2017〕85 号	国网北京市电力公司关于北胡、通胡 T 接辛安屯变电站 110kV 送电工程初步设计的批复
京电建设〔2017〕86 号	国网北京市电力公司关于李长梁支 T 接张镇变电站 110kV 送电工程初步设计的批复
京电建设〔2017〕9 号	国网北京市电力公司关于鱼子山 220kV 输变电工程初步设计的批复
京电建设〔2017〕90 号	国网北京市电力公司关于长沟 110kV 变电站扩建等 2 项工程初步设计的批复
京电建设〔2017〕99 号	国网北京市电力公司关于云永二长支 35kV 线路隧道（长辛店 110kV 站外电源）工程初步设计的批复
京电经法〔2017〕5 号	国网北京市电力公司关于北京市供用电建设承发包公司公司制改制的批复
京电经法〔2017〕6 号	国网北京市电力公司关于北京电力工程公司公司制改制的批复
京电经法〔2017〕7 号	国网北京市电力公司关于北京电力经济技术研究院公司制改制的批复
京电科信〔2017〕14 号	国网北京市电力公司关于 2018 年第二批信息化储备项目可研的批复
京电科信〔2017〕15 号	国网北京市电力公司关于 2018 年第一批信息化储备项目可研的批复
京电科信〔2017〕17 号	国网北京市电力公司关于 2018 年第三批信息化储备项目可研的批复
京电科信〔2017〕7 号	国网北京市电力公司关于 2017 年重大政治活动保障信息安全项目可研的批复
京电人资〔2017〕116 号	国网北京市电力公司关于国网北京城区供电公司成立供电服务中心的批复
京电人资〔2017〕117 号	国网北京市电力公司关于国网北京密云供电公司成立园区供电服务机构的批复
京电人资〔2017〕119 号	国网北京市电力公司关于国网北京怀柔供电公司成立雁栖湖供电服务中心的批复
京电人资〔2017〕29 号	国网北京市电力公司关于国网北京通州供电公司成立北京城市副中心行政办公区供电服务中心的批复
京电人资〔2017〕83 号	国网北京市电力公司关于国网北京石景山供电公司成立首钢冬奥供电服务中心的批复
京电人资〔2017〕85 号	国网北京市电力公司关于北京华商电灯有限公司机构设置调整的批复
京电营〔2017〕18 号	国网北京市电力公司关于 2017 年直流电能表和分流器检定能力建设等 7 项工程可行性研究报告的批复
京电营〔2017〕21 号	国网北京市电力公司关于下达国网北京朝阳供电公司 2017 年农村煤改电等 32 项工程初步设计和概算的批复
京电营〔2017〕28 号	国网北京市电力公司关于 2016 年国网北京朝阳供电公司 10kV 城市分散快充 1 号充电站外电源新建等 8 项工程初步设计的批复
京电营〔2017〕30 号	国网北京市电力公司关于国网北京丰台供电公司居民小区充电设施配网建设改造等 15 项工程初步设计的批复
京电营〔2017〕31 号	国网北京市电力公司关于国网北京城区供电公司木樨地公寓小区充电设施配网建设改造等 4 项工程可行性研究报告的批复
京电营〔2017〕34 号	国网北京市电力公司关于下达 2017 年国网北京城区供电公司电能表推广配套用电信息采集建设等 32 项工程初步设计概算批复的通知
京电营〔2017〕36 号	国网北京市电力公司关于国网北京电科院“煤改电”智能服务示范项目可行性研究报告的批复
京电营〔2017〕38 号	国网北京市电力公司关于国网北京平谷供电公司金谷园、建设街老旧小区改造工程初步设计的批复
京电营〔2017〕42 号	国网北京市电力公司关于下达国网北京丰台电公司 2017 年新增农村煤改电等 12 项工程初步设计和概算的批复
京电营〔2017〕43 号	国网北京市电力公司关于营销档案电子化建设项目可行性研究报告的批复

续表

文　　号	文 件 标 题
京电营〔2017〕44号	国网北京市电力公司关于2018年营销储备智能用电类项目可行性研究报告的批复
京电营〔2017〕46号	国网北京市电力公司关于2018年营销储备市场与能效类项目可行性研究报告的批复
京电营〔2017〕47号	国网北京市电力公司关于2018年营销服务手机客户端应用建设项目可行性研究报告的批复
京电营〔2017〕48号	国网北京市电力公司关于2018年电力微信应用系统优化提升等14个营销储备项目可行性研究报告的批复
京电营〔2017〕49号	国网北京市电力公司关于2018年营配调贯通和数据梳理工程可行性研究报告的批复
京电营〔2017〕5号	国网北京市电力公司关于国网北京朝阳供电公司充电设施改造等工程初步设计的批复
京电营〔2017〕50号	国网北京市电力公司关于2018年营销储备营业厅互动化服务提升工程可行性研究报告的批复
京电营〔2017〕51号	国网北京市电力公司关于2018年营销储备电能计量类项目可行性研究报告的批复
京电营〔2017〕52号	国网北京市电力公司关于延庆八达岭光热等5个新能源并网配套改造工程初步设计的批复
京电营〔2017〕59号	国网北京市电力公司关于2018年营销储备第六批项目可行性研究报告的批复
京电营〔2017〕61号	国网北京市电力公司关于国网北京城区供电公司1号公共充电站新建等工程初步设计的批复
京电营〔2017〕64号	国网北京市电力公司关于2017年国网北京城区供电公司10kV木樨园公交车外电源新建等工程初步设计的批复
京电营〔2017〕65号	国网北京市电力公司关于海淀厢白旗甲1号院、苏家坨农工商宿舍、万地名苑老旧小区改造工程初步设计的批复
京电运检〔2017〕101号	国网北京市电力公司关于房山供电公司110kV吉羊变电站10kV煤改电配套送出工程初步设计的批复
京电运检〔2017〕102号	国网北京市电力公司关于国网北京顺义供电公司王泮庄35kV站增容改造工程初步设计的批复
京电运检〔2017〕103号	国网北京市电力公司关于国网北京通州供电公司中心区域半壁店变电站10kV网架结构完善工程等十项工程初步设计的批复
京电运检〔2017〕104号	国网北京市电力公司关于2017年国网北京海淀供电公司线损治理改造工程（线路分册）初步设计的批复
京电运检〔2017〕112号	国网北京市电力公司关于2017年国网北京密云供电公司线损治理改造（线路分册）等三项工程初步设计的批复
京电运检〔2017〕12号	国网北京市电力公司关于国网北京房山供电公司35kV五侯站改造提升工程初步设计的批复
京电运检〔2017〕134号	国网北京市电力公司关于2017年国网北京怀柔供电公司线损治理改造（线路分册）等十一项工程初步设计的批复
京电运检〔2017〕14号	国网北京市电力公司关于国网北京密云供电公司十里堡路解重载等三项工程初步设计的批复
京电运检〔2017〕15号	国网北京市电力公司关于国网北京城区供电公司天安门地区供电可靠性提升等三项工程初步设计的批复
京电运检〔2017〕3号	国网北京市电力公司关于国网北京昌平供电公司阳坊北110kV变电站主变增容工程初步设计的批复
京电运检〔2017〕36号	国网北京市电力公司关于国网北京延庆供电公司度夏解重载和度冬解重载两项工程初步设计的批复
京电运检〔2017〕37号	国网北京市电力公司关于国网北京城区供电公司重要驻地供电可靠性提升工程初步设计的批复
京电运检〔2017〕42号	国网北京市电力公司关于国网北京昌平供电公司国管学院外电源35kV龙矿龙蓄改造工程初步设计的批复
京电运检〔2017〕47号	国网北京市电力公司关于国网北京平谷供电公司10kV西凡各庄路分倒路工程等三项工程初步设计的批复
京电运检〔2017〕48号	国网北京市电力公司关于国网北京丰台供电公司2017年河东地区架空线路网架结构优化等七项工程初步设计的批复
京电运检〔2017〕5号	国网北京市电力公司关于国网北京朝阳供电公司10kV广顺路网架结构优化及标准化改造等七十一项工程初步设计的批复

续表

文　号	文 件 标 题
京电运检〔2017〕55 号	国网北京市电力公司关于国网北京房山供电公司 10kV 葫芦堡路解重载等七项工程初步设计的批复
京电运检〔2017〕56 号	国网北京市电力公司关于国网北京门头沟供电公司 2017 年 10kV 电缆线路网架结构优化等九项工程初步设计的批复
京电运检〔2017〕62 号	国网北京市电力公司关于国网北京石景山供电公司 10kV 杨庄开闭站切改等十六项工程初步设计的批复
京电运检〔2017〕65 号	国网北京市电力公司关于国网北京海淀供电公司 10kV 西二旗一二路等设备健康水平提升等十三项工程初步设计的批复
京电运检〔2017〕69 号	国网北京市电力公司关于国网北京亦庄供电公司 2017 年 10kV 核心区设备健康水平提升等五项工程初步设计的批复
京电运检〔2017〕70 号	国网北京市电力公司关于国网北京密云供电公司 2017 年边庄子路设备健康水平提升等十项工程初步设计的批复
京电运检〔2017〕71 号	国网北京市电力公司关于国网北京大兴供电公司新城地区 10kV 电缆网架结构完善等十项工程初步设计的批复
京电运检〔2017〕75 号	国网北京市电力公司关于国网北京石景山供电公司 10kV 首钢老山一二路外电源切改等五项工程初步设计的批复
京电运检〔2017〕76 号	国网北京市电力公司关于国网北京延庆供电公司 10kV 古城路等路网架结构完善等四项工程初步设计的批复
京电运检〔2017〕77 号	国网北京市电力公司关于国网北京城区供电公司官园办公楼政治供电可靠性提升等八项工程初步设计的批复
京电运检〔2017〕82 号	国网北京市电力公司关于国网北京大兴供电公司 110kV 魏善庄和施家务变电站 10kV 开关柜扩建两项工程初步设计的批复
京电运检〔2017〕83 号	国网北京市电力公司关于国网北京顺义供电公司 10kV 李桥路等线路标准化改造工程等五十项工程初步设计的批复
京电运检〔2017〕92 号	国网北京市电力公司关于国网北京平谷供电公司 10kV 黑水湾路切改工程等十项工程初步设计的批复
京电运检〔2017〕93 号	国网北京市电力公司关于国网北京怀柔供电公司 10kV 黄花城路网架结构优化等五项工程初步设计的批复
京电运检〔2017〕98 号	国网北京市电力公司关于国网北京昌平供电公司水屯 110kV 变电站解重载工程等二十八项工程初步设计的批复

统计资料

北京市全社会用电量及分类指标

指标名称	本年累计用电量（亿 kWh）	增长率（%）	所占比例（%）
全社会用电量	1066.89	4.57	100
A. 全行业用电量	848.84	2.91	79.56
B. 城乡居民生活用电量	218.05	11.57	20.44
按产业类型分			
第一产业	19.95	1.66	1.87
第二产业	332.23	-0.63	31.14
第三产业	496.66	5.47	46.55
按行业类型分			
农、林、牧、渔业	19.95	1.66	2.35
工业	310.41	-0.82	36.57
建筑业	21.81	2.17	2.57
交通运输、仓储和邮政业	52.49	5.29	6.18
信息传输、计算机服务和软件业	38.43	14.00	4.53
商业、住宿和餐饮业	93.81	2.03	11.05
金融、房地产、商务及居民服务业	163.45	5.09	19.26
公共事业及管理组织	148.49	6.17	17.49

北京地区变电站分布情况

地区	变电站座数（座）					主变压器容量（万 kVA）				
	合计	500kV	220kV	110kV	35kV	合计	500kV	220kV	110kV	35kV
合计	517	4	80	355	78	9395.41	960.00	3968.00	4281.30	186.11
城区	36	0	5	31	0	860.20	0	330.00	530.20	0
朝阳地区	70	2	19	47	2	2176.95	480.00	981.00	707.95	8.00
海淀地区	51	1	12	38	0	1547.30	240.00	678.00	629.30	0
丰台地区	43	0	9	33	1	824.00	0	435.00	385.00	4.00
石景山地区	8	0	1	7	0	124.00	0	36.00	88.00	0
亦庄地区	13	0	3	10	0	287.60	0	162.00	125.60	0
通州地区	40	0	5	27	8	562.72	0	252.00	290.20	20.52
昌平地区	43	0	7	29	7	608.01	0	284.00	300.75	23.26
门头沟地区	12	0	1	6	5	105.56	0	36.00	56.30	13.26
房山地区	39	0	3	25	11	410.58	0	126.00	259.30	25.28
大兴地区	39	1	5	30	3	731.83	240.00	198.00	288.20	5.63
平谷地区	16	0	1	11	4	149.80	0	54.00	85.80	10.00

续表

地　区	变电站座数（座）					主变压器容量（万 kVA）				
	合计	500kV	220kV	110kV	35kV	合计	500kV	220kV	110kV	35kV
怀柔地区	21	0	2	14	5	227. 12	0	90. 00	127. 60	9. 52
密云地区	26	0	1	12	13	153. 32	0	36. 00	90. 65	26. 67
顺义地区	44	0	5	29	10	510. 51	0	216. 00	271. 25	23. 26
延庆地区	16	0	1	6	9	115. 91	0	54. 00	45. 20	16. 71

各供电公司售电量情况

单位名称	本年累计（万 kWh）	上年累计（万 kWh）	同比（%）
合计	9 680 144	9 183 663	5. 41
城区	1 020 646	1 014 111	0. 64
朝阳	1 779 972	1 698 129	4. 82
海淀	1 386 666	1 326 226	4. 56
丰台	827 775	794 293	4. 22
石景山	184 926	182 468	1. 35
亦庄	551 865	488 234	13. 03
通州	606 176	570 340	6. 28
昌平	698 756	651 078	7. 32
门头沟	106 994	100 175	6. 81
房山	640 831	574 341	11. 58
大兴	580 676	551 974	5. 20
平谷	155 076	147 923	4. 84
怀柔	190 064	175 021	8. 60
密云	189 659	167 946	12. 93
顺义	660 480	657 783	0. 41
延庆	99 581	83 621	19. 09

国网北京市电力公司营业窗口统计表

序号	供电公司	供电营业窗口名称	地　址	电话	营业时间	窗口类别	（是否）24 小时售电
1	城区供电公司	城区客户服务中心营业厅	北京市西城区西直门南小街 174 号	63660839	8:30-17:30	A	否
2	城区供电公司	东城供电服务中心营业厅	东城区朝阳门内大街 298 号	65133025	8:30-17:30	B	否
3	城区供电公司	崇文供电服务中心营业厅	珠市口东大街 4-19 号	67071747	8:30-17:30	B	否

续表

序号	供电公司	供电营业窗口名称	地　　址	电话	营业时间	窗口类别	（是否）24小时售电
4	城区供电公司	西城供电服务中心营业厅	西城区西直门内大街147号西侧	66012677	8:30-17:30	B	否
5	城区供电公司	宣武供电服务中心营业厅	西城区南横东街四平园一号楼一层	63514105	8:30-17:30	B	否
6	城区供电公司	黄寺供电服务中心营业厅	西城区黄寺大街23号阳光丽景小区北门	62026127	8:30-17:30	C	否
7	朝阳供电公司	安华营业所	朝阳区安贞西里三区七号楼	64435032	8:30-17:30	C	否
8	朝阳供电公司	CBD中央商务区	朝阳区延静西里八号	65005068	8:30-17:30	C	否
9	朝阳供电公司	华威营业所	朝阳区华威西里甲18号	87717289	8:30-17:30	C	否
10	朝阳供电公司	望京营业所	朝阳区望京广顺南大街	64740901	8:30-17:30	C	否
11	朝阳供电公司	奥运中心区	朝阳区北辰东路凯迪克酒店北侧	63661308	8:30-17:30	C	否
12	朝阳供电公司	十里居营业所	朝阳区南十里居东风家园42号	84569273	8:30-17:30	C	否
13	朝阳供电公司	翠城营业所	朝阳区翠城馨园405甲楼	67299380	8:30-17:30	B	否
14	朝阳供电公司	客户服务中心	朝阳区百子湾西里300号（朝阳区交通支队）北侧-国家电网	85963167	8:30-17:30	A	否
15	海淀供电公司	客服中心营业厅	海淀区常青路6号院	63232574（前台） 63232547（收费）	工作日:8:30-17:30 周休日:8:30-17:30	A	否
16	海淀供电公司	双榆树供电营业所	海淀区双榆树南里二区8号	63129796	工作日:8:30-17:30	C	否
17	海淀供电公司	航天桥供电营业所	海淀区阜成路28号旁国家电网	68475408	工作日:8:30-17:30	C	否
18	海淀供电公司	东升供电营业所	海淀区中关村东路21号旁国家电网	82863381	工作日:8:30-17:30	C	否
19	海淀供电公司	四季青供电所	海淀区闵西桥路口向西200米路北	63230453	工作日:8:30-17:30	C	否
20	海淀供电公司	海淀供电所	海淀区树村万树园小区30号楼	82794973	工作日:8:30-17:30	C	否
21	海淀供电公司	上庄供电所	海淀区上庄镇上庄路99号	62471344	工作日:8:30-17:30	C	否
22	海淀供电公司	西北旺供电所	海淀区西北旺镇皇后店村西	62473639	工作日:8:30-17:30	C	否
23	海淀供电公司	苏家坨供电所	海淀区苏家坨镇苏一路凤仪佳苑小区二里北门	59848472	工作日:8:30-17:30	C	否
24	海淀供电公司	温泉供电所	海淀区温泉镇杨家庄南山	62458830	工作日:8:30-17:30	D	否
25	丰台供电公司	客服中心	丰台区丰北路117号	63663108	工作日:8:30-17:30	A	否
26	丰台供电公司	云岗供电营业所	丰台区云岗镇南里2号院（北京淮阳村商务酒店路北）	83319742	工作日:8:30-17:30	C	否
27	丰台供电公司	和义供电营业所	丰台区三营门南苑北里三区6号楼西侧	67961801	工作日:8:30-17:30	C	否
28	丰台供电公司	方庄供电营业所	丰台区方庄环岛北芳古园二区甲10号楼	67680359	工作日:8:30-17:30	C	否
29	丰台供电公司	马家堡供电营业所	丰台区玺萌鹏苑小区南门东侧	67564412	工作日:8:30-17:30	C	否

续表

序号	供电公司	供电营业窗口名称	地　址	电话	营业时间	窗口类别	(是否)24小时售电
30	石景山供电公司	客户服务中心营业厅	石景山区鲁谷路59号	68653081	8:30-17:30	A	否
31	亦庄供电公司	客户服务中心营业厅	北京市亦庄经济技术开发区北环东路11号	63665014	8:30-17:30	C	否
32	通州供电公司	宋庄供电所营业厅	通州区宋庄镇京榆旧路与宋梁路交叉口西南	89579882	工作日:8:00-17:00	C	否
33	通州供电公司	梨园供电所营业厅	通州区梨园地区日新路、万盛南街交叉口东南侧	81519058	工作日:8:00-17:00	C	否
34	通州供电公司	永顺供电所营业厅	通州区永顺镇陈列馆路焦王庄村南	89593825	工作日:8:00-17:00	C	否
35	通州供电公司	马驹桥供电所营业厅	通州区马驹桥镇政府东侧	60592005	工作日:8:00-17:00	C	否
36	通州供电公司	台湖供电所营业厅	通州区台湖镇次渠大街次渠中学东侧	81509678	工作日:8:30-17:30	C	否
37	通州供电公司	潞城供电所营业厅	通州区潞城镇武兴路32号	89589359	工作日:8:00-17:00	C	否
38	通州供电公司	西集供电所营业厅	通州区西集镇西集环岛往南500米	61518924	工作日:8:00-17:00	C	否
39	通州供电公司	张家湾供电所营业厅	通州区张家湾镇光华路西侧	69572302	工作日:8:00-17:00	C	否
40	通州供电公司	漷县供电所营业厅	通州区漷县镇漷兴二街与京津公路交叉口西侧100米	80586718	工作日:8:00-17:00	C	否
41	通州供电公司	永乐店供电所营业厅	通州区于家务乡渠头大街51号	80521054	工作日:8:00-17:00	C	否
42	通州供电公司	客户服务中心营业厅(新)	通州区滨河中路甲10号	63666139	工作日:8:30-17:30 周休日:8:30-17:30	A	否
43	昌平供电公司	国网北京昌平客户服务中心供电营业厅	北京市昌平区永安路33号	卡表售电:63667702 业扩咨询:63667156;63667130;63667091	工作日:8:30-17:30 周休日:8:30-17:30	A	是
44	昌平供电公司	国网北京昌平流村供电所营业厅	昌平区流村镇北流村商业街	89771015	工作日:8:00-17:00	C	否
45	昌平供电公司	国网北京昌平东小口镇供电所营业厅	昌平区东小口镇中滩村北	84816897	工作日:8:30-17:30	C	否
46	昌平供电公司	国网北京昌平百善供电所营业厅	北京市昌平区百善镇百善村西北	61739297	工作日:8:30-17:30	C	否
47	昌平供电公司	国网北京昌平马池口供电所营业厅	昌平区马池口镇上念头村北	60700030	工作日:8:30-17:30	C	否
48	昌平供电公司	国网北京昌平小汤山供电所营业厅	北京市昌平区小汤山邮局东80米	61785374	工作日:8:30-17:30	C	否
49	昌平供电公司	国网北京昌平阳坊供电所营业厅	北京市昌平区阳坊镇阳坊村北	69760519	工作日:8:30-17:30	C	否
50	昌平供电公司	国网北京昌平回龙观供电所营业厅	北京市昌平区霍营派出所北150米	营业厅电话 81706488 报修电话69791352	工作日:8:30-17:30	C	否

续表

序号	供电公司	供电营业窗口名称	地　　址	电话	营业时间	窗口类别	（是否）24小时售电
51	昌平供电公司	国网北京昌平沙河供电所营业厅	北京市昌平区沙河镇松兰堡村北侧	80703137	工作日:8:30-17:30	C	否
52	昌平供电公司	国网北京昌平南口供电所营业厅	北京市昌平区南口镇马坊村南	80191220	工作日:8:30-17:30	C	否
53	昌平供电公司	国网北京昌平南邵供电所营业厅	北京市昌平区南邵地铁站西出口西侧500米	60732144-8101	工作日:8:30-17:30	C	否
54	昌平供电公司	国网北京昌平北七家供电所营业厅	北京市昌平区北七家镇燕丹村东	81752266	工作日:8:30-17:30	C	否
55	昌平供电公司	国网北京昌平崔村供电所营业厅	北京市昌平区崔村镇西崔村北	60721395	工作日:8:30-17:30	C	否
56	昌平供电公司	国网北京昌平十三陵供电所营业厅	北京市昌平区十三陵镇定陵路口西侧200米	60761874	工作日:8:30-17:30 周休日:8:30-17:30	B	否
57	昌平供电公司	国网北京昌平兴寿供电所营业厅	兴寿邮局向北200米路西	61726146	工作日:8:00-17:00	C	否
58	门头沟供电公司	客户服务中心	门头沟区滨河路66号	63668556	工作日:8:30-17:30 周休日:8:30-17:30 （只有售电业务）	A	否
59	门头沟供电公司	龙泉供电所	门头沟区城子大街3号	69864656	工作日:8:30-17:30	C	否
60	门头沟供电公司	永定供电所	门头沟区永定镇石门营环岛东路1号	69804934	工作日:8:30-17:30	D	否
61	门头沟供电公司	潭柘寺供电所	门头沟区鲁家滩大街4号	60861465	工作日:8:30-17:30	D	否
62	门头沟供电公司	妙峰山供电所	门头沟区陇家庄村西坟上妙峰山供电所	61881412	工作日:8:30-17:30	D	否
63	门头沟供电公司	清水供电所	门头沟区清水镇上清水村西清水供电所	60855075	工作日:8:30-17:30	D	否
64	门头沟供电公司	斋堂供电所	门头沟区斋堂镇东斋堂村东斋堂供电所	69818805	工作日:8:30-17:30	D	否
65	门头沟供电公司	雁翅供电所	门头沟区雁翅镇芹峪口下马岭村1号	61830371	工作日:8:30-17:30	D	否
66	房山供电公司	国网房山客户服务中心供电营业厅	北京市房山区广阳西路11号西侧营销服务中心	工作日:63669566, 周休日:63669660	工作日:8:30-17:30 周休日:8:30-17:30	A	否
67	房山供电公司	国网阎村供电所供电营业厅	北京市房山区阎村镇紫园路108号	89313809	工作日:8:30-17:30	C	否
68	房山供电公司	国网琉璃河供电所供电营业厅	北京市房山区琉璃河镇东街27号	89381006	工作日:8:30-17:30	C	否
69	房山供电公司	国网窦店供电所供电营业厅	北京市房山区窦店镇政府往北200米路西	69392805	工作日:8:30-17:30	C	否
70	房山供电公司	国网城关供电所供电营业厅	北京市房山区城关饶乐府村南	69314277	工作日:8:30-17:30	C	否
71	房山供电公司	国网佛子庄供电所供电营业厅	北京市房山区佛子庄乡西班各庄村	60360026	工作日:8:00-17:00	C	否
72	房山供电公司	国网佛子庄供电所河北供电营业厅	北京市房山区河北镇邮局东20米	60377632	工作日:8:30-17:30	D	否
73	房山供电公司	国网青龙湖供电所供电营业厅	北京市房山区青龙湖镇豆各庄	60321668	工作日:8:00-17:00	C	否

续表

序号	供电公司	供电营业窗口名称	地　址	电话	营业时间	窗口类别	(是否)24小时售电
74	房山供电公司	国网张坊供电所供电营业厅	北京市房山区张坊镇张坊村东	61339774	工作日:8:30-17:30	C	否
75	房山供电公司	国网石楼供电所供电营业厅	北京市房山区石楼镇石楼大街39号	89300083	工作日:8:00-17:00	C	否
76	房山供电公司	国网长阳供电所供电营业厅	北京市房山区长阳镇广阳大街中路天骄骏园小区对面	80356551	工作日:8:30-17:30	C	否
77	房山供电公司	国网良乡供电所供电营业厅	北京市房山区良乡西路临13号月华小区东侧	60382528	工作日:8:30-17:30	C	否
78	房山供电公司	国网长沟供电所供电营业厅	北京市房山区长沟镇长沟派出所斜对面	61361182	工作日:8:00-17:00	C	否
79	房山供电公司	国网长沟供电所石窝供电营业厅	北京市房山区长沟镇石窝中学斜对面	61323729	工作日:8:00-17:00	D	否
80	房山供电公司	国网周口店供电所供电营业厅	北京市房山区周口店镇周口店大街1号	69303918	工作日:8:30-17:30 周休日:8:30-17:30	B	否
81	房山供电公司	国网韩村河供电所供电营业厅	北京市房山区韩村河镇五侯路口	61312088	工作日:8:00-17:00	C	否
82	房山供电公司	国网霞云岭供电所供电营业厅	北京市房山区霞云岭乡凉水泉	60367011	工作日:8:30-17:30	C	否
83	大兴供电公司	安定供电所营业厅	大兴区安定站兴安大街17号	63233552	8:00-17:00	C	否
84	大兴供电公司	北臧村供电所营业厅	大兴区北臧村供电所	60276146-806	8:00-17:00	C	否
85	大兴供电公司	采育供电所营业厅	大兴区采育镇消防队东2000米	80276542	8:00-17:00	C	否
86	大兴供电公司	黄村供电所营业厅	北京市大兴区黄村镇新风街48号	61268100	8:00-17:00	C	否
87	大兴供电公司	旧宫供电所营业厅	旧宫镇小红门路幻星家园北侧路口里	87970320	8:00-17:00	C	否
88	大兴供电公司	客户服务中心营业厅	大兴区黄村镇兴政街一号	收费厅:63670261 报装厅:63670270	8:30-17:30	A	否
89	大兴供电公司	新城北区营业厅	大兴区黄村镇康庄路53号院康泰园小区底商8-1号	63670568	8:30-17:30	C	否
90	大兴供电公司	礼贤供电所营业厅	北京市大兴区礼贤镇青礼路3号	89275865	8:00-17:00	C	否
91	大兴供电公司	庞各庄供电所营业厅	庞各庄镇瓜乡桥向西2000米路南	89289989	8:00-17:00	C	否
92	大兴供电公司	青云店供电所营业厅	青云店镇堡上村村东	80211760-8001	8:00-17:00	C	否
93	大兴供电公司	魏善庄供电所营业厅	大兴区魏善庄镇半壁店工业街路北	89232919	8:00-17:00	C	否
94	大兴供电公司	西红门供电所营业厅	北京市大兴区西红门镇宏康路17号东院	63670526	8:00-17:00	C	否
95	大兴供电公司	瀛海供电所营业厅	瀛海镇派出所对面	69272318	8:00-17:00	C	否

续表

序号	供电公司	供电营业窗口名称	地　　址	电话	营业时间	窗口类别	（是否）24小时售电
96	大兴供电公司	榆垡供电所营业厅	大兴区榆垡镇榆平路4号	63670772	8:00-17:00	C	否
97	大兴供电公司	芦城供电所营业厅	大兴区黄村镇西芦城村西500米	61239569	营业厅改造暂停营业	C	否
98	大兴供电公司	长子营供电所营业厅	长子营大街政府东100米	80265747	8:00-17:00	C	否
99	平谷供电公司	客户服务中心营业厅	平谷区新平南路239号	63671666	8:30-17:30	A	否
100	平谷供电公司	城区供电所	府前街27号(国泰路口东北角)	63671901	8:30-17:30	C	否
101	平谷供电公司	大华山供电所	大华山镇大华山村西	61947921	8:00-17:00	C	否
102	平谷供电公司	峪口供电所	峪口镇政府西	61906049	8:00-17:00	C	否
103	平谷供电公司	马昌营供电所	马昌营镇海子村东	61981024	8:00-17:00	C	否
104	平谷供电公司	马坊供电所	马坊镇二条街村南	60996380	8:00-17:00	C	否
105	平谷供电公司	东高村供电所	东高村镇大旺务村西	63671654	8:00-17:00	C	否
106	平谷供电公司	夏各庄供电所	夏各庄镇前营北小区北260米路东	63671498	8:00-17:00	C	否
107	平谷供电公司	金海湖供电所	金海湖镇胡庄东环路8号	69992199	8:00-17:00	C	否
108	平谷供电公司	山东庄供电所	山东庄镇小北关东环路4号	60937604	8:00-17:00	C	否
109	平谷供电公司	王辛庄供电所	平谷镇谷丰东路2号	61921427	8:00-17:00	C	否
110	怀柔供电公司	客户服务中心营业厅	北京市怀柔区湖光小区36号	69652449	8:30-17:30	A	否
111	怀柔供电公司	城区供电所营业厅	北京市怀柔区开放路111号	61630642	8:00-17:00	B	否
112	怀柔供电公司	庙城供电所营业厅	北京市怀柔区庙城镇庙城政府南100米	60695329	8:00-17:00	C	否
113	怀柔供电公司	杨宋供电所营业厅	怀柔区杨宋镇凤翔开发区杨宋镇政府西1000米	61675343	8:00-17:00	C	否
114	怀柔供电公司	北房供电所营业厅	北京市怀柔区北房镇幸福东街68号	61684543	8:00-17:00	C	否
115	怀柔供电公司	雁栖供电所营业厅	北京市怀柔区雁栖镇雁栖大街38号	61668871	8:00-17:00	C	否
116	怀柔供电公司	桥梓供电所营业厅	北京市怀柔区桥梓镇政府西50米	60673067	8:00-17:00	D	否
117	怀柔供电公司	汤河口供电所营业厅	北京市怀柔区汤河口镇汤河口村45号	89671988	8:00-17:00	D	否
118	密云供电公司	客服中心营业厅	密云县新中街3号	69056571	8:30-17:30	A	否
119	密云供电公司	城区供电所营业厅	密云县长安小区西区1号楼5号门脸	69059223	8:30-17:30	C	否
120	密云供电公司	河南寨供电所营业厅	密云县河南寨镇套里村北	61086123	8:00-17:00	C	否
121	密云供电公司	溪翁庄供电所营业厅	密云县溪翁庄镇溪翁庄村	69011315	8:00-17:00	C	否

续表

序号	供电公司	供电营业窗口名称	地　址	电话	营业时间	窗口类别	(是否)24 小时售电
122	密云供电公司	冯家峪供电所营业厅	密云县冯家峪镇冯家峪村	81060094	8:00-17:00	D	否
123	密云供电公司	十里堡供电所营业厅	密云县十里堡镇王各庄村对面	89021551	8:00-17:00	C	否
124	密云供电公司	巨各庄供电所营业厅	密云县巨各庄镇政府东侧	63234314	8:00-17:00	C	否
125	密云供电公司	东邵渠供电所营业厅	密云县东邵渠镇太保庄村北东侧	61061995	8:00-17:00	D	否
126	密云供电公司	大城子供电所营业厅	密云县大城子镇高庄子村	61071180	8:00-17:00	D	否
127	密云供电公司	西田各庄供电所营业厅	密云县西田各庄镇西田各庄村北	61015689	8:00-17:00	C	否
128	密云供电公司	太师屯供电所营业厅	密云县太师屯镇葡萄园村	69032747	8:00-17:00	D	否
129	密云供电公司	北庄供电所营业厅	密云县北庄镇北庄村	81001026	8:00-17:00	D	否
130	密云供电公司	高岭供电所营业厅	密云县高岭镇高岭村西	81081384	8:00-17:00	D	否
131	密云供电公司	古北口供电所营业厅	密云县古北口镇河西村桥头西侧	63234303	8:00-17:00	D	否
132	密云供电公司	不老屯供电所营业厅	密云县不老屯镇不老屯村北	81090891	8:00-17:00	D	否
133	顺义供电公司	客户服务中心营业厅	顺义区站前北街四号	63674876	9:00-18:00	A	否
134	顺义供电公司	李桥供电所营业厅	顺义区李桥镇沿河村西	63234599	8:00-17:00	C	否
135	顺义供电公司	仁和供电所营业厅	顺义区仁和镇米各庄村北	63234726	8:00-17:00	C	否
136	顺义供电公司	高丽营供电所营业厅	顺义区高丽营学校对面	63234564	8:00-17:00	C	否
137	顺义供电公司	杨镇供电所营业厅	顺义区杨镇工业区内	63234760	8:00-17:00	C	否
138	顺义供电公司	北石槽供电所营业厅	顺义区北石槽镇府前西街13 号	63234483	8:00-17:00	C	否
139	顺义供电公司	北小营供电所营业厅	顺义区北小营镇西乌鸡村南	63674963	8:00-17:00	C	否
140	顺义供电公司	大孙各庄供电所营业厅	顺义区大孙各庄镇府前东街17 号	63234539	8:00-17:00	C	否
141	顺义供电公司	后沙峪供电所营业厅	顺义区后沙峪镇裕安路 4 号	63234572	8:00-17:00	C	否
142	顺义供电公司	龙湾屯供电所营业厅	顺义区龙湾屯镇焦庄户村南2000 米	63234625	8:00-17:00	C	否
143	顺义供电公司	南法信供电所营业厅	顺义区南法信镇府前街刘家河段 1 号	63234691	8:00-17:00	D	否
144	顺义供电公司	天竺供电所营业厅	顺义区天竺镇小王辛庄南路6 号	63234739	8:00-17:00	C	否

续表

序号	供电公司	供电营业窗口名称	地 址	电话	营业时间	窗口类别	（是否）24小时售电
145	顺义供电公司	赵全营供电所营业厅	顺义区赵全营镇政府西侧100米路北	63234781	8:00-17:00	C	否
146	顺义供电公司	南彩供电所营业厅	顺义区南彩镇河北村南	63674881	8:00-17:00	C	否
147	顺义供电公司	牛栏山供电所营业厅	顺义区牛栏山镇先进村北	63234707	8:00-17:00	C	否
148	顺义供电公司	木林供电所营业厅	顺义区木林镇木林教师楼北	63674984	8:00-17:00	C	否
149	顺义供电公司	张镇供电所营业厅	顺义区张镇派出所南侧200米	63234768	8:00-17:00	C	否
150	顺义供电公司	马坡供电所营业厅	顺义区马坡镇马坡幼儿园东侧	63674861	8:00-17:00	C	否
151	顺义供电公司	北务供电所营业厅	顺义区北务镇北务村北	63234509、63234510	8:00-17:00	C	否
152	顺义供电公司	李遂供电所营业厅	顺义区李遂镇工业区内	63234603	8:00-17:00	C	否
153	延庆供电公司	客户服务中心营业厅	延庆区庆园街53号	69187024	8:30-17:30	A	否
154	延庆供电公司	旧县供电所营业厅	北京市延庆县旧县商业街西南	61151874	8:30-17:30	C	否
155	延庆供电公司	沈家营营业所营业厅	延庆县沈家营镇八里店东岔口路北	69103142	8:00-17:00	D	否
156	延庆供电公司	香营营业所营业厅	北京市延庆县香营乡政府西	60162177	8:00-17:00	D	否
157	延庆供电公司	永宁供电所营业厅	北京市延庆县永宁西关村北	60171219	8:30-17:30	C	否
158	延庆供电公司	刘斌堡营业所营业厅	刘斌堡乡政府东侧	60181794	8:00-17:00	D	否
159	延庆供电公司	大庄科营业所营业厅	大庄科乡政府东侧	60189915	8:00-17:00	D	否
160	延庆供电公司	千家店供电所营业厅	千家店镇政府对面	60188112	8:30-17:30	C	否
161	延庆供电公司	张山营供电所营业厅	北京市延庆区温泉馨苑小区北侧	69147931	8:30-17:30	C	否
162	延庆供电公司	张山营营业所营业厅	北京市延庆区张山营镇镇政府东	69112532	8:00-17:00	D	否
163	延庆供电公司	大榆树供电所营业厅	大榆树镇刘家堡村南	61182473	8:30-17:30	C	否
164	延庆供电公司	八达岭供电所营业厅	北京市延庆区八达岭镇营城子村东	69129439	8:00-17:00	D	否
165	延庆供电公司	康庄营业所营业厅	北京市延庆区康庄镇政府院西	69131327	8:30-17:30	C	否
166	延庆供电公司	四海供电所营业厅	北京市延庆区四海镇四海村	60187110	8:00-17:00	C	否

集体企业名录(含无资本纽带及代管企业)

序号	企业名称	备注
1	北京市华商电力开发公司	平台企业出资人
2	北京华商伟业资产管理有限公司	集体资产经营平台
3	北京华商远大电力建设有限公司	下属集体企业
4	北京华商三优新能源科技有限公司	下属集体企业
5	北京潞电电气设备有限公司	下属集体企业
6	北京谷晨电力工程有限公司	下属集体企业
7	北京京电电力工程设计有限公司	下属集体企业
8	北京吉北电力工程咨询有限公司	下属集体企业
9	北京潞电电力设计有限公司	下属集体企业
10	北京华商能源管理有限公司	下属集体企业
11	北京银杰供电民用电有限公司	下属集体企业
12	北京中电联汽车服务有限责任公司	下属集体企业
13	北京华商利通汽车服务有限公司	下属集体企业
14	北京华商电灯有限公司	下属集体企业
15	北京华商海泰科技发展有限公司	下属集体企业
16	北京鑫业博诚电力设计有限公司	下属集体企业
17	北京谷新投资管理有限公司	下属集体企业
18	北京城区供电开发有限公司	下属集体企业
19	北京朝阳电力实业开发有限公司	下属集体企业
20	北京海淀供电实业开发有限公司	下属集体企业
21	北京丰供送变电工程有限责任公司	下属集体企业
22	北京市银光电力工程有限公司	下属集体企业
23	北京亦利和电力工程安装有限责任公司	下属集体企业
24	北京潞电电力建设有限公司	下属集体企业
25	北京市京电博源供用电工程安装有限公司	下属集体企业
26	北京门供电力工程有限公司	下属集体企业
27	北京房供电力工程有限责任公司	下属集体企业
28	北京首兴安成电力工程有限公司	下属集体企业
29	北京绿谷光明电力工程有限公司	下属集体企业
30	北京市京怀电力工程安装有限公司	下属集体企业
31	北京云电电气有限责任公司	下属集体企业
32	北京顺力成电力设备安装维修有限公司	下属集体企业
33	北京诚惠电力工程有限公司	下属集体企业
34	北京金电联供用电咨询有限公司	下属集体企业
35	北京华联京电工程建设监理有限公司	下属集体企业
36	北京鼎诚供电设备安装有限责任公司	下属集体企业
37	北京市北电电能调试安装服务有限公司	下属集体企业
38	北京新悦广发电力工程有限公司	下属集体企业

续表

序号	企业名称	备注
39	北京京电电网维护集团有限公司	下属集体企业
40	北京华商电力管道有限公司	下属集体企业
41	北京博瑞翔伦科技发展有限公司	下属集体企业
42	北京华商科技有限责任公司	下属集体企业
43	北京惟明力通工程监理有限责任公司	下属集体企业
44	北京华德电力工程有限公司	下属集体企业
45	北京北电华明物业管理有限公司	下属集体企业
46	北京华光锅炉设备安装有限公司	下属集体企业
47	北京京供民科技开发有限公司	下属集体企业
48	北京路明路灯电气安装有限公司	下属集体企业
49	北京城市虹光照明科技有限公司	下属集体企业
50	北京路特明电气安装有限公司	下属集体企业
51	北京市明都饭店有限公司	下属集体企业
52	北京市顺义力源供用电工程安装有限公司	下属集体企业
53	北京市顺义光旺电力物资供应有限公司	下属集体企业
54	北京市京东电力设备安装有限公司	下属集体企业
55	北京市博源京电供电技术有限公司	下属集体企业
56	北京电力实业开发总公司	代管企业

注 A级厅为地区中心营业厅，兼本地区供电营业厅服务人员的实训基地，设置于地级及以上城市，每个地区范围内最多只能设置1个。
B级厅为区县中心营业厅，设置于县级及以上城市，每个区县范围内最多只能设置1个。
C级厅为区县的非中心营业厅，可视当地服务需求，设置于城市区域、效区，乡镇。
D级厅为单一功能收费厅或者自助营业厅，可视当地服务需求，设置于城市区域、效区，乡镇。